MIX
Papier aus verantwortungsvollen Quellen
Paper from responsible sources
FSC® C105338

Bernhard Schöps

Social Media für jedermann?

Public Relations für Kleinstunternehmer
auf dem Feld der Social Media – Eine Studie

Diplomica Verlag GmbH

Schöps, Bernhard: Social Media für jedermann? Public Relations für
Kleinstunternehmer auf dem Feld der Social Media – Eine Studie.
Hamburg, Diplomica Verlag GmbH 2013

Buch-ISBN: 978-3-8428-6945-5
PDF-eBook-ISBN: 978-3-8428-1945-0
Druck/Herstellung: Diplomica® Verlag GmbH, Hamburg, 2013
Covermotiv: © Mihai Simonia - Fotolia.com

Bibliografische Information der Deutschen Nationalbibliothek:
Die Deutsche Nationalbibliothek verzeichnet diese Publikation in der Deutschen
Nationalbibliografie; detaillierte bibliografische Daten sind im Internet über
http://dnb.d-nb.de abrufbar.

Das Werk einschließlich aller seiner Teile ist urheberrechtlich geschützt. Jede Verwertung
außerhalb der Grenzen des Urheberrechtsgesetzes ist ohne Zustimmung des Verlages
unzulässig und strafbar. Dies gilt insbesondere für Vervielfältigungen, Übersetzungen,
Mikroverfilmungen und die Einspeicherung und Bearbeitung in elektronischen Systemen.

Die Wiedergabe von Gebrauchsnamen, Handelsnamen, Warenbezeichnungen usw. in
diesem Werk berechtigt auch ohne besondere Kennzeichnung nicht zu der Annahme,
dass solche Namen im Sinne der Warenzeichen- und Markenschutz-Gesetzgebung als frei
zu betrachten wären und daher von jedermann benutzt werden dürften.

Die Informationen in diesem Werk wurden mit Sorgfalt erarbeitet. Dennoch können
Fehler nicht vollständig ausgeschlossen werden und die Diplomica Verlag GmbH, die
Autoren oder Übersetzer übernehmen keine juristische Verantwortung oder irgendeine
Haftung für evtl. verbliebene fehlerhafte Angaben und deren Folgen.

Alle Rechte vorbehalten

© Diplomica Verlag GmbH
Hermannstal 119k, 22119 Hamburg
http://www.diplomica-verlag.de, Hamburg 2013
Printed in Germany

Inhaltsverzeichnis   Seite

I. Einleitung 11

1. Themenbegründung und Problemstellung 11
1.1 Persönliche Motivation 11
1.2 Wissenschaftliche Relevanz 12
1.3 Praktische Relevanz 13
1.4 Gesellschaftliche Relevanz 15

2. Zielsetzung der Forschungsfragen und Forschungsinteresse 18
2.1 Zentrale Forschungsfrage und Ziel dieser Studie 18
2.2 Weitere Forschungsfragen 19

3. Methodik der Studie 20
3.1 Allgemein 20
3.2 Vorgehensweise 20

4. Aufbau der Studie 21

II. Theoretischer Teil 23

5. Public Relations 23
5.1 Definition und Begriffsbestimmung 23
5.2 Ansätze der Public Relations 28
5.2.1 Der gesellschaftsorientierte PR-Ansatz 29
5.2.2 Der marketingorientierte PR-Ansatz 30
5.2.3 Der organisationsorientierte PR-Ansatz 31
5.3 Die vier PR-Modelle nach Grunig und Hunt 31
5.3.1 Das Publicity-Modell 33
5.3.2 Das Public-Information-Modell 34
5.3.3 Das Modell der asymmetrischen Kommunikation 34
5.3.4 Das Modell der symmetrischen Kommunikation 34
5.4 Aufgaben, Funktionen und Ziele der Public Relations 35
5.5 Zielgruppen bzw. Dialoggruppen der Public Relations 37
5.6 Unternehmenskommunikation 39
5.6.1 Kommunikation allgemein 39
5.6.2 Unternehmenskommunikation im speziellen 43
5.6.2.1 Interne Unternehmenskommunikation 46
5.6.2.2 Externe Unternehmenskommunikation 46

5.6.2.3 Integrierte Unternehmenskommunikation 47
5.7 Der Public Relations-Prozess 49
5.7.1 Situationsanalyse 50
5.7.2 Zielgruppenplanung 52
5.7.3 Public-Relations-Kommunikationsziele 54
5.7.4 Festlegung der PR-Strategie 55
5.7.5 Maßnahmenplanung 56
5.7.6 Budget- und Zeitplan/personelle Kapazitäten 56
5.7.7 Umsetzung 57
5.7.8 Erfolgskontrolle/Evaluierung 58
5.8 Phasen des Public Relations-Prozesses 59
5.8.1 Stakeholder Stage 60
5.8.2 Public Stage 60
5.8.3 Issue Stage 61
5.9 Tätigkeitsfelder und Instrumente der Public Relations 61
5.9.1 Interne Public Relations/Mitarbeiterkommunikation 63
5.9.2 Media Relations (Presse- und Medienarbeit) 64
5.9.3 Community Relations (Lokale Public Relations) 66
5.9.4 Issue Management 66
5.9.5 Krisen-Public Relations 68
5.9.6 Public Affairs 69
5.9.7 Financial und Investor Relations 70
5.9.8 Corporate Identity 71
5.9.9 Training 72
5.9.10 Kampagnen 73
5.9.11 Veranstaltungen 73
5.9.12 Mediengestaltung 74
5.9.13 Sponsoring 74
5.9.14 Online-Public Relations 75
5.10 Die Abgrenzung der Public Relations zum Marketing 78
5.11 Zusammenfassung 80

6. Social Media 83

6.1 Definitionen und Begriffsbestimmungen 84
6.1.1 Social Media 84
6.1.2 „Web 2.0" 86
6.2 Exkurs „Corporate Publishing" 88
6.3 Die Bedeutung der Social Media für ein Unternehmen 91

6.4 Aufgaben und Funktionen der Social Media 95
6.4.1 Die Analyse der Ist-Situation und das Monitoring 99
6.4.2 Die Definition der Ziele die mit Social Media erreicht werden sollen 102
6.4.3 Die Festlegung der Zielgruppen 104
6.4.3.1 Das klassifizieren der Zielgruppe(n) 105
6.4.3.2 Das „Erreichen" der Zielgruppen 108
6.4.4 Die Festlegung der Strategie 110
6.4.5 Die Festlegung der Maßnahmen 113
6.4.6 Exkurs „Die richtige Tageszeit" 115
6.4.7 Die Erstellung des Budgets 117
6.4.8 Die Evaluation 118
6.5 Mögliche Instrumente im Bereich der Social Media – Social Media-Tools .. 120
6.6 Was kann Social Media bewirken? Was kann sie nicht? 122
6.7 Kleinstunternehmen in Österreich 122
6.7.1 Kategorisierung von Kleinstunternehmen 123
6.7.2 Kleinstunternehmen und Public Relations 126
6.9 Zusammenfassung 127

III. Empirischer Teil 131

7. Grundlagen der empirischen Erhebung 131
7.1 Einleitung 131
7.2 Zielsetzung der Datenerhebung im qualitativen, leitfadengestützten Gespräch 131
7.3 Wahl der Methoden 132
7.3.1 Literaturanalyse 132
7.3.2 Qualitative Befragung (Leitfadengestützte Interviews) 133
7.4 Objektivität, Reliabilität und Validität 137
7.5 Vorgehensweisen bezüglich der Auswertung der geführten Experteninterviews 138

8. Ergebnisse der qualitativen Expertengespräche 141
8.1 Untersuchungsgegenstände 142
8.2 Auswertungen der Ergebnisse 143
8.3 Darstellung und Interpretation der Ergebnisse 144
8.3.1 Arten der täglich verwendeten Kommunikationskanäle 144
8.3.2 Kommunikationsziele im Bereich der Social Media 146
8.3.3 Gründe eines Unternehmens, auf Social Media Plattformen vertreten zu sein 147
8.3.4 Gründe, nicht auf einer Social Media Plattform vertreten zu sein 148
8.3.5 Strategische Vorgehensweise bei der Erstellung einer Social Media-Seite 150
8.3.6 Die Social Media-Strategie und die „restliche" Öffentlichkeitsarbeit 153

8.3.7 Erstellung und Betreuung der Social Media-Seite mit Fremdhilfe 154

8.3.8 Das Nutzen-/Leistungsverhältnis im Bereich der Social 156

8.3.9 Der Wirkungsgrad der Social Media 158

8.3.10 Der Spezielle Nutzen für eine Unternehmung durch die Social Media 161

8.3.11 Nachteile/Vorteile für eine Unternehmung durch die Social Media 162

8.3.12 Sind Social Media-Tools für jede Branche sinnvoll? 163

8.3.13 Vorgehensweise eines Kleinstunternehmens am Parkett der Social Media 167

9. Zusammenfassung und Interpretation der gewonnenen Ergebnisse 168

9.1 Die Beantwortung der Forschungsfragen mittels der erhobenen Daten 168

9.1.1 Forschungsfrage 1 168

9.1.2 Forschungsfrage 2 169

9.1.3 Forschungsfrage 3 170

9.1.4 Forschungsfrage 4 171

9.1.5 Forschungsfrage 5 171

9.1.6 Forschungsfrage 6 172

9.2 Interpretationen der Hypothesen mittels der gesammelten Daten 173

10. Konzeptionierung 177

10.1 Situationsanalyse/Analyse der Ist-Situation 179

10.2 Ziele welche mittels der Social Media erreicht werden sollen 180

10.3 Festlegung der Zielgruppen 181

10.4 Festlegung der Strategie 184

10.5 Festlegung der Maßnahmen 185

10.6 Festlegung des Budgets 187

10.7 Die Evaluation 188

IV. Gesamtzusammenfassung 193

11. Zusammenfassung, Fazit 193

11.1 Zusammenfassung 193

11.2 Fazit 195

V. Anhang 199

12. Literaturverzeichnis 199

12.1 allgemeine Literatur 199

12.2 Online-Quellen 205

13. Abbildungsverzeichnis 208

14. Anhang **210**

14.1 Interviewleitfaden Public Relations-Fachleute 210

14.2 Interviewleitfaden Unternehmer/leitender Angestellter 212

14.2 Transkription der Expertengespräche 216

Dieses Buch widme ich
in liebevoller und ewiger Dankbarkeit
meiner Mutter,

Frau Mag. phil. Dr. med. univ. Ulrike Schöps-Schembera

I. Einleitung

1. Themenbegründung und Problemstellung

1.1 Persönliche Motivation

Die Motivation, den Themenbereich Public Relations auf dem Feld der Social Media mittels dieser Studie genauer zu betrachten, beziehungsweise das Kernthema dieser Studie – die Verwendung der Instrumente der Social Media für den Bereich der Öffentlichkeitsarbeit eines Kleinstunternehmens – zu bearbeiten, entstand aus mehreren Beweggründen. Einerseits beruht das Interesse an diesem Thema auf der Tatsache, dass der Autor dieser Zeilen zum Zeitpunkt des Erstehens dieser Studie, unter anderem selbst als Geschäftsführer und Partner in einem Kleinstunternehmen tätig war. Da das Unternehmen des Autors – welches er zu 50% mit seinem Geschäftspartner teilte – damals erst kürzlich gegründet worden war, waren die finanziellen Ressourcen verständlicherweise noch beschränkt. Dadurch waren die beiden Jungunternehmer selbst darauf angewiesen, ihre Public Relations- und Marketingtätigkeiten den finanziellen Rahmen betreffend, eher zurückhaltend zu betreiben. Die finanzielle Situation machte größere und somit meist auch teurere Kampagnen in diesen Bereichen, eigentlich nur schwer und manche, größere Schritte sogar unmöglich. Um potentielle Zielgruppen trotzdem über die Tätigkeiten des Unternehmens im Bereich der Messe- und Eventhostessenvermittlung, aber auch im Bereich des Eventmanagements, welche damals die beiden Kerngeschäftsfelder der Unternehmung bildeten, zu erreichen und informieren zu können, griffen sie selbst auf die Möglichkeiten, welche das Internet in puncto „Networking" – wie etwa Facebook, YouTube, Xing, Puls4, oder vergleichbare Seiten – ihnen geboten haben, gerne zurück.

Andererseits hatte den Autor die Aktualität des Themenbereichs Social Media (Anm. d. Verf.: im weiteren Verlauf dieser Studie von diversen Fachleuten auch oft als „Social-Media" bezeichnet) vom ersten Moment an unglaublich fasziniert. Dass diese „Aktualität" natürlich bezüglich der Geschwindigkeit, mit der neue soziale Netzwerke gegründet und vorhandene weiter ausgebaut und ständig aktualisiert werden und dadurch der „letzte Schrei von heute", mitunter morgen schon wieder ein „veraltetes Räuspern von gestern" sein kann, das war und ist sicherlich ein Problem dieses Themas, aber leider nicht änderbar. Trotzdem kann davon ausgegangen werden, dass ein interessierter Leser dieser Zeilen, selbst wenn sich das Spielfeld „Social Media" laufend weiter entwickelt, auch in einigen Jahren, die Vorgehensweise der Public Relations im Bereich der Social Media betreffend, einen durchaus sinnvollen Ratgeber in den Händen hält. Und die Schnelllebigkeit der Kommunikationsplattformen, spiegelt sich auch in der für diesen Bereich vorhandenen Literatur wieder. Hier bekommt man schnell das Gefühl, mit einer Ausgabe des literarischen Werkes „XY" aus dem Jahre 2007 schon ein Antiquariat vor sich liegen zu haben, wodurch man krampfhaft bemüht ist, die noch neuere Ausgabe, mit den noch aktuelleren Daten zu ergattern.

Thematisch befasste sich die vorliegende Studie mit dem Themenbereich der Klein- und Mittelständischen Unternehmen in Österreich im Zusammenhang mit deren Public Relations Tätigkeiten im Bereich der Social Media. Dabei lag das Hauptaugenmerk dieser Studie jedoch auf dem Zweig der Kleinst- und Einpersonenunternehmen im Segment der KMU. Diese Vorgehensweise erfolgte aus zwei Gründen: Auf der einen Seite sollte sich mit dieser Entscheidung das Thema auf ein, für den Autor bearbeitbares und für einen Leser in ein lesbares Maß einschränken. Auf der anderen Seite wurde in diesem Zweig der KMU, aufgrund der vom Autor angenommenen und wahrscheinlich auch real zu erwartenden, nicht sehr hohen finanziellen Stärke dieser Unternehmen, die meisten Tätigkeiten im Feld des Networkings erwartet. Ob hier tatsächlich Tendenzen feststellbar waren, sollte unter anderem Teil dieser Studie sein und von dieser belegt – oder gegebenenfalls auch widerlegt – werden.

Dabei wurde bei der Erstellung dieser Studie auf eine so genannte „geschlechtspezifische Schreibweise" – allgemein auch als „gendern" bekannt – verzichtet und dem generischen Maskulinum der Vorzug eingeräumt. **An dieser Stelle soll darauf hingewiesen werden, dass diese Vorgehensweise lediglich der Lesbarkeit dieses Schriftstückes dienlich ist und keinesfalls eine offene oder gar versteckte geschlechtliche Diskriminierung bedeutet.**

1.2 Wissenschaftliche Relevanz

Die wissenschaftliche Relevanz des Themas der vorliegenden Studie „Social Media für jedermann? Public Relations für Kleinstunternehmer auf dem Feld der Social Media", lag in den Augen des Autors zum einen darin, dass eine vergleichbare Studie bis dato noch nicht abgehandelt wurde (Anm. d. Verf.: Stand 2011). Es existieren zwar mehrere Werke (und es ist davon auszugehen, dass laufend neue hinzu kommen), die zum Beispiel im Bereich des Marketings oder der Public Relations den Themenbereich der Social Media aufgegriffen und behandelt haben, doch die Social Media als mögliches Instrument der Public Relations für Kleinstunternehmen zu sehen und als solches zu behandeln, wurde bisher noch nicht zum Thema einer Studie gewählt.

Was die frei käufliche Literatur aus diesem Themenbereich betrifft (Anm. d. Verf.: Stand Frühjahr 2011): Als aktuellstes Werk im Bereich Public Relations und Social Media kann das am 1. April 2011 erschienene und von Schindler, Marie-Christine und Liller, Tapio geschriebene Buch „PR im Social Web: Das Handbuch für Kommunikationsprofis" gesehen werden. Weiters zu erwähnen ist Thomas Pleils Beitrag „Social Media und ihre Bedeutung für die

Öffentlichkeitsarbeit" in Kayser, Maike/Böhm, Justus/Spiller, Achim (Hrsg.) 2010 erschienenem Werk „Die Ernährungswirtschaft in der Öffentlichkeit. Social Media als neue Herausforderung der PR". Pleil befasst sich darin ebenfalls mit „Social Media und Public Relations", jedoch ist dieser Beitrag eher allgemein gehalten und mit ca. 24 Seiten natürlich als verhältnismäßig „oberflächlich" zu sehen.

Ein weiteres Beispiel für ein vergleichbares Werk wäre etwa das, von Claudia Hilker geschriebene und 2010 erschienene Buch „Social Media für Unternehmer", welches den Focus aber sehr stark auf den Bereich der Social Media im Kontext des Marketings eines Unternehmens gelegt hat. Die Public Relations werden dabei lediglich am Rande erwähnt. Auch das ebenfalls im Jahr 2010 erschienene Buch „Social Media Relations: Leitfaden für erfolgreiche PR-Strategien und Öffentlichkeitsarbeit im Web 2.0" von Bernhard Jodeleit kann hier erwähnt werden.

In der 2009 am Fachbereich Kommunikationswissenschaft in Salzburg erschienen und später auch als Buch veröffentlichten Diplomarbeit von Sandra Kastenhuber „Das Unternehmensbuch als Public Relations-Instrument im Kontext von Corporate Publishing", wurde der Bereich Social Media mehr oder weniger ausgeklammert und lediglich auf mögliche Websites der Unternehmen beschränkt (vgl. Kastenhuber 2009: 85). Wobei an dieser Stelle erwähnt werden muss, dass Kastenhubers Werk auch nicht vordergründig von Corporate Publishing im Zusammenhang mit Social Media handelte, sondern dies – das Corporate Publishing – nur einen Teilaspekt ihrer Arbeit darstellte. Doch sieht man Corporate Publishing als [...]

> „[...] die einheitliche interne und externe, journalistisch aufbereitete Informationsübermittlung eines Unternehmens über alle erdenklichen Kommunikationskanäle (offline, online, mobile), durch welche ein Unternehmen mit seinen verschiedenen Zielgruppen permanent/periodisch kommuniziert [...]" (AsseFin: online)

[...], bei der "[...] neben Endkunden [...] auch Mitarbeiter, Händler, Zulieferer, Aktionäre etc. relevante Zielgruppen [darstellen], die mit den für sie interessanten Unternehmensinformationen versorgt werden [müssen]" (AsseFin (o.J.): online), so kann hierfür der Bereich der „Social Media" als durchaus erwähnens- und auch untersuchenswert angesehen werden. Doch dazu später im Kapitel „Corporate Publishing" dieser Studie (vgl. Kapitel 6.2, Seite 83).

1.3 Praktische Relevanz

Um den praktischen Nutzen der vorliegenden Studie im Sinne der Public Relations zu verdeutlichen, muss man sich nur die Nutzerzahlen von „Facebook", dem derzeit größten Social Media-Netzwerk im Internet (Stand: Oktober 2010), kurz vor Augen halten.
In Zahlen: Weltweit hat Facebook mehr als 500 Millionen aktive Nutzer. 50 % dieser aktiven Nutzer loggen sich täglich bei Facebook ein. Der durchschnittliche Benutzer hat dabei 130

Freunde. In Summe verweilen die „Facebooker" über 700 Milliarden Minuten pro Monat auf den Seiten von Facebook. Wobei der durchschnittliche Nutzer Mitglied von etwa 80 Foren, Gruppen oder Veranstaltungen ist und dabei selbst etwa 90 Einträge pro Monat kreiert, was weltweit gesehen wiederum 30 Milliarden Einträge (dies sind zum Beispiel Statusmeldungen, Weblinks, neue Geschichten, Blogs, Notizen, Fotoalben etc.) pro Monat, ergibt (vgl. Facebook Press 2010: online). Alleine Anfang des Jahres 2010 sind wöchentlich 3,5 Milliarden Nachrichten, Links und Videos auf Facebook geladen worden (vgl. Bernet 2010: 9). An diesen gigantischen Zahlen kann man die theoretische Reichweite von Facebook ablesen.

> „Never before have companies [sic] had the opportunity to talk to millions of customers, send out messages, get fast feedback, and experiment with offers at relatively low costs. And never before have millions of consumers had the ability to talk to each other, criticizing or recommending products — without the knowledge or input from a company. 'Conventional marketing wisdom long held that a dissatisfied [sic] customer tells ten people. But...in the new age of social media, he or she has the tools to tell ten million.' " (Gillin 2010: online)

Und was für die Kommunikation im Bereich des Marketings einer Unternehmung stimmt, kann für die Public Relations des selbigen wohl nicht verkehrt sein. Denn kaum ein modernes Medium schafft es, mit einer vergleichbaren wachsenden Dynamik - (Anm. d. Verf.: das „Geburtsdatum" von Facebook ist der 4. Februar 2004 (vgl. Facebook 2010: online)) ähnlich viele Menschen zu erreichen, die auf diese Weise miteinander kommunizieren und interagieren. Kommunikation wiederum ist [...]

> „[...] notwendige Voraussetzung für die Existenz jeder Gesellschaft und damit *der* soziale Basisprozess an sich. Ohne Kommunikation ist organisiertes Handeln nicht möglich. Public Relations (PR) bzw. Öffentlichkeitsarbeit (ÖA) [...] bezeichnet das Bemühen, die Öffentlichkeit bzw. Teilöffentlichkeiten durch die Selbstdarstellung von Interessen beeinflussen und damit Interessen durchsetzen zu wollen. PR erfolgt (überwiegend) durch Kommunikation [...]. Der Begriff *Kommunikation* wird in der Literatur in einer Vielfalt von Definitionen benutzt, die sich mit anderen Termini wie z.B. ,Interaktion' oder ,Verhalten' überschneiden." (Kunczik 1993/2010: 14, Hervorheb. i. O.)

Insofern liegt es sehr nahe, soziale Netzwerke – wie etwa Facebook – für die Zwecke der Public Relations heran zu ziehen und zu verwenden. Vom Sinn (oder möglichen Unsinn...) dieser Vorgehensweise, soll diese Studie handeln. An dieser Stelle soll darauf hingewiesen werden, dass sich der Bereich der Social Media natürlich nicht auf „Facebook" reduzieren lässt, sondern wesentlich weitreichender ist. Das nachstehende, in diesem Zusammenhang häufig verwendetes Schaubild, soll als Momentaufnahme die Bandbreite und den Umfang des Feldes der „Social Media" verdeutlichen:

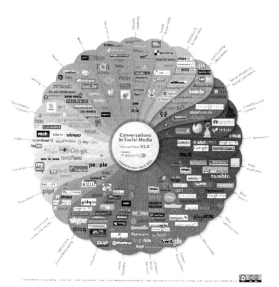

Abb. 1: Social-Media-Prisma. (http://www.ethority.de/weblog/social-media-prisma/)

Gut zu sehen ist auf diesem Schaubild (in etwa zwischen sechs Uhr und sieben Uhr), dass „Facebook" trotz seiner gigantischen Mitgliederzahlen „nur" einen (wenn auch sicherlich einen sehr dominanten) Teil im Bereich der „Social Networks" einnimmt. Weitere bekanntere Bereiche sind dann noch die „Blogs", das „Instant Messaging" (zum Beispiel: skype, icq und msn), diverse „Foren" (zum Beispiel „chip" als download- und Informations-Forum) oder der Bereich der „Video"-Seiten (YouTube).

1.4 Gesellschaftliche Relevanz

In der kommunikationswissenschaftlichen Sichtweise

> „[...] wird PR generell als das Kommunikationsmanagement von allen gesellschaftlichen Organisationen mit ihren Umwelten begriffen. Und es wird zugleich, zumindest in systemtheoretischen Zugängen, die (gesamt-)gesellschaftliche Funktion von PR betont." (Jarren/Röttger 2008: 19).

Laut den hier genannten Zahlen (siehe Kapitel 1.3, Seite 4) sind große Teile der Bevölkerung der nördlichen Hemisphäre, Mitglied in Social Media-Netzwerken und teilen sich dort mit. Sie berichten über ihre Tätigkeiten und „klicken" an, was ihnen gefällt oder eben nicht gefällt. Sie informieren andere über ihre Aktivitäten. Kurz gesagt: sie betreiben Public Relations in eigener Sache.

Genauso, wie diese Mitteilungen von einzelnen Personen kommen können, können diese Mitteilungsplattformen selbstverständlich ebenso von Unternehmen für den Zweck der Informationsbereitstellung für eine große (mögliche) Zielgruppe genutzt werden. Große Unternehmen und Weltkonzerne verwenden die Möglichkeiten, die die Instrumente der Social Media bieten, schon seit einiger Zeit. Wobei hier eher der Bereich des Marketings einer Unternehmung jener ist, der zuerst Zugang zu Social Media gefunden hatte. Aber auch der Anteil der Public Relations nimmt stetig zu. Wie viel Ressourcen Unternehmen für diesen Bereich genau verwenden, scheint wohl ein sehr gut beschütztes Geheimnis der einzelnen Unternehmen zu sein. Von fünf, seitens des Autors im Zusammenhang mit dem Thema dieser Studie angeschriebenen, namhaften Unternehmen und Konzernen (BMW, Coca-Cola, Nespresso, Porsche, Volkswagen), welche (beispielsweise) auf Facebook mit einer Seite vertreten sind, haben alle Unternehmen Ihre Aussage bezüglich des Aufwandes, der für Social Media-Aktivitäten betrieben wird, „verweigert" oder gar nicht auf die Anfrage reagiert.

Diese Beobachtung deckt sich auch mit den Erfahrungen anderer „Wissbegieriger", die mehr aus diesem Bereich erfahren wollten. Wie etwa Journalisten. Die oben angesprochene Vermutung des „gut geschützten Geheimnisses", scheint sich durch nachstehenden Ausschnitt aus einem Interview mit Christian Kuhna, Social Media Manager des Sportartikelherstellers „Adidas" zu belegen. Auf die Frage, wie viele Personen bei Adidas in Deutschland im Bereich der Social Media aktiv sind, kam folgende Antwort: „Selbst wenn ich das wüßte [sic], würde ich es auch [sic] Wettbewerbsgründen nicht preisgeben. Es ist auf jeden Fall ein wachsender Bereich." (Kuhna in Eck 2011: online) Es ist an dieser Stelle anzunehmen, dass er die Zahlen kennt. Denn: Dass eine Facebook-Seite, die über 8 Millionen Fans hat (Stand 23.3.2011) einem Unternehmen nicht gleichgültig ist und, dass dieses Unternehmen relativ viel Aufwand betreiben wird, um diese Fangemeinde zu unterhalten und diese im Interesse des Unternehmens zu „verwenden", kann an dieser Stelle als vorausgesetzt angenommen werden. Nachstehend die Adidas-Facebook-Seite:

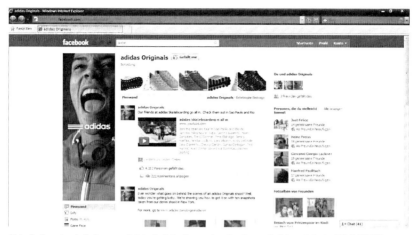

Abb. 2: Facebook-Seite von „Adidas". (http://www.facebook.com/adidasoriginals (16.3.2011))

Dabei gehen diese Netzwerke jedoch über die reine Informationsbereitstellung, die reine „one-way communication", wie man sie beispielsweise aus dem Hörfunk oder Fernsehen kennt, hinaus. Dies hängt damit zusammen, dass ja nicht nur das Unternehmen eine Information zur Verfügung stellt und diese seitens der Rezipienten aufgenommen wird (oder auch nicht…), sondern hier die Möglichkeit besteht, dass Interessenten mit diesem Unternehmen in direkten Dialog treten können. Und auch Rezipienten wiederum stellen Informationen zu Verfügung. Die Unternehmen haben auf diese Weise die Möglichkeit, sehr schnell Feedback über ihre Handlungen oder ihre Fabrikate zu erhalten. Diese Vorgehensweise wird auch von Gerhard Fritsch, Leiter der Konzern-Marketing SPAR Österreichische Warenhandels-AG, in einem Interview mit dem „Salzburg INSIDE Magazin" bestätigt:

> „Facebook nutzen wir z.B. für unseren Online-Shop www.weinwelt.at zum direkten Dialog mit unseren Kunden. So können unsere Kunden z.B. über den ‚Wein des Monats' aktiv via Facebook mitbestimmen, dies wird begeistert angenommen. […] Daneben bauen wir immer wieder eigene Online-Communities zu verschiedenen Themen auf. […] Zur Einführung der SPAR Eigenmarke ‚SPAR free from' (gluten- und laktosefreie Produkte) wurde eine eigene Tester-Community aufgebaut, die sehr aktiv die SPAR free-from-Produkte getestet hat und auch neue Ideen, Anregungen und Verbesserungsvorschläge eingebracht hat." (Salzburg INSIDE Magazin 2011: 42)

Durch die Kommunikationswege, die durch die Social Media geboten werden, besteht die Möglichkeit, dass die Unternehmen auf der einen, und die an diesem Unternehmen Interessierten, auf der anderen Seite, näher zusammen „wachsen".

2. Zielsetzung der Forschungsfragen und Forschungsinteresse

Ziel und Endergebnis dieser Studie war es, ein sinnvolles und vor allem, für ein Kleinstunternehmen finanziell leist- und zeitlich umsetzbares Social Media-Konzept im Bereich der Public Relations für Kleinstunternehmen zu erstellen. Dies war somit auch die zentrale Forschungsfrage dieser Studie. Dadurch sollen interessierte Rezipienten beim Durchlesen dieser Studie, sowohl Informationen über das Web 2.0, als auch über Networking ganz allgemein und über Public Relations und Social Media, beziehungsweise über Social Media im Zusammenhang mit Public Relations im Speziellen bekommen.

Um dies thematisch umsetzbar zu machen, wurde in dieser Studie zunächst generell über das Internet in Verbindung mit den Public Relations und den damit verbundenen Möglichkeiten, welche sich für die PR eines Unternehmens dadurch eröffnen, recherchiert. Weiters wurde die allgemeine Situation von Kleinstbetrieben als Teil der Klein- und Mittelständischen Unternehmen (Anm. d. Verf.: im Weiteren als KMU bezeichnet) Österreichs im Bereich der Public Relations, näher beleuchtet. Dieses „Grundwissen" wurde in der Folge mit den Erkenntnissen aus den für diese Studie durchgeführten Expertengesprächen vereint, um dann zu guter Letzt ein „neues Ganzes" zu erhalten. Mögliche Fragen die durch die Ergebnisse dieser Studie beantwortet werden könnten, wären zum Beispiel, inwieweit Public Relations von Kleinstunternehmen im Bereich der KMU betrieben wird und ob beziehungsweise welche Tendenzen dabei möglicherweise zu erkennen sind? Als ein weiterer erforschenswerter Punkt erschien der Umstand, ob die jeweils finanzielle Situation der Grund dafür war, dass ein Unternehmen XY diesen Weg für ihre PR wählt? Oder sind möglicherweise gar keine Signifikanzen bezüglich der Überlegung „junger Unternehmer/wenig Geld = Social Media wird für den Bereich der Public Relations wahrgenommen" erkennbar?

2.1 Zentrale Forschungsfrage und Ziel dieser Studie

Aus den vorherigen Angaben und theoretischen Definitionen ergibt sich folgende zentrale Forschungsfrage:

„Wie muss ein gutes, im täglichen Geschäftsleben praktikables und vor allem kostengünstig umsetzbares Social Media-Konzept im Bereich der Public Relations für ein Kleinstunternehmen aussehen?"

2.2 Weitere Forschungsfragen

Weiters haben sich durch die Beschäftigung mit der Thematik dieser Studie nachstehende Forschungsfragen heraus kristallisiert:

- Was ist unter dem Begriff Social Media ganz allgemein und in besonderem im Zusammenhang mit Public Relations zu verstehen?
- Was verstehen Betreiber von Kleinstunternehmen unter Public Relations? Wie wird Public Relations betrieben? Tendenzen?
- Kann gesagt werden, dass Kleinstunternehmer im eigentlichen Sinn Public Relations betreiben?
- Was sind die Aufgaben, Funktionen und Zielgruppen der Social Media?
- Wie wird in den einzelnen Unternehmen mit den einzelnen Zielgruppen kommuniziert? Spielt Social Media dabei eine Rolle?
- Kann darauf Rückschluss genommen werden, dass weniger finanzielle Mittel für Public Relations aufgewendet werden, umso kleiner und dadurch wahrscheinlich finanziell schwächer ein Unternehmen ist und dadurch dann „Social Media" als Instrument interessant wird?

Aus diesen Forschungsfragen können in weiterer Folge nachstehende Hypothesen abgeleitet werden:

1. Hypothese: Kleinstunternehmen betreiben keine Public Relations im klassischen Sinn.
2. Hypothese: Umso kleiner und damit vermutlich finanziell schwächer ein Unternehmen ist, desto eher wird Social Media als Public Relations-Instrument eingesetzt.

3. Methodik der Studie

3.1 Allgemein

Die Erkenntnisse für die vorliegende Studie stammen – wie schon erwähnt – aus der Analyse einschlägiger Fachliteratur und thematisch relevanter Websites aus dem Bereich der Social Media. Diese Erkenntnisse wurden dann in weiterer Folge mit den Ergebnissen der, für diese Studie durchgeführten Experteninterviews vervollständigt. Diese Expertengespräche wurden geführt, um zusätzlich qualitative Ergebnisse zum Thema „Social Media für jedermann? Public Relations für Kleinstunternehmer auf dem Feld der Social Media" zu bekommen. Bezüglich der methodologischen Diskussion der Literaturanalyse und der Experteninterviews, wird im Kapitel „Wahl der Methoden" (siehe Kapitel 7.3, Seite 129) noch näher eingegangen.

3.2 Vorgehensweise

Nach den einleitenden Kapiteln erfolgt der theoretische Teil dieser Studie. Dieser gliedert sich in zwei Hauptteile. Im ersten wird die Public Relations näher beleuchtet und mittels Definitionen, Ansätzen, Modellen, Zielen, Zielgruppen und Instrumenten strukturiert. Darauf folgend sollen Public Relations-Prozesse, sowie die Aufgaben und Funktionen der Public Relations, beziehungsweise deren einzelne Tätigkeitsfelder und Instrumente mittels der vom Autor gewählten einschlägigen Fachliteratur analysiert und verdeutlicht werden.

Eine vergleichbare Vorgehensweise soll auch im zweiten Teil des theoretischen Teiles, dem Bereich der Social Media, erfolgen. Dort soll mittels Definitionen und Begriffsbestimmungen der Bereich der Social Media abgegrenzt werden. Hierbei werden ebenfalls wieder die Funktionen, Aufgaben und Ziele der Social Media beleuchtet und der Bereich, den die Public Relations in der Social Media einnehmen, eruiert werden.

Weiters soll hier ein Exkurs in den Bereich der Unternehmenskommunikation und ein weiterer in den Bereich des Corporate Publishing erfolgen. Auch die Definition von Unternehmen im Allgemeinen und der Kleinstunternehmen im Speziellen, soll in dieser Studie erwähnt werden. Ziel dieser Vorgehensweise ist es, einen roten Faden zum Kernthema dieser Studie, Public Relations für Kleinstunternehmer im Bereich der Social Media, zu spinnen.

4. Aufbau der Studie

Was den Aufbau dieser Studie betrifft, so soll diese nach dem ersten einleitenden Teil, im zweiten aus einem theoretischen Teil bestehen. Dort werden Bereiche wie die Public Relations und der Bereich der Social Media beleuchtet. Dies soll einerseits durch eine Literaturanalyse – welche die Basisinformationen und -daten für diese Studie liefern soll – der dem Autor zur Verfügung stehenden einschlägigen Fachliteratur, beziehungsweise auch durch sorgfältige Literatur- und Inhaltsanalyse zweckdienlicher Internetseiten, erfolgen. Dafür wird, wie am Fachbereich der Kommunikationswissenschaft der Universität Salzburg üblich, für etwaige Zitate das „Harvard Citation and Referencing System" (auch als „Amerikanische Zitierweise" bekannt) Verwendung finden.

Im empirischen Bereich dieser Studie werden die Expertengespräche in zwei Gruppen aufgeteilt sein. Ziel dieser Teilung ist es

a) von Experten, die sich im Sinne der Public Relations beruflich mit Social Media beschäftigen und die als Unternehmer oder Fachangestellte, Webseiten, Blogs, usw. entweder für Kunden und deren Public Relations Ansprüche oder für die Unternehmung, in der sie tätig sind, erstellen, einschlägige Informationen zu erhalten. Dies erfolgt, um mit diesen Hintergrundinformationen und Meinungen, den theoretischen Teil dieser Studie noch zu bereichern;

b) weiters werden Experten zum Interview gebeten, die als Unternehmer in den verschiedensten Wirtschaftsbereichen tätig sind. Aus diesen Gesprächen sollen Erfahrungen, Emotionen, Überlegungen, Ängste mit dem und über den Bereich der Social Media und der Public Relations in diesem Sektor in diese Studie einfließen. Daraus sollen Überlegungen abgeleitet werden, die das am Schluss dieser Studie anstehende Konzept für Kleinstunternehmer ergänzen und vervollständigen sollen.

Bezüglich der Vorgehensweise für die qualitativen Experteninterviews ist zu sagen, dass diese als halbstandardisierte Gespräche geführt werden. Daraus ergibt sich die Möglichkeit, die von den Befragten zu einer bestimmten Frage gegebenen Antworten, in gewisser Weise untereinander vergleichbar, beziehungsweise gegenüber stellbar sind.

Im letzten Teil dieser Studie – der Gesamtzusammenfassung – werden die, in den vorangegangenen Kapiteln, durch Literaturanalyse und Expertengespräche erlangten Erkenntnisse, dann in Zusammenhang gebracht und die zu Beginn dieser Studie vom Autor gestellten Forschungsfragen beantwortet werden. Aufgestellte Hypothesen sollen an dieser Stelle ebenfalls in ihrer Aussage verifiziert oder gegebenenfalls auch falsifiziert werden. Als Ziel dieser Studie, ist die Konzeptionierung eines Public Relations-Konzepts für Kleinstunternehmen im Bereich der Social Media zu sehen. Dies soll auch ihren Abschluss bilden.

II. Theoretischer Teil

5. Public Relations

In diesem Teil der Forschungsarbeit, soll zunächst, mit Hilfe der vorliegenden einschlägigen Fachliteratur, der Begriff der Public Relations und ihre Teildisziplinen näher beleuchtet und definiert werden. Ziel dabei ist es, einen Überblick über die Fachbegriffe im Bereich der Public Relations zu vermitteln und zu erlangen. Dabei wird vorerst der Ausdruck „Public Relations" aus den verschiedenen Sichtweisen einzelner Fachleute näher betrachtet. Weiters wird das Feld der Public Relations nach den drei Ansätzen von Signitzer (Anm. d. Verf.: der gesellschaftsorientierte, der marketingorientierte und der organisationsorientierte Ansatz) unterteilt. Darauf folgend stehen die vier Public Relations-Modelle von Grunig und Hunt (Publicity Modell, Public-Information-Modell, Modell der asymmetrischen Kommunikation und das Modell der symmetrischen Kommunikation) und die Unterteilung der Public Relations in Interne- und Externe-Public Relations. Anschließend wird der Public Relations-Prozess (und dessen einzelne Schritte...) beschrieben, welcher einen großen Teil dieses Kapitels einnehmen wird. Ein weiterer Teil dieses Abschnittes bilden die Public Relations-Phasen, die Aufgaben, Funktionen, Ziele und Zielgruppen der Public Relations, sowie die Tätigkeitsfelder und Instrumente der PR. Der letzte Punkt dieses Kapitels soll die Abgrenzung zwischen Marketing und Public Relations bilden.

5.1 Definition und Begriffsbestimmung

Wenn man die Bedeutung von PR, von Public Relations wissen will, so sieht man einfach in ein einschlägiges Fremdwörterbuch und findet sinngemäß nachstehende (oder eine ähnliche Erklärung): => Public Relations: die (Plural); amerikanisch für „öffentliche Beziehungen", Kontaktpflege oder Öffentlichkeitsarbeit (vgl. Duden: 861). Man kann erkennen, dass aus den amerikanischen „öffentlichen Beziehungen", eine deutsche „Öffentlichkeitsarbeit" wurde (vgl. dazu auch Oeckl 1964: 13). Doch so schnell sich der Ausdruck „Public Relations" nachschlagen lässt, so schwer scheint es in der Kommunikationswissenschaft diesen zu definieren. Sehr viele kluge Köpfe der vergangenen Jahre und Jahrzehnte haben versucht, eine umfassende Definition des Begriffs „Public Relations" zu gestalten. Durch den Autor dieses Buches wurde die, für die Belange dieser Studie, am sinnvollsten erscheinende Definition ausgewählt. Doch dazu nachstehend mehr.

Geschichtlich betrachtet, stammt der Ausdruck „Public Relations" – wie im obigen Absatz schon angedeutet – aus den USA. Dort tauchte 1807 bei Thomas Jefferson der Ausdruck der „Public Relations" erstmals auf. Ab 1832 wurde dann an der Universität von Yale im Sinne von „Relations for the General Good" von „Public Relations" gesprochen (vgl. dazu Berger et al. 1989: 19). Public Relations

"[...] im eigentlichen Sinn entwickelten sich jedoch erst zu Beginn des 20. Jahrhunderts. Dafür gab es zwei wichtige Voraussetzungen: Zum einen die durch die expansive Industrialisierung verursachten Spannungen zwischen Kapital und Arbeit, zum zweiten die mittlerweile kostengünstigen Produktionsverfahren der Presse, deren Einfluss sich durch die zunehmende Verbreitung ständig steigerte." (Berger et al. 1989: 19)

Im deutschen Sprachraum wurde der Begriff „Public Relations" zuerst 1938 von Carl Hundhausen eingeführt, konnte sich jedoch erst nach dem Zweiten Weltkrieg im deutschen Sprachgebrauch etablieren (vgl. Berger et al. 1989: 20).

Doch was ist, beziehungsweise wie definiert man Public Relations? Wer macht Public Relations? Für wen ist/sind Public Relations bestimmt? Als Public Relations bezeichnet man eine strategisch organisierte Kommunikation eines Unternehmens, einer Institution oder einer Organisation mit seinen Öffentlichkeiten (...eben die eingangs schon erwähnte „Öffentlichkeitsarbeit"). Dabei kann diese organisierte Kommunikation sowohl eine betriebsinterne Kommunikation – im Sinne eines Informations- oder Frühwarnsystems –, als auch eine nach außen, betriebsextern gerichtete Kommunikation – etwa als Reaktion auf kommunikative Herausforderungen – sein (Anm. d. Verf.: dazu mehr und genaueres im Kapitel 5.6 „Unternehmenskommunikation", Seite 32).

Die betriebsexterne Kommunikation ergibt sich aus der Tatsache, dass Organisationen nicht alleine auf dieser Welt bestehen und in ihren Handlungen insofern weder frei noch unbeeinflussbar sind. Die Organisation muss sich in einer „kritischen Umwelt" behaupten (vgl. Berger et al. 1989: 93). Sie ist umgeben von anderen Menschen (Einzelpersonen, Mitarbeiter, Interessensgruppen,...) und Unternehmen beziehungsweise Institutionen (Gemeinden, Regierungsstellen,...). Zusammenfassend kann man dieses Umfeld auch als „publics" (manchmal auch als Teilöffentlichkeiten oder Zielgruppen bezeichnet) ausdrücken (vgl. Signitzer 1997: 195). In Anlehnung an Dewey und Blumer definierten Grunig/Hunt „publics" folgendermaßen:

> „The definitions of both Dewey and Blumer begin by stating that members of a public detect a problem or an issue. Next, the definitions state that members of a public discuss the issue and organize to do something about it. In the terms of behavioral molecule, the members of the publics pass through the construct, define, select, and confirm segments of the behavioral molecule when they discuss the problem. When they organize for action, they enter the behave segment of the behavioral molecule." (Grunig/Hunt 1984: 144, Hervorheb. i O.)

Und weiter:

> „'Behavior' is the Key. Dewey's and Blumer's definitions of publics, when translated into the terms of the behavioral molecule, suggest that publics consist of individuals who detect the same problems and plan similar behaviors to deal with those problems. Members of publics may behave in the similar way without ever seeing one another face to face." (Grunig/Hunt 1984: 144)

Einerseits beeinflussen Organisationen ihre Umwelt durch ihr Verhalten, andererseits werden sie natürlich von Ihrer Umwelt in ihrem Verhalten beeinflusst. Damit eine Organisation in diesem Beziehungsgefüge nun verhältnismäßig ungehindert ihre Ziele verfolgen kann, muss die Organisation über die verschiedensten Kommunikationskanäle mit ihrem Umfeld Kontakt halten (vgl. Signitzer 1997: 195). Denn „[...] Organisationen, die mit den Teilöffentlichkeiten, mit denen sie Beziehungen haben, gut kommunizieren, kennen die Erwartungen dieser Teilöffentlichkeiten an die Organisation und die Teilöffentlichkeiten kennen die Sichtweisen der Organisation." (Signitzer 1997: 195) Erstrebenswert ist es jedenfalls „[...] einen Zustand des Verstehens und Vertrauens und daraus folgend der Zustimmung in den relevanten Öffentlichkeiten herbeizuführen und zu erhalten." (Berger et al. 1989: 21)

Die Liste der Autoren, die sich die Mühe gemacht haben, Public Relations für sich und andere zu definieren ist – wie am Anfang dieses Kapitels schon erwähnt – lang. Neben zahlreicher anderer, besserer oder schlechterer, beziehungsweise praktikabler oder weniger praktikabler Begriffsbestimmungen, welche für die Public Relations international Verwendung finden, sind nachstehende, von Ronneberger/Rühl:

> „Die Funktion [der Public Relations] liegt in autonom entwickelten Entscheidungsstandards zur Herstellung und Bereitstellung durchsetzungsfähiger Themen, die [...] mit anderen Themen in der öffentlichen Kommunikation um Annahme und Verarbeitung konkurrieren. Die besondere gesellschaftliche Wirkungsabsicht von Public Relations ist es, durch Anschlusshandeln [...] öffentliche Interessen (Gemeinwohl) und das soziale Vertrauen der Öffentlichkeiten zu stärken, [oder] zumindest das Auseinanderdriften von Partikularinteressen zu steuern und das Entstehen von Misstrauen zu verhindern." (Ronneberger/Rühl 1992: 252)

so wie jene von Grunig/Hunt:

> „In one way or another, however, each of these public relations activities is part of the management of communication between an organization and its publics [...]. Communication is a behavior of individuals, groups, or organizations. People communicate when they move messages to or from other people." (Grunig/Hunt 1984: 6)

für die Verwendung der Public Relations im Zusammenhang mit Begriffen wie Web 2.0, Social Networking, oder Social Media, dem Autor für die Erstellung dieser Studie, die am sinnvollsten erscheinenden. Wobei hier angemerkt werden soll, dass es sich hierbei um eine rein subjektive „Wahl" oder „Empfindung" handelt. Nicht, dass andere Definitionen der Public Relations vollkommen ungeeignet wären, aber je nach dem wer oder welche Berufsgruppe (Kommunikationswissenschaftler, Wirtschaftswissenschaftler, Soziologen, Psychologen, Journalisten,... (vgl. dazu Ronneberger/Rühl 1992: 25)) es sich an die Brust geheftet hat, die Public Relations für eine große Allgemeinheit zu definieren, sind eben unterschiedliche Ansätze und Beschreibungen entstanden. Röttger schreibt dazu:

> „Der bis heute in der Wissenschaft und Praxis teils unscharfe PR-Begriff und die zuweilen sehr unterschiedlichen Verständnisweisen von Public Relations spiegeln fachlich-systematische Abgrenzungsprobleme und Zuständigkeitsansprüche unterschiedlicher wissenschaftlicher Disziplinen wider, hier insbesondere der BWL und der Kommunikationswissenschaft." (Röttger 2009: 10)

Da es sich bei dieser Studie um eine kommunikationswissenschaftliche handelt und es sich auch im Bereich der Social Media um eine Form der zwischenmenschlichen Kommunikation dreht, die die Benutzer dieser Seiten untereinander betreiben, sind in den Augen des Verfassers dieser Zeilen, die Definitionen von Ronneberger/Rühl beziehungsweise (und vor allem...) die von Grunig/Hunt, jene, welche die Aspekte der „Kommunikation", der „Organisation" und der „Zielgruppen" am besten transportieren. Hier sind die drei wichtigsten Strukturelemente dieses Kommunikationsprozesses in einer Definition vereint. Wobei an dieser Stelle auch die Definition von Bentele erwähnt werden muss, die im Vergleich zu jener von Grunig/Hunt als etwas differenzierter anzusehen ist, weil zusätzlich noch eine Unterscheidung zwischen interner und externer Kommunikation gemacht wird. Für den Bereich der Social Media könnte diese selbstverständlich ebenfalls Verwendung finden:

> „Öffentlichkeitsarbeit oder Public Relations ist das Management von Informations- und Kommunikationsprozessen zwischen Organisationen einerseits und ihren internen oder externen Umwelten (Teilöffentlichkeiten) andererseits." (Bentele 1997: 22)

Und weiter:

> „Funktionen von Public Relations sind Information, Kommunikation, Persuasion, Imagegestaltung, kontinuierlicher Vertrauenserwerb, Konfliktmanagement und das Herstellen von gesellschaftlichem Konsens" (Bentele 1997: 22f.)

Auch Signitzer versteht den Definitionsversuch von Grunig/Hunt in seinem Beitrag „Einige Grundlagen der Public-Relations-Planung" aus Sicht einer Organisation als den praktikabelsten, da es ja im Grunde genommen darum geht, welchen „[...] Beitrag [...] Public Relations zur Erreichung von Organisationszielen [leistet]." (Signitzer 1996: 6) Denn [...]

> „[...] diese Frage ist eine äußerst anspruchsvolle – aus zwei Gründen: zum einen, weil sie uns zwingt, genau zu analysieren, was denn nun das Potential von Public Relations in einer bestimmten Situation ist, was PR überhaupt kann; zum anderen, weil die Antwort auf die Frage in einer bestimmten Situation) auch lauten könnte: ‚keinen Beitrag' oder ‚nur einen geringfügigen Beitrag' oder ‚einen Beitrag, der geringer ist als die eingesetzten Ressourcen'. Wenn wir auf diese Art und Weise über Öffentlichkeitsarbeit nachdenken, erkennen wir sofort, dass es keine Public-Relations-Ziele *an sich* gibt, keine PR-Erfolge *an sich*, sondern immer nur im Hinblick auf die Ziele der PR-treibenden Organisation." (Signitzer 1996: 6, Hervorheb. i. O.)

Wird Public Relations als eine Kommunikationsfunktion des Managements gesehen - Signitzer spricht in diesem Zusammenhang auch von „Kommunikationsmanagement" (vgl. Signitzer 1997: 195) – werden wir davor bewahrt, Öffentlichkeitsarbeit zu eng zu sehen und auf den reinen Einsatz verschiedener PR-Techniken (wie etwa Presseaussendungen, Broschüren, Geschäftsberichte,...) zu reduzieren (vgl. Signitzer 1996: 6). In diesen Kommunikationsprozessen werden Mitteilungen zwischen Individuen, Gruppen und Unternehmen verschoben (vgl. Grunig/Hunt 1984: 6). Ein Umstand, der wiederum im Bereich der Social Media sehr erheblich ist. Denn: Public Relations werden nicht nur von Unternehmen beziehungsweise von deren, dafür ausgebildeten Spezialisten betrieben. Public Relations werden ganz unbewusst, in der einen oder anderen, mehr oder weniger ausgeprägten und professionellen Form, von jedermann ausgeübt (vgl. Facebook Press 2010).

Wie in den vorangehenden Absätzen dieses Kapitels schon beschrieben, sind die Public Relations-Definitionen von Ronneberger/Rühl und jene von Grunig/Hunt in den Augen des Autors, jene, die ihm für den Bereich der Social Media am brauchbarsten erscheinen. Der Vollständigkeit halber sollen hier aber auch noch weitere Public Relations-Definitionen angeführt werden. Denn, auch wenn sie dem Autor für den Bereich der Social Media als weniger geeignet vorkommen, so sind sie trotzdem aus dem Forschungsfeld der Public Relations nicht weg zu denken und im Sinne einer wissenschaftlichen Auseinadersetzung mit diesem Thema jedenfalls zu erwähnen. Ronneberger/Rühl beschrieben 1992 die Tätigkeiten der Public Relations - mittels einer 1989 ursprünglich von Robert Oscar Carlson (vgl. Ronneberger/Rühl 1992: 27) im Englischen kreierte Definition - auf Deutsch wie nachstehend zu sehen, als „[...] Informationsaktivitäten und Informationspolitik, durch die Unternehmen und andere Organisationen versuchen, begünstigende Einstellungen für sich selbst und für ihre Arbeit herzustellen und abträglichen Einstellungen zu begegnen." (Ronneberger/Rühl 1992: 27) Eine weitere sehr abstrakte und vor allem umfangreiche Definition für Public Relations lieferte 1976 Rex Harlow (übersetzt von Ronneberger/Rühl 1992):

> „Public Relations ist eine unterscheidbare Management-Funktion, die dazu dient, wechselseitige Kommunikationsverbindungen, Akzeptanz und Kooperation zwischen einer Organisation und ihren Öffentlichkeiten herzustellen und aufrechtzuerhalten. Sie bezieht die Handhabung von Problemen und Streitfragen ein; sie unterstützt das Management im Bemühen, über die öffentliche Meinung informiert zu sein und auf sie zu reagieren; sie definiert die Verantwortung des Managements in ihrem Dienst gegenüber dem öffentlichen Interesse und verleiht ihm Nachdruck; sie unterstützt das Management, um mit dem Wandel Schritt halten zu können und ihn wirksam zu nutzen; sie dient als Frühwarnsystem, um Trends zu antizipieren; und sie verwendet Forschung sowie gesunde und ethische Kommunikationstechniken als ihre Hauptinstrumente." (Harlow 1976 zit. n. Ronneberger/Rühl 1992, S 29)

Kritisch zu bemerken ist hier zunächst die Länge dieser Definition. Dubislav schreibt bezüglich „Definitionen": „Eine Definition besteht in der Hauptsache aus einer Wesensbestimmung (Sacherklärung)." (Dubislav 1981: 3) Deshalb sprechen Ronneberger/Rühl bei Harlow auch von einer „Superdefinition" (siehe Ronneberger/Rühl 1992: 29) und lasten ihr das Fehlen eines erkenntnistheoretischen, evolutions- und gesellschaftstheoretischen Orientierungshorizonts an, vor welchem Public Relations Definitionen aus differenzierbar werden. Die Definition Harlows ist in ihrem Wesen eine Zusammenfassung aus 472 Public Relations-Definitionen, aus denen die am häufigsten vorkommenden und am wichtigsten erscheinenden Bestandteile neu zusammengeführt wurden (vgl. Ronneberger/Rühl 1992: 28f.). Was an dieser Definition jedenfalls fehlt, ist die Prägnanz – zum Beispiel im Vergleich zu jener Definition von Grunig/Hunt (Anm. d. Verf.: siehe am Anfang dieses Kapitels) – um Public Relations so präzise und gleichzeitig so allgemein bedeutend wie möglich zu erklären.

Ähnlich wie bei Berger et al., kann man auch bei Heribert Mefferts Definition der Public Relations von „Vertrauen und Verständnis" lesen, wenn er schreibt, dass die [...]

> „[...] Öffentlichkeitsarbeit (Public Relations) [...] die planmäßige, systematische und wirtschaftlich sinnvolle Gestaltung der Beziehung zwischen der Betriebswirtschaft und einer nach Gruppen gegliederten Öffentlichkeit (z.B. Kunden, Aktionäre, Lieferanten, Arbeitnehmer, Institutionen, Staat) mit dem Ziel, bei diesen Teilöffentlichkeiten Vertrauen und Verständnis zu gewinnen bzw. auszubauen." (Meffert 1982: 461)

Wobei Mefferts Ansatz durch die marketingtheoretische Sichtweise geprägt ist und diese somit für die Definition bestimmend ist (Anm. d. Verf.: der Grund hierfür liegt vermutlich darin, dass Prof. Dr. Heribert Meffert Gründungsmitglied und Ehrenvorsitzender der „Wissenschaftlichen Gesellschaft für Marketing und Unternehmensführung" ist und lange Jahre Direktor des ersten Instituts für Marketing an einer deutschen Hochschule (Universität Münster) war (vgl. Gabler Wirtschaftslexikon: online)). Die Deutsche Public Relations Gesellschaft (DPRG) erklärt den Begriff beziehungsweise das Berufsbild der Public Relations wie folgt:

> „Öffentlichkeitsarbeit/ Public Relations vermittelt Standpunkte und ermöglicht Orientierung, um den politischen, den wirtschaftlichen und den sozialen Handlungsraum von Personen oder Organisationen im Prozess öffentlicher Meinungsbildung zu schaffen und zu sichern." (DPRG: online)

Und weiter, dass Public Relations [...]

> „[...] Kommunikationsprozesse für Personen und Organisationen mit deren Bezugsgruppen in der Öffentlichkeit [plant und steuert, d. Verf.]. Öffentlichkeitsarbeit/ Public Relations ist Auftragskommunikation. In der pluralistischen Gesellschaft akzeptiert sie Interessengegensätze. Sie vertritt die Interessen ihrer Auftraggeber im Dialog informativ und wahrheitsgemäß, offen und kompetent. Sie soll Öffentlichkeit herstellen, die Urteilsfähigkeit von Dialoggruppen schärfen, Vertrauen aufbauen und stärken und faire Konfliktkommunikation sichern. Sie vermittelt beiderseits Einsicht und bewirkt Verhaltenskorrekturen. Sie dient damit dem demokratischen Kräftespiel." (DPRG: online)

Zusammenfassend ist festzuhalten, dass es sich bei Public Relations immer um geplante, unternehmensinterne oder -externe Kommunikationsprozesse handelt, die zum Ziel haben, dass sich eine oder mehrere Zielgruppen durch eine bestimmte Message in einer bestimmten Weise angesprochen fühlen soll(en) und damit bewusst in ihr Verhalten eingegriffen wird.

5.2 Ansätze der Public Relations

Wie im vorangegangen Teil dieses Kapitels schon ersichtlich, versuchen Theorien und Definitionen die Materie „Public Relations" allgemeingültig zu erklären. Trotzdem bleibt der Versuch der Bildung einer generellen Definition doch nur eine Interpretation des Wissens über die Public Relations. Deshalb wird eine allumfassende Definition der Public Relations, welche für alle Berufsgruppen und verschiedensten Anwendungsgebiete in welcher diese Anwendung findet, Gültigkeit hat, doch eher ein Wunsch der einzelnen Wissenschaften bleiben, denn schlussendlich kommt es immer auf die Sichtweise und den betrieblichen Blickwinkel an, wie Public Relations nun gesehen werden kann. Signitzer spricht in diesem Kontext auch vom „situativen Ansatz", welcher aus der Organisationslehre übernommen wurde (vgl. Signitzer 2007: 142).

„Das heißt: In unterschiedlichen Situationen können sich jeweils unterschiedliche Sichtweisen, Ansätze und Modelle sowohl theoretisch als auch praktisch als sinnvoll erweisen. Die Entsprechung der plakativen Formel ‚There is no one best way to organize!' lautet für die Kommunikation 'There is no one best way to communicate!'." (Signitzer 2007: 142, Hervorheb. i. O.)

Signitzer unterscheidet an diesem Punkt drei Ansätze der Public Relations:

- den gesellschaftsorientierten Ansatz
- den marketingorientierten Ansatz
- den organisationsorientierten Ansatz

Natürlich gibt es noch weitere Ansätze, um die Public Relations zu differenzieren. Die drei Ansätze Signitzers haben sich aber a) in den letzten Jahren im Bereich der Public Relations durchgesetzt und sind allgemein anerkannt und sollen b) hier auch nur exemplarisch hergenommen werden.

5.2.1 Der gesellschaftsorientierte PR-Ansatz

Hauptvertreter dieses Ansatzes ist Franz Ronneberger, der ausgehend von der Gesamtgesellschaft bzw. gesellschaftlicher Funktionssysteme sich mit der Frage der Funktion der Kommunikation innerhalb dieser Systeme beschäftigt (vgl. Ronneberger 1989: 494). Die zentrale Frage des gesellschaftsorientierten Ansatzes lautet dabei (vgl. Signitzer 2007: 144):

„Welchen Beitrag leisten die Public Relations für das Dasein und die Funktionsweisen von Gesellschaften?"

Es gilt zu beantworten, welchen Anteil die Public Relations zur Funktion der Gesellschaft leisten und welche Bedeutung beziehungsweise welche Auswirkung die Public Relations für und auf eine Gesellschaft haben. Weiters stellt sich in diesem Ansatz auch die Frage, „[…] wann und warum Public Relations in bestimmten zu untersuchenden Gesellschaften überhaupt entsteht und wie sich ihre Entwicklungsverläufe gestalten." (Signitzer 2007: 144) In einem, durch „[…] Interessensorganisation, Interessenskonkurrenz und öffentliche Kommunikation bestimmten Gesamtsystem […]" (Ronneberger 1989: 496) wird der Public Relations ein hoher Beitrag an der Meinungsbildung einer Bevölkerung zugeschrieben. Dabei lassen sich nachstehende Sachverhalte unterscheiden:

- „Analyse und Selektion von Erwartungen der Umwelt an das eigene System bzw. die eigene Organisation
- Bewusstmachen der eigenen Interessen (z.B. von Wirtschaftsunternehmen, politischen Parteien, Verbänden, kulturellen Institutionen)
- Artikulierung dieser Interessen im Rahmen des öffentlichen Mediensystems
- Herstellung einer innerorganisationalen (hauptsächlich innerbetrieblichen) Öffentlichkeit für die eigenen Interessen
- Konfrontation der Interessen in der Öffentlichkeit und Suche nach Kompromissen (Integration)" (Ronneberger 1989: 496)

Signitzer unterscheidet in diesem Zusammenhang auch die direkte und indirekte Wirkung von Public Relations auf die Gegebenheiten und das Verhalten einer Gesellschaft. Als direkte Wirkung könnte zum Beispiel eruiert werden, ob (subjektiv betrachtet) durch die Summe der Public Relations-Aktivitäten, die Zielgruppen eher die Wahrheit über einen Sachverhalt erfahren haben oder ob sie durch diese Aktivitäten eher getäuscht wurden. Und von der objektiven Seite der Betrachtung stellt sich die Frage, inwieweit durch die Summe der Public Relations-Aktivitäten die Zielgruppen von ihren ursprünglichen Interessen eher abgekommen sind oder noch weiter hingeführt wurden (vgl. Signitzer 2007: 144). Die indirekte Form der Auswirkung der Public Relations auf eine Gesellschaft, hat „einerseits mit der Machtfrage, andererseits mit der Vertrauensfrage zu tun." (Signitzer 2007: 144f.) Bezüglich der Machtfrage könnte dies wie folgt ausgelegt werden:

> „Werden durch die Summe der Public Relations-Vorkommnisse in einer Gesellschaft strukturell schwache Gruppierungen relativ gestärkt [...] oder ist es so, dass strukturell bereits starke Gruppen durch den Einsatz von Public Relations noch stärker werden?" (Signitzer 2007: 144)

Die Vertrauensfrage wird in der, von Bentele entwickelten „Theorie des öffentlichen Vertrauens" als ein [...]

> „[...] grundlegender sozialer ‚Mechanismus', gleichzeitig als wichtigster Zielwert verstanden. Resultate dieses Prozesses, die von ‚Vertrauensfaktoren' (wie Sachkompetenz, Kommunikationsadäquatheit, kommunikative Konsistenz etc.) wesentlich bestimmt wird, sind als Vertrauenswerte messbar und durch die Einhaltung von Regeln beeinflussbar." (Bentele 1994: 63)

5.2.2 Der marketingorientierte PR-Ansatz

Grundsätzlich kann der marketingorientierte Ansatz den organisationsorientierten Ansätzen zugeordnet werden. Vorrangig geht es um die erzeugten Produkte und um die Dienstleistungen von Organisationen. Dabei werden die Public Relations als Teilfunktion des Marketings einer Unternehmung betrachtet (vgl. Signitzer 2007: 145). In diesem Ansatz lautet die zentrale Frage (Signitzer 2007: 145f.):

> „Welchen Beitrag leisten Public Relations zur Erreichung der Marketingziele von Organisationen, insbesondere (aber nicht ausschließlich) in Ergänzung und/oder Erweiterung anderer kommunikationspolitischer Maßnahmen wie Absatzwerbung und Verkaufsförderung?"

Dies hängt vor allem davon ab, wie breit der Begriff „Marketing" gesehen wird. Denn je nach dem, ob Marketing eher im engeren Sinn als „[...] Absatz von Gütern und Leistungen" (Signitzer 2007: 146), oder – etwas weiter – als „die bewusste marktorientierte Führung des gesamten Unternehmens" (Signitzer 2007: 146) beziehungsweise die „[...] Befriedigung von Wünschen und Bedürfnissen durch Austauschprozesse [...]" (Signitzer 2007: 146) gesehen wird. Dies hat die Unterscheidung zur Folge, ob Public Relations dabei nur als Teil der Marketingsäule „Kommunikationspolitik", oder als gleichberechtigte unternehmerische Funktionsträger neben Marketing, als „übergeordnetes strategisches Denk- und Handlungssystem" (Signitzer 2007: 146) im Unternehmen steht. Also auch hier kann man wieder von einem situativen Ansatz sprechen (vgl. dazu Kapitel: 5.2 Ansätze der Public Relations, Seite 20). Dabei hat der marketingorientierte PR-Ansatz deutliche Überschneidungspunkte zu den beiden anderen Ansätzen, dem gesellschaftsorientierten und dem organisationsorientierten PR-Ansatz (vgl. Signitzer 2007: 146).

5.2.3 Der organisationsorientierte PR-Ansatz

In diesem Ansatz wird die Public Relations als eine Kommunikationsfunktion von Organisationen verstanden. Als Organisationen werden hier sowohl gewinnorientierte Unternehmen als auch Non- Profit-Unternehmen gesehen. Eine Public Relations-Definition, die für diese Sichtweise bekannt ist, ist jene von Grunig/Hunt, welche in dieser Studie schon erwähnt wurde (siehe dazu auch Kapitel: 5.1 Definition und Begriffsbestimmung, Seite 14) (vgl. Signitzer 2007: 143). Die zentrale Aussage in diesem Ansatz lautet (Signitzer 2007: 143):

„Welchen Beitrag leistet Public Relations zur Erreichung von Organisationszielen?"

Leicht ersichtlich steht in diesem Ansatz die Public Relations betreibende Organisation im Mittelpunkt, in dem hier die Public Relations als eine Kommunikationsfunktion der Organisation begriffen werden. Der Focus richtet sich dabei nach dem Nutzen der Public Relations für Organisationen bzw. welchen Beitrag diese zur Erreichung von Organisationszielen leisten. Dabei ist es wichtig, dass eine Organisation ihre Ziele verfolgen kann und in diesem Zusammenhang die vielfältigen Beziehungen in ihrem Umfeld koordiniert und gepflegt werden können. Dies, um schließlich ein wechselseitiges Einverständnis zwischen Organisation und Umfeld bzw. Zielgruppen zu erreichen. Das Zentrum des Forschungsinteresses liegt in der geplanten Organisationskommunikation und der Planung und Durchführung von Kommunikationsprogrammen. Im Vergleich dazu die „allgemeine" Organisationskommunikation, welche sich auch ungeplanten – Signitzer spricht in diesem Zusammenhang auch von „naturwüchsigen" (vgl. Signitzer 2007: 143) – Kommunikationsabläufen zuwendet und eben nicht nur der „[...] geplanten und strategisch eingesetzten Kommunikation" (Signitzer 2007: 144).

5.3 Die vier PR-Modelle nach Grunig und Hunt

Wie in einem vorherigen Abschnitt der vorliegenden Studie (Kapitel 5.1 Definition und Begriffsbestimmung, Seite 14) schon erwähnt, bestehen Organisationen nicht alleine auf dieser Welt, sondern sind von Menschen/Gruppierungen und anderen Unternehmen/Institutionen umgeben. Diese Beziehung ist für beide Seiten beeinflussend, denn einerseits bestimmt die Organisation/Institution das Verhalten der Menschen/Gruppierungen, die sie umgeben, andererseits haben die sie umgebenden Menschen/Gruppierungen (oder auch „Umwelten") natürlich auch Einfluss auf die Unternehmung/Institution. Eine Wechselwirkung ist festzuhalten. Jan Lies schreibt dazu auch: „PR ist deshalb so wichtig geworden, weil das Verhalten der Organisation Konsequenzen für die Öffentlichkeit hat. Das Verhalten der relevanten Öffentlichkeiten hat wiederum Folgen für die Organisation." (Lies 2008: 446)

Die Aufgaben der Public Relations liegen nun darin, diese vielfältigen Beziehungen zu den einzelnen „Umwelten" in einer Art „Beziehungsmanagement" zu koordinieren und zu pflegen. Wie schon erwähnt (siehe Kapitel: 5.1 Definition und Begriffsbestimmung, Seite 14), geht es dabei nicht darum, freundschaftliche Beziehungen zu erreichen oder die Zustimmung der Gruppen zu Projekten der Unternehmungen und Institutionen zu erlangen. Viel mehr geht es darum, dass „überhaupt" und in weiterer Folge „gut" kommuniziert wird, damit die unternehmensexternen Gruppierungen über die Sichtweisen der Unternehmung/Institution informiert sind und umgekehrt die Unternehmung/Institution über die öffentlichen/unternehmensexternen Meinungen Bescheid wissen. Es geht um das Verstehen der jeweiligen Erwartungen (vgl. Signitzer 2007: 155). Dabei hat das Konzept der Public Relations als „Kommunikationsmanagement", welches von Grunig und Hunt entwickelt wurde, innerhalb der organisationstheoretischen Sichtweise der Public Relations große Beachtung gefunden (vgl. dazu Signitzer 2007: 155 sowie Lies 2008: 445).

Die vier Teile des Modells von Grunig/Hunt lauten:

- Das Publicity Modell
- Das Public-Information-Modell
- Das Modell der asymmetrischen Kommunikation
- Das Modell der symmetrischen Kommunikation

1984 stellten Grunig und Hunt ihr Modell das erste Mal vor. Dieses hängt eng mit ihrem organisationstheoretischen Public Relations-Modell zusammen (vgl. Signitzer 2007: 155). Dabei werden die Vorgänge der Public Relations in dichotomen Kommunikationsdimensionen unterteilt: die Kommunikation als asymmetrische oder symmetrische Kommunikation und die Kommunikationsrichtung als Einweg- oder als Zweiweg-Kommunikation. Daraus resultieren die vier Modelle der Public Relations, welche auch einen historischen Wandel seitens der Public Relations erkennen lassen, nämlich von einer niedrigen (Publicity) zu einer höheren (symmetrische Kommunikation) Form der Public Relations (vgl. Grunig/Hunt 1984: 22f. sowie Signitzer 2007: 155ff.).
Dies ist auch in nachstehendem Schaubild (Abbildung 2) gut ersichtlich:

TABLE 2-1 Characteristics of Four Models of Public Relations

Characteristic	Model			
	Press Agentry/ Publicity	Public Information	Two-Way Asymmetric	Two-Way Symmetric
Purpose	Propaganda	Dissemination of information	Scientific persuasion	Mutual understanding
Nature of Communication	One-way; complete truth not essential	One-way; truth important	Two-way; imbalanced effects	Two-way; balanced effects
Communication Model	Source ⟶ Rec.	Source ⟶ Rec.	Source ⇄ Rec. Feedback	Group ⇄ Group
Nature of Research	Little; "counting house"	Little; readability, readership	Formative; evaluative of attitudes.	Formative; evaluative of understanding
Leading Historical Figures	P. T. Barnum	Ivy Lee	Edward L. Bernays	Bernays, educators, professional leaders
Where Practiced Today	Sports, theatre, product promotion	Government, nonprofit associations, business	Competitive business; agencies	Regulated business; agencies
Estimated Percentage of Organizations Practicing Today	15%	50%	20%	15%

Abb. 3: Die vier PR-Modelle von Grunig und Hunt. (Grunig/Hunt 1984: 22)

Dabei soll dieser Ansatz „[...] einerseits die historische Entwicklung der Öffentlichkeitsarbeit in den USA beschreiben und zum anderen als Konzept verstanden werden, das die charakteristischen Ausprägungen moderner Public Relations idealtypisch erfasst." (Grunig et al. 1996: 200)

5.3.1 Das Publicity-Modell

Dieses Modell ist in der Praxis vorherrschend (vgl. Lies 2008: 446). Es wurde von Grunig/Hunt auch als „Propaganda-Modell" bezeichnet (vgl. Merten 2000: 98), was jedoch in den Augen von Signitzer „missverständlich" ist (vgl. Signitzer 2007: 157). Viel mehr ginge es darum, „[...] Organisationen (bzw. Produkte oder Dienstleistungen dieser Organisationen) durch einseitiges und undifferenziertes Hervorheben ihrer positiven Aspekte (,marktschreierisch') ins Zentrum öffentlicher Aufmerksamkeit zu rücken." (Signitzer 2007: 157) Ähnlich sieht dies auch Lies: Unternehmen/Institutionen bemühen sich vorrangig um, [...]

> „[...] eine positive Berichterstattung in den Massenmedien, z.B. soll durch die Inszenierung von publicityträchtigen Pseudo-Ereignissen die öffentliche Aufmerksamkeit auf bestimmte Unternehmen, Personen etc. gelenkt werden. Das Publicity-Modell spiegelt [wie schon zu Beginn dieses Kapitels angesprochen, d. Verf.] den Propaganda-Begriff wider." (Lies 2008: 446, Hervorheb. i. O.)

5.3.2 Das Public-Information-Modell

Das Public-Information-Modell wird im Deutschen als „Informationsmodell" (vgl. Lies 2008: 446) oder auch als Modell der „Informationstätigkeit" (Signitzer 2007: 157) bezeichnet. Die Aufgabe dieses Modells besteht darin, „[...] im Rahmen von Einweg-Informationen möglichst wahrheitsgemäße Informationen durch die Massenmedien und kontrollierte Medien wie Broschüren, Newsletter etc. zu verbreiten. [Ein, d. Verf.] Feedback [seitens der Zielgruppen, d. Verf.] ist [dabei, d. Verf] nicht wichtig." (Lies 2008: 446) Am besten wird es durch die Tätigkeit des „[...] ‚Regierungssprechers' illustriert, dessen Aufgabe es ist, punktuell korrekte (aber nicht notwendigerweise umfassende, kontextuelle oder gar selbst-kritische) Informationen an Zielgruppen weiter zu leiten, ohne sich viel um Wirkung bzw. Feedback zu kümmern." (Signitzer 2007: 157)

5.3.3 Das Modell der asymmetrischen Kommunikation

In diesem Modell wirkt die Kommunikation nur in eine Richtung „verändernd" (vgl. Lies 2008: 446) und zwar in der Form, dass die Organisation/Institution durch Feedback gewonnenes Wissen dazu verwendet, ihre Zielgruppen im Interesse der Organisation/Institution besser beeinflussen zu können (vgl. Signitzer 2007: 157). Dazu auch Lies: „Externe Einflüsse auf die kommunikationstreibende Organisation gibt es nicht, obwohl Feedback [seitens der Zielgruppen, d. Verf.] zum Modell dazugehört. Es wird [jedoch nur, d. Verf.] zur verbesserten Darstellung des eigenen Standpunkts benutzt." (Lies 2008: 446) Das Endergebnis der asymmetrischen Kommunikation soll sein, die angesprochenen Zielgruppen zu überzeugen.

5.3.4 Das Modell der symmetrischen Kommunikation

Bei diesem Modell werden Verhandlungs- und Konfliktlösungsstrategien eingesetzt. Ziel ist es, „[...] symbiotische Veränderungen in den Einstellungen und Verhaltensweisen sowohl der Organisation als auch der Zielgruppen herbeizuführen – und zwar in der Form, dass ein neutraler Beobachter die Wirkung als wechselseitig vorteilhaft beschreiben würde." (Signitzer 2007: 157)

> „Wechselseitige Einflüsse von der kommunikationstreibenden Organisation und ihrer Umwelt sind ausbalanciert. Unternehmen integrieren also Ansprüche ihrer Umwelt in ihr Handeln. PR hat hier [...] Input-, Output- und Feedbackfunktionen. Sie ist dialogisch und vor allem für Krisensituationen angelegt." (Lies 2008: 446)

Welches der vier Public Relations-Modelle wann seine Anwendung findet, hängt schlussendlich von der Beziehungsstruktur zwischen einer Organisation und ihrer Umwelt, sowie von den individuellen Interessen der Unternehmung ab (vgl. Signitzer 2007: 156). Grunig/Hunt meinen bezüglich der praktischen Verwendung dieser Modelle nachstehendes:

> „If you want to sell tickets to a baseball game, for example, you should use the [...] publicity model. If a government agency is charged by Congress to disseminate health information, the public information model will work best. If a business firm wants to use public relations to help market a product or to influence legislation, the two-way asymmetric model will work best. A large, regulated business firm will want to use the two-way

symmetric model to help maintain the social responsibility its government regulators require. At times, one organization will find that a different model works best for different problems or for different public relations activities." (Grunig/Hunt 1984: 43)

5.4 Aufgaben, Funktionen und Ziele der Public Relations

Als Aufgabe und Funktion der Public Relations gelten „[...] a) die Schaffung von Vertrauen und Akzeptanz und b) der Interessensausgleich zwischen Unternehmen und der Öffentlichkeit bzw. bestimmten Zielgruppen. Dies kann durch Steigerung des Bekanntheitsgrades, Erzeugung und Pflege eines Images, die Behauptung von Relevanz, also letztlich durch das Management von Kommunikation erfolgen." (Merten 2000: 91f.) Dies kann im Bereich der Aufgaben der Public Relations als Grundgerüst gesehen werden. Der Versuch, [...]

> „[...] PR-Aufgaben [...] als Teil der Organisationskommunikation zu strukturieren, ist schwierig, weil zentrale Kriterien der PR disziplinen- und instrumentenübergreifend verwendet werden, die sich gleicher Basisfunktionen bedienen, wie beispielsweise die benachbarten Disziplinen Marketing, Werbung oder Journalismus: nämlich der Kommunikation." (Lies 2008: 16)

Anhand der „AKTION-Formel" versucht die Deutsche Public Relations Gesellschaft (DPRG) nachstehende Kernaufgaben der Public Relations zu definieren (DPRG 2005: 8f.):

A => Analyse, Strategie und Konzeption
K => Kontakt, Beratung und Verhandlung
T => Text und kreative Gestaltung
I => Implementierung
O => Operative Umsetzung
N => Nacharbeit bzw. Evaluation

Aber auch hier (wie schon bei Lies 2008 hier in diesem Kapitel erwähnt) muss bemerkt werden, dass es sich dabei nicht um klare, Public Relations-spezifische Aufgaben handelt, welche hier aufgezählt wurden. Aufgaben also, die das Berufsfeld der Public Relations, von dem der schon hier erwähnten, benachbarten Disziplinen Marketing, Werbung oder Journalismus eindeutig abgrenzen würden.

Bezüglich der Ziele im Bereich der Public Relations kann gesagt werden, dass es sich bei der Öffentlichkeitsarbeit eines Unternehmens vorrangig um das Erkennen und Lösen von Kommunikationsproblemen und der Schaffung dafür notwendiger Rahmenbedingungen handelt. Als Beispiele solcher Ziele zählt Signitzer nachfolgende auf (vgl. Signitzer 1996: 15f.):

- **Kontakt:** darunter versteht man die Entstehung eines Kontakts zwischen einer Organisation und ihren Zielgruppen;

- **Informationsweitergabe:** hier werden die Zielgruppen mit Informationen bezüglich der Organisation versorgt.
- **Genauigkeit der Erinnerung:** hier geht es um das richtige Verstehen einer Information und das Erinnern an diese Information über einen gewissen Zeitraum.
- **Akzeptanz der Botschaft:** hier geht es darum, dass die Zielgruppen die Information der Organisation auch genau so verstehen, nämlich als Meinung der Organisation. Ein Einverständnis/eine Zustimmung durch die Zielgruppen ist hier nicht notwendig.
- **Einstellungsbildung oder -veränderung:** hier ist die positive Reaktion seitens der Zielgruppen auf die Meinung der Organisation das Ziel. (Beibehaltung einer gewünschten Einstellung durch die Zielgruppen)
- **Verhaltensänderung:** die Zielgruppen sollen ihr Verhalten im Sinne der Organisation ändern und diese Verhaltensänderung auch beibehalten. Sicherlich das am schwersten zu erreichende Kommunikationsziel.

Diese Ziele sind zwar bezüglich ihres zunehmenden Schwierigkeitsgrades als hierarchisch zu sehen, es müssen jedoch a) weder alle Stufen durchlaufen werden, noch muss b) dieser Prozess immer am Punkt des „Kontakts" beginnen (vgl. Signitzer 1996: 16).

Bogner zählt auf, was mittels einer „langfristig formulierten und strukturierten Grundsatzpolitik" (Bogner 1999: 28) im Bereich der Public Relations durch diese erreicht werden kann. Public Relations können (Anm. d. Verf.: der Ausdruck „Unternehmen" ist hier simultan mit „Institution" zu sehen):

- Eine Erhöhung des Bekanntheitsgrades der Institution bewirken
- Eine Veränderung oder Verfestigung des Images einer Institution verursachen
- Eine Positionierung der Institution in der öffentlichen Meinung bewirken
- Den Aufbau von Vertrauen und Glaubwürdigkeit in die Institution bewirken
- Den Aufbau eines positiven Geschäfts- und Betriebsklimas bewirken (intern + extern)
- Schaffung von Verbündeten für eine Institution
- Eine positive Berichterstattung in den Medien erlangen
- Durchsetzung von Anliegen und Objekten seitens von Behörden bewirken
- Bessere Situationen am Arbeitsmarkt und in ähnlichen Bereichen schaffen
- Bessere Voraussetzungen für den Fall einer Krise schaffen
- Negative Schlagzeilen über die Institution haben geringere Auswirkungen (vgl. Bogner 1999: 28).

Public Relations-Ziele, die als Kommunikationsziele definiert sind, orientieren sich im Grunde genommen an den Zielen der Organisationszielsetzungen und lassen sich von diesen ableiten (vgl. Signitzer 1996: 17). Auch Bogner sieht dies ähnlich:

> "Werden Public Relations als ganzheitliche Kommunikationsaufgabe, diese wiederum als Top-Managementfunktion verstanden, dann sind die PR-Ziele gleichzeitig Unternehmensziele. Es empfiehlt sich daher, bei den PR-Zielen zwischen Grundsatz-Zielen, die unter den Unternehmenszielen subsumiert werden können, und *operationalen* Zielen zu unterscheiden. In der Literatur wird bei den Unternehmenszielen sehr oft zwischen Haupt- und Nebenzielen differenziert." (Bogner 1999: 70, Hervorheb. i. O.)

5.5 Zielgruppen bzw. Dialoggruppen der Public Relations

Wenn man über Public Relations liest oder spricht, sieht beziehungsweise hört man sehr häufig den Begriff der Zielgruppen, Teilöffentlichkeiten, Bezugsgruppen oder auch Dialoggruppen. An dieser Stelle dieser Studie sollen einige dieser Begriffe genauer definiert und zugeordnet werden. Szyszka schreibt hierzu:

> "Während die Begriffe Bezugsgruppe und Teilöffentlichkeit einzelne Teile des Beziehungsnetzes einer Organisation innerhalb einer Gesellschaft markieren und damit auf systemische Zusammenhänge verweisen, ist der Begriff Z. [Anm. d. Verf.: Zielgruppe] – wie auch jener der Dialoggruppe – ein Begriff zur Kennzeichnung *mehr oder weniger konkreter Gruppen in operativen Zusammenhängen*. Er markiert jene Bezugsgruppen, denen gegenüber Maßnahmen der PR-Arbeit – oder analog andere Kommunikationsaktivitäten – ergriffen werden (sollen). (Szyszka 2008: 630, Hervorheb. i. O.)

Nun muss geklärt werden, was eine Zielgruppe überhaupt ist und wie diese definiert wird. Grunig/Hunt sind der Meinung, dass eine Gruppe von Personen folgende drei Faktoren erfüllen muss, damit man überhaupt von einer Zielgruppe sprechen kann:

1. Es handelt sich um eine Gruppe Menschen, die das gleiche „Problem" haben
2. Sie haben erkannt, dass dieses „Problem" existiert und
3. Sie schließen sich zusammen um etwas dagegen zu tun (vgl. Grunig/Hunt 1984: 145).

Das in dieser Definition angesprochene Ausdruck „Problem" muss nicht zwingend als negativ gesehen werden, sondern ist als Wort eher als „wertneutral" zu betrachten. Seitens einer Zielgruppe kann eine Organisation/Institution sowohl negative, als auch positive Aspekte erwarten. Somit kann ein „Problem" auch durchaus als Chance für Organisation/Institution gesehen werden (vgl. dazu Signitzer 2007: 159).

Jedenfalls ist es jedoch so, dass diese Gruppe von Personen in irgendeiner Weise mit dem Unternehmen verknüpft ist und ihr Verhalten Auswirkungen auf die Institution/Organisation hat oder zumindest haben kann (vgl. dazu Signitzer 2007: 159). Und je nachdem, ob es sich dabei dann um Journalisten, Mitarbeiter der Institution/Organisation, Nachbarn selbiger, Bankbeauftragte, Politiker, junge Menschen, ältere Menschen und so weiter handelt, müssen diese einzelnen Zielgruppen auch unterschiedlich angesprochen werden (vgl. Signitzer 1996: 8). „Je besser und genauer die Segmentierung in Zielgruppen erfolgt, desto effizienter kann kommuniziert werden." (Signitzer 1996: 8)

In diesem Bereich hat sich auch die Typologisierung von 4 Zielgruppen-Typen nach Grunig/Hunt in den Public Relations etabliert, welche auf der hier schon genannten Definition von Zielgruppen aufbaut. Grunig/Hunt unterscheiden hier:

- Die „Nicht-Zielgruppen": Diese haben kein gemeinsames Problem. Somit treffen Punkt 1-3 nicht auf diese Gruppe zu.
- Die „latente" Zielgruppe: Diese haben zwar schon ein Problem, dieses wird aber noch nicht als solches erkannt. Es trifft nur Punkt 1 auf sie zu.
- Die „bewusste" Zielgruppe: das Problem wird auch schon als solches erkannt. Hier treffen Punkt 1 und 2 der Aufzählung zu.
- Die „aktive" Zielgruppe: hier beginnen sich die Gruppenmitglieder zu organisieren und versuchen mit dem Problem umzugehen beziehungsweise dieses zu lösen. Punkt 1-3 treffen zu (vgl. Grunig/Hunt 1984: 145).

Grunig weist hier auch noch auf einen weiteren Typus im Bereich der Zielgruppen hin, nämlich den, der sogenannten „aktivistischen" Zielgruppe. Dabei handelt es sich um eine Gruppe, die hohen Einfluss auf die bewusste Gruppe und deren Aktivierung zur „aktiven" Zielgruppe hat (vgl. dazu Grunig 1989 zit. n. Signitzer 2007: 159).

Wichtig im Zusammenhang mit der Definition der Zielgruppen ist auch die Seite der „Macht". Wie viel Macht hat eine Zielgruppe auf die Belange des Unternehmens? Hier geht es darum, heraus zu finden inwieweit der Einfluss einer Zielgruppe auf die Unternehmung vorhanden ist und wie sich dieser auf die Unternehmung auswirken kann (vgl. Signitzer 1996: 10). Die Fragen stellen sich dabei wie folgt:

- „Welche unserer Zielgruppen können unseren Handlungsspielraum (wann? wie?) *erweitern* und uns bei der Verfolgung unserer Ziele *unterstützen*?
- Welche unserer Zielgruppen können unseren Handlungsspielraum *einengen* und uns so bei der Verfolgung unserer Ziele *behindern*?
- Welche unserer Zielgruppen können *wir* bei der Verfolgung *ihrer* Ziele *unterstützen*?
- Welche unserer Zielgruppen können *wir* bei der Verfolgung *ihrer* Ziele *behindern*? (Signitzer 1996: 10, Hervorheb. i. O.)

Oder anders (und kürzer…) ausgedrückt:

- Wer kann uns nützen?
- Wer kann uns schaden?
- Wem können wir nützen?
- Wem können wir schaden? (Signitzer 1996: 10)

Diese Unterteilung der Zielgruppen/Dialoggruppen stellt aber natürlich nur eine Möglichkeit dar. Auf der „Suche" nach Ziel-/Dialoggruppen können auch andere Kriterien eine Rolle spielen. Genauso gut könnte man zwischen

- den *mittelbaren Dialoggruppen* wie etwa Medien oder Meinungsbildner, welche als Mittler zum Letztempfänger angesprochen werden

und

- den *unmittelbaren Dialoggruppen* wie etwa Behördenvertreter, welche ohne Zwischenmedium direkt angesprochen werden, unterscheiden (vgl. Bogner 2005: 126).

Selbstverständlich sind im Bereich der Zielgruppen aber auch andere Spezifizierungen möglich. Etwa ist „[...] eine Gliederung nach demographischen, soziologischen oder psychologischen Gesichtspunkten möglich. Ebenso eine Gliederung nach gesellschaftlichen Bereichen: Dialoggruppen aus Wirtschaft, Politik, Kultur, Verwaltung usw. [...]"(Bogner 2005: 127) und schließlich „[...] auch eine Gliederung nach der ‚Nähe' zur Institution: Teilöffentlichkeiten des Betriebes, der Gemeinde, des Landes usw." (Bogner 2005: 127)

5.6 Unternehmenskommunikation

Kommunikation in einem Unternehmen [...]

> „[...] ist heute nicht mehr nur unterstützendes Verkaufsinstrument und damit lediglich eine Begleiterscheinung der Produktpolitik, sondern ein eigenständiges und professionell einzusetzendes Instrument moderner Unternehmensführung. Kommunikation wird zum strategischen Erfolgsfaktor für Unternehmen, da sie eine erfolgreiche Differenzierung vom Wettbewerb ermöglichen kann." (Bruhn 2009: 7)

Um den Bereich der Unternehmenskommunikation genauer zu beleuchten, muss auch hier schrittweise und deduktiv vorgegangen werden. Zunächst soll hier die Kommunikation im Allgemeinen dargestellt werden, bevor dann die Unternehmenskommunikation, beziehungsweise ihre Unterfunktionen näher betrachtet werden. Diese Vorgehensweise erscheint auch insofern sinnvoll, als dass es sich hier ja um eine Studie im Bereich der Kommunikationswissenschaft handelt und deshalb auch der Begriff der Kommunikation und was Kommunikation ist, wenigstens kurz angeschnitten werden soll.

5.6.1 Kommunikation allgemein

Der Begriff „Kommunikation" wird sowohl im alltäglichen Sprachgebrauch, als auch im wissenschaftlichen Kontext verwendet. Dabei kommt es oft zu unterschiedlicher Auffassung der Bedeutungen dieses Begriffs, was vermutlich auf dessen unterschiedliche Interpretationsmöglichkeiten und Erscheinungsformen zurückzuführen ist.

Ursprünglich stammt das Wort „Kommunikation" vom lateinischen „communicare" ab, wo dessen Bedeutung mit „eine Mitteilung machen", „gemeinsam machen", „mitteilen", „teilen" oder auch „vereinigen" gleichzusetzen ist. Aus den unterschiedlichen Übersetzungen ist ersichtlich, dass für den Vorgang der Kommunikation eine Beziehung zwischen den Kommunikationspartnern herrschen muss, damit eine Interaktion – dieser Vorgang des „Teilens" oder „gemeinsam machen" eines Kommunikationsinhaltes – überhaupt möglich ist. „Kommunikation zwischen den Menschen [...] stellt soziologisch betrachtet, eine Form sozialen Handelns dar, das mit subjektivem Sinn verbunden sowie auf das Denken, Fühlen und Handeln anderer Menschen bezogen ist." (Pürer 2003: 59)

„Im Gegensatz zu der mit einer Einbahnstraße vergleichbaren ‚Information' kann ‚Kommunikation' als Fahrbahn mit Gegenverkehr gesehen werden. Einer Information in die eine Richtung folgt eine andere in der entgegengesetzten [sic] Richtung *(feed-back)*" (Bogner 2005: 16, Hervorheb. i. O.) Der häufig verwendete Begriff der Massenkommunikation wiederum stammt aus dem amerikanischen Sprachraum und wurde aus dem Wort „mass communication" abgeleitet.

Merten unterscheidet im Bereich der Kommunikation vier Ebenen (vgl. dazu Merten 1977: 93 sowie Pürer 2003: 58 nach Merten 1977: 94ff):

- Die subanimalische Ebene (subanimalische Kommunikation): bezeichnet die Kommunikation zwischen Organismen.
- Die animalische Ebene (animalische Kommunikation): bezeichnet die Kommunikation zwischen Tieren beziehungsweise die Kommunikation zwischen Menschen und Tieren.
- Die Humanebene (Humankommunikation): hier ist ausschließlich die zwischenmenschliche Kommunikation gemeint. Das besondere Kennzeichen dieser Kommunikation ist die Verfügbarkeit eines sprachlichen Kanals.
- Die technische Ebene (Massenkommunikation): hierbei handelt es sich um eine besondere Form der Humankommunikation, da „[...] sie auf technische Medien angewiesen (also indirekt) ist, in aller Regel einseitig abläuft und sich an die Öffentlichkeit richtet." (Pürer 2003: 58)

Pürer erweiterte 2003 Mertens Auflistung noch um die „Computervermittelte Kommunikation", ein Punkt der 1977 natürlich noch nicht relevant war. Dabei handelt es sich um jene Kommunikationsformen, die „[...] durch das Verschmelzen von Telekommunikation, Computerisierung und herkömmlichen elektronischen Massenmedien möglich geworden sind." (Pürer 2003: 58f.)

In dieser Aufteilung auf die verschiedenen Ebenen wird somit zwischen Kommunikation im weiteren Sinn (alle Prozesse der Informationsübertragung, welche technische, biologische, psychische und soziale Informationsvermittlungssysteme mit einbezieht) und Kommunikation im engeren Sinn (der Vorgang der Verständigung und Bedeutungsvermittlung zwischen Lebewesen) unterschieden (vgl. Pürer 2003: 59).

Technisch gesehen können während des Ablaufs der Kommunikation (stark vereinfacht) vier Grundelemente unterschieden werden:

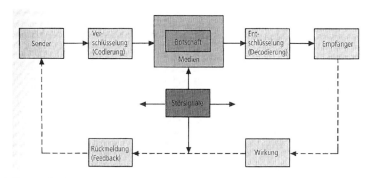

Abb. 4: Kommunikationsmodell. (Kotler 2007a: 655)

Ein **Kommunikator** übermittelt eine **Aussage** (Kommunikationsinhalt) mittels eines **Mediums** an einen **Rezipienten** (Empfänger) (vgl. Merten 1977: 25). Um welchen Punkt Mertens Ausführung noch erweitert werden muss, ist der „Code". Wenn wir dazu Bogner vergleichen (Bogner 2005: 18):

> „Kommunikation bedeutet also gegenseitige Informationsvermittlung mit dem Ziel der Verständigung. Diese Verständigung erfolgt mittels Zeichenvorrat (z.B. Wörter, Gesten, Töne) und Code (z.B. Sprache) sowie den daraus gebildeten Signalen (Botschaften). Der Kommunikator enkodiert seine Zeichen zu einer Botschaft und übermittelt diese über Signalisierung oder ein Medium (z.B. Meinungsbildner, Massenmedium) an den Rezipienten. Dieser dekodiert die Botschaft und interpretiert sie mittels seines Zeichenvorrates." (Bogner 2005: 18)

Dieser Vorgang geschieht im Laufe einer Kommunikation wechselseitig (Reziprozität der Kommunikation). Im Bereich des Mediums, welches für den Kommunikationsprozess herangezogen wird, kann zwischen primären, sekundären und tertiären Medien unterschieden werden (vgl. Pürer 2003: 64f.):

- **Primäre Medien:** auch Medien des „menschlichen Elementarkontakts" genannt. Hierunter fällt einerseits die Sprache (verbale Kommunikation), als auch „nichtsprachliche Vermittlungsinstanzen" (nonverbale Kommunikation), wie etwa Gestik, Mimik und Körperhaltung der interagierenden Personen. Dabei handelt es sich um eine sogenannte „face-to-face"-Kommunikation ohne die Zuhilfenahme eines technischen Gerätes.

- **Sekundäre Medien:** hier ist auf der Seite des Produzenten, des Kommunikationsinhaltes, ein technisches Gerät erforderlich, jedoch nicht auf Seiten des Rezipienten zur Aufnahme des Inhaltes (Bücher, Flugblätter, Zeitungen,...).
- **Tertiäre Medien:** Hier bedarf es auf beiden Seiten ein technisches Gerät, um kommunizieren zu können. Sie umfassen den gesamten Bereich der Telekommunikation (Telefon,...) als auch den der elektronischen Massenmedien (Radio, Fernsehen, Internet). => jener Bereich, in dem sich die Social Media abspielen.

Neben der schon genannten **Reziprozität der Kommunikation** (Wechselseitigkeit), hat Merten noch weitere Charakteristika von Kommunikation ausfindig gemacht. Dazu zählt er:

- **Die Intentionalität:** die Absicht des Senders ist es, dem Rezipienten die Inhalte seiner Botschaft zu vermitteln. Diese Intentionalität bleibt auch bestehen, wenn der Empfänger nicht auf die Botschaft reagiert oder mitunter etwas anderes versteht, als der Sender in seiner Botschaft vermitteln wollte (vgl. Merten 1977: 77ff.).
- **Anwesenheit:** bezeichnet die gegenseitige Wahrnehmbarkeit der Kommunikationspartner während der direkten Interaktion. Dabei wird der Partner über mehr als einen Wahrnehmungskanal wahrgenommen (optisch und akustisch). Im Vergleich dazu: Telefonat, denn hier wird ein Kanal gestört und das Gespräch erfolgt nur noch über den verbalen Kanal (vgl. Merten 1977: 79-82).
- **Sprachlichkeit:** Sprache ist ein wesentliches Merkmal der Kommunikation (neben der nonverbalen Kommunikation), stellt jedoch kein Kriterium, keine notwendige Bedingung für sie dar, da sich alle verbale Kommunikation aus der nonverbalen Kommunikation entwickelt hat. Kommunikation kann sowohl, als auch erfolgen, doch ergänzen sich beide Kanäle – der verbale und der nonverbale – in der Weise, dass jeder Kanal alleine nicht den Kommunikationserfolg erbringen könnte, wie sie dies gemeinsam schaffen (vgl. Merten 1977: 82ff.).
- **Wirkung:** dabei handelt es sich um alle Erlebnisse, welche die Kommunikationspartner während des Kommunikationsprozesses erfahren und auch jene, die für Dritte von außen beobachtbar sind. Doch auch dieser ist nicht Kriterium dafür, ob Kommunikation stattgefunden hat oder nicht, da die Wirkung eines Kommunikationsprozesses bei den Kommunikationspartnern nicht eindeutig nachweisbar ist, was ihre Existenz aber nicht ausschließt (vgl. Merten 1977: 84ff.).
- **Reflexivität:** für Merten das wichtigste Merkmal der Kommunikation. Dabei handelt es sich um die Fähigkeit der Kommunikationspartner, über den Kommunikationsprozess zu reflektieren. Merten unterscheidet im Bereich der Reflexivität der Kommunikation eine

zeitliche, eine sachliche und eine soziale Dimension. Diese seien hier jedoch nur am Rande erwähnt, da sie für vorliegende Studie keine Relevanz haben (vgl. Merten 1977: 86ff.).

5.6.2 Unternehmenskommunikation im speziellen

Unternehmenskommunikation – auch als „Corporate Communications" oder kurz „CC" eines Unternehmens bezeichnet – kann als Verknüpfung der Unternehmensführung, der Kommunikation und sozialer Integration gesehen (vgl. Zerfaß 2010: 287) und als „[...] die nach strategischen Aspekten organisierte Kommunikation von Unternehmen mit der Öffentlichkeit" (Berger et al. 1989: 37) bezeichnet werden. Unternehmenskommunikation bildet somit „[...] die kommunikative Klammer eines Unternehmens mit seiner Umwelt und besitzt eine duale, also nach innen und nach außen gerichtete Funktion" (Berger et al. 1989: 37) deren Aufgabe darin besteht, „[...] erfolgsträchtige Unternehmensstrategien zu formulieren, zu realisieren und durchzusetzen." (Zerfaß 2010: 287)

Zusammengefasst kann Unternehmenskommunikation auch als jene „[...] kommunikativen Handlungen von Organisationsmitgliedern [bezeichnet werden, d. Verf.], mit denen ein Beitrag zur Aufgabendefinition und -erfüllung in gewinnorientierten Wirtschaftseinheiten geleistet wird [...]." (Zerfaß 2010: 287) Die unternehmensinterne Kommunikation wird bei diesen Überlegungen und Definitionen ausgeschlossen. In der Literatur werden die Begriffe „Unternehmenskommunikation" und „Organisationskommunikation" oft sinngleich verwendet. Um das Verhältnis von Public Relations, Unternehmenskommunikation und Organisationskommunikation zueinander abgrenzen zu können, ist in den Augen des Autors zunächst nachfolgende Grafik sehr hilfreich:

Abb. 5: Bereiche der Unternehmenskommunikation. (Mast 2010: 11)

Aus obiger Grafik von Claudia Mast (2010) ist ersichtlich, dass sie diese Begriffe hierarchisch miteinander in Verbindung setzen und zwar in der Weise, dass Public Relations als Teil des Managements beziehungsweise als Teil des Marketing-Mix als ein Instrument der Unternehmenskommunikation und diese wieder als Unterbegriff der Organisationskommunikation gesehen werden kann. Letzterer habe sich zu einem Oberbegriff entwickelt unter welchen bisher getrennt analysierte Bereiche wie „Unternehmenskommunikation" und „Public Relations" untergeordnet werden können (vgl. Theis-Berglmair 2003: 17). Dies rühre daher, dass der Begriff „Organisation" weitläufiger und dehnbarer ist und weiter gesteckt ist, denn der Begriff „Unternehmen", da er kommerzielle als auch nicht-kommerzielle Felder mit einschließt. Dadurch hat sich „Organisation" als Oberbegriff durchgesetzt (vgl. Mast 2006: 7).

Anders sieht dies Zerfaß, der die Unternehmenskommunikation in drei Segmente unterteilt:

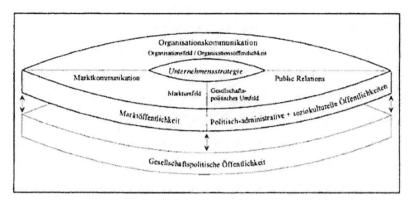

Abb. 6: Handlungsfelder und Teilbereiche der Unternehmenskommunikation. (Zerfaß 2010: 289)

Er geht – wie auf der obigen Grafik ersichtlich – genau den entgegen gesetzten Weg, sieht „Unternehmenskommunikation" als Überbegriff und unterteilt das Feld in drei Bereiche:

- Die Organisationskommunikation
- Die Marktkommunikation und
- Die Öffentlichkeitsarbeit

Wobei bei Zerfaß – im Gegensatz zu der hier stehenden Definition – sehr wohl zwischen unternehmensintern und unternehmensextern unterschieden wird und dabei die Organisationskommunikation der internen Kommunikation und Marktkommunikation sowie Öffentlichkeitsarbeit der externen Kommunikation einer Organisation zuzuordnen ist (vgl. Zerfaß 2010: 289). Dies ist eine betriebswirtschaftliche Betrachtungsweise.

„So wird zum Beispiel in der BWL bisweilen ‚Organisationskommunikation' mit ‚interner Kommunikation' gleichgesetzt, während der Begriff in der Kommunikationswissenschaft vielfach als Dach-Terminus für *alle* Formen organisationaler Kommunikation verstanden wird." (Bentele et al. 2008: 578, Hervorheb. i. O.)

Man kann also erkennen, dass selbst in der Fachliteratur offensichtlich noch Uneinigkeit bezüglich der hierarchischen Ordnung und der innerbetrieblichen Zuordnung dieser Ausdrücke herrscht.

5.6.2.1 Interne Unternehmenskommunikation

Wie im vorhergehenden Kapitel schon erwähnt, wird u.a. bei Zerfaß die Organisationskommunikation der internen Unternehmenskommunikation zugeordnet.

„In seinem *engeren*, auf formale Kommunikationsprozesse bezogenen *Sinn* meint der Begriff alle Kommunikationsprozesse, die sich (1) mit der organisationspolitischen Entscheidungsfindung und -anweisung so wie (2) mit der Anleitung, Koordination, Kontrolle und ggfs. Korrektur aller den Leistungserstellungsprozess einer Organisation im primären Sinn betreffenden Kommunikationsprozesse befassen; [...] Die Inhalte dieser Prozesse beziehen sich im Wesentlichen auf die Prozesse der *strategischen Ausrichtung* und einer *adäquaten Leistungserstellung*." (Szyszka 2008: 596, Hervorheb. i. O.)

Sinngleich wird hier auch oft der Ausdruck „Mitarbeiterkommunikation" oder „Internal Relations" verwendet. Als wichtigste Zielgruppe können demnach die Mitarbeiter (aktuelle und ehemalige) und deren Angehörige einer Organisation angesehen werden (vgl. Röttger 2008: 506).

„Interne Kommunikation soll über umfangreiche Information der Organisationsmitglieder und die Organisation eines Dialogs zwischen Management und Mitarbeitern die Integration und Identifikation der Organisationsmitglieder fördern und damit letztlich ihre Motivation und Leistungsbereitschaft erhöhen." (Röttger 2008: 506)

Die Leistungsfähigkeit der internen Kommunikation wird dabei leider oft überbewertet. Trotzdem übernimmt sie „[...] wichtige koordinierende und steuernde Funktionen und [...] [unterstützt] die Ausrichtung der organisationsinternen Handlungen und Interaktionen auf den Organisationszweck und die Organisationsziele hin." (Röttger 2008: 506)

Bentele unterscheidet dabei zwei Arten der internen Unternehmenskommunikation: a) jene Kommunikationsprozesse, welche relativ ungesteuert ablaufen, z.B.: informelle Kommunikation (ein Gespräch am Mittagstisch, oder ähnliches...) und b) jene Kommunikationsprozesse, welche von der Organisation bewusst gesteuert werden (vgl. Bentele 2008: 150). Hier unterscheidet man [...]

„[...] einerseits die Prozesse, die mittels (interner) Medien und Kommunikationsinstrumente (z.B. Schwarzes Brett, Mitarbeiterzeitschriften, Intranet, etc.) vollzogen werden, aber auch die Kommunikationsprozesse, die zur Vorbereitung der eigentlichen (internen und externen) Kommunikationsprozesse vor allem in den Kommunikationsabteilungen selbst ablaufen und auf Planung, Umsetzung und Produktion von Kommunikation und organisationseigenen Medien ausgerichtet sind." (Bentele 2008: 150)

Als Resultate dieses Vorgangs werden kommunikative Produkte wie Texte, Bilder, PR-Medien oder Veranstaltungen erstellt (vgl. Bentele 2008: 150).

5.6.2.2 Externe Unternehmenskommunikation

Wie in diesem Kapitel schon angedeutet, befasst sich die externe Unternehmenskommunikation mit der Marktkommunikation und der Öffentlichkeitsarbeit. Schwab/Zowislo sprechen in diesem Zusammenhang auch von der „Außendarstellung von Unternehmen" (Schwab/Zowislo 2002: 113). Dabei bezeichnet die externe Unternehmenskommunikation [...]

„[...] alle operativen Kommunikationsmaßnahmen, mittels derer eine Organisation gegenüber verschiedenen Meinungsmärkten ihres gesellschaftlichen Umfeldes tätig wird. In einem *engeren, PR-bezogenen Sinne* wird er zudem bisweilen als Synonym für externe PR-Arbeit verwendet. Um diese von interner PR-Arbeit abzugrenzen." (Szyszka 2008: 588 f., Hervorheb. i. O.)

Berger et al. unterscheiden hier eine, nach innen und eine nach außen gerichtete Funktion der externen Unternehmenskommunikation. Nach innen [...]

> „[...] dient sie vor allem der Information und als ‚Frühwarnsystem' für die Unternehmensführung („window-in').
> Die Kommunikationsmanager haben hier die Aufgabe, das Umfeld kontinuierlich zu beobachten, Chancen, Problembereiche und mögliche Gefahrenpotentiale zu identifizieren und aufzuzeigen, welche Auswirkungen sie für das Unternehmen haben werden." (Berger et al. 1989: 37)

Umgekehrt hat die externe Unternehmenskommunikation nach außen „[...] vor allem eine Vermittlungsaufgabe („window-out'): Unternehmen müssen als Kommunikationspartner ansprechbar sein und auf neue kommunikative Herausforderungen rasch und effektiv reagieren können." (Berger et al. 1989: 37) Als Zielgruppen dieser Kommunikation nennen Schwab/Zowislo (vgl. ebd. 2002: 114):

- Bestehende und potenzielle Kunden
- Geschäftspartner (Lieferanten und Abnehmer)
- Die gesamte Öffentlichkeit (Untergruppierungen/Interessensgruppe)
- Entscheidungsträger der Politik und Gesellschaft

5.6.2.3 Integrierte Unternehmenskommunikation

Konzepte zur integrierten Unternehmenskommunikation werden seit dem Anfang der 90er Jahre des vergangenen Jahrhunderts entwickelt (vgl. Herger 2008: 258). Handlungsbedarf dafür liefert die systemtheoretische Erkenntnis, dass [...]

> „[...] bei zunehmender Ausdifferenzierung der Kommunikationsinstrumente eine übergreifende Koordination zusehends notwendiger [wird, d. Verf.] [...]. Je komplexer die Kommunikation in Unternehmen wird, desto mehr bedarf sie der Integration, d.h. einer Abstimmung zwischen den Teilen in Beziehung zu einem Ganzen." (Herger 2008: 258)

Dabei ist im Rahmen der integrierten Kommunikation „[...] nicht nur interdependenten Kommunikationsinstrumenten, sondern auch den unterschiedlichen Kommunikationsverantwortlichen, Kommunikationssituationen, Kommunikationszielen, heterogenen Zielgruppen usw. Rechnung zu tragen." (Bruhn 2009: 165) Um nun diesen ganzen Situationen und Zielgruppen in ihren unterschiedlichen Belangen gerecht werden zu können, [...]

> „[...] bedarf es eines ganzheitlichen und strategischen Planungsprozesses, der in der Lage ist, die vielfältigen Elemente der Kommunikation auf einem hohen Aggregationsniveau [Anm. d. Verf.: Aggregation => vom lateinischen aggregare = „beigesellen", kann als die „Zusammenfügung einzelner Komponenten zu einem neunen Ganzen" gesehen werden] miteinander zu verbinden und so der Forderung nach Konsistenz, Kongruenz und Kontinuität zu entsprechen." (Bruhn 2009: 165)

Bruhn 2005 erklärt den Ansatz der integrierten Unternehmenskommunikation wie folgt:

> „Integrierte Kommunikation ist ein Prozess der Analyse, Planung, Durchführung und Kontrolle, der darauf ausgerichtet ist, aus den differenzierten Quellen der internen und externen Kommunikation von Unternehmen eine Einheit herzustellen, um ein für die Zielgruppen der Kommunikation konsistentes Erscheinungsbild über das Unternehmen beziehungsweise ein Bezugsobjekt des Unternehmens zu vermitteln." (Bruhn 2005: 100)

Es gibt natürlich noch andere Auffassungen und Interpretationsmöglichkeiten dieses Begriffs, der Ansatz von Bruhn erscheint aber im Hinblick auf die Thematik der vorliegenden Studie als recht sinnvoll. Im Zusammenhang mit dem hier genannten Definitionsverständnis von „Integrierter Kommunikation", sind laut Bruhn nachfolgend sieben Aspekte verbunden:

1. Ein Ziel der Kommunikation in einem Unternehmen ist „integrierte Kommunikation": die Kommunikationsarbeit in einem Unternehmen ist so zu verrichten, dass die strategische Positionierung selbiger im Kommunikationswettbewerb möglich wird und als Teil der Marketingstrategie einer Unternehmung genutzt werden kann (vgl. Bruhn 2005: 100).
2. Integrierte Kommunikation ist ein Managementprozess: Kommunikationsaktivitäten werden zielgerichtet analysiert und geplant gesetzt und dann während und nach ihrer Durchführung kontrolliert (vgl. Bruhn 2005: 100).
3. Die Gestaltung der integrierten Unternehmenskommunikation hängt eng mit der Markenstrategie einer Unternehmung zusammen und zwar insofern, dass die Markenstrategie eine grundlegende Marketingentscheidung ist, welcher die Kommunikationsplanung einer Unternehmung zu folgen hat (vgl. Bruhn 2005: 100).
4. Dabei umfasst integrierte Unternehmenskommunikation alle Instrumente der internen und externen Unternehmenskommunikation. Um diese Instrumente sinnvoll einsetzen zu können, „[...] sind deren spezifische Funktionen, Zielgruppen, Aufgaben und ihre Beziehungen untereinander genau zu erfassen und zu analysieren." (Bruhn 2005: 100)
5. Ziel der integrierten Kommunikation ist es, eine Einheit in der Kommunikation zu schaffen, welche die „[...] gemeinsame übergeordnete Zielrichtung und den Orientierungsrahmen für die Integration sämtlicher Kommunikationsinstrumente [darstellt]." (Bruhn 2005: 100)
6. Ziel der integrierten Kommunikation ist es, die Effizienz der Kommunikation zu steigern. Ihre Wirksamkeit kann dadurch gemessen werden, dass eruiert wird, „[...] ob durch den gemeinsamen Auftritt Synergiewirkungen erzielt wurden und damit ein effektiver sowie effizienter Einsatz des Kommunikationsbudgets erfolgte." (Bruhn 2005: 100)
7. Ziel der integrierten Kommunikation ist es, „[...] ein inhaltlich, formal und zeitlich einheitliches Erscheinungsbild bei den Zielgruppen zu erzeugen." (Bruhn 2005: 100) Denn durch eine „[...] prägnante, in sich widerspruchsfreie und damit glaubwürdige

Kommunikation kann das Entscheidungsverhalten von Konsumenten positiv beeinflusst werden." (Bruhn 2005: 100)

Zusammenfassend können die Ziele der integrierten Kommunikation also wie folgt gesehen werden (Bruhn 2006 unterscheidet hier zwischen der (vgl. Bruhn 2006: 19)):

- „Entwicklungsphase der integrierten Kommunikation" und der
- „Wirkungsphase der integrierten Kommunikation.

In der Entwicklungsphase können die Ziele darin gesehen werden, dass Doppelarbeit vermieden wird und die Abteilungen, welche mit der Kommunikationsaufgabe vertraut sind, besser koordiniert werden können. Hier versucht man eine Effizienzsteigerung in der Kommunikationsarbeit und eine Verbesserung der Synergieeffekte zu erreichen (vgl. Bruhn 2006: 19).

In der Wirkungsphase hingegen sind die Ziele [...]

> „[...] auf die Kommunikationseffektivität ausgerichtet und die zentrale Zielsetzung besteht darin, durch das Zusammenwirken der einzelnen Kommunikationsinstrumente eine sich potenzierende Kommunikationswirkung zu erreichen. Ein eindeutiges Unternehmens- bzw. Markenbild in der Wahrnehmung der Zielgruppen, die kommunikative Differenzierung im Wettbewerb sowie die Erzeugung von Lerneffekten bei den Zielgruppen hinsichtlich der Kommunikationsbotschaften unterstützen dieses Ziel." (Bruhn 2006: 19)

Des Weiteren lässt sich durch die Vermeidung von kommunikativen Widersprüchen auch das Vertrauen der einzelnen Zielgruppen in das Unternehmen steigern (vgl. Bruhn 2006: 19).

5.7 Der Public Relations-Prozess

Wie (hoffentlich) alle Bereiche eines Unternehmens, sollten auch die Kommunikationsprozesse einer gewissen Ordnung unterworfen sein, um für die Unternehmung strategisch sinnvoll und im Sinne des vorhandenen Budgets effizient und vor allem – in Hinblick auf die, seitens der Unternehmensführung angestrebten Kommunikationsziele – richtig agieren zu können. Grunig und Hunt fassen diese Anforderungen unter „Strategic Management of Public Relations" zusammen:

> „Organizations use strategic management to relate their missions to their environments. They use management to identify opportunities and dangers in the environment; to develop strategies for exploiting the opportunities and minimizing the dangers; and to develop, implement, and evaluate the strategies."(Grunig/Hunt 1994: 11)

Ohne dieses strategische Management verlieren Unternehmen ihre Fähigkeit zu agieren und fallen in ein Stadium des Reagierens zurück: „Without strategic management, organizations have little choice other than to 'live from day to day and to react to current events.'" (Grunig/Hunt 1994: 11) Wobei der Ausdruck „Strategie" ursprünglich aus dem militärischen stammt und den genauen Plan des Vorgehens zur Erreichung der Ziele meint (vgl. Brauer 2005: 353):

„[Die Strategie, d. Verf.] [...] ist nicht das Ziel, sondern beschreibt die Art und Weise, wie man sie erreicht. Sie steht weder am Anfang ‚strategischer' Öffentlichkeitsarbeit noch am Schluss. Kommunikationsstrategien sind in ein Bündel gleich wichtiger Überlegungen eingebettet." (Brauer 2005: 353)

5.7.1 Situationsanalyse

Um ein sinnvolles Kommunikationskonzept zu konstruieren, muss zunächst im Zuge einer Situationsanalyse der Ist-Zustand im Unternehmen erfasst werden. Bläse meint dazu:

> „Ist-Zustand heißt hier die Diagnose des bestehenden Ist-Image und seiner Faktoren im Rahmen einer detaillierten Situationsanalyse. Die Einsicht in die Notwendigkeit einer sorgfältigen Situationsanalyse hat sich in der Praxis leider noch nicht genügend durchgesetzt. Oftmals wird ein Wunschimage als gegebene Tatsache angenommen." (Bläse 1982: 189)

Um die Daten und Fakten einer Unternehmung objektiv zu erfassen, hat sich die Verwendung einer SWOT-Analyse bewährt (Umweltanalyse). Diese stammt eigentlich aus dem Bereich der Betriebswirtschaft, hat sich aber auch für den Zweig der Public Relations bestens bewährt. Dabei sollen die Stärken (strength (s)) und Schwächen (weaknesses (w)) beziehungsweise die Chancen/Möglichkeiten (opportunities (o)) und Gefahren/Risiken (threats (t)) für bestimmte Sektor des Unternehmens eruiert, zusammengefasst und bewertet werden (vgl. Kotler 2007a: 108). Die ersten beiden (s+w) betreffen die internen und die letzteren (o+t) meist die externen Bereiche eines Unternehmens. Vergleiche dazu auch Müller/Kreis-Muzzulini 2003:

> „Die SWOT-Analyse deckt die Stärken und Schwächen (Strength/Weakness) im internen Bereich, und ortet die Chancen und Gefahren (Opportunities/Threats), die in der Regel extern orientiert sind. Diese Resultate, welche in einem Fazit zusammengefasst werden, dienen als wichtige Entscheidungsgrundlage zum Festlegen von Kommunikationsstrategien. [Die] Darstellung mit [einer] Fadenkreuz-Grafik erleichtert die Übersicht." (Müller/Kreis-Muzzulini 2003: 306)

Nachstehende Abbildung soll hier exemplarisch veranschaulichen, wie dieser Vorgang einerseits grafisch dargestellt werden kann, andererseits mögliche Fragestellungen zu den einzelnen Punkten zeigen, die aber in der Praxis natürlich vom jeweiligen Aufgabengebiet beziehungsweise vom Unternehmen selbst abhängig sind.

Strengths (Stärken)	**Opportunities (Chancen)**
• Was läuft gut? • Was sind unsere Stärken? • Worauf sind wir stolz? • Was gibt uns Energie? • Wo stehen wir momentan?	• Was sind unsere Zukunftschancen? • Was könnten wir ausbauen? • Welche Verbesserungsmöglichkeiten haben wir? • Was können wir im Umfeld nutzen? • Wozu wären wir noch fähig? • Was liegt noch brach?
Weaknesses (Schwächen)	**Threats (Risiken)**
• Was ist schwierig? • Wo liegen unsere Fallen / Barrieren? • Welche Störungen behindern uns? • Was fehlt uns?	• Wo lauern künftig Gefahren? • Was kommt an Schwierigkeiten auf uns zu? • Was sind mögliche Risiken / kritische Faktoren? • Womit müssen wir rechnen?

Abb. 7: SWOT-Analyse. (TCW. http://www.tcw.de/static_pages/view/118)

Bezüglich der Vorgehensweise: um oben angesprochene SWOT-Analyse zielgerichtet zu beginnen, [...]

„[...] ist eine klare Abgrenzung des Untersuchungsbereichs erforderlich. Diese ist vor dem Hintergrund der allgemeinen Zielsetzungen von den Führungskräften gegebenenfalls mit externer Unterstützung zu leisten. Durch die Bildung von alternativen zukünftigen Szenarien werden verschiedene Entwicklungspfade für den betrachteten Untersuchungsbereich abgegrenzt." (TCW (o.A.) (o.J.): online)

Betreffend des schrittweisen Ablaufes einer SWOT-Analyse: Zunächst wird sowohl intern als auch extern eine Analyse der Umwelt bzw. der Ist-Situation durchgeführt. Als zweiter Schritt der SWOT-Analyse werden alle Stärken, Schwächen, Chancen und Risiken der Unternehmung identifiziert. Darauf folgend werden die Kommunikationsziele so formuliert, dass auch die Position der Unternehmung und die Zielgruppendefinition festgelegt werden können. Hier bildet die Formulierung der Kommunikationsziele den Grundstock für die Entwicklung geeigneter Public Relations-Instrumenten. Für die Entwicklung einer sinnvollen Kommunikationsstrategie ausschlaggebend, ist die Formulierung von Inhalten, welche zum einen die Positionierung und zum zweiten die ausformulierten Kernstärken beinhalten.

Überlegungen die hierzu gestellt werden müssen sind beispielsweise:

- „Was will ich erreichen?
- Wie will ich es erreichen?
- Womit will ich es erreichen?
- Wann und mit welchem Aufwand will ich es erreichen?
- Und schließlich: Habe ich das, was ich erreichen wollte, auch erreicht?" (Bogner 2005: 121)

Aus diesen Überlegungen können dann geeignete Kommunikationsstrategie entwickelt werden. Als letzte Schritte des Ablaufs folgen die Kalkulation des für die Umsetzung der Kommunikationsstrategien notwendigen Budgets und die Erstellung des Zeitplans. Erst wenn dies abgeschlossen ist, wird mit der Umsetzung der Strategie begonnen. Nach Abschluss der Kampagne wird evaluiert, ob die zu Beginn festgesetzten Kommunikationsziele erreicht wurden (oder nicht) (vgl. Brauer 2005: 349-353).

Auf die einzelnen Punkte dieses Prozesses wird nun in den nachfolgenden Unterkapiteln genauer eingegangen.

5.7.2 Zielgruppenplanung

Bezüglich des „Findens" der relevanten Zielgruppen/Dialoggruppen für ein Unternehmen oder eine Organisation schreibt Bogner (2005):

> „Beim Aufspüren der für eine Institution wichtigen Dialoggruppen muss man sich vom Verkaufs- und Marketingdenken so weit wie möglich lösen. Die Frage muss lauten: Mit welchen Gruppen von Personen (oder mit welchen Einzelpersonen) muss ich in einem laufenden Dialog stehen, um meine gesamtheitlichen Management- und Kommunikationsaufgaben erfüllen zu können?" (Bogner 2005: 126)

Wie in Kapitel 5.5 Zielgruppen bzw. Dialoggruppen der Public Relations (Seite 29) schon beschrieben unterscheidet auch Bogner zwischen (vgl. Bogner: 127):

- Mittelbaren Dialoggruppen und
- Unmittelbaren Dialoggruppen

Aber auch die Unterscheidung nach demographischen, soziologischen oder psychologischen Überlegungen oder wie nahe Zielgruppen dem Unternehmen stehen (interne beziehungsweise externe Zielgruppen), macht Sinn (siehe Kapitel 5.5, Seite 29 beziehungsweise Bogner 2005: 127). Beispiele für interne Zielgruppen wären etwa (vgl. Bogner 2005: 127):

- Mitarbeiter
- Angehörige von Mitarbeitern
- Zukünftige Mitarbeiter
- Ehemalige Mitarbeiter
- Eigentümer der Unternehmung
- ...

Als Beispiele für externe Dialoggruppen (öffentliches Interesse) können nachstehenden erwähnt werden (vgl. Bogner 2005: 127):

- Zulieferbetriebe und Lieferanten
- Kunden (derzeitige und zukünftige)
- Benachbarte Betriebe/Anwohner

- Gemeinde (Standortgemeinde/umliegende Gemeinden)
- Politische Verbände
- Ideologische Gemeinschaften
- Kreditgeber/Banken
- Umweltschutzgruppierungen
- Medien/Medienvertreter
- ...

Hermanni unterteilt die Zielgruppen eines Unternehmens in 5 größere Gebiete (nennen wir sie „Übergruppen") und ordnet denen dann „Untergruppen" zu, in denen man wieder die gleichen oder ähnliche Gruppen/Vereine/Verbände findet, wie von Bogner schon erwähnt. „Übergruppen" nach Hermanni sind (vgl. Hermanni 1991: 19):

- Die Arbeitswelt
- Die Finanzwelt
- Die Geschäftswelt
- Die Politiker
- Die öffentliche Meinung

Wie ein Unternehmen/eine Organisation ihre Zielgruppen einteilt ist schlussendlich nicht so wichtig. Viel wichtiger ist: Wer/welche Gruppen/Vereine/Verbände in welcher Weise und wie stark für eine Unternehmung bedeutend ist oder in Zukunft bedeutend werden könnte. Dies hängt auch sehr stark von der Art der Unternehmung/der Organisation selbst ab.

Nun stellt sich die Frage, welche der aufgelisteten Gruppen/Vereine/Verbände ist im Zusammenhang mit dem Unternehmen und den Kommunikationszielen wirklich wichtig, beziehungsweise wie kann dieser/können diese eruiert werden? Denn: nicht jede potentielle Zielgruppe ist dann im Sinne der Kommunikationsziele der Unternehmung ja auch wirklich eine. Und: Wer in der besagten Zielgruppe soll angesprochen werden? Hierzu schreibt Brauer 2005:

> „Zielgruppen der Öffentlichkeitsarbeit sind Opinionleaders, Meinungsführer (besser: Meinungsmacher und Meinungsmultiplikatoren). Ermitteln sie also, wer Ihre Opinionleaders sind, was sie interessiert, wo und wodurch sie ihren Einfluss ausüben, wen sie vor allem beeinflussen und was die Öffentlichkeit an dieser Einflussnahme interessiert, was sie wahrnimmt, was sie behält und für wahr hält." (Brauer 2005: 291)

Ergänzend zu Brauer können für die Erarbeitung der unternehmensrelevanten Zielgruppen folgende Ratschläge recht nützlich sein:

> „1. Auflistung sämtlicher in Frage kommender Dialoggruppen, am besten mittels Gruppengespräch oder Brainstorming.
> 2. Setzen von Prioritäten, die sich nach der Wichtigkeit der Dialoggruppen und den vorhandenen Ressourcen (Zeit, finanzielle Mittel) richten. Nach Möglichkeit Aufstellen eines kur-, mittel- und langfristigen Dialogplans.
> 3. Genaue Segmentierung und Detaillierung der einzelnen Dialoggruppen. [..]" (Bogner 2005: 129)

Zu diesem Zeitpunkt des Public Relations-Prozess sollen noch keine Überlegungen hinsichtlich der Informationsinhalte oder der für die Umsetzung nötigen Public Relations-Maßnahmen erfolgen (vgl. Brauer 2005: 129). Diese Punkte erfolgen erst in einem weiteren Schritt.

5.7.3 Public-Relations-Kommunikationsziele

Wie in Kapitel 5.4 Aufgaben, Funktionen und Ziele der Public Relations (siehe Seite 27) schon angesprochen, sind die Inhalte der Kommunikationsziele eines Unternehmens – wenn Public Relations als „alles umfassende Kommunikationsaufgabe" und diese wiederum als „Top-Managementfunktion" verstanden wird – mit den Inhalten der Unternehmensziele gleichzusetzen (vgl. dazu auch Bogner 2005: 70). Schlussfolgernd kann gesagt werden: Kommunikationsziele sind konkrete Public Relations-Ziele unter Berücksichtigung beziehungsweise auf der Basis der Unternehmensziele (vgl. Köcher/Birchmeier 1992: 162).

> „PR-Ziele sollten auf die Unternehmensziele abgestimmt sein. Dies gilt vor allem für die PR-Arbeit in Konflikt- und Krisen-Situationen. In Notfällen kann nur dann richtig reagiert werden, wenn alle Unternehmensziele unmissverständlich definiert sind. Solange die PR-Zielsetzungen nicht klar umrissen sind, lassen sich keine erfolgsversprechenden Strategien und Maßnahmen ableiten." (Köcher/Birchmeier 1992: 162f.)

In dieser Phase des Public Relations-Prozesses gilt es nun festzulegen, was erreicht werden soll, d.h. der „Soll-Zustand" nach den erfolgten Public Relations-Maßnahmen soll festgelegt werden. Nach diesen Richtlinien erfolgt die Public Relations-Planung, wobei für diesen Planungsprozess eine Vorgabe der Zielhierarchie immanent ist. Bogner 2005 unterscheidet hier hierarchisch zwischen Unternehmenszielen, Kommunikationszielen und Public Relations-Ziele (vgl. Bogner 2005: 70).

An dieser Stelle des Public Relations-Prozesses sollten auch Rahmenbedingungen bezüglich des Zeitraumes in dem die Kommunikationsziele erreicht werden sollen (oder für den diese gelten sollen) festgelegt werden. Hier unterscheidet Bogner 2005:

- Strategische Ziele (eher längerfristig auf z.B. 10 Jahre)
- Taktische Ziele (eher mittelfristig auf z.B. 5 Jahre)
- Operationale Ziele (eher kurzfristig bis akut: Jahresplan; Krisensituation) (vgl. Bogner 2005: 70)

Köcher/Birchmeier 1992 sprechen in diesem Zusammenhang eher von einer mittel- bis langfristigen Planung (vgl. Köcher/Birchmeier 1992: 162). Grundsätzlich ist es bei der Formulierung der Kommunikationsziele laut Bogner 2005 erforderlich, einige Richtlinien zu beachten:

a) die gewählten Kommunikationsziele müssen sowohl umsetzbar, als auch kontrollierbar sein

b) Kommunikationsziele müssen eine Formulier- und Publizierbarkeit beinhalten. Das heißt, dass Ziele, die nicht schriftlich festgehalten werden und auch nicht publiziert werden, wertlos sind.

c) Gewählte Kommunikationsziele müssen eine gewisse Flexibilität haben. Das heißt, dass Ziele gegebenenfalls den veränderten Rahmenbedingungen angepasst werden müssen.

d) Den gewählten Kommunikationsziele muss die Möglichkeit der Akzeptanz anhaften und deren Durchsetzbarkeit beinhaltet. Deshalb ist es wichtig, die Betroffenen an der Zielformulierung mitwirken lassen.

e) Kommunikationsziele sollen so exakt wie möglich sein. Das heißt: sie dürfen nicht allgemein sein, sondern sollten bezüglich ihrer Inhalte, Termine, Restriktionen, Zuständigkeiten und Ressourcen so konkret wie möglich beschrieben werden (vgl. Bogner 2005: 72).

5.7.4 Festlegung der PR-Strategie

Wie am Anfang dieses Kapitels (Kapitel 5.7.1 Situationsanalyse, Seite 42) schon angesprochen, erfolgt die endgültige Entwicklung einer Kommunikations- oder PR-Strategie nun in 5 Schritten:

Schritt 1: In diesem ersten Schritt wird (wie schon erwähnt), zunächst die Zielsetzung definiert, für welche dann in weiterer Folge Strategien benötigt werden. In diesem Zusammenhang muss erwähnt werden, dass es schwierig ist, im Bereich der Öffentlichkeitsarbeit messbare Ziele festzulegen (etwa im Vergleich zu mathematisch nachvollziehbaren Zielen der Betriebswirtschaft). Oft geht es bei den Kommunikationszielen um „Imageverbesserung" des Unternehmens selbst oder um das „Image" einzelner Produkte oder Dienstleistungen. Auch hier kann eine SWOT-Analyse hilfreich sein. Warum dem so ist, beschreibt Herbst:

> „Der Erfolg der PR bei der Unternehmensleitung ist daran gebunden, dass sich der Erfolg von Aktionen und Maßnahmen belegen lässt. Dies ist bei strategischem Vorgehen möglich, weil in der Analyse Daten *zuverlässig erhoben* und in der Planung Ziele *messbar formuliert* wurden." (Herbst 1997: 38, Hervorheb. i. O.)

Schritt 2: Auf dieser Stufe werden strategische Entscheidungen getroffen. Hier kann sich die Organisation prinzipiell für zwei unterschiedliche strategische Wege entscheiden:

a) Das stärken der eigenen **Stärken**: dies ist einfacher, da „lediglich" die Erwartungshaltung der Rezipienten bestätigt werden muss.

Oder:

b) Die eigenen **Schwächen** überlagern oder überwinden: dies ist wesentlich schwieriger, weil hier versucht werden muss, bei den Rezipienten schon vorhandene negative Erfahrungen, durch positive Nachrichten zu „vertreiben". Da aber hier bereits eine bestimmte

Meinung bei den Rezipienten vorhanden ist, wird die positive Nachricht oftmals ausgeblendet, da diese nicht ihre vorhandene Meinung bestätigt (vgl. Brauer 2005: 349f.).

Schritt 3: Die Zielgruppen werden festgelegt. Um Zielgruppen festlegen zu können, ist schon im Vorfeld wieder eine Imageanalyse hilfreich. Dadurch kann festgestellt werden, welche Teile der Öffentlichkeit in welcher Weise anzusprechen sind (vgl. Brauer 2005: 349f.).

Darauf folgt **Schritt 4** die „Maßnahmenplanung" und **Schritt 5** der „Budget und Zeitplan" bzw. „das Einteilen der personellen Kapazitäten" =>

5.7.5 Maßnahmenplanung

Maßnahmen werden beschlossen: die einzelnen Maßnahmen der Presse- und Medienarbeit sowie der Publikumsarbeit werden dabei festgelegt. Zu unterscheiden gilt es hier:

a) eine indirekte, aber breite Medienwirkung
b) eine direkte und tiefe, dafür aber schmale Medienwirkung, oder
c) eine Kombination aus beiden (vgl. Brauer 2005: 351).

Dabei ist die Zahl [...]

> „[...] möglicher PR-Maßnahmen [...] praktisch unbegrenzt. Der Fantasie und der Kreativität sind keine Grenzen gesetzt, solange die Maßnahmen ziel- und strategiekonform sind. Gleichzeitig müssen sie auf ihre praktische Realisierbarkeit, ihre wirtschaftlichen Aspekte und auf ihre Erfolgschancen hin überprüft werden. Der endgültige Maßnahmenplan sollte schließlich nur jene Maßnahmen umfassen, die in ihrer Kombination eine optimale Erfolgschance versprechen." (Köcher/Birchmeier 1992: 165)

Eine Auswahl möglicher Maßnahmen der Public Relations werden in Kapitel 5.9 Tätigkeitsfelder und Instrumente der Public Relations (siehe Seite 55) dargestellt.

5.7.6 Budget- und Zeitplan/personelle Kapazitäten

Als letzter Schritt im Bereich der Planung sollen nachstehende Punkte erfolgen:

a) Kalkulation des finanziellen Rahmens (Budget oder Etat),
b) die Erstellung des Zeitplans und
c) die Einteilung der personellen Kapazitäten (Mitarbeiter, Leih-/Fremdarbeiter)
(vgl. Brauer 2005: 349ff.).

Ad a) **Kalkulation des finanziellen Rahmens** (Budget oder Etat): Hier müssen alle projektrelevanten Kostenstellen berücksichtigt werden. Dies ist natürlich von Unternehmen zu Unternehmen unterschiedlich und auch situations- beziehungsweise projektabhängig.

> „Aussagen zur Bemessung der Budgets für Werbung und PR beziehungsweise für alle kommunikativen Maßnahmen sind praktisch unmöglich: Die Höhe der einzelnen Budgets ist von so vielen unterschiedlichen

Parametern wie Branchenzugehörigkeit, [...] Grad der Exponiertheit, Ausprägung der Unternehmens- und Produktimages, Art und Umfang der Distributionskanäle und anderem mehr abhängig, dass generelle Formulierungen nur noch beschränkte Aussagekraft haben." (Köcher/Birchmeier 1992: 163)

Brauer unterscheidet in diesem Zusammenhang zwischen Etat und Budget insofern, dass je nach Sprachgebrauch, das eine, [...]

„[...] die im Voraus langfristig geplanten und genehmigten Personal- und Sachkosten, also die Gehälter und Nebenkosten für die Festangestellten sowie die Raummieten, die Büroeinrichtungen und die allgemeinen Betriebskosten auf der einen Seite (Jahresetat) [und das andere, d. Verf.] die projektbedingten Kosten (externe Honorare, projektabhängige Sachkosten) als Projektbudget [bezeichnet wird]." (Brauer 2005: 351)

Dies macht insofern Sinn, da die erstgenannten Kostenstellen (die Gehälter und Nebenkosten für die Festangestellten, die Raummieten, die Büroeinrichtungen, die allgemeinen Betriebskosten,...) ja unabhängig davon, ob das Projekt nun bis zum Schluss durchgezogen wird oder nicht, gleich bleiben, wohingegen die variablen Kosten projektabhängig sind (vgl. Brauer 2005: 351).

Ad b) **Erstellung des Zeitplans:**

Ein sehr wesentlicher Teil des Public Relations-Prozesses ist die Erarbeitung eines detaillierten und genauen Zeitplans (vgl. Köcher/Birchmeier 1992: 162).

„Eine wesentliche Aufgabe der Planung ist es, die ausgewählten PR-Maßnahmen so einzusetzen, dass sie zur richtigen Zeit und am richtigen Ort wirksam werden. Zielkonforme PR-Maßnahmen, die aber zeitlich und örtlich falsch angesetzt werden, können wirkungslos verpuffen oder sogar eine negative Wirkung erzeugen." (Köcher/Birchmeier 1992: 165)

Ähnlich sieht dies Herbst, denn ein detaillierter Zeitplan [...]

„[...] hält Einzelschritte, Termine und Zuständigkeiten fest. Dies dient dazu,
- Instrumente und Maßnahmen zu koordinieren und zu kontrollieren,
- aufzuzeigen, wo kritische Phasen auftreten könnten (etwa durch Termingenge),
- auf Änderungen von Terminen und Ereignissen flexibel reagieren zu können." (Herbst 1997: 34)

Ad c) **personelle Kapazitäten:** Hier ist in einem „[...] Aktionsplan [...] festzulegen, welche Stellen und Personen welche Aufgaben mit welcher Kompetenz und Verantwortung übernehmen. Gleichzeitig ist zu prüfen, ob die Maßnahmen mit externen Kapazitäten realisiert werden sollen." (Köcher/Birchmeier 1992: 165)

5.7.7 Umsetzung

Die Umsetzung erfolgt – wie schon die Entwicklung der PR-Strategie – in fünf Schritten und knüpft mit den nachfolgenden Punkten an den, in Kapitel 5.7.4 Festlegung der PR-Strategie (siehe Seite 48) begonnenen Prozess an (vgl. Brauer 2005: 352f.):

Schritt 6: In diesem Schritt erfolgt nun die Einteilung der anstehenden internen und externen Termine. Beispielsweise müssen Pressetermine geplant werden, ein Abgleich mit den Redaktionen sollte erfolgen, aber auch eventuell, sich im Unternehmen überschneidende Termine müssen berücksichtigt werden.

Schritt 7: Um die Effektivität der Maßnahmen zu steigern und die Kosten dafür geringer zu halten (Effizienz), gilt es auch, die jeweiligen Maßnahmen untereinander richtig zu vernetzen. Dabei sollte nie das gemeinsame Ziel der einzelnen Maßnahmen aus den Augen verloren gehen.

Schritt 8: Im Bereich der Evaluierung wird untersucht, wie die angesprochenen Menschen/Zielgruppen auf die Nachrichten reagiert haben (könnten). Dies kann durch Befragung/Gespräch mittels eines neutralen Beobachters/mehrerer neutraler Beobachter in vielen Fällen am effizientesten und – im Sinne des Ergebnisses – sinnvollsten durchgeführt werden.

Schritt 9: Mittels der Rückkopplung der Evaluierung ins laufende und ins nächste Programm, kommt es zu einer „Feinabstimmung" der Maßnahmen. Selten wird hier „grob" eingegriffen und die Strategie oder die angepeilten Ziele verändert.

Schritt 10: Auf Basis der Evaluierung ergeben sich neue oder erweiterte Zielsetzung für die Unternehmung/Organisation auf Grund folgender Fragen: Sind die gesetzten Ziele erreicht/nicht erreicht worden? Sind die gesetzten Ziele unerreichbar? (Vgl. Brauer 2005: 352 f.)

5.7.8 Erfolgskontrolle/Evaluierung

Um die Effizienz der Öffentlichkeitsarbeit eines Unternehmens/einer Organisation zu eruieren, ist es unumgänglich, diese laufend einer Evaluation zu unterziehen. Evaluation, gesehen als die „[...] gezielte, systematische Beschaffung von möglichst objektiven Daten, sollte jede erfolgreiche PR-Kampagne begleiten." (Köcher/Birchmeier 1992: 166) Evaluation hat „[...] in erster Linie etwas mit ‚Bewerten' zu tun, d.h. einem Ausprägungsgrad wird ein Wert zugewiesen. Ein Wert setzt einen Maßstab voraus, mit dem der Ausprägungsgrad verglichen wird." (Besson 2004: 28) Die Erstellung dieses „Maßstabes" stellt das Hauptproblem im Bereich der Public Relations-Evaluation dar, denn es „[...] gilt, den Wert von Beziehungen und von einem positiven Meinungsklima zu ermitteln, da dies die definierten Ziele der PR sind [...]. Dabei spielen Begriffe wie Einstellungen, Meinungen, Image eine wesentliche Rolle." (Besson 2004: 28) Es ist leicht zu erkennen, dass es sich primär nicht um Zahlen handeln kann, die am Schluss zu deren Auswertung einfach abgelesen werden, vielmehr muss der Public Relations-Prozess ganzheitlich bewertet und gefühlvoll analysiert werden. Dies bedeutet, die Evaluation ist ein laufender Prozess. Dieser erfolgt vor, während und nach dem Public Relations-Prozess (vgl. Besson 2004: 28). Hier widerspricht Besson somit der langläufigen Meinung, dass die

Evaluation lediglich den Abschluss des Public Relations-Prozesses bildet und aus der Evaluation der Endergebnisse des selbigen besteht, wie dies etwa aus den oben erwähnten Schritten des Public Relations-Prozesses heraus lesbar ist.

> „Es handelt sich also nicht nur um die Bewertung von Resultaten, sondern ebenso um die Erfassung der Ausgangssituation, die Qualität der Planung, die Plantreue der Durchführung und das Erreichen der definierten kurz- und langfristigen Ziele. Analyse findet zu jedem Zeitpunkt des gesamten Prozesses statt und gewährleistet die Qualität der Arbeit." (Besson 2004: 28)

Besson definiert Public Relations Evaluation als „[...] die kontinuierliche Erfassung, Bewertung und Kontrolle des PR-Prozesses." (Besson 2004: 29) Sinn dabei ist es, „[...] auf Basis dieses Wissens [...], den PR-Prozess zu kontrollieren und zu optimieren." (Besson 2004: 29) Sie unterscheidet dabei vier unterschiedliche Teile der Evaluation, die während des Ablaufes eines Public Relations-Prozesses fließend erfolgen (vgl. Besson 2004: 29):

- Konzeptionsevaluation (Überprüfung der Ausgangsdaten und der Systematik)
- Prozessevaluation (Kontrolle der Durchführung, Einhaltung des Maßnahmeplans)
- Instrumentelle Evaluation (Messung der Auswirkungen der Maßnahmen)
- Einstellungsevaluation (langfristige Wirkungen auf Meinungen und Emotionen)

Sämtliche Ergebnisse aus diesen Evaluationsteilen fließen in die Ergebniskontrolle ein. Auf Grund dessen wird der Gesamterfolg eines Public Relations-Programms, langfristige Veränderungen der Einstellung oder der Meinung der Zielgruppen, sowie der Grad der Erreichung des Ziels/der Ziele festgestellt (vgl. Besson 2004: 29).

5.8 Phasen des Public Relations-Prozesses

Signitzer beschreibt, dass im Rahmen der organisationstheoretischen Sichtweise der Public Relations (vgl. dazu auch Kapitel 5.2.3 Der organisationsorientierte PR-Ansatz, Seite 22) sich die Möglichkeit bietet, die Phasen des PR-Prozesses unter den Aspekten des strategischen Managements herauszuarbeiten. Er unterscheidet hier drei verschiedene Phasen der Beziehungsgestaltung zwischen Organisationen und ihrem Umfeld bzw. ihren Teilöffentlichkeiten (vgl. Signitzer 1997: 201f):

- stakeholder stage (Phase der Anspruchs- bzw. Bezugsgruppen)
- public stage (Phase der Teilöffentlichkeit)
- issue stage (Phase der öffentlichen Thematisierung)

In den nachfolgenden drei Unterkapiteln soll auf diese drei Phasen näher eingegangen werden.

5.8.1 Stakeholder Stage

Wie in obigen Punkten schon ersichtlich, handelt es sich beim „Stakeholder Stage" um die Phase der Anspruchs- bzw. Bezugsgruppen. Als „Stakeholder" werden „Anspruchsberechtigte" oder „Mitglieder einer Interessensgruppe" aus der Organisationsumwelt bezeichnet, die an dieser Unternehmung/dieser Organisation persönliche oder wirtschaftliche Interessen haben (vgl. Rota/Fuchs 2007: 412f.). Entscheidend für eine Unternehmung/Organisation ist es in dieser Phase, jene Menschen zu erkennen, deren Verhalten einerseits für die selbige Konsequenzen hat, beziehungsweise, für die das Verhalten der Unternehmung/Organisation Konsequenzen hat. Primäres Ziel ist es, eine langfristige und stabile Beziehung zu den relevanten Interessensgruppen aufzubauen.

Durch systematisches Monitoring (Anm. d. Verf.: Monitoring ist die dauerhafte Beobachtung eines bestimmten technischen, gesellschaftlichen, etc. Systems oder Subsystems zu Analysezwecken (vgl. Rota/Fuchs 2007: 284)) des eigenen Verhaltens beziehungsweise des (potentiellen) Verhaltens der Interessensgruppen, wird ein Informationsgrundstock aufgebaut. Mit Hilfe des Wissens aus diesem Informationsgrundstock, kann durch kontinuierliche Kommunikationsmaßnahmen das Ziel der „Langfristigkeit und Stabilität der Beziehungen" möglicherweise schon erreicht werden und die zweite Phase der Beziehungsgestaltung ist dadurch nicht mehr notwendig (vgl. Signitzer 1997: 201).

5.8.2 Public Stage

Die zweite Phase wird als Public Stage bezeichnet. Wie in der Aufzählung ersichtlich, nennt man diese auch die Phase der Teilöffentlichkeiten. Wie in Kapitel 5.5 Zielgruppen bzw. Dialoggruppen der Public Relations (siehe Seite 29) dieser Studie schon erklärt, handelt es sich bei Teilöffentlichkeiten um „[...] einzelne Teile des Beziehungsnetzes einer Organisation innerhalb einer Gesellschaft [...]." (Szyszka 2008: 630) Genauer gesagt, stellen Teilöffentlichkeiten ein „[...] weniger scharfes *Synonym* zum Begriff der Bezugsgruppe dar. [...] Ende der achtziger Jahre [erhielt der Ausdruck] als begriffliches Äquivalent für den Begriff *publics* neue Aktualität." (Szyszka 2008: 624, Hervorheb. i. O.)

> „Von seiner semantischen Aussagekraft her macht der Begriff deutlich, dass es Organisationen bei ihrem gesellschaftlichen Umfeld nicht mit Öffentlichkeiten als einer amorph-dispersen Masse, sondern mit Öffentlichkeiten als der *Summe näher bestimmbarer Teile* zu tun hat. Dem Begriff fehlt der semantische Verweis auf das Bestehen bestimmter, auf Ausrichtung, Qualität und Relevanz verweisender Beziehungsmerkmale, wie sie der Stakeholder-Begriff (existenzielle Beziehung) oder der Bezugsgruppen-Begriff aufweisen." (Szyszka 2008: 624, Hervorheb. i. O.)

Teilöffentlichkeiten können sich bilden, wenn das Verhalten bzw. die von der Organisation ausgehenden Wirkungen für sie als nachteilig/vorteilhaft empfunden werden und sie diese Auswirkungen als problembehaftet oder – im positiven Sinne – als chancenreich wahrgenommen werden. In diesem Fall spricht man auch von bewussten Teilöffentlichkeiten. Daraus erfolgt, dass diese Teilöffentlichkeiten erste Schritte setzen, um das Problem für sich zu minimieren oder auch die Chance zu maximieren. Für die Unternehmung/Organisation ist es entscheidend, mittels Recherche den Grad der Aktivierung der Teilöffentlichkeiten zu erkennen um diese segmentieren zu können. Daraus werden dann für jede einzelne Teilöffentlichkeit spezifische Kommunikationsprogramme entwickelt. Ziel ist es, mögliche Konflikte bereits hier zu beseitigt oder mögliche Chancen bereits jetzt zu realisieren (vgl. Signitzer 1997: 202).

5.8.3 Issue Stage

Als „issue" können „[...] öffentliche oder betriebsinterne Themen mit Konfliktpotenzial verstanden werden." (Rota/Fuchs 2007: 198) In diese Phase – der Phase der öffentlichen Thematisierung – kann ein Unternehmen kommen, wenn nicht gelöste Konflikte in die Öffentlichkeit getragen werden, wobei hier die Medien eine entscheidende Rolle spielen. Hier müssen seitens der Organisation Programme der Krisenkommunikation umgesetzt werden (vgl. Signitzer 1997: 202). Als Präventivmaßnahme sollte ein Unternehmen/eine Organisation, ein Programm für ein „Issue Management" zu Verfügung haben, denn: „Ideally, however, organizations do not wait until the issue stage to deal with problems." (Grunig/Hunt 1994: 17) Dieses kann als

> „[...] Frühwarn- oder Reaktionssystem verstanden [werden, d. Verf.], welches das Unternehmens- bzw. Organisationsumfeld hinsichtlich Themen, Thematisierungsprozessen und Trends beobachtet und analysiert und so die Krisenprävention, aber auch Chancenkommunikation ermöglichen soll." (Rota/Fuchs 2007: 198f.)

5.9 Tätigkeitsfelder und Instrumente der Public Relations

Bezüglich des Bereichs der Tätigkeitsfelder der Public Relations schreibt die Deutsche Public Relations Gesellschaft (DPRG):

> „Einer verbreiteten Auffassung nach ist Öffentlichkeitsarbeit nichts anderes als Presse-/Medienarbeit, welche von Journalisten gemacht wird, die sich in den Dienst einer Organisation stellen. Tatsächlich gehört Presse-/Medienarbeit zu den zentralen Aufgabenfeldern der Öffentlichkeitsarbeit, ist aber nur eines von ihnen." (DPRG 2005: 10)

Was im Detail zum Tätigkeitsbereich der Public Relations gezählt wird, unterscheidet sich von Autor zu Autor. Manchmal wird dem einen oder anderen Feld mehr Aufmerksamkeit geschenkt und dieses dann stärker gegliedert, manchmal weniger. Die DPRG zählt hier zum Beispiel folgende Teilbereiche zum Tätigkeitsfeld der Public Relations:

- Human Relations richten sich an Mitarbeiter und deren Angehörige
- Media Relations richten sich an Massenmedien als Multiplikatoren
- Public Affairs richten sich an Entscheidungsträger in Politik und Verwaltung
- Financial/Investor Relations richten sich an Kapitalmarkt und -interessenten
- Community Relations richten sich an das nachbarschaftliche Umfeld,
- Corporate Identity gestaltet das kommunikative Erscheinungsbild
- Issues Management dient themenbezogener Kommunikation
- Crisis Management regelt kritische Kommunikationssituationen

- Product Publicity/Produkt-PR und Marken-PR richten sich an (potenzielle) Kunden und deren soziale Umfelder
- Öko Relations richten sich an den Normen von Umweltdiskursen aus (DPRG 2005: 10)

Röttger wiederum unterteilt den Tätigkeitsbereich der Public Relations nach bestimmten Kriterien zunächst grob und ordnet diesen Punkten dann die Tätigkeitsfelder zu (vgl. Röttger 2008: 506ff.):

- sich primär über ihre zentralen Bezugsgruppen definieren
- die sich primär über ihre zentralen Themen bzw. Beziehungsprobleme definieren, sowie jene,
- die sich über die zentralen Instrumente/Kommunikationsformen definieren.

Zu den „zentralen Bezugsgruppen" zugehörig zählt sie (vgl. Röttger 2008: 506f.):

- Interne Kommunikation
- Media Relations (Presse- und Medienarbeit)
- Community Relations (Lokale Public Relations)

Zu den „zentralen Themen bzw. Beziehungsproblemen" zugehörig zählt sie (vgl. Röttger 2008: 507f.):

- Issue Management
- Krisen-PR
- Public Affairs
- Financial und Investor Relations
- Corporate Identity

Und dem Feld der „zentralen Instrumente/Kommunikationsformen" zugehörig zählt sie (vgl. Röttger 2008: 508):

- Training
- Kampagnen
- Veranstaltungen
- Mediengestaltung
- Sponsoring
- Online-Public Relations

Nachfolgend sollen hier genannte Punkte nur kurz näher beleuchtet werden und im Zusammenhang dazu relevante Instrumente erwähnt werden. Lediglich dem Kapitel 5.9.14 Online-

Public Relations (siehe Seite 70) wird im Zusammenhang mit dem Thema dieser Studie natürlich eine größere Beachtung zuteilwerden.

5.9.1 Interne Public Relations/Mitarbeiterkommunikation

Dieses Tätigkeitsfeld – Mitarbeiterkommunikation als Teil der internen Kommunikation eines Unternehmens – wurde schon in Kapitel 5.6.2.1 Interne Unternehmenskommunikation (siehe Seite 38) dieser Forschungsarbeit kurz beschrieben und soll an dieser Stelle noch ergänzt werden. Bruhn 2005 definiert „interne Kommunikation" als „[...] alle Aktivitäten der Botschaftsübermittlung zwischen aktuellen oder ehemaligen Mitgliedern einer Organisation auf unterschiedlichen hierarchischen Ebenen." (Bruhn 2005: 1203) Man kann hier eine eher weite Auffassung des Begriffs erkennen. Wohingegen Mitarbeiterkommunikation als enger eingegrenzt zu betrachten ist: „Mitarbeiterkommunikation umfasst alle primär Top-down gerichteten Aktivitäten der Botschaftsübermittlung innerhalb einer Organisation." (Bruhn 2005: 1203)

Doch warum wird der Mitarbeiterkommunikation offensichtlich ein sehr hoher Stellenwert in der Unternehmenskommunikation zugesprochen? Reiter sagt dazu: „Gute Mitarbeiter wollen informiert werden. Nur wenn sie verstehen, wo ein Unternehmen hin will, welche Wege es dazu einschlägt und welche Folgen ihr Handeln hat, werden sie auch mitdenken und im Interessen des Unternehmens handeln können." (Reiter 2006: 71) Bogner ergänzt dazu: „Die eigenen Mitarbeiter sind immer die wichtigste ‚Öffentlichkeit'. Sie und ihre Familie sind Opinion Leader ersten Ranges, sie prägen durch ihre Meinung und ihre Zufriedenheit das Image der Institution." (Bogner 2005: 151) Ziel ist es, mittels der Kommunikation – als fixer Bestandteil der Unternehmenskultur – mit den Mitarbeitern (am besten ist hier immer noch das „einfache" Gespräch (vgl. Bogner 2005: 152)) deren Informationsgrad über das Unternehmen zu erhöhen und deren Mitsprache im Unternehmen zu ermöglichen. Das „Gespräch" als primäres Mittel der internen Kommunikation sieht auch Bruhn 1997 so: „Maßnahmen der internen Kommunikation beziehen sich „[...] zumeist auf die Formen der direkten Kommunikation." (Bruhn 1997: 176) Das steigert die Zufriedenheit der Mitarbeiter und kann dadurch einen höheren Output zu folge haben, sofern die materiellen Grundbedürfnisse der Mitarbeiter schon befriedigt sind (vgl. Bogner 2005: 151). Bruhn 2005 sieht das jedoch weniger idealisiert:

> „Zwar finden sich in Unternehmensleitbildern und Führungsgrundsätzen Wertpostulate ‚Mitarbeiter als zentraler Erfolgsfaktor', ‚Mitarbeitende als wichtigste Ressource für den Unternehmenserfolg' u.a.m. Eine nähere Betrachtung der de facto eingesetzten **Instrumente der Mitarbeiterkommunikation**, deren Differenzierung im Einsatz gegenüber verschiedenen Zielgruppen sowie die Integration in den gesamten unternehmerischen Kommunikationsmix, zeigt jedoch, zeigt jedoch, dass dies im kommunikativen Alltag häufig nur selten gelebt wird." (Bruhn 2005: 1202, Hervorheb. i. O.)

Dies verwundert insofern, weil laut einer Studie, die 2000 seitens der MasterMedia GmbH (eine Public Relations Agentur aus Hamburg) zu diesem Thema durchgeführt wurde [...]

„[...] fast drei Viertel (74,5 Prozent) der deutschen Unternehmen den Stellenwert der Mitarbeiterkommunikation in ihrer Organisation als ‚hoch' (52,2 Prozent) beziehungsweise ‚sehr hoch' (22 Prozent) und insgesamt [...] mehr als 80 Prozent zudem einen ‚deutlichen' (63 Prozent) bis ‚sehr deutlichen' (17,5 Prozent) Anstieg der Bedeutung der Mitarbeiterkommunikation in den nächsten Jahren [sehen]." (Bruhn 2005: 1202)

[Anm. d. Verf.: diese Studie wurde dem Autor dieses Buches seitens der Agentur MasterMedia Hamburg trotz höflicher Nachfrage kommentarlos NICHT zu Verfügung gestellt und kann daher lediglich als Sekundärzitat eingebracht werden]. Aus den Zahlen dieser Untersuchung ist ersichtlich, dass die Wichtigkeit der Mitarbeiterkommunikation innerhalb der Unternehmen schon längst erkannt wurde, sie jedoch beweiten noch nicht überall angewandt wird. Dabei würde es nach Bogner gar keiner hohen Technisierung bedürfen, um effiziente Mitarbeiterkommunikation zu betreiben. Denn ein Fehler, der im Bereich der Mitarbeiterkommunikation oft gemacht wird, ist eben der Focus auf genau diese „hohe Technisierung" im Bereich der Mitarbeiterkommunikation. Doch:

„Die beste und erfolgreichste PR-Maßnahme nach innen ist nach wie vor das Gespräch, in welcher Form auch immer. Kein noch so ausgeklügeltes internes Kommunikationskonzept mit Intranet und vielen kreativen Aktivitäten wird das häufige, ernstgenommene [sic], partnerschaftlich geführte Gespräch ersetzen können." (Bogner 2005: 152)

Das heißt, dass Mitarbeiterkommunikation nicht unbedingt einer ausgefeilten Technik bedarf. Am effizientesten ist das direkte Gespräch, zumal hier natürlich auch soziale Bindungen gestärkt werden können. Wobei Bruhn in dieser geringen Technisierung eher eine kostenminimale Gestaltung des Bereichs „Mitarbeiterkommunikation" seitens der Unternehmen vermutet (vgl. Bruhn 2005: 1202). Ein weiterer Fehler liegt darin, dass die Mitarbeiter zu Aktivitäten angeregt werden, „[...] dann aber bleibt das Feedback aus. Umfragen unter Mitarbeitern sind wertlos, wenn diese vom Ergebnis nichts erfahren. Beschwerdebriefkästen sind sinnlos, wenn auf die Beschwerden keine Antworten kommen." (Bogner 2005: 151)

5.9.2 Media Relations (Presse- und Medienarbeit)

„Media relations occupies a central position in public relations because the media serve as ‚gatekeepers', controlling the information that flows to other publics in a social system." (Grunig/Hunt 1984: 223)

Auf die Frage, was Öffentlichkeitsarbeit/Public Relations eigentlich ist, wird oft der Bereich der Media Relations genannt (vgl. Lies 2008: 330). Der Begriff der Media Relations, beziehungsweise der Presse- und Medienarbeit erweitert den Bereich der klassischen Öffentlichkeitsarbeit auf das Gebiet aller Medien und wird damit der Public Relations, eingebettet in einem modernen Mediensystem, gerecht (vgl. Rota/Fuchs 2007: 269). Media Relations „[...] kennzeichnen die systematische Pflege der Beziehungen zu Journalisten und Massenmedien mit dem Ziel, dass Redaktionen möglichst positiv und häufig über ein Unternehmen berichten bzw. bei negativen Anlässen vorher den Kontakt zum Kommunikationstreibenden suchen." (Lies 2008:

330) Bogner unterteilt die Zielmedien in denen sich Media Relations abspielen in zwei Bereiche (vgl. Bogner 2005: 169):

1) Printmedien
2) Elektronische Medien

Ad 1) klassische Printmedien (vgl. Bogner 2005: 169):

- Tages-, Wochen-, Monatszeitungen
- alle anderen Arten von Illustrierten, Magazinen, Zeitschriften
- Presse- und Informationsdienste (von Unternehmen, Verbänden, Parteien,...)
- Nachrichtendienste
- Foto- und Graphikdienste
- ...

Und als Printmedien im weiteren Sinn sieht er (vgl. Bogner 2005: 169):

- Flugblätter
- Bücher, Jahrbücher, Kataloge
- Postwurfmaterial, Direct Mail
- Poster und Plakate
- ...

Ad 2) elektronische Medien (vgl. Bogner 2005: 169):

- Fernsehen
- Hörfunk
- Film, Video
- CD, DVD,...
- Bildplatte

Und zusätzlich die „neuen" Medien in Form von Internet und Online-Dienste beziehungsweise Teletext (vgl. Bogner 2005: 169).

Um im Bereich der Media Relations erfolgreiche Arbeit leisten zu können, sollten nachfolgende Instrumente als Standard gesehen werden (vgl. Lies 2008: 331):

- Der Aufbau und die laufende Pflege der Kontakte
- Pressegespräche und Interviews geben/führen
- Das Schreiben von Medienmitteilungen

- Aufbereiten des Bildmaterials (Pressefotos)
- Erstellen von Pressemappen und die Organisation der Pressekonferenzen
- Beantworten der Medienanfragen
- Ermitteln der journalistisch relevanten Gesprächspartner innerhalb des Unternehmens

5.9.3 Community Relations (Lokale Public Relations)

> „Derjenige Bereich der Öffentlichkeitsarbeit (Public Relations) eines Wirtschaftsunternehmens, der auf die Pflege der Beziehungen zur örtlichen Gemeinde zielt, in der das Unternehmen seinen Sitz hat." (Koschnick 1996: 211)

Community Relations – in manchen Werken auch als Urban Relations oder Community Publics bezeichnet (vgl. Bridges/Nelson 2000: 110) – "[…] richten sich an die Standortbevölkerung und das direkte nachbarschaftliche Umfeld von Organisationen." (Röttger 2008: Seite 507) Ziel der Community Relations ist „[…] to win the support or cooperation of or aim to improve relationships with people or organizations in communities in which the sponsoring organization has an interest, need, or opportunity. The organization must maintain a visible, positive profile in the community." (Ledingham/Bruning 2000: 111) Warum die Beziehungen mit der Standortnachbarschaft und Standortgemeinde gepflegt werden müssen, liegt dabei auf der Hand:

> „Werden diese Kommunikationsbeziehungen erfolgreich gepflegt, kann eine Region zum positiven Imagefaktor für ein Unternehmen werden und umgekehrt. Aber auch für Unternehmen, die in der Region als äußerst umstritten gelten – etwa Atomenergie-Versorger mit Arbeitnehmern auf der einen und Umweltaktivisten auf der anderen Seite – sind Community Relations elementarer Bestandteil der Öffentlichkeitsarbeit." (A&B: online)

5.9.4 Issue Management

Das Issue Management einer Unternehmung bildet durch systematische Beobachtung der Umwelt (Scanning, Monitoring), mittels Prognosetechniken und anhand von Meinungsanalysen wichtige Informationen über Inhalte von Diskussionen und der Erwartungshaltung der relevanten Anspruchsgruppen einer Unternehmung/Organisation (vgl. Röttger 2008: 507).

> „Ob Konzern, Agentur, Partei oder Einzelunternehmer – für alle, die in der Öffentlichkeit stehen (können), spielt das sogenannte Issue Management hier eine ganz besondere Rolle. Es geht hierbei darum, möglichst frühzeitig aufkommende Diskussionen zu erkennen und entsprechend der Kommunikationsstrategien zu reagieren." (Huber 2010: 142)

Als „Issue" wird in diesem Zusammenhang „[…] eine Entwicklung innerhalb oder außerhalb der Organisation [bezeichnet], die dazu geeignet ist, wichtigen Einfluss auf die Möglichkeiten einer Organisation zu nehmen, ihre Ziele zu erreichen." (Lies 2008: 175) Ziel des Issue Management ist es, mögliche Gefahren und Chancen für das Unternehmen frühzeitig zu erkennen und auf deren Entwicklung im Sinne des Unternehmens Einfluss zu nehmen (vgl. Röttger 2008: 507). Wie die Ausdrücke „Gefahren" und „Chancen" schon vermuten lassen, muss es dabei nicht nur um die Früherkennung von primär negativen Aspekten gehen. Dies macht auch die nachstehende Tabelle ersichtlich.

	Positiver Issue		Negativer Issue	
Lokalisierung	extern: Opportunity	intern: Strength	extern: Threat	intern: Weakness
Zeithorizont	langfristig		auch kurzfristig	
Management Ebene	strategisch		strategisch und operativ	
Strategie	Integration, Nutzbarmachung		langfristig: Abwehr, Umgehung kurzfristig: Krisenmanagement	

Abb. 8: Die Struktur von Issues. (Lies 2008: 175 nach Ansoff 1980)

Bei den, in Zusammenhang mit dem Issue Management oft verwendeten Ausdrücken „Monitoring" und „Scanning", handelt es sich um folgendes:
Monitoring und Scanning sind Instrumente, die der hier erwähnten Erfassung von Gefahren und Chancen dienlich sind. Dabei erfolgt die Verwendung dieser beiden Instrumente nacheinander und zwar in der Weise, dass zuerst das Scanning durchgeführt wird und daraufhin das Monitoring.

> „*Stufe 1: Scanning.* In der ersten Stufe betreibt das Unternehmen das stetige Scannen eines bestimmten Mediensets nach relevanten Themen. Diese werden danach durchsucht, ob darunter ein wichtiges Themenfeld ist, das im Rahmen eines gezielten Monitorings genauer verfolgt werden soll […]." (Lies 2008: 283, Hervorheb. i. O.)

Wenn Themenfelder bereits identifiziert wurden, erfolgt das Monitoring selbiger:

> „*Stufe 2: Monitoring.* Für das Monitoring bereits identifizierter Themenfelder wertet das Unternehmen ein Set definierter Tageszeitungen (lokal, national), Wirtschaftsmedien, Magazine (Nachrichten, Lifestyle), sowie einige Fachzeitschriften (Nahrungs- und Genussmittel, Gesundheit/Fitness, Sport) quantitativ aus. Dazu betreibt das Unternehmen eine quantitative und qualitative Medienresonanzanalyse, mit der es nicht nur die eigene Abdruckerfolgsquote ermittelt, sondern stetig ein Set von Themen beobachtet." (Lies 2008: 283, Hervorheb. i. O.)

Dabei umfassen die gesuchten Schlagworte nicht nur die Namen des Unternehmens und dessen Produkte, sondern beziehen sich auch auf Themenfelder, die im Zusammenhang mit der Unternehmung als wichtig erscheinen (Ökonomie, Ökologie, Verbraucherverhalten, Gesundheit,...) (vgl. Lies 2008: 283). Um Krisen schon im Vorfeld entgegen zu steuern oder gar zu verhindern, kann das Issue Management sehr nützlich sein. Es kann aber natürlich nie ausgeschlossen werden, dass trotzdem ein Krisenfall eintritt. Dann sollte das Krisenmanagement nahtlos in das Issue Management eingreifen (vgl. Lies 2008: 309) „Issues Management als Krisenradar für die Prävention und das Krisenmanagement zur Bewältigung." (Lies 2008: 309)

5.9.5 Krisen-Public Relations

„Risiko kann als Ungewissheit bzw. Möglichkeit des Eintretens oder Ausbleiben eines Ereignisses verstanden werden. Hinzu kommt, dass durch dieses Ereignis eine Bedrohung von Werten für eine betroffene Person verknüpft ist. Das heißt, ein Risiko ist immer zukunftsbezogen und zielt nicht auf bereits eingetretene negative Ereignisse ab." (Rota/Fuchs 2007: 232)

Das heißt, Krisen lassen sich nicht vermeiden und ihnen vorzubeugen ist schwer. Aber Risiken lassen sich mitunter frühzeitig erkennen, vergangene Krisen analysieren und dadurch mögliche Krisenszenarien vorwegnehmen. Diese Szenarien lassen sich exemplarisch durchspielen und daraus entstehende Resultate erwarten. Diese Vorgänge müssen jedoch im Vorfeld geschehen, das heißt bevor es zu einem Krisenfall gekommen ist. Denn: Krisenkommunikation kann einen Schaden der durch einen Vorfall X im Unternehmen eingetreten ist nicht mehr verhindern, aber es kann diesen Schaden mitunter minimieren und die Umstände beherrschbar machen (vgl. Bogner 2005: 296).

„Die beste und effizienteste Öffentlichkeitsarbeit für Krisensituationen ist die konzeptive PR-Arbeit in guten Zeiten, gerade dann, wenn ihre Notwendigkeit nicht unbedingt einzusehen ist. Eine derart antizyklische PR-Arbeit wirkt dann wie eine Krisenversicherung." (Bogner 2005: 296)

Doch was gilt als Krise? „Krisen sind aus Organisationssicht dazu geeignet, den Fortbestand einer Organisation zu gefährden. Aus Sicht der Beteiligten und des relevanten Umfelds können sie im Extremfall eine Bedrohung an Leib und Leben darstellen." (Lies 2008: 306) Krisen beinhalten oft ein Muster, haben Ähnlichkeiten (vgl. Lies 2008: 306):

- Die meisten Krisen kommen überraschend
- Krisen sind sehr dynamisch und erfordern schnelles handeln
- Die Betroffenen stehen unter Zeitdruck, Handlungen zu setzen
- Es ist schwierig, an relevanten Informationen zu kommen
- Krisen stellen emotionale Ausnahmesituationen dar (Katastrophen, Schicksale)
- Verlust der Möglichkeit des rationalen Handelns durch Emotionalität
- Mediale Aufmerksamkeit durch Emotionalität, Überraschung, Informationsknappheit;

Weiters ist ihnen eine gewisse Ablaufstruktur gemein:

„Ein Auslöser bzw. eine Ursache führt zum Aufbau bzw. zum Entstehen einer Krise, die wiederum zu einer mehr oder weniger starken öffentlichen bzw. medialen Aufmerksamkeit führt. Jede Krise hat einen Höhepunkt und eine Auslaufphase, in der die öffentliche Aufmerksamkeit abebbt und sich langsam wieder normalisiert. Nach Beendigung der eigentlichen Krise kann diese analysiert bzw. evaluiert werden und das Krisenmanagement optimiert werden. (Bentele et al. 2008: 601f.)

Im Falle einer Krisensituation muss, wie am Anfang dieses Unterkapitels schon angesprochen, die Krisen-PR gut funktionieren. Dabei handelt es sich um Public Relations-Maßnahmen, die in einem Krisenfall getroffen werden, welche aber schon im Vorfeld festgelegt wurden. Dies kann aber natürlich nicht für alle Arten der Krisen gelten, sondern lediglich für jene, die als Risiko im

Vorfeld wahrgenommen wurden. Ein Krisenplan eines Unternehmens könnte folgende Problem-Punkte beinhalten (vgl. Bogner 2005: 297f.):

- Zuständigkeitsbereich: Wer ist wann, wofür zuständig?
- Wahl der Medien: Welches sind die idealsten Informationsmittel (Internet, FAX,...)
- Wie sind die Personen, die für die Krisen-PR zuständig sind, im Notfall erreichbar?
- Aktualität der Telefonnummern, Mail-Adressen, Journalisten-Datenbank, etc.?
- Festlegen der Grundsatzinformationen (Firmendaten, Eigentümer, Verantwortliche,...)?
- Daten der Personen, die dem Krisen-Stab beiwohnen?
- Ansatzpunkte für mögliche Krisen (gefährliche Produkte und Verfahren, Betriebsgeheimnisse, ...)
- Technische und andere Hilfsmittel, die für die Abwendung der Krisensituation zu Verfügung stehen?
- Unterschiedliche Szenarien berücksichtigen: In welcher Weise, soll wann reagiert werden?
- Folgereaktionen: Was kommt nach den ersten Public Relations-Maßnahmen?

Sind Punkte wie diese schon in „Friedenszeiten" bekannt und werden Daten laufend aktualisiert sowie an veränderte Betriebssituationen angepasst, so ist bei einem möglichen Krisenfall schon viel gewonnen (vgl. Bogner 2005: 298). Wie dann im Detail vorzugehen ist unterscheidet sich von Krisenfall zu Krisenfall und natürlich auch von Unternehmen zu Unternehmen.

5.9.6 Public Affairs

Hier wird davon ausgegangen, dass Unternehmen als Teil der Gesellschaft nicht nur in ein gesellschaftliches Umfeld eingebettet sind (vgl. Szyszka 2008: 619), „[...] sondern auch von deren rechtlichen Rahmen und dessen administrative Anwendung als öffentliche Angelegenheiten des Gemeinwesens abhängig sind." (Szyszka 2008: 619f.)

> „Da hiervon entscheidende Einflüsse auf die Handlungs- und Entwicklungsbedingungen einer Organisation ausgehen, ist es erforderlich, dass sich Organisationen auf kommunikativer Ebene mit den Bezugsgruppen der politischen Mandatsträger auseinandersetzen, die politischen über gesellschaftliche Rahmenbedingungen entscheiden, sowie mit den verschiedenen Ebenen der öffentlichen Verwaltung, auf denen diese Entscheidungen praktisch umgesetzt werden." (Szyszka 2008: 620)

„Public Affairs beschreibt ein interdisziplinäres Gebiet, das über die Disziplinen der PR hinausreicht und Aufgaben wie politische Analyse und juristische Beratung mit einbezieht." (Lies 2008: 390) Genauer gesagt umfassen sie [...]

> „[...] alle kommunikativen Aktivitäten von Unternehmen und Non-Profit-Organisationen, die auf das politisch-administrative System und das gesellschaftspolitische Umfeld der Organisation ausgerichtet sind und zum Ziel haben, die Organisationsinteressen im politischen Entscheidungsprozess zu vertreten und Akzeptanz im Sinne von Legitimität zu schaffen." (Röttger 2008: 507)

Als Zielgruppen können „[...] Mandats- und Entscheidungsträger in Politik und Verwaltung" (Röttger 2008: 507) gesehen werden. Je nach der gerade vorhandenen Problematik, [...]

> „[...] können diese Beziehungen bzw. zu aktivierenden Beziehungen auf lokaler, regionaler, Landes- bzw. kantonaler oder nationaler Ebene, aber auch auf europäischer oder im Einzelfall auf internationaler Ebene angesiedelt sein. Darüber hinaus erscheinen in diesem Kontext die Beziehungen zu Nicht-Regierungs-Organisationen (NGOs oder Public Interest Groups) wichtig, die mit ihrer Arbeit die Einflussnahme auf politische und gesellschaftliche Rahmenbedingungen suchen." (Szyszka 2008: 620)

Bezüglich der Vorgehensweise und der verwendeten Instrumente im Bereich der Public Affairs kann folgendes festgehalten werden: Die von einem Unternehmen geführte Außenpolitik wird sehr stark von den Kommunikationsleistungen der Public Relations getragen. Aber genauso wenig, wie Politik nur aus Kommunikation besteht, bestehen die Public Affairs ausschließlich aus Kommunikation und sind auf Kommunikationsfunktionen beschränkt. Viele der in den Public Affairs verwendeten Instrumentarien gehen weit über den Machtbereich der klassischen Öffentlichkeitsarbeit hinaus (politische Analyse, inhaltliche Beratung, rechtskundliche Betreuung, Beziehungen zu Magistraten, politischen Ausschüssen oder sozialen Einrichtungen, sowie im Bereich der unternehmerischen Grundentscheidungen) (vgl. Lies 2008: 390).

5.9.7 Financial und Investor Relations

Die Financial und Investor Relations "[...] gestalten die kommunikativen Beziehungen im Kapital- und Finanzmarkt und stellen diese auf Dauer sicher." (Röttger 2008: 507)

> „Ausgelöst durch die Börseneuphorie Mitte der 1990er Jahre hat sich zum einen das Interesse der privaten Investoren an den finanzbezogenen Informationen der Unternehmen erheblich gesteigert, zum anderen haben die Unternehmen zunehmend erkannt, dass für eine erfolgreiche Finanzkommunikation die Einhaltung der gesetzlichen Publizitätspflichten nicht ausreichend sind, sondern eine offene und ausführliche Berichterstattung durch die Eigenkapitalgeber gefordert wird." (Bruhn 2005: 728)

Bruhn 2005 sieht das Hauptziel der Investor-Relations-Arbeit darin, dass „[...] der Aufbau eines Vertrauensverhältnisses zwischen dem Unternehmen und der ‚Financial Community'" (Bruhn 2005: 728) vorangetrieben wird. Genauer definiert sieht dies Brauer 2005, der die Ziele der Kapitalmarkt-Kommunikation darin sieht, dass (vgl. Brauer 2005: 140):

1) der Informationsfluss der Unternehmen in den Kapitalmarkt und den dort tätigen Investment-Professionals organisiert wird,
2) die Analysten bei ihrer analysierenden und beratenden Tätigkeit unterstützt werden,
3) die Arbeit der Rückkopplung vom Finanzmarkt zur Organisation dient,
4) die Kapitalmarkt-Kommunikation der Beratung des Managements in Bereichen wie der „[...] Offenmarktpolitik [...], Finanzierungspolitik und der Verteidigung der Selbstständigkeit bei börsenveranlassten Übernahmeversuchen" (Brauer 2005: 140) dient.

Zu den Zielpersonen der Financial und Investor Relations können Anleger und Finanzmarktexperten (Aktionäre, Investoren, Banken, Börsen, Finanz- und Wirtschaftsjournalisten, etc.) gezählt werden (vgl. Röttger 2008: 507). Bogner nennt als Primäre Dialoggruppen:

- „Kleinanleger
- Institutionelle Investoren
- Mitarbeiter
- Potentielle Anleger
- Wertpapieranalysten im In- und Ausland
- Wertpapierberater der Banken
- Finanz- und Wirtschaftsjournalisten
- Aufsichtsrat
- Betriebsrat
- ‚Börsen Gurus'
- Börsespezialisten der Versicherungen
- Rating-Agenturen
- Vereinigungen von börsennotierten Unternehmen" (Bogner 2005: 283)

Das für den Bereich der Financial und Investor Relations benötigte Instrumentarium unterscheidet sich kaum von anderen Tätigkeitsfeldern der Public Relations, allerdings werden laut Bogner 2005 einige besondere Maßnahmen verwendet:

- „Roadshows (Präsentationen im In- und Ausland)
- Investorenseminare
- Analystenpräsentationen
- Conference calls mit Analysten
- Regelmäßige Informationen über die Geschäftsentwicklung
- News service bei kursrelevanten Neuigkeiten
- Werksgespräche und Werksbesichtigungen im Unternehmen
- Summary financial statement (SFS)
- Veranstaltungen für Kleinaktionäre
- Informationsservice für Kleinanleger (via Telefon und Internet)
- Geschäftsberichte und Halbjahresberichte (auch im Internet zum Herunterladen)
- Hauptversammlung
- und selbstverständlich Pressekonferenzen, Kamingespräche, Einzelgespräche mit in- und ausländischen Journalisten." (Bogner 2005: 283f.)

5.9.8 Corporate Identity

"Die Corporate Identity ist strategischer Ausgangspunkt einer einheitlichen Kommunikationspolitik. Die Relevanz der Identität für die Kommunikation resultiert dabei erstens aus dem Aspekt, dass Selbst- und Fremdbild den Kommunikationsprozess entscheidend mitprägen und zweitens, dass eine entsprechend ausgebildete Unternehmensidentität einen Orientierungsrahmen für die Planung und Realisation der Kommunikationspolitik eines Unternehmens bietet." (Rota/Fuchs 2007: 83)

Corporate Identity (CI) wird als „[…] Unternehmenspersönlichkeit oder –selbstverständnis beschrieben. Unternehmensidentität kann damit als die Summe der charakteristischen Eigenschaften verstanden werden, die es von allen Unternehmen ähnlicher Größe und ähnlicher Branche differenziert." (Rota/Fuchs 2007: 83) Aber nicht nur andere Unternehmen sind hierbei wichtig. Organisationen versuchen sich Mittels Corporate Identity-Strategien „[…] in ihrer Gesamtheit [auch] gegenüber der Öffentlichkeit bzw. den einzelnen Teilöffentlichkeiten einheitlich und unverwechselbar zu positionieren." (Röttger 2008: 508) Corporate Identity hat drei Teilbereiche zum Inhalt (vgl. Bogner 2005: 34 und Brauer 2005: 328f.):

- **Das Unternehmensverhalten** (Corporate Behaviour (CB)): beinhaltet das gesamte einheitliche Auftreten des Unternehmens (Verhalten, Mitarbeiter, Führungsmannschaft, Sprache, Riten und Rituale die das Unternehmen prägen,...) Hat innerhalb der CI einen sehr hohen Stellenwert. Bleibt aber meist „ein frommer Wunschtraum", denn wann ist das Auftreten eines Unternehmens schon durchgehend einheitlich?

- **Die Unternehmenskommunikation** (Corporate Communications oder auch Corporate Culture (CC)): umfasst alle internen und externen kommunikationspolitischen Grundsätze und Kommunikationskanäle.

- **Das visuelle Unternehmensbild** (Corporate Design (CD)): beinhaltet alle visuellen Zeichen, Erscheinungsformen und die Art und Weise, wie diese in Szene gesetzt werden. Einsatzbereiche des CD: Architektur/bauliche Grundmuster des Unternehmens, Firmenlogo, Farben des Unternehmens (Logo, Verpackungen,...), graphische Gestaltungselemente (Briefpapier, Internetseite,...), Qualität der Veranstaltungen;

Ziel der Corporate Identity ist „[...] die Übereinstimmung von Erscheinungsbild, ein einheitlicher Auftritt alles Organisationseinheiten und -mitglieder und die Abstimmung aller von der Organisation veröffentlichten Botschaften." (Röttger 2008: 508)

„Es gilt also: CI = CB + CC + CD." (Bogner 2005: 35)

5.9.9 Training

Hier dreht es sich vor allem um Kommunikations- und Medienschulung beziehungsweise um Argumentationstraining (vgl. Röttger 2008: 508). Sinn eines fachgerechten Kommunikationsseminars kann es zum Beispiel sein, zu lernen [...]

> „[...] wie bei Konflikten bewusst getrennt werden kann zwischen Beziehungs- und Sachebene. Das sogenannte 'Harvard- Prinzip' beschreibt, wie Meinungsunterschiede erfolgreich angegangen werden können indem das 'DU' durch einfühlendes Verstehen ernst genommen wird. In der Sache hingegen wird hart argumentiert. Vereinfacht gesagt: Auf der Beziehungsebene: Weich - aber auf der Sachebene: Hart. Ein professioneller Ausbildner wird auch darauf hinweisen, dass Emotionen selbstverständlich nicht ausgeklammert werden dürfen. Dass Gefühle stets mit dem Inhalt der Aussage und der Person übereinstimmen müssen, ist etwas vom Wichtigsten." (Knill (o.J.): online)

Das Ziel der Kommunikationsschulung „[...] sollte das situationsgerechte, natürliche Verhalten sein." (Knill (o.J.): online) Das heißt somit, wer „[...] künstlich, unehrlich, gespielt kommuniziert, der wird letztlich auch von Laien rasch entlarvt. Langfristig sind Kampfrhetorikkurse im beschriebenen Sinn kontraproduktiv. Es gibt konkrete Kriterien, die zeigen, wann Seminare fragwürdig sind." (Knill (o.J.): online)

5.9.10 Kampagnen

Röttger schreibt bezüglich „Kampagnen" folgendes:

> „Konzeptionierung und Umsetzung von dramaturgisch angelegten, thematisch begrenzten, zeitlich befristeten kommunikativen Maßnahmen zur Erzeugung öffentlicher Aufmerksamkeit unter Einbeziehung unterschiedlicher kommunikativer Instrumente und Techniken – werbliche Mittel, marketingspezifische Instrumente und klassische PR-Maßnahmen." (Röttger 2008: 508)

Kampagnen sind „strategische Kommunikation" schlecht hin, denn jede Kampagne ist auf einer Strategie aufgebaut, welche zuerst in einer zentralen Botschaft und dann in daraus entwickelten zielgruppenspezifischen Aussagen mündet. Auch hier können die klassischen Elemente der strategischen Public Relations erkannt werden: Situationsanalyse, Strategieplanung, Umsetzungsphase sowie die Evaluation (vgl. Röttger 2008: 599).

5.9.11 Veranstaltungen

Das bezieht sich auf die Planung und Durchführung zielgruppenspezifischer Veranstaltungen wie zum Beispiel Messen, Tage der offenen Türe, Konferenzen, Feste, etc. (vgl. Röttger 2008: 508). Dabei kann es sich sowohl um externe, wie auch interne Veranstaltungen, wie zum Beispiel Planung und Durchführung von Schulungen und Veranstaltungen für Mitarbeiter oder Workshops handeln (vgl. DPRG 2005: 9 bzw. 38). Auch hier gilt wie so oft, dass die Planung das Um und Auf für die Basis einer gelungenen Veranstaltung darstellt. „Unternehmen sollten darauf achten, dass Inhalte und Botschaften gut vorbereitet sind. Die Kernbotschaft muss schon in der Einladung für den Journalisten klar ersichtlich sein." (Hermanns 2008: online) Weiters sollten nachstehende Punkte vor und während der Veranstaltung berücksichtigt werden (vgl. Hermanns 2008: online):

- Es muss in der Planung eindeutig festgelegt werden, wer das Unternehmen repräsentiert. Wenn es sich beispielsweise um ein technisch sehr erklärungsbedürftiges Produkt handelt, kann dies auch der Leiter der Technik oder der Entwicklung sein.
- Möglich wäre auch ein Moderator, der nicht selbst Referent ist. Er stellt die einzelnen Redner vor. Er muss darauf achten, dass der vorher festgelegte Zeitplan eingehalten wird. Die Redezeit pro Redner sollte auf maximal 10-15 Minuten zugunsten der Fragestunde beschränkt sein. Hier können die Geschäftsleitung, oder Pressesprecher beziehungsweise Marketingverantwortliche als Redner in Frage kommen.
- Die Dauer der Pressekonferenz sollte eine Stunde nicht überschreiten. Anschließend können noch Folge- und Einzelgespräche oder Interviews angeboten werden.

5.9.12 Mediengestaltung

Hier handelt es sich um die Planung und Gestaltung von Geschäftsberichten, Broschüren, Mitarbeiter-/Kundenzeitschriften, Flyern, Anzeigen und so weiter (vgl. Röttger 2008: 508). Ein Punkt der bei der Gestaltung einer Information in einem x-beliebigen Medium zu beachten ist, ist der Umstand der selektiven Wahrnehmung von Botschaften/Nachrichten/Informationen. Der Mensch nimmt über seine Sinnesorgane, die hier alle zusammenspielen (sehen, riechen, schmecken, fühlen), ständig Informationen wahr. Dadurch orientiert er sich in seiner Umwelt. Die Wahrnehmung wird als kontinuierlicher Prozess beschrieben, in dem die Information nicht nur aufgenommen, sondern seitens des Rezipienten auch ausgewählt und bewertet wird (vgl. Böhringer et al. 2008: 4).

> „Alle Menschen suchen sich aus der übergroßen Fülle der angebotenen Informationen die für sie subjektiv relevanten Teile heraus. Dies sind konkrete, uns direkt betreffende Gegebenheiten der Umwelt, die unsere eigenen Erfahrungen, Bewertungen und Handlungsmöglichkeiten beeinflussen. Wahrnehmung ist somit niemals wertfrei." (Böhringer et al. 2008: 4)

Die Kunst im Bereich der Mediengestaltung besteht nun darin, die Informationen mittels der Gestaltung der Medien (Schrift, Farbe, Form, Design, Seitenaufbau, Inhalt,…) so zu „verpacken" dass es dadurch möglich wird, die Aufmerksamkeit der relevanten Zielgruppen zu erlangen und „[…] ihren Blick in die gewünschte Richtung zu lenken." (Böhringer et al. 2008: 4)

5.9.13 Sponsoring

Röttger beschreibt Sponsoring als die „Festlegung von Leistungsvereinbarungen mit Organisationen insbesondere aus den Bereichen Sport, Kultur, Soziales, Ökologie und Wissenschaft." (Röttger 2008: 508)

Bentele sieht Sponsoring als Teil der Unternehmenskommunikation, welches somit der typischen Phasenabfolge von Planung, Organisation, Durchführung und Evaluation unterliegt (vgl. Bentele 2008: 623), denn: „Sponsoring bezeichnet die systematische Bereitstellung von Geld-, Sachmitteln oder Dienstleistungen durch Unternehmen für Personen oder Organisationen zur Erreichung unternehmerischer Marketing- bzw. Kommunikationsziele." (Bentele 2008: 623)

Dabei unterscheidet es sich durch die Tatsache des „Gegengeschäftes" klar vom Spendenwesen oder Mäzenatentums (vgl. Bentele 2008: 623). Bruhn unterscheidet im Bereich des Sponsorings sechs wesentliche Merkmale:

1. Sponsoring funktioniert auf dem Prinzip von Leistung und Gegenleistung;

2. Bei Sponsoring geht es weniger um den Verkauf von Werbefläche, sondern viel mehr um den Fördergedanken. Der Sponsorgeldgeber identifiziert sich auch inhaltlich mit dem Gesponsorten;
3. Sponsoring erfüllt eine kommunikative Funktion;
4. Sponsoring unterliegt einem systematischen Planungs- und Entscheidungsprozess;
5. Sponsoring setzt einen Imagetransfer in Gang. Botschaft und Medium lassen sich hier nicht trennen. Der Sponsorträger ist sowohl Sponsorbotschafter, als auch Transportmedium dieser Botschaft.
6. Sponsoring ist ein Baustein zu integrierter Kommunikation und nie getrennt vom Unternehmen zu sehen. Es wird gemeinsam mit anderen Marketing- und Kommunikationsinstrumenten eingesetzt (vgl. Bruhn 2005: 811f.).

5.9.14 Online-Public Relations

Obwohl die Online-Public Relations beziehungsweise die Internet-Public Relations in manchen Punkten der klassischen Public Relations nicht unähnlich sind, so müssen bei dieser Art der Public Relations doch noch weitere Umstände berücksichtigt werden. Das Internet per se schafft neue Verbindungskanäle und ermöglicht neue Beziehungen. Und diese sind global (vgl. Müller/Kreis-Muzzulini 2003: 164). „PR ist keine esoterische Disziplin mehr, in der sich Unternehmen intensiv darum bemühen, exklusiv mit einer Handvoll von Reportern zu kommunizieren […]. Heute umfasst eine brauchbare PR Programme, um die Kunden direkt anzusprechen." (Meerman Scott 2010: 49) Aber es schafft nicht nur Vorteile sondern auch neue Verpflichtungen, beziehungsweise fordert neue Verhaltensregeln, wie man diesen gerecht zu werden hat. Bogner schreibt dazu:

1. „Die Grundsätze seriöser PR gelten auch hier: Prägnanz und Kompaktheit der Sprache, Aktualität und Kontinuität.
2. Online-Kommunikation ist nicht das ‚Überspielen' von Broschüren, Drucksorten und dgl. Auf den Bildschirm – sie benötigt spezielle Texierung, Gestaltung, Aufbereitung. […]
3. Online-Kommunikation funktioniert nicht nur schnell, sie verlangt auch vom Nutzer Schnelligkeit: rasche Zurverfügungstellung von Information, unmittelbares Beantworten von eingehenden Anfragen.
4. Online-Kommunikation benötigt Professionalität, sprich Aus- und Weiterbildung der Spezialisten, und entsprechende Manpower.
5. Online-Kommunikation muss als Teil der Gesamtkommunikation verstanden werden, also ins Kommunikationsmanagement der Institution integriert werden. Die grundsätzlichen Kommunikationsziele und -strategien bleiben unverändert, aber es entsteht eine neue Art der Kommunikation.
6. Online-Kommunikation braucht eine klare Zielsetzung und Positionierung innerhalb des gesamten Kommunikationsinstrumentariums.
7. Online-Kommunikation kann andere Kommunikationsinstrumente unterstützen, kann aber auch fallweise solo agieren.
8. Das Internet wird also die traditionellen Medien nicht verdrängen, es stellt viel mehr eine Ergänzung oder Erweiterung dar.
9. Auch fremde Online-Angebote als Träger für eigene Informationen sollte man nutzen.
10. Die Internet-Adresse über alle verfügbaren Kanäle bekannt machen: Eintrag in Suchmaschinen, Verzeichnisse, Datenbanken." (Bogner 2005: 148f.)

Dabei sind auch neue Faktoren entstanden, die bei der Public Relations-Arbeit im Netz zu berücksichtigen sind (vgl. Müller/Kreis-Muzzulini 2003: 164):

- „PR im Netz gehen weit über die Präsentation von Firmendaten und -informationen hinaus.
- Der hohe Aktualitätsanspruch erfordert kontinuierliche Betreuung und ständige Ergänzung mit News.
- Der aktive Dialog erfordert Engagement und Zeit.
- Internet-PR beruhen auf der Pull-Strategie und müssen vom Botschaftsempfänger selbst abgerufen, und den individuellen Bedürfnissen entsprechend genutzt werden können.
- Internet-PR dürfen nie isoliert betrachtet und realisiert, sondern müssen mit flankierenden Massnahmen gestützt und ins Gesamtkommunikationskonzept eingebettet werden [...]." (Müller/Kreis-Muzzulini 2003: 165)

Um die Ausdrücke Internet-PR, Online-PR, etc. etwas zu ordnen: Röttger versteht unter dem Fachausdruck Online-Public Relations die „Planung und Gestaltung es Internet-Auftritts bzw. von zielgruppenspezifischen Websites." (Röttger 2008: 508) Müller/Kreis-Muzzulini sehen Online Public Relations dem Überbegriff electronic Public Relations (kurz ePR) untergeordnet. Dazu zählen sie weiters Web-PR (interaktive Web-Sites, Homepages) und Net-PR (Chat Rooms, E-Mail-Mitteilungen, alle Anwendungen des interaktiven Intranets) (vgl. Müller/Kreis-Muzzulini 2003: 166). Net-PR umfasst nach Müller/Kreis-Muzzulini nachstehende Formen (vgl. Müller/Kreis-Muzzulini 2003: 166):

- Intranet/Internet-Kommunikation
- Chat Rooms
- Internet-Foren
- Mediendienste und E-Newsletter
- Netz-Medienmitteilungen (audio-visuelle Präsentationen)

Online-PR beinhaltet die Online-Medien, Online-Konferenzen und die eEducation und kann in folgenden Formen in Erscheinung treten (jeweils in real time oder on demand möglich) (vgl. Müller/Kreis-Muzzulini 2003: 166):

- Elektronische Ausgaben von Zeitschriften,...
- Aufzeichnungen/Live Streams von Radio- und TV-News
- Online-Sprach- und/oder Videokonferenzen
- Online-Datenbanken und -Bibliotheken
- Online-Ausbildung

„Das Internet hat Public Relations wieder öffentlich gemacht, nachdem sie jahrelang fast ausschließlich auf die Medien fixiert waren. Mit Blogs, Online-Videos, Nachrichten und anderen Formen von Web-Content können Unternehmen direkt mit den Kunden kommunizieren." (Meerman Scott 2010: 49) Trotz dieser Möglichkeiten, die das Internet den Public Relations technisch gesehen bietet, wird diese nach wie vor sehr klassisch organisiert und durchgeführt. Websites werden oft von starren Texten, Fotos und Standortplänen dominiert. Die bekannten Printmedienmuster werden oft noch angewandt (vgl. Müller/Kreis-Muzzulini 2003: 167). In diesen Bereichen, den rein informativen Sparten des Internets (Websites, Newsletter,...), ist es sicherlich wichtig, neue Wege zu gehen und die technischen Möglichkeiten zu nutzen.

Doch allem Medienhype zum Trotz, darf auf die klassischen Kommunikationsmittel oder auf ein „simples" face to face-Gespräch nicht „verzichtet" werden. Vielmehr dürfen die Online-Medien als Unterstützung oder Entlastung im Bereich des Kommunikationsmanagements gesehen werden, jedoch niemals als Ersatz für ein Beziehungsmanagement (vgl. Bogner 2005: 148). „Online-PR muss Zusatznutzen stiften und kann das auch, wenn [sie richtig angelegt ist, d. Verf.] [...]. Denn sie ist – richtig gemacht – schneller, direkter, interaktiver, multimedialer und internationaler als jede andere Form der Kommunikation." (Brauer 2005: 218) Den persönlichen Aspekt eines Gesprächs kann diese jedoch nie ersetzen (vgl. Bogner 2005: 148).

Für Bereiche wie beispielsweise die Krisen-PR, bietet das Internet natürlich ausgezeichnete Möglichkeiten. Kommunikationsinstrumente können hier bestens miteinander funktionieren und verschmelzen zu einer gesamthaften, integrierten Kommunikation. Dazu trägt auch die Qualität und Geschwindigkeit bei, die moderne Internetverbindungen aufweisen. Doch auch hier liegt ein Problem begraben: Es besteht das Potential für eine Vermischung der Bereiche des Marketings, der Werbung und der Public Relations (vgl. Bogner 2005: 147).

> „Bislang, ohne Internet und Cyberspace, war es schon schwer genug, das Kommunikationsinstrumentarium nach dem Schlagwort ‚getrennt marschieren, vereint schlagen' zu organisieren. Also Marketing samt Werbung, PR und CI nach ihren Stärken und Besonderheiten zu positionieren und voneinander zu trennen – dann jedoch zu einem gemeinsamen Ganzen mit einheitlicher Zielsetzung zu vernetzen. (Bogner 2005: 147)

Genau hier schließen aber Online-Dienste und Internet nahtlos an. Genau da, woran sich Puristen unter den Kommunikationsfachleuten schon bisher, bei Print- und elektronischen Medien, gestoßen haben. Bei den typischerweise langformatige, 5 Minuten oder länger, dauernde Fernsehwerbungen – auch „Infomercials" genannt (vgl. Bogner 2005: 147). „Die Verkommerzialisierung der gesellschaftsorientierten Kommunikation bekommt, so steht zu befürchten, durch die Online-Welt neue Nahrung" (Bogner 2005: 147).

5.10 Die Abgrenzung der Public Relations zum Marketing

Durch vertrauensbildende Maßnahmen wird Mittels der Unternehmenskommunikation die Einstellung der Zielgruppen beeinflusst und mitunter sogar verändert. Ob dies nun in den Bereich des Marketings eines Unternehmens fällt, oder in den Bereich der Public Relations, hängt mit dem Weg zusammen, der dafür eingeschlagen wurde und wodurch möglicherweise ein Interessenskonflikt entstehen könnte (vgl. Müller/Kreis-Muzzulini 2003: 65). Denn [...]

> „[...] wird mit gezielter Hintergrundinformation im Rahmen der Marketingstrategie über Leistung, Produkte, Innovationen berichtet, fallen diese Kommunikationsaktivitäten in den Marketingbereich. Entsprechend nennt sich diese Teildisziplin der Marketingkommunikation Produkte-PR, Product PR oder kurz PPR." (Müller/Kreis-Muzzulini 2003: 65)

Dadurch kreuzen sich die Interessen des Marketings und der Public Relations eines Unternehmens möglicherweise. Dies ist insofern ein Problem, da seit einigen Jahren ein Konflikt zwischen den Vertretern beider Disziplinen besteht. Es geht dabei um die Frage, welche der beiden Disziplinen den höhern Stellenwert im Kommunikationsmix eines Unternehmens hat und welcher der beiden Disziplinen eine Vormachstellung/Führungsrolle zugesprochen werden kann (vgl. Bruhn 2005: 729 bzw. Müller/Kreis-Muzzulini 2003: 65f.).

Um dieser Problematik näher zu kommen, müssen die beiden Begriffe zunächst einmal gegenüber gestellt werden. Im Bereich des Marketings gibt es einige Definitionen, was Marketing ist. Kotler definiert Marketing – und dies ist für die Erstellung dieser Studie als ausreichend zu betrachten – als „[...] ein Prozess im Wirtschafts- und Sozialgefüge, durch den Einzelpersonen und Gruppen ihre Bedürfnisse und Wünsche befriedigen, indem sie Produkte und andere Dinge von Wert erzeugen, anbieten und miteinander austauschen." (Kotler 2007b: 30)

Grunig/Hunt definierten 1984 Public Relations (wie hier schon angesprochen) als „[...] part of the management of communication between an organization and its publics [...]. Communication is a behavior of individuals, groups, or organizations. People communicate when they move messages to or from other people."(Grunig/Hunt 1984: 6) Wenn man diese beiden Begriffsdefinitionen in dieser Weise nebeneinander stehen sieht, so fallen die Probleme, die die beiden miteinander haben könnten zunächst gar nicht auf. Etwa, wie sie sich in ihrem Zuständigkeitsbereich mitunter sogar überlappen oder die eine Disziplin der andern werden kann.

Kotler/Mindak haben versucht, diese Vorgänge 1978 anhand einer Grafik darzustellen:

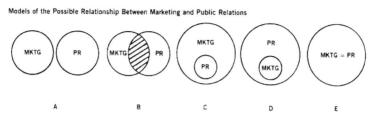

Abb. 9: Mögliche Beziehungen zwischen Marketing und Public Relations. (Kotler/Mindak 1978: 17)

Figur A Hier werden Public Relations und Marketing als zwei unterschiedliche Funktionen bezüglich ihrer Perspektiven und ihrer jeweiligen Leistungsfähigkeiten angesehen (vgl. Kotler/Mindak 1978: 17). „Marketing exists to sense, serve, and satisfy customer needs at a profit. Public relations exists [sic] to produce goodwill in the company's various publics so that these publics do not interfere in the firm's profit-making ability." (Kotler/Mindak 1978: 17)

Figur B In diesem Modell werden Public Relations und Marketing als Funktionen gesehen, die in bestimmten Teilbereichen Überschneidungen haben. Diese Bereiche liegen vor allem im Bereich der Produkt Publicity und der Customer Relations (vgl. Kotler/Mindak 1978: 17). „The most obvious common group is product publicity. Carefully planned publicity can create great visibility and interest in a product or brand." (Kotler/Mindak 1978: 17)

> "Another common ground is customer relations. Marketing is adept at selling customers and less adept at responding to customer complaints after the product is sold. Customer complaints tend to reach the public relations department. Public relations personnel try to salve the customer's wounds and get the marketing department to avoid practices that will lead to similar grievances in the future. A latent function of the public relations department is to "watchdog" the marketing department." (Kotler/Mindak 1978: 17f.)

Figur C Hier ist Marketing die dominante Dimension und Public Relations ein Teilbereich von ihr (vgl. Kotler/Mindak 1978: 18). „Some marketers advance the view that corporate public relations should be placed under the control of the corporate marketing department. They argue that public relations exists [sic] essentially to make it easier for the firm to market its goods." (Kotler/Mindak 1978: 18) Diese Sichtweise von Public Relations und Marketing ist im Bereich der Betriebswirtschaft vorherrschend.

Figur D Hier wird Public Relations genau umgekehrt gesehen, wie in der vorangegangenen Beschreibung, nämlich Public Relations als dominierende Funktion und Marketing als deren untergeordnete. Der zentrale Aspekt dahinter ist die „Befriedigung" des Kunden in seinen Wünschen. Dies ist definitiv Ziel des Marketings. Da die Kunden aber nur einen Teil der Zielgruppen eines Unternehmens darstellen, finden Kotler/Mindak:

"Satisfying the customers is one part of the task, the part called marketing. Satisfying the customers must be kept in balance with satisfying other groups. Marketing cannot be al-lowed to go its own way regardless of the consequences. Marketing should be put under public relations control to make sure that the goodwill of all key publics is maintained." (Kotler/Mindak 1978: 18)

Figur E Hier werden die beiden Funktionsbereiche Public Relations und Marketing als gleichwertig betrachtet. Diese Sichtweise soll auch zu einer integrierten Denkweise eines Unternehmens führen. Kotler/Mindak beschreiben diesen Umstand folgendermaßen:

"Another way of viewing the two functions is as rapidly converging in concepts and methodologies. They both talk in terms of publics and markets; they both recognize the need for market segmentation; they both acknowledge the importance of market attitudes, perceptions, and images in formulating programs; and the primacy of a management process consisting of analysis, planning, implementation, and control. In some organizations, the two functions might be feasibly merged under a Vice President of Marketing and Public Relations. This person is in charge of planning and managing the external affairs of the company." (Kotler/Mindak 1978: 18)

Wie das Verhältnis von Marketing zu Public Relations gesehen werden kann beziehungsweise, wie es Unternehmensintern gesehen wird, hängt von der jeweiligen Struktur des Unternehmens ab.

„[…] It depends on what role marketing plays within a particular organization, and the power structures that develop within, and between, the two departments vis-à-vis the chief executive. If marketing has a strategic role, the PR function is more likely to come within its remit. Nevertheless, even in that scenario, public relations still has a role to play in every stage of a co-ordinated marketing communications campaign." (Baines et al. 2007: 18, Hervorheb. i. O.)

Doch im Grunde genommen kann mittlerweile gesagt werden, dass „[…] der Wettlauf zwischen Werbung und PR […] ein vorläufiges Ende gefunden [hat]: PR hat sich von Marketing und Werbung weitgehend emanzipiert." (Mast 2010: 270)

„Es war die PR, die als ‚kleiner Bruder' lange Jahre neben der Werbung herhinkte, jedoch in Sachen Budget nie zu ihr aufschließen konnte. Als Teilbereich des Marketings verkannt, etablierte sie sich erst in den 1990er Jahren zu einem eigenständigen Teilbereich der Unternehmenskommunikation. In den letzten Jahren ist der Wettlauf zwischen den beiden Disziplinen in der Kommunikationspraxis kaum noch ein Thema." (Mast 2010: 270)

5.11 Zusammenfassung

Das Kapitel 5. „Public Relations" hat mehrere Funktionen für diese Studie zu leisten: Zunächst erfüllt es die Funktion der „Vollständigkeit", da die Aufarbeitung und Definition dieser Thematik nun ein mal ein fixer Bestandteil solch einer Studie ist. Allerdings handelt es sich hier nicht nur um eine reine „Pflichterfüllung". Es muss den beiden Schwerpunkten dieser Studie – den Public Relations und der Social Media – auch ein theoretischer, beschreibender Raum verschafft werden, um zu garantieren, dass nach erfolgter Rezeption dieser Themenblöcke, jeder Leser den selben Wissensstand aufweist und somit die Zusammenhänge und Schlussfolgerungen, welche im Zuge der Erstellung dieser Studie erfolgt sind, verstehen kann.

Dafür wurde zu Beginn des Kapitels 5 der Begriff „Public Relations" definiert. Dies geschah aus der Sicht unterschiedlicher Autoren und Berufs- beziehungsweise Forschungszweige, wobei hier die Definitionen von Ronneberger/Rühl und von Grunig/Hunt für das Thema dieser Studie als die Praktikabelste eingestuft wurden. Nachstehend nochmals diese beiden Definitionen:

> „Die Funktion [der Public Relations] liegt in autonom entwickelten Entscheidungsstandards zur Herstellung und Bereitstellung durchsetzungsfähiger Themen, die [...] mit anderen Themen in der öffentlichen Kommunikation um Annahme und Verarbeitung konkurrieren. Die besondere gesellschaftliche Wirkungsabsicht von Public Relations ist es, durch Anschlusshandeln [...] öffentliche Interessen (Gemeinwohl) und das soziale Vertrauen der Öffentlichkeiten zu stärken, [oder, d. Verf.] zumindest das Auseinanderdriften von Partikularinteressen zu steuern und das Entstehen von Misstrauen zu verhindern." (Ronneberger/Rühl 1992: 252)

Und:

> „In one way or another, however, each of these public relations activities is part of the management of communication between an organization and its publics [...]. Communication is a behavior of individuals, groups, or organizations. People communicate when they move messages to or from other people." (Grunig/Hunt 1984: 6)

Die Gründe für diese „Auswahl" lagen in den Überlegungen, dass bei diesen beiden Definitionen die Thematik der kommunikationswissenschaftlichen Sichtweise zufriedenstellend wiedergegeben wird und auch die Begriffe der „Kommunikation", „Organisation" und „Zielgruppen" behandelt werden. Ein Umstand, der für die Public Relations ganz allgemein, aber besonders für die Social Media als Teil der Unternehmenskommunikation relevant erscheint. An dieser Stelle soll nochmals darauf hingewiesen werden (wie auch schon zu Beginn von Kapitel 5), dass es sich bei der Auswahl der hier verwendeten Theorien, nur um einen kleinen Teil der grundsätzlich für die Public Relations zu Verfügung stehenden Theorien handeln kann. Es wurde damit lediglich ein Überblick über die Thematik „Public Relations" geschaffen. Um ein umfassendes und vor allem tiefschürfendes Bild der Definitionsmöglichkeiten der Public Relations zu erhalten, empfiehlt es sich, die einschlägige Fachliteratur – etwa jene von Lies, Kunczik oder Bentele/Fröhlich/Szyszka – zu Hand zu nehmen.

Einen weiteren Teil von Kapitel 5 stellten die drei Ansätze der Public Relations von Signitzer, der gesellschaftsorientierte, der marketingorientierte und der organisationsorientierte Public Relations-Ansatz dar. Mittels dieser Ansätze soll gezeigt werden, dass in der Unternehmenskommunikation situationsabhängig kommuniziert werden kann und mitunter auch muss. Mit der plakativen Aussage „There is no one best way to communicate." soll dieser Umstand noch deutlich unterstrichen werden. Die Fragen, die mit diesen Ansätzen beantwortet werden, sind dahingehend gestellt, welche Beiträge die Public Relations für das Dasein und die Funktionsweise von Gesellschaften, für die Erreichung von Marktzielen und Unternehmenszielen haben.

Weiters wurden die vier Public Relations-Modelle von Grunig und Hunt (das Publicity-Modell, das Public-Information-Modell beziehungsweise das Modell der asymmetrischen und symmetrischen Kommunikation) dargestellt. Darauf folgten der Public Relations-Prozess und dessen einzelne Schritte, um dann die Tätigkeitsfelder der Public Relations näher zu beleuchten. Sinn dabei war es, den Ablauf und die Inhalte einer typischen Public Relations-Strategie wieder zu geben. Dies geschah aus der Überlegung, den Ablauf einer Social Media-Strategie daran aufzubauen (vgl. Kapitel 6 dieses Buches).

Den Abschluss dieses Kapitels bildete die Abgrenzung von Public Relations zum Marketing. Auf diese Abgrenzung soll im Zuge dieser Studie noch mehrmals eingegangen werden. Eines steht hier an dieser Stelle jedoch klar fest: Die, sich schon seit Jahrzehnten ziehende Diskussion über den Stellenwert der beiden Kommunikationsfunktionen in einem Unternehmen, scheint langsam etwas abzuflauen. Es hat den Anschein, dass die Public Relations sich emanzipiert haben und nun einen fixen und vor allem angemessenen Platz in der Unternehmenskommunikation einzunehmen beginnen.

Diese Kapitel stellt durch die darin enthaltene Theorie den Grundstock für das nun folgende Kapitel 6 „Social Media" dar, welches in seinen Inhalten teilweise direkt an die in Kapitel 5 erwähnten Theorien, Prozesse und Sachverhalte anknüpft.

6. Social Media

Laut Bruhn befindet sich unsere Gesellschaft ab dem Jahr 2010 – die Kommunikationspolitik betreffend – in der Phase der „Netzwerkkommunikation". Diese löst nach den Phasen der „unsystematischen Kommunikation" (1950er), der „Produktkommunikation" (1960er), der „Zielgruppenkommunikation" (1970er), der „Wettbewerbskommunikation" (1980er), der „Phase des Kommunikationswettbewerbs" (1990er), nun die Phase der „Dialogkommunikation" der 2000er-Jahre ab (vgl. Bruhn 2009: 6f.). Die neuen Formen der Kommunikation des Internets „[...] werden voraussichtlich die Interaktivität der Kommunikation der 2000er-Jahre weiter vorantreiben. Das Web 2.0 führt zu einem Wandel innerhalb der Gesellschaft hin zu einer Netzwerkgesellschaft." (Bruhn 2009: 7) Dabei ergibt sich für Unternehmen „[...] die Notwendigkeit, Netzwerkkommunikation zu betreiben, möchten sie weiterhin im Kommunikationswettbewerb bestehen bleiben." (Bruhn 2009: 7) Durch diese „[...] Netzwerkkommunikation versuchen Unternehmen letztlich, eine längerfristige dialogische Kommunikationsbeziehung zwischen dem Unternehmen und spezifischen Netzcommunities aufzubauen." (Bruhn 2009: 7) Diese „dialogischen Kommunikationsbeziehungen" erfolgen im Bereich des Instrumentariums der Social Media.

Im sechsten Kapitel dieser Studie soll der Begriff „Social Media" näher beleuchtet werden. Dabei wird, wie schon im vorangegangenen Kapitel 5 „Public Relations", auch vom Allgemeinen zum Besonderen vorgegangen werden. Das heißt, dass zunächst die Begriffe „Social Media" und „Web 2.0" näher definiert und begrifflich abgegrenzt werden. Danach erfolgt ein Exkurs in den Bereich des „Corporate Publishing". Hier soll in einer kurzen Abfolge der Begriff des Corporate Publishing, der Bereich Imagebildung und die Kommunikationsziele, welche Unternehmen mit dem Bereich des Corporate Publishing – der gezielte Imageaufbau und die Bildung einer Unternehmensmarke, aber vor allem natürlich der direkte Kundenkontakt – bezwecken, näher erläutert werden.

Danach wird versucht, die Funktionen, die Aufgaben und die Ziele der Social Media zu definieren. Hierauf folgt der Versuch einer Kategorisierung der Social Media. Im Anschluss wird der Begriff „Networking" genauer betrachtet, um dann die Betätigungsfelder der Social Media aufgezeigt. Darauf folgen die Kombinierte Sichtweise der Public Relations in den Social Media, die möglichen Vor- und Nachteile durch die Social Media sowie ein Vergleich, was Social Media können – und was eben nicht. Verhaltensregeln und Zielgruppenfindung bilden weitere Teile dieses Kapitels. Danach folgt der Fokus auf den Bereich des Kleinstunternehmens – dieser Begriff wird vorher noch kurz definiert – in Kombination mit den Social Media. Hier sollen Vor- und Nachteile für Kleinstunternehmen durch Social Media definiert und dann die Funktionen und der Nutzen erörtert werden, welche Social Media für ein Kleinstunternehmen haben kann.

Die Erarbeitung dieses Kapitels erfolgt dabei zum einen durch die Analyse der einschlägigen Literatur aus dem Bereich der Social Media, wird aber andererseits auch durch die Resultate aus den Experteninterviews, welche im Zuge der Erstellung dieser Studie durchgeführt wurden, ergänzt.

6.1 Definitionen und Begriffsbestimmungen

6.1.1 Social Media

„Social Media ist der bisher beste Versuch, etwas zu benennen, das sich mit großer Geschwindigkeit in verschiedenste Richtungen bewegt. Der Begriff umfasst alle Möglichkeiten des Austausches im Netz: Soziale Netzwerke, Blogs, Foto- und Videoportale oder auch Webseiten mit Kommentarfunktionen." (Bernet 2010: 9)

Social Media ist einer jener Ausdrücke, der fast jedem sofort geläufig erscheint. Dies rührt vermutlich daher, dass beide Wörter in anderen Zusammenhängen schon x-mal verwendet wurden. Der Ausdruck „social" wird aus dem Englischen als „gesellig, gesellschaftlich, sozial" übersetzt. Und „media" sind die „Datenträger, Werbeträger, Speicher". Aber in der Kommunikationswissenschaft (und in ihren Nachbardisziplinen) versteht man unter dem Begriff „Medium" auch die „Mittel" oder „Mittler", mit denen eine Nachricht übertragen wird. Die sogenannten „Medien". Dies wären zum Beispiel die Zeitungen und Magazine, das Fernsehen oder das Radio (vgl. Safko/Brake 2009: 3) und natürlich auch das Internet. Und nur dort, im Internet, spielen sich die „Social Media", wie sie in diesem Zusammenhang gedacht sind, ab.

Manchmal hört man in diesem Zusammenhang auch den Ausdruck „Social Community" (vgl. IAB Switzerland - Internet Glossar: online), was aber sinngemäß das Gleiche bedeutet. In diesem Kontext wird auch von „Sozialen Netzwerken" gesprochen. „Sie stehen für eine Form von Netzgemeinschaften. Die User nutzen die Technik von Web-Anwendungen und -plattformen um eigene Daten und Bilder zu speichern, ihren Freundes- und Bekanntenkreis zu pflegen und mit ihrem Umfeld in Kontakt zu bleiben." (IAB Switzerland - Internet Glossar: online) Hilker definiert Social Media als „[...] soziale Netzwerke [...], die als Plattformen zum gegenseitigen Austausch von Meinungen, Eindrücken und Erfahrungen dienen." (Hilker 2010: 11)

Auch Safko/Brake sehen die Social Media als [...]

„[...] activities, practices, and behaviour among communities of people who gather online to share information, knowledge, and opinions using conversational media. Conversational media are Web-based applications that make it possible to create and easily transmit content in the form of words, pictures, videos, and audios." (Safko/Baker 2009: 6)

Und weiter bei Hilker:

> „Social Media basiert auf den Web 2.0-Technologien, wodurch eine Reihe interaktiver Elemente entstanden sind. Der Begriff „Mitmach-Web" beschreibt es treffend, denn die neuen Plattformen ermöglichen die Erstellung und den Austausch von gemeinsamen Inhalten (Text, Video, Audio)." (Hilker 2010: 11)

Genauer handelt es sich bei Social Media somit um soziale Netzwerke, Blogs, Online- und Video-Zusammenarbeit, wozu auch „User Generated Content" gezählt wird. Das sind Web-Inhalte, die von den Usern selbst erstellt und geteilt werden und über die „[...] ein permanenter, zeitlich unbegrenzter Austausch [...] [stattfindet, d. Verf.]." (Grabs/Bannour 2011: 22) "**Social media** is a type of online media that expedites conversation as opposed to traditional media, which delivers content but doesn't allow readers/viewers/listeners to participate in the creation or development of the content." (Ward, Susan o.J.: online, Hervorheb. i. Org.) Dies macht aus dem reinen „one way flow of communication"-orientierten (also passiven) Medium des Internets ein Medium der „aktiven Teilnahme" (vgl. Hilker 2010: 11).

Grabs/Bannour sprechen auch von der „Many-to-Many"-Kommunikation im Bereich der Social Media (vgl. ebd.: 22). Durch die Möglichkeiten der Social Media-Plattformen, hat das Internet seine klassische Form der „Push-Kommunikation" (ein vom Anbieter, durch Werbung oder Pressearbeit dominiertes einseitiges Medium) verlassen und sich in den Bereich der „Pull-Kommunikation" weiter entwickelt. Hier kreiert der Anbieter einen „Pool von Informations- und Interaktionsangeboten" (Bruhn 2009: 11) und der Nachfragende entscheidet dann, ob und in welcher Form er diesen benutzen und/oder weiterverbreiten will. Nachstehend eine Grafik, die die Merkmale im Bereich dieser Kommunikationsformen besser verdeutlichen soll (vgl. Bruhn 2009: 10f.).

Merkmale	Push-Kommunikation	Pull-Kommunikation
Kommunikationsmodell	Klassisches Kommunikationsmodell (Sender-Medium-Empfänger)	Modell des Angebotes eines Pools von Informations- und Kommunikationsangeboten
Richtung der Kommunikation	Einseitig	Zweiseitig
Initiator der Kommunikation	Anbieter	Anbieter oder Nachfrager
Primärfunktionen	• Informationsfunktion • Beeinflussungsfunktion • Bestätigungsfunktion	• Aufforderungsfunktion • Interaktionsfunktion • Individualisierungsfunktion • Flexibilitätsfunktion
Typische Kommunikationsinstrumente und -mittel	Mediawerbung, Pressearbeit, Verkaufsförderung, Sportsponsoring u.a.	Online-Kommunikation, Call Center, Beschwerden u.a.

Abb. 10: „Push- versus Pull-Kommunikation. (Bruhn 2009: 11)

Hilker geht sogar noch über den Begriff der „Pull"-Funktion hinaus und bezeichnet die in der Social Media angewandte Kraft als „Share"-Prinzip (vgl. Hilker 2010: 62) „Die User verlinken und vernetzen sich und empfehlen ihre Informationen und Produkte über die Funktion ‚Teilen' weiter. [...] ‚Share', also das Teilen macht Social Media aus." (Hilker 2010: 62)

Um das Forschungsfeld dieser Studie einzuschränken, muss angemerkt werden, dass es hier nur – wenn überhaupt – am Rande darum gehen kann, ob die Thematik „Social Media" nun ganz allgemein als „gut" oder „schlecht" für unsere Gesellschaft angesehen werden mag, denn im Grunde genommen ist diese Frage und noch viel mehr die Antwort darauf, subjektiv. Natürlich werden im Verlauf der Bearbeitung des Themas im Zusammenhang mit den Public Relations eines Kleinstunternehmens kritische Aspekte aufgeworfen werden. Ob sich aber eine Einzelperson oder eine Unternehmung schlussendlich auf das Gebiet der Social Media wagen soll oder nicht, darf nicht vom Inhalt dieses Buches abhängig gemacht werden, denn dessen Inhalt ist lediglich als neutraler Ratschlag und Wegweiser zu verstehen.

6.1.2 „Web 2.0"

„The web seen as a platform of participation in which the consumer is also a producer. This was enabled by multiple software applications that supported user-generated content. [...] It is intended to be seen in contrast to a selective framing of 'Web 1.0', which characterized the web of the 1990s primarily as a source of information delivered through the browser, perpetuating the model of production and consumption associated with other mass media." (Chandler/Munday 2011: 459)

Der Ausdruck Web 2.0 „[...] wird vor allem Dale Dougherty [Anm. d. Verf.: Mitbegründer von GNN, dem Global Network Navigator, dem ersten Web-Portal im Internet] und Craig Cline [Anm. d. Verf.: er war Vizepräsident von „Seybold Seminars and Seybold Publications" (vgl. Seybold Seminars Online (o.J.): online)] zugeschrieben. Andere Quellen geben Dougherty und O'Reilly als „Begründer" dieses Ausdrucks an (vgl. hierzu Chandler/Munday 2011: 459). Populär wurde der Begriff jedoch erstmals im September 2005 durch den Artikel "What is Web 2.0" von Tim O'Reilly, Eigentümer des gleichnamigen Buchverlags (vgl. IAB Switzerland - Internet Glossar: online).

Nachstehende Abbildung 11 soll grafisch zeigen, worin die Unterschiede zwischen Web 1.0 (Anm. d. Verf.: auch wenn es im Grunde genommen nie ein Web 1.0 gab (vgl. Bannour/Grabs 2011: 21)) und Web 2.0 liegen. Daraus wird ersichtlich, dass nicht mehr nur einzelne Personen die Inhalte erstellen und diese dann von den Usern rezipiert werden, sondern auch die User selbst aktiv am Gestaltungsprozess teilnehmen.

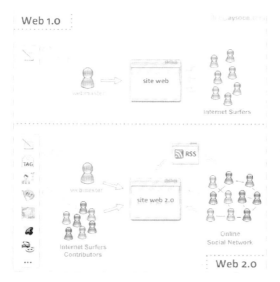

Abb. 11: Unterschied zwischen Web 1.0 und Web 2.0. (http://www.sizlopedia.com/2007/08/18/web-10-vs-web-20-the-visual-difference/)

Der Ausdruck Web 2.0 (oder auch „Social Web") „[...] meint weniger besondere Technologien oder Innovationen [...]" (Hilker 2010: 195) im Bereich des Internets, sondern „[...] bezieht sich auf eine veränderte Nutzung und Wahrnehmung des [...] [selbigen, d. Verf.]." (Jodeleit 2010: 220) Hier werden die Inhalte, welche auf Internetseiten rezipiert werden können, von den Usern

„[...] in quantitativ und qualitativ entscheidendem Maße [...]" (Hilker 2010: 195) selbst erstellt. Sie verfassen diese jedoch nicht nur, sondern sorgen durch das Einstellen der Inhalte auf geeigneten Internetseiten und „[...] mit Hilfe sozialer Software [...]" (Hilker 2010: 195), für die Verteilung dieser Inhalte im Internet (vgl. Jodeleit 2010: 220). Hass et al. sprechen in diesem Zusammenhang auch von einer neuen „Verhaltensweise der Internetnutzer" (vgl. ebd.: 176) da die „[...] bisherige eindimensionale Kommunikation im Internet [...] sich aufgelöst [hat, d. Verf.], Nutzer generieren heute eigenständige Inhalte und treten in direkten Dialog mit ihrer Umwelt und den Unternehmen." (Hass et al. 2008: 176) Technisch gesehen sind mit dem Ausdruck [...]

> „[...] ‚Web 2.0' [...] hauptsächlich Sites oder Verbunde von Sites gemeint, auf denen der User den Inhalt anreichert oder gar komplett liefert und sich somit aktiv beteiligt. Oft vernetzen sich die User auf ‚Web 2.0'-Sites. Der User spielt eine zentrale Rolle auf der und für die entsprechende Site." (IAB Switzerland - Internet Glossar: online)

<u>Aber:</u> Eine genaue und somit allgemein geltende Begriffsbestimmung für den Ausdruck "Web 2.0" gibt es nicht (vgl. IAB Switzerland - Internet Glossar: online).

<u>Und:</u> Es muss bei einer kritischen Betrachtungsweise des Web 2.0 festgestellt werden, dass [...]

> „[...] die einzelnen Funktionalitäten, die heute als Unterscheidungsmerkmal von Web 1.0 und 2.0 angeführt werden, im Prinzip alle nicht neu sind. Daten hochladen, herunterladen, sich beteiligen – all das gab es schon bevor der Begriff Web 2.0 aufkam. Aber: Die verbesserte Verfügbarkeit leistungsfähiger Übertragungstechnik macht diese Funktionen im Prinzip für jeden zugänglich, die Dienste bekannter, preiswerter und verleiht dem Web deshalb eine aktualisierte Aufmerksamkeit, die die Akzeptanz als Neuversionierung erklären könnte." (Lies 2008: 369)

6.2 Exkurs „Corporate Publishing"

Das Corporate Publishing eines Unternehmens hat sich durch die Möglichkeiten, die sich durch die Entwicklung des Webs 2.0 und den damit verbundenen Social Media beziehungsweise Social Communities verändert und in seinen Möglichkeiten erweitert.

> „Der ‚kometenhafte Aufstieg" von Facebook liefert nicht nur Stoff für einen Kinofilm, er zieht auch die Experten im Corporate Publishing in seinen Bann. Unternehmen wie Dienstleister beschäftigen sich derzeit intensiv mit der Frage, wie sie das Phänomen Social Media für ihr Corporate Publishing nutzen können. Dabei schwankt ihre Haltung zwischen Mitmachen und Abwarten, wie die Ergebnisse des aktuellen CP-Barometers zeigen. So nutzen heute bereits 45 % der befragten Unternehmen eine der Social Media-Plattformen für ihr CP, während 51 % dies lediglich in Erwägung ziehen " (Schmitt 2010: online)

Doch was ist Corporate Publishing überhaupt und was sind dessen Funktionen in der Unternehmenskommunikation? Im Gegensatz zur klassischen Medienarbeit, welche bezüglich der Kundenkontaktmöglichkeiten als **indirekt** charakterisiert werden kann, bietet das Instrumentarium des Corporate Publishing den **direkten** Kontakt zum Kunden (vgl. Mast 2010: 273). Corporate Publishing „bezeichnet den Prozess und das Ergebnis der Planung, Herstellung, Organisation und Evaluation von Unternehmenspublikationen" (Bentele 2008: 584) und ist somit der „[...] Sammelbegriff für sämtliche unternehmenseigene[n], journalistisch orientierte[n] Publikationen und Medien, d.h. Kommunikationsprodukte von der Kundenzeitschrift über die Mitarbeiterzeitschrift bis zur Imagebroschüre und Buch-Publikation [...]." (Rota/Fuchs 2007: 88)

Aber heutzutage können nicht nur Print-Medien zum Instrumenten-Feld des Corporate Publishing dazu gezählt werden. Das nachstehende Schaubild soll die Klassifikationen der gängigen Corporate Publishing-Instrumente verdeutlichen:

Print-Medien	Non-Print-Medien	
	Audio-visuelle Medien	Online- und Mobile-Medien
• Kundenzeitschriften • Geschäftsberichte • Corporate Book • Printnewsletter • Magalog • …	• Corporate TV/ Corporate Movie • Corporate Podcast/Vodcast • …	• E-Mail-Newsletter, E-Journal, Website, Corporate Blog, Forum, Kundenzeitschrift als PDF • Handy-Radio und Mobizine • SMS-Newsletter, Wap-Portal • …

Abb. 12: Corporate Publishing-Instrumente. (Mast 2010: 265)

Anhand der obigen Abbildung ist gut zu erkennen, dass das Corporate Publishing eines Unternehmens im Grunde genommen auf alle Instrumentarien im Bereich der Print- und Non-Print-Medien der Unternehmenskommunikation zurückgreifen kann. Der für die vorliegende Studie relevante und im Zusammenhang mit „Social Media" interessante Teil, ist ganz rechts im Bereich der „Website" und des „Corporate Blog" zu finden. Kürzer und prägnanter wäre es hier zu sagen: auf dem Sektor der Non-Print-Medien sind alle Bereiche für das Corporate Publishing interessant, welche das Web 2.0 seinen Benutzern momentan schon zu Verfügung stellt und in weiterer Folge noch stellen wird. Hier ist davon auszugehen, dass sich dieses „Spektrum der Möglichkeiten" eher vergrößern wird. Eine Abnahme der Entwicklung der Kommunikationsinstrumentarien innerhalb des Web 2.0 und er daraus entstehenden Möglichkeiten für den User, ist hier eher nicht zu erwarten. Sinn des Corporate Publishing eines Unternehmens ist es, den Eingriffen durch Kommunikationsvermittler (z.B. Journalisten oder Grafiker) in die Unternehmensbotschaften zu entgehen, da diese – beschäftigt bei einem Massenmedium – die Beiträge normalerweise in der Länge kürzen oder inhaltlich verändern (vgl. Rota/Fuchs 2007: 88)

„Der Vorteil ist, dass die Unternehmen selbst über Art, Form, Inhalt, Umsetzung sowie technische Qualität des selbstproduzierten Mediums bestimmen können. Im Gegensatz zur Kooperation wie sie durch die klassische PR-Arbeit mit Redaktionen zustande kommen, bei denen Unternehmungen jedoch mit Änderungen ihrer Botschaften und Aussagen rechnen müssen, bietet Corporate Publishing die Möglichkeit der unveränderten Darstellung von Unternehmensbelangen." (Rota/Fuchs 2007: 90)

Die Ziele des Corporate Publishing können in 3 Kategorien unterteilt werden (vgl. hierzu und zu den nachfolgenden Ausführungen Schindler 2010: online):

- Journalistische Ziele
- Kommunikative Ziele
- Marktbezogene Ziele

1. **Journalistische Ziele**: hier sind neben einem eigenständigen Konzept auch journalistische Qualitätskriterien entscheidend. Ein potentieller Leser sucht Information und Unterhaltung und einen klaren Nutzen, den er aus dem gelesenen für sich ziehen kann. Klassische Nachrichtenfaktoren sind hier entscheidend: Bedeutung des Themas? Gründe, beim Publikum auf Interesse zu stoßen: Nähe, prominente Personen, Aktualität, andere menschliche Aspekte. Die Objektivität des Berichts ist entscheiden: verschiedene Standpunkte, das Thema zu betrachten. Wer hat in den Berichten etwas zu sagen (nur Firmenangehörige oder auch Personen mit echten Meinungen) Zu starke Eigen-Public Relations des Unternehmens wird seitens einer Leserschaft negativ empfunden. Ziel ist es Glaubwürdigkeit auszustrahlen (vgl. Schindler 2010: online).
2. **Kommunikative Ziele:** Aufbau einer Bindung zwischen Unternehmen und Leserschaft. Die Verantwortlichen des Unternehmens sind sich „[...] bewusst, wer die Leser sind, für welche Themen sie sich interessieren und mit welcher Bild- und Textsprache sie gewonnen werden können." [Schindler 2010: online] das Vertrauen und die Bindung zum Unternehmen, wird seitens der Leser mit Loyalität, emotionaler Bindung und/oder dem Kauf bzw. erneute Kauf der Unternehmensprodukte „belohnt" (vgl. Schindler 2010: online). „Dabei ist es völlig in Ordnung, dass das Unternehmen seine Botschaften vermittelt, schließlich geht es darum sich zu positionieren, zu differenzieren und die eigene Bekanntheit zu steigern." (Schindler 2010: online) Ziel ist es Kompetenz zu vermitteln und dies in Form von Service, Fachberatung und/oder Ratgeber (vgl. Schindler 2010: online).
3. **Marktbezogene Ziele:** auf Seiten des Unternehmens ist es zulässig und vertretbar, mit der Unternehmenskommunikation etwas bewirken zu wollen. Dies kann „Aufmerksamkeit" und „Interesse" durch die Rezipienten sein, eine erwünschte „Handlung" auf Seiten der Leserschaft oder auch eine „Haltungsveränderung" der selbigen. Nonprofit-Organisationen suchen eher „Hilfe" bei ihren Lesern (Geld oder Mitarbeit) (vgl. Schindler 2010: online). „Es gilt jedoch sorgfältig abzuwägen, wie viele Marketingbotschaften angebracht sind, damit der „Bogen nicht überspannt" wird und manchmal ist es besser, implizit statt explizit zu formulieren. Ein weiteres Ziel ist es auch, möglichst viel über den Leser zu erfahren. Mit Wettbewerben und Coupon-Aktionen können einige Informationen generiert werden, die dann wiederum in die Kommunikation zurück fließen." (Schindler 2010: online)

Hierzu kann gesagt werden: was bisher als Ziel für den Bereich der „Print-Medien" galt, kann auch eins zu eins als Ziel des „Social Web" gesehen werden. Denn auch ein Web 2.0-basierender Unternehmensauftritt muss journalistisch einwandfrei sein, darf potentielle Leser nicht langweilen und sollte mit dem Hintergedanken verbunden sein, eine dauernde Bindung zu diesen aufzubauen. Und mitunter schafft das Unternehmen ja sogar, Aufmerksamkeit und Interesse zu erlangen, Handlungen zu beeinflussen, oder sogar Äderungen des Verhaltens der Beteiligten/Zielgruppen zu erreichen. Die Regeln um diese Kommunikationsziele zu erreichen sind die gleichen geblieben. Lediglich das Spielfeld hat sich erweitert.

6.3 Die Bedeutung der Social Media für ein Unternehmen

Aus unternehmerischer Sicht gesehen, gibt das Social Web, beziehungsweise geben die Social Media einem Unternehmen die Möglichkeit, mit seinen Zielgruppen (Mitarbeiter, Kunden, Lieferanten,...) im Sinne der internen und externen Kommunikation direkt in Verbindung zu treten, deren Wünsche und Probleme schnell zu erfassen und – zumindest theoretisch – auch Lösungen dementsprechend schnell anbieten zu können. Und selbst wenn nicht sofort eine Lösung für ein bestimmtes Problem bereit gestellt werden kann, so gibt man seinen Zielgruppen jedenfalls das Gefühl, dass sie mit ihren Gedanken, Anliegen und Sorgen nicht alleine da stehen, sondern – als ein Teil des Netzwerks einer Unternehmung – auf baldige Hilfe hoffen dürfen. Nachstehend ein Schaubild, auf dem die Gründe ablesbar sind, warum Unternehmen Social Media verwenden:

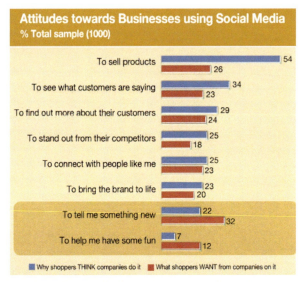

Abb. 13: Gründe Social Media für ein Unternehmen zu verwenden. (http://www.facebookbiz.de/artikel/facebook-seite-vs-webseite-warum-treten-kunden-mit-unternehmen-in-kontakt/%20/bildschirmfoto-2011-03-03-um-10-20-43)

Deutlich erkennbar ist hier, dass auf Nummer 1 der Gründe der Nutzung von Social Media-Portalen, nach wie vor ein monetärer Grund („to sell products") angegeben wird: eine neue Vertriebsschiene für den Verkauf der eigenen Waren. Aber immerhin schon auf Platz 2 und 3 stehen – wie hier in diesem Kapitel schon erwähnt – das Erkennen der Kundenmeinungen im Zusammenhang mit der Unternehmung, sowie die Einholung von Informationen über Kunden.

Aufgrund der Möglichkeit des direkten Dialogs mit den einzelnen Zielgruppen durch das Unternehmen, aber auch durch die Möglichkeit des direkten Dialogs der Netzgruppenmitglieder untereinander, bildet sich der Nährboden eines Gemeinschaftsgefühls.

> „PR 2.0 is the realization that PR now has an unprecedented opportunity to not only work with traditional journalists, but also engage directly with a new set of accidental influencers. We can now talk with customers directly (through social networks, wikis, micomedia communities, online forums groups, blogs, and so on). (Solis/Breakenridge 2009: 30)

Dieses „Gemeinschaftsgefühl" kann dazu führen, dass die Zielgruppen enger an das Unternehmen gebunden werden. Doch wo Licht ist, da ist auch Schatten. Seitens der Unternehmung muss auch der Wille bestehen, mit Ihren Zielgruppen einen Dialog einzugehen. Eine (zum Beispiel...) Facebook-Seite eines Unternehmens, die aus dem alleinigen Grund kreiert wurde,

„weil man das eben momentan so hat", auf der keine Dialogmöglichkeit besteht beziehungsweise ein Dialog seitens der Unternehmung im Keim erstickt wird, ist sinnlos.

Diese Entwicklung kann mitunter sogar konterproduktiv sein, wenn ohne Strategie und dem dafür notwendigen „Know-how" an die Erstellung und Verwendung einer Seite im Bereich der Social Media heran gegangen wird. Nachstehendes Beispiel soll deutlich machen, wie es NICHT ablaufen soll:

> „Es ist der Fall Teldafax. Der Billig-Stromanbieter hat seit längerem ein gewaltiges Problem. Die Staatsanwaltschaft ermittelt laut ‚Handelsblatt' wegen Insolvenzverschleppung, die Bundesnetzagentur soll wegen Kundenbeschwerden aktiv geworden sein, die Pfalzwerke drohten jüngst mit der Abschaltung der Lieferungen, was Teldafax 7000 Kunden gekostet hätte. Wir können festhalten: Da gibt es ein Problem. Oder besser: viele Probleme. Angesichts dieser Situation sind Aktivitäten, durch die unzufriedene Kunden offen ihren Ärger ventilieren können mutig. Sehr mutig. Bisher konnten sie dies laut "Manager Magazin" sehr gut online tun. Denn eine Mitarbeiterin der Presseabteilung betrieb dort Social Media Listening. Die aber ist nicht mehr an Bord und arbeitet nun anderenorts. Teldafax sucht auf seiner Homepage derzeit einen Nachfolger. Welche Auswirkungen das hat, zeigt die Facebook-Seite des Stromhändlers. Seit dem Januar 2010 ist sie aktiv, ihr Erfolg ist homöopathisch: 434 Menschen mögen Teldafax. Das Unternehmen bejubelt einerseits sein Sponsoring bei Bayer Leverkusen, andererseits gibt es handelsübliche Firmen-PR und Verlinkungen auf Medienartikel, die den Wechsel des Stromanbieters als Möglichkeit zur Haushaltskostensenkung empfehlen. So weit, so langweilig – und so normal. Fast ein Jahr lang scheint sich niemand mit Teldafax unterhalten zu wollen. Erst jüngst ändert sich das. Erboste Kunden kommentieren – denn sie scheinen keine anderen Kontaktmöglichkeiten mehr zu haben." (Knüwer 2011: online)

Und was machte Teldafax? Auf Kundenkommentare auf der Facebook-Seite – teilweise sicherlich bösartige, aber auf Grund des Verhaltens des Unternehmens durchaus verständliche – wurde seitens der Unternehmung nicht reagiert. Die verärgerten Kunden hatten mittels der Social Media (vermeintlich) eine Möglichkeit gefunden, mit dem Unternehmen in Kontakt zu treten und hier ihren Unmut offen zu legen, da die klassischen Wege der Kontaktaufnahme (Telefon beziehungsweise Hotline, Mail, etc.) mit der Unternehmung von dieser blockiert wurden oder unbeantwortet geblieben sind. Nun wurde auch dieser Kanal geblockt und unangenehme Einträge gelöscht...und machte dadurch die Problematik erst publik (vgl. Knüwer 2011: online).

Anbei die Seite, nachdem die Kunden das Löschen der Einträge bemerkt hatten und die Reaktion des Unternehmens:

Abb. 14: Eintrag Facebook-Seite von Teldafax vom 17.2.2011. (http://www.facebook.com/TelDaFax)

Nach fast **fünf Tagen** (5!!!) reagierte das Unternehmen auf die Vorwürfe, dass keine direkte Kontaktmöglichkeit bestehen würde. Auch dies geschah wiederum auf eine sehr seltsame Art und Weise:

Abb. 15: Eintrag Facebook-Seite von Teldafax vom 28.2.2011. (http://www.facebook.com/?ref=home#!/TelDaFax)

Warum erscheint dem Autor der vorliegenden Studie dieses Verhalten seltsam? Bei dieser Facebook-Seite handelt es sich um eine Internetseite aus dem Bereich der Social Media. Diese bietet per se Kommunikationsmöglichkeiten genug. Hier auf die Existenz einer Mailadresse aufmerksam zu machen, mittels welcher der Kontakt zum Unternehmen hergestellt werden konnte, mutet mehr als seltsam an. Dass der Autor dieser Zeilen mit seiner Sichtsweise nicht alleine da steht, wird auch durch den daraufhin erfolgten Eintrag eines Kunden bestätigt (vgl. Abb. 15 in dieser Studie). Weiters muss hier auch auf die Dauer der Erstellung dieser Mail-Adresse hingewiesen werden. Dafür fünf Tage zu benötigen ist einfach nicht mehr zeitgerecht – und schon gar nicht „Social Media-gerecht".

Kurz gesagt: In diesem Beispiel ging alles schief, was schief gehen konnte. Sei es nun die generelle Strategie, mit der das Unternehmen an das Feld Social Media heran ging, sei es die allgemeine Art und Weise der Kommunikation zwischen Unternehmung und Kunden, sei es das Löschen der „unangenehmen" Einträge oder schlussendlich die sehr träge Reaktion des Unternehmens auf die Kritik. Doch was kann aus diesem Fall – der sicherlich nicht als Einzelfall sondern lediglich exemplarisch gesehen werden kann – gelernt werden? (Vgl. dazu die Überlegungen in Kapitel 10 Konzeptionierung, Seite 177 dieser Studie).

6.4 Aufgaben und Funktionen der Social Media

Die Aufgaben und Funktionen der Social Media sind gleichzusetzen – da sie als Instrumentarium des Marketings und der Public Relations gesehen werden können – mit jenen der Berufsfelder, die sich ihrer bedienen. Für die Public Relations beziehungsweise für jene, die in ihr tätig sind, bedeutet das, dass sich lediglich das Feld, auf dem sich die Öffentlichkeitsarbeit abspielt, verändert hat. Obwohl man auch sagen könnte: Das oberste Ziel der Social Media ist „Kommunikation". Denn es ist [...]

> „[...] unabdingbar, dass die Communitybetreiber nicht nur aufs Wachstum schielen, sondern dass Kommunikation angeregt und massiv gefördert wird. Durch Schaffung von Kommunikationsanlässen, durch Themenrelevanz, durch Geschick und Fingerspitzengefühl. Durch ein aktiv tätiges Community Management. Durch die Bereitschaft selbst Bestandteil der Kommunikation zu werden. Auch bei Kritik, unangenehmen Fragen und Vergleich mit der direkten Konkurrenz. [...] Erst gelebte Kommunikation führt zu einer wertbringenden Community, aus und mit der man tatsächlich Mehrwerte für eine Marke, für ein Produkt, für eine Dienstleistung gewinnen kann." (Roskos 2011: online)

Deshalb müssen die dafür notwendigen strategischen, journalistischen und ethischen Verhaltensregeln der PR 1.0 (sinngemäß kann man hier – synonym zu Web 1.0 – auch von der PR 1.0 sprechen) nicht neu erfunden oder gar verworfen werden (vgl. Ruisinger 2007: 253). Sie bedürfen jedoch sicherlich einer Anpassung und in manchen Bereichen auch einer Ergänzung. Die klassischen Instrumente der Öffentlichkeitsarbeit bleiben erhalten (vgl. Jodeleit 2010: 3).

> „Pressekonferenzen, Pressemitteilungen, klassische Aussendungen an passende und aufwendig gepflegte Verteiler, all diese Tätigkeiten gehören mittel- und wohl auch langfristig immer noch selbstverständlich zum Tätigkeitsprofil einer Pressestelle. Doch die neuen Instrumente des Web 2.0 kommen hinzu. Sie bringen neue Anforderungen mit sich und Unberechenbarkeit, Demokratisierung und eine ganz neue Geschwindigkeit in den Job der Unternehmenskommunikation." (Jodeleit 2010: 3f.)

Wie schon zu Beginn dieser Studie beschrieben, sieht Merten (vgl. dazu auch Kapitel 5.4 Aufgaben, Funktionen und Ziele der Public Relations, Seite 27) die Aufgaben und Ziele der Public Relations einerseits in der Schaffung von Vertrauen bei den relevanten Zielgruppen und andererseits sieht er diese darin, dass ein Interessensausgleich zwischen dem Unternehmen und seinen Zielgruppen geschaffen werden müsse. Dieser Interessensausgleich könne beispielsweise durch die Steigerung des Bekanntheitsgrades der Unternehmung, durch die Erzeugung und Pflege eines Images der selbigen, oder durch die Behauptung ihrer Position am Markt erfolgen. Anders ausgedrückt erfolge dies durch das Management der Unternehmenskommunikation (vgl. Merten 2000: 91f.).

Die Web 2.0-Communities und die Social Media können für die Erweiterung des Feldes der Public Relations durch die PR 2.0 (vgl. dazu Solis/Breakenridge 2009: 23), durchaus ein geeignetes Instrument darstellen. Wie auf nachstehender Grafik ersichtlich, ergänzen sie die klassische Public Relations und können mitunter einen weiteren Kanal offenbaren, um die relevanten Zielgruppen zu erreichen.

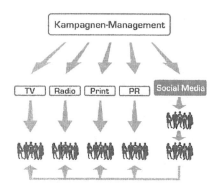

Abb. 16: Social-Media-Kanäle. (Hilker 2010: 70)

Doch ebenso kann hier nicht einfach wütend drauf los gearbeitet werden, wie an angeführtem Beispiel von Teldafax gut ersichtlich ist. Auch im Bereich der Social Media bedarf es einer Planung und einer Strategie, sowie einer primären Definition der grundlegenden Kernaufgaben (Ziele). Hilker hat diese Vorgänge in nachstehendem Schaubild dargestellt. Hier kommen im

Großen und Ganzen alle Punkte, die bisher zu dieser Thematik aufgezählt wurden und im nachfolgenden noch werden, vor.

In nachstehender Abbildung 17 können ebenfalls wieder die Inhalte der, von der Deutschen Public Relations Gesellschaft 2005 aufgestellten, „AKTION-Formel" (vgl. dazu auch Kapitel 5.4, Seite 27 bzw. DPRG 2005: 8f.) erkannt werden. Eine Zuordnung kann auch hier wieder getroffen werden:

- **A** => Analyse, Strategie und Konzeption
- **K** => Kontakt, Beratung und Verhandlung
- **T** => Text und kreative Gestaltung
- **I** => Implementierung
- **O** => Operative Umsetzung
- **N** => Nacharbeit bzw. Evaluation

Da diese Inhalte aus dem Bereich der Public Relations kommen, wird dieser Ablaufform hier der Vorzug eingeräumt. Doch muss dieser Verlauf für die Belange der Social Media ein wenig angepasst werden.

Abb. 17: Ablauf der einzelnen Schritte im Bereich der Social Media-Gesamtstrategie. (Hilker 2010: 64)

Das heißt, um im Bereich der Social Media effizient arbeiten zu können, bedarf es eines strategischen Vorgehens ohne auf die „alten" Bereiche der Public Relations verzichten zu können, denn jeder „[...] Online Relations-Einsatz wird nur dann optimal wirken können, wenn er in die gesamten Kommunikations- und Marketingaktivitäten eingebettet bleibt. Ohne klare Strategie werden sie wirkungslos verpuffen." (Ruisinger 2007: 254) Wie Hilker hierzu anmerkt: „Natürlich können Sie auch einfach mit Social Media experimentieren. Dann dürfen Sie sich aber nicht wundern, wenn die Vorgehensweise erfolglos bleibt." (Hilker 2010: 65)

Für die richtige Verwendung der Public Relations im Kontext der Social Media müssen zuerst die „alten Regeln der Public Relations" aus dem Kopf verdrängt werden (Anm. d. Verf.: nur hierfür!!!) und man muss versuchen, diese zu ignorieren (vgl. Meermann Scott 2010: 51f.). Unter diesen alten Regeln, welche für die anderen Felder der Public Relations ihre Gültigkeit behalten, versteht man folgendes (vgl. Meermann Scott 2010: 50f.):

- Um sich ins Gespräch zu bringen verwendete man die Medien
- Unternehmenskommunikation verlief mit Hilfe der Journalisten
- Die Pressemitteilung war einem elitären Kreis (Reporter, Redakteure) vorbehalten
- Die Nachricht musste wichtig sein, um eine Pressemitteilung schreiben zu dürfen
- Die Nachricht konnte im Fachjargon geschrieben sein. Empfänger waren ja die angesprochen Journalisten.
- Nachrichten wurden nur dann verfasst, wenn eine Kunden-, Analysten- oder Expertenmeinung mit eingebaut werden konnte.
- Nicht eingeweihte (Kunden) bekamen von der Nachricht nur dann etwas mit, wenn diese in den Medien auch wirklich veröffentlicht wurde
- „Clip-Books" (Sammlung von Zeitungsausschnitten) waren die einzige Möglichkeit, die Wirksamkeit einer Botschaft zu messen
- Public Relations und Marketing waren getrennte Disziplinen, von unterschiedlichen Personen mit unterschiedlichen Zielen ausgeübt;

An ihre Stelle treten die **neuen Regeln**:

„Regel 1: Online Relations sind dann ein mächtiges Instrument, wenn sie als integrativer Teil des gesamten Instrumenten-Mix' verstanden werden.
Regel2: Online Relations ersetzen nicht die klassischen Wege der Beziehungsarbeit. Vielmehr ergänzen sie diese um eine flexible und dynamische Möglichkeit des Informations- und Meinungsaustausches.
Regel 3: Online Relations bauen auf den bestehenden kommunikativen Zielen und Strategien auf. Dabei stellen die eine neue Kommunikationsplattform, eine Ergänzung zu den klassischen Kommunikationsinstrumenten wie PR, Werbung, Direktmarketing etc. dar.
Regel4: Online Relations bieten hervorragende Instrumente zur gezielten Kommunikation mit fachbezogenen Zielgruppen, mit Medienmultiplikatoren wie mit der breiten Öffentlichkeit.
Regel 5: Online Relations sind ein Kerninstrument in der Presse- und Öffentlichkeitsarbeit. Dies erfordert jedoch eine konsequente Nutzung und Pflege der Online-Beziehungen.
Regel 6: Online Relations leben mehr als alle anderen Formen von der Aktualität. Gerade im Online-Bereich Ihres Internet Auftrittes oder Ihres Blogs sind veraltete Informationen unverzeihlich.

Regel 7: Online Relations bieten eine interaktive Kommunikationsplattform, die sich durch den Austausch zwischen Sender und Empfänger auszeichnen, wobei jeder zugleich als Sender und Empfänger auftreten kann.
Regel 8: Online Relations müssen einen ‚Added Value', das heißt, einen zusätzlichen Mehrwert für den User im Internet bieten – ob im Bereich der Information, Kommunikation und/oder Unterhaltung.
Regel 9: Online Relations leben von der Authentizität. Werden die beteiligten als offen, ehrlich und verantwortungsvoll erkannt, können gerade Web 2.0-Anwendungen eine hervorragende Plattform für die Kommunikation eines Unternehmens nach innen und nach außen darstellen.
Regel 10: Online Relations leben nicht nur von absoluten Zugriffszahlen. Eine wichtige, thematisch eng vernetzte Community kann deutlich mehr Wirkung und Erfolg erzielen." (Ruisinger 2007: 254f.)

Diese können noch um jene Thesen ergänzt werden, die Meerman Scott 2010 für die Public Relations im Web 2.0 festgelegt hat:

- „[...] PR wendet sich an mehr als nur ein Mainstream-Medien-Publikum.
- Sie sind, was Sie veröffentlichen.
- [...] Menschen wollen Teilnahme, keine Propaganda.
- [...] PR hat nichts damit zu tun, dass Ihr Chef Ihr Unternehmen im Fernsehen sieht. Es hat damit zu tun, dass Ihr Kunde Ihr Unternehmen im Web sieht.
- [...] Das Internet hat Public Relations wieder öffentlich gemacht, nachdem es jahrelang fast ausschließlich auf die Medien fixiert war.
- [...] Über Blogs, Online-Videos, E-Books, Blogmitteilungen und andere Formen von Online-Content können Unternehmen direkt mit Kunden in einer Form kommunizieren, die diese schätzen.
- Im Web haben sich die Grenzen zwischen Marketing und PR verwischt." (Meermann Scott 2010: 68f.)

Darauf aufbauend gilt es, die AKTION-Formel, wie schon zuvor erwähnt, unter Berücksichtigung dieser Regeln, inhaltlich an die Erfordernisse der Public Relations im Web 2.0 beziehungsweise auf dem Feld der Social Media anzupassen. Diese „neuen Inhalte" der bekannten AKTION-Formel könnten wie nachstehend lauten:

1. Die Analyse der Ist-Situation
2. Die Definition der Ziele die mit Social Media erreicht werden sollen
3. Die Festlegung der Zielgruppen
4. Die Festlegung der Strategie
5. Die Festlegung der Maßnahmen
6. Die Erstellung des Budgets
7. Die Evaluation

Im Weiteren soll nun auf die einzelnen Punkte der „neuen AKTIONs-Formel" näher eingegangen werden.

6.4.1 Die Analyse der Ist-Situation und das Monitoring

Als erster Schritt erfolgt eine Analyse der Ist-Situation der kommunikativen Ausgangslage, aus der die, zur Erstellung einer geeigneten Strategie erforderlichen Daten gezogen werden können (vgl. Ruisinger 2007: 23). Bei der Analyse wird von dem ausgegangen, „[...] was bereits vorhanden ist und was bisher getan wurde. Es geht nicht darum, das Rad neu zu erfinden, jedoch mit dem Social Web neue Wege der Kommunikation zu erschließen." (Schindler/Liller 2011: 278) Ziel der Analyse ist es, die Ist-Situation

- des eigenen Unternehmens,
- die der Marktmitbewerber und
- des Unternehmensumfeldes genau zu kennen (vgl. Ruisinger 2007: 24)

Dazu wird zunächst der eigene Bereich „abgesteckt". Mögliche Fragen, die man sich auf dieser Stufe der Analyse stellen kann, sind zum Beispiel (vgl. dazu Ruisinger 2007: 23):

- Wie ist unsere Position auf dem relevanten Markt?
- Wie ist unsere Position bei den bisherigen Kommunikationsaktivitäten?
- Wo sind und wie verhalten sich die Marktmitbewerber im Internet?
- Welche Rahmenbedingungen (interne und externe) sind im Internet zu berücksichtigen?
- Wie hoch ist der finanzielle und personaltechnische Aufwand hierfür?
- Inwieweit lässt sich dieser neue Kommunikationskanal in die schon vorhandenen Kommunikationsaktivitäten einbetten?

Wobei die einzelnen hier aufgelisteten Fragen, beziehungsweise deren Beantwortung alleine noch keine ausreichenden Ergebnisse liefern werden. Umso genauer und tiefer in die einzelnen Bereiche vorgedrungen wird, umso aussagekräftiger wird auch das Ergebnis sein. Hier kann beispielsweise wieder eine SWOT-Analyse zum Einsatz kommen (vgl. Hilker 2010: 65). Wobei sich die [...]

> „[...] Analyse der Stärken und Schwächen [ ] auf alle kommunizierenden Unternehmensbereiche beziehen [sollte], keinesfalls nur auf die klassischen Funktionen der Unternehmenskommunikation und erst recht nicht ausschließlich auf den Bereich des Social Web." (Jodeleit 2010: 71)

An der Aussage Jodeleits ist zu erkennen, dass ebenfalls eine „gesamtheitliche" Sichtweise wichtig ist und das Social Web nicht von den restlichen Kommunikationsaktivitäten des Unternehmens separiert betrachtet werden darf. Alles, was das Unternehmen im Bereich der Public Relations (und natürlich auch im Bereich des Marketings) kommuniziert, gehört in diese Analyse eingebracht (vgl. Jodeleit 2010: 70f.)

Weiters soll mittels einer Bedarfsanalyse (oder auch „Bedürfnisanalyse") überprüft werden, inwieweit ein Bedarf seitens der potentiellen Zielgruppen an Social Media Aktivitäten des Unternehmens besteht (vgl. Huber 2010: 179). Und es muss an dieser Stelle auch die wichtige Frage gestellt werden, ob es seitens der Kunden, Partner oder Mitarbeiter nicht nur kein Bedarf, sondern überhaupt kein Verlangen nach einem Auftritt des Unternehmens im Bereich der Social Media geben könnte (vgl. Huber 2010:177). Denn oft wollen die Benutzer des Internetangebots einer Unternehmung einfach nur „[...] Preise vergleichen und fokussierte

Informationen einholen." (Huber 2010:177) Mitunter wird seitens eines Unternehmens „[...] viel Aufwand [...] [betrieben, d. Verf.], um [zum Beispiel, d. Verf.] ein *Weblog* tagtäglich mit interessanten Inhalten zu füllen, ohne dass diese Informationen auf Interesse stoßen." (Huber 2010:177, Hervorheb. i. O.)

Mögliche Fragen, die hier weiter helfen können (...auch im Zusammenhang mit der nachfolgenden Zielgruppendefinition), um das Informationsbedürfnis und die Gewohnheiten der potentiellen Zielgruppen besser definieren zu können und damit die Strategie zu koordinieren sind (vgl. dazu Ruisinger 2007: 23):

- Wie hoch ist der Beziehungsgrad der relevanten Zielgruppe zu Online-Medien?
- Lassen sich diese auf diesem Weg überhaupt erreichen?
- Sind die relevanten Zielgruppen mit diesem Medium vertraut?
- Welche Medien werden von den relevanten Zielgruppen derzeit benutzt?
- Welche Erwartungen und Wünsche bestehen seitens der Zielgruppen an eine Online-Kommunikation?
- Wo besteht der „Mehrwert" für Kunden aber auch für das Unternehmen (im Sinne der „Issues-Management") durch dieses neue Kommunikationsinstrument?
- Wo liegen dessen Grenzen?

Ein weiterer wichtiger Punkt ist auch, „[...] wie die Zielgruppe kommuniziert, ob sie eher eine saloppe Ausdrucksweise verwendet oder Fachjargon, ob sie eher kritisch reagiert oder besserwisserisch." (Huber 2010: 182) Ziel ist es also, „[...] herauszufinden, wo, wann und vor allem wie über [das Unternehmen, d. Verf.] [...] gesprochen wird. (Grabs/Bannour 2011: 103) Diese Antworten lassen sich durch Monitoring (oder auch Web-Monitoring) evaluieren. Auf den Prozess des „Monitorings" wurde schon im Kapitel 5.8.3 Issue Stage, Seite 55 eingegangen. Auch im Bereich der Social Media hat sich beim Grundlegenden Vorgang des „Beobachtens" nichts geändert. Auf dem Feld der Social Media meint Monitoring „[...] das Beobachten oder Überwachen der Diskussionen im Social Web. Für den richtigen Start [eines, d. Verf.] [...] Social Media-Engagements liefert es wichtige Einblicke in das Nutzerverhalten im Netz." (Grabs/Bannour 2011: 101) Doch sollte sich dieses Beobachten [...]

> „[...] nicht nur auf die eigenen Marken und die eigenen Personen beziehen. Auch die Aktivitäten des relevanten Umfelds, bestehend aus Mitarbeitern, Wettbewerbern, Kunden und den wichtigsten Multiplikatoren zum Fachgebiet, sollten im Auge gehalten werden. Zu guter Letzt sollte sich ein funktionierendes Monitoring auch auf alle Themengebiete erstrecken, die Belange des Unternehmens berühren." (Jodeleit 2010: 11)

Das Monitoring ist dabei als ein laufender Prozess zu sehen, welcher im Unternehmen wie selbstverständlich ablaufen soll (vgl. Grabs/Bannour 2011: 101). Laut Grabs/Bannour 2011 reiche es nicht, den Namen des Unternehmens einmal pro Monat auf Google zu suchen und sich dabei auf Monitoringtools zu verlassen, sondern beim Monitoring ein Mindestmaß an Aufmerksamkeit zu wahren. Weiters sei Social Media Monitoring nicht lediglich eine Momentaufnahme, sondern als kontinuierliche Betrachtung und Beurteilung des Social Webs zu sehen (vgl. Grabs/Bannour 2011: 101) Ziel ist es, „[...] aus der riesigen Informationsmenge relevante Inhalte, Trends und Meinungsbilder herauszufiltern und zu bewerten." (Hilker 2010: 166) Dadurch werden unternehmensrelevante Chancen und Risiken früh erkannt und für das Unternehmen gewinnbringende Erkenntnisse erbracht (vgl. Hilker 2010: 166).

Die Monitoringtools betreffend ist hier anzumerken: es gibt kostenlose, aber auch kostenpflichtige. Laut Jodeleit reicht die Spanne der kostenpflichtigen Tools von 50 Cent bis zu Beträgen von mehr als € 1.000/Monat. Professionelle Monitoring-Lösungen gehen sogar deutlich in den fünfstelligen Bereich (vgl. Jodeleit 2010: 64f.). Doch für die Belange eines Klein- und Mittelunternehmens sind die, kostenlos im Internet zu Verfügung gestellten Instrumentarien um Monitoring zu betreiben, ausreichend (vgl. ebd.). Wobei Grabs/Bannour einwenden, dass professionelle (kostenpflichtige) Monitoring-Werkzeuge Vorteile in der größeren Vielfalt an Filtern und der besseren Aufbereitung der Daten und Statistiken haben, wodurch zum Beispiel Themen und Meinungsführer besser erkannt werden können (vgl. Grabs/Bannour 2011: 112). Wie die Entscheidung in einem Unternehmen schließlich ausfällt, wird wohl auch von der finanziellen Struktur innerhalb der Unternehmung abhängen.

Nach umfassender Erledigung der Ist-Analyse, sind wichtige Anhaltspunkte für die Umsetzung einer strategisch geführten Online-Kommunikation vorhanden. „Je mehr [Vorkenntnisse] [...] ein Unternehmen über seine Zielgruppe hat, desto mehr Aussicht auf Erfolg haben die geplanten Maßnahmen – vorausgesetzt natürlich, das Wissen fließt in die Projektplanung mit ein." (Huber 2010: 182) Doch nicht nur das Wissen über die Eigenheiten der potentiellen Zielgruppen, auch das Wissen über die eigene Position, die Position der Marktmitbewerber, usw., sind hier natürlich bedeutend. Aus dem, aus der Ist-Analyse erlangten Wissen, lassen sich jetzt die Ziele für die Social Media-Strategie formulieren (vgl. Ruisinger 2007: 24)

6.4.2 Die Definition der Ziele die mit Social Media erreicht werden sollen

„Bereits in der Planung der Social Media Kampagne sollten Sie Ihre relevanten Ziele festlegen. Definieren Sie genau, was Sie bei welcher Teilöffentlichkeit mit dieser Social Media Kampagne erreichen möchten." (Manger 2010a: online) Bernet schreibt bezüglich „Ziele" im Bereich der Online-Kommunikation eines Unternehmens beziehungsweise über die Erreichung der selbigen:

> „Die strategische Führung der Ressourcen, das strategische Auswählen und Synchronisieren von Kanälen wird gerade im Online-Zeitalter immer wichtiger. Und genau diese strategische Gesamtführung wird im hy-

peraktiven Netz oft sträflich vernachlässigt. Man tut das, was sich anbietet. Anstatt genau das auszuwählen, was den grössten Beitrag zur Zielerreichung verspricht." (Bernet 2006: 16)

Auch hier sind sofort die „Strategie" und die (sinngemäß) „Gleichschaltung der Kommunikationskanäle" jene Wörter, die ins Auge stechen. Doch wie definiert man „Ziele"? Lies, Jan schreibt dazu:

> „Ziele sind Zustände, die es zu erreichen gilt. Grundsätzlich sollten Ziele messbar sein, um prüfen zu können, inwieweit sie erreicht wurden. Diese erforderliche Messbarkeit ist für die Kommunikation ein schwieriges Thema, da sich Kommunikationsziele nicht immer eindeutig bzw. mit einem vertretbaren Aufwand messen lassen […]." (Lies 2008: 289)

Es wird dabei zwischen **quantitativen** und **qualitativen Zielen** unterschieden. Als **quantitatives Ziel** wäre zum Beispiel der „Bekanntheitsgrad" eines Unternehmens oder Produkts zu nennen. Der Erfolg quantitativer Ziele ist mittels standardisierter Verfahren (Kunden-, oder Leserbefragung) relativ leicht zu ermitteln (vgl. Lies 2008: 290), dafür ist deren begriffliche Bestimmung schwerer (vgl. Huber 2010: 184). **Qualitative Ziele** sind zum Beispiel „Akzeptanz, Verständnis, Image". Diese sind deutlich schwerer zu messen, da sie viel komplexer sind (vgl. Lies 2008: 290) in der Begriffsbestimmung für ein Unternehmen dafür deutlich leichter zu definieren, da sie sich auf selbiges beziehen (vgl. Huber 2010: 183f.).

Um auf Bernet (siehe eingangs dieses Kapitels) zurück zu kommen: Was kann als Kommunikationsziel im Sinne der Social Media verstanden werden? Auch hier gilt wieder: Kommunikationsziele sind Unternehmensziele. Die meisten Unternehmen haben als unternehmerisches Ziel gewinnbringend zu wirtschaften und den Umsatz im Verhältnis zu einer vorangegangenen Periode zu steigern. Dies „Vorstellung" kann natürlich abhängig davon differieren, ob es sich bei der jeweiligen Unternehmung um eine Non-Profit Unternehmung, eine politische Partei oder eine Hilfsorganisation handelt (vgl. Meerman Scott 2010: 207). Wichtig im Zusammenhang mit der Strategie in den Social Media ist, dass „[…] eine Maßnahme nur erfolgreich umgesetzt werden [kann, d. Verf.], wenn man sich seiner Ziele bewusst ist." (Huber 2010: 181) Deshalb gilt es diese – wie Bernet schon schrieb – im Sinne der unternehmerischen Ziele genau zu definieren, um dann auch wirklich jene Maßnahmen zu setzen, die den größten Beitrag zur Zielerreichung haben. Das oberste Kommunikationsziel kann jedenfalls nicht lauten, „alle Stärken weiter auszubauen und die Schwächen zu minimieren" (vgl. Jodeleit 2010: 71). Die zentrale Frage lautet hier sicherlich: „Was und wen will ich mit meiner Maßnahme erreichen?" Huber beschreibt dazu exemplarisch ein paar Fragen, die bei der Findung des Ziels/der Ziele hilfreich sein könnten:

- Was soll mit den geplanten Maßnahmen erreicht werden?
- Was kann überhaupt erreicht werden?
- Sollen gut ausgebildete Mitarbeiter gefunden oder die Marketingkampagne optimiert werden?
- Geht es um die Verbreitung wichtiger Informationen an Kooperationspartner oder um Aufklärung im Krisenfall? (Huber 2010: 183)

Aus diesen oder ähnlichen Fragen kann für den individuellen Fall dann das Ziel (die Ziele?) definiert werden. Dabei muss klar sein, für welche Leistungen, Märkte und Zielgruppen die jeweilige Social Media-Strategien eingesetzt werden. Um die Ziele als quantitativ oder qualitativ zu unterscheiden, sollte vorher auch abgeschätzt werden, welches Social Media-Tool was zu leisten vermag (vgl. Hilker 2010: 65).

Dabei denkbare qualitative Ziele, die hier gefunden werden können, sind beispielsweise (vgl. Huber 2010: 184):

- Ein Kundenfeedback einholen
- Die Steigerung des Unternehmensimages
- Die Intensivierung von Beziehungen
- ...

Ein Grundsatz bei der Zielfindung lautet jedenfalls: Die gewählten Ziele müssen klar genug definiert sein (vgl. Li/Bernoff 2009: 76).

> „'If you don't know where to go, don't go.' Dieser Ratschlag gilt eigentlich für jede Form Zielgerichteten und effektiven Handelns – auch für PR im Netz. Nur wer sich klare Ziele setzt, kann valide prüfen, ob sie auch erreicht werden, ob man noch auf dem richtigen Weg ist." (Fuchs et al. 1998: 102)

Nach der Definition der für die Unternehmung relevanten Ziele, erfolgt die Festlegung der potentiellen Zielgruppen.

6.4.3 Die Festlegung der Zielgruppen

Nachdem im Bereich der Ist-Analyse vielleicht schon Erkundigungen über Eigenheiten und Gewohnheiten potentieller Zielgruppen eingeholt und danach die Ziele der Social Media-Strategie festgelegt wurden, gilt es nun an dieser Stelle in einem ersten Schritt die, für diese Kampagne relevanten Zielgruppen genauer zu definieren und klassifizieren (Typologien) um dann im zweiten Schritt festzuhalten, wie diese Zielgruppen erreicht werden können.

Eine „[...] Öffentlichkeitsarbeit, die allen alles erzählen will, ist zum Scheitern verurteilt, denn die Interessen der Menschen sind unterschiedlich." (Reiter 2006: 15) Und so unterschiedlich wie die Menschen im Einzelnen sind, so unterschiedlich sind sie auch als Zielgruppe(n). Die Social Media betreffend, sind diese Social Media-Zielgruppen zudem auch noch unterschiedlich zu den „normalen" Zielgruppen, mit denen die Public Relations 1.0 konfrontiert war/ist.

> „However, audiences as you know and referred to them traditionally no longer exist. They've immune to general, mass-targeted, impersonal messages. Web communities evolve and thrive based on those individuals who congregate to share their thoughts and opinions, and receive insight and feedback from others. The new world of Public Relations will focus on developing unique stories for the various groups it hopes to reach and inspire." (Solis/Breakenridge 2009: 84)

6.4.3.1 Das klassifizieren der Zielgruppe(n)

Es gibt vermutlich unzählige Möglichkeiten, seine relevanten Zielgruppen für eine bestimmte Kampagne zu finden. Die nachstehende „Methode" soll nur exemplarisch verstanden werden und ist natürlich im Detail veränderbar, wenn dies von Bedarf erscheint. Strupat unterscheidet – und diese Unterteilung erscheint für den Bedarf der Zielgruppenfindung für eine Kampagne als sinnvoll – folgende Punkte bei der Definition der Zielgruppen für eine bestimmte Kampagne (vgl. Strupat 2009: online):

> Punkt 1: Brainstorming => aufzählen aller grundsätzlich für die Social Media-Strategie in Frage kommenden Zielgruppen
> Punkt 2: Ausfiltrieren des „Zielgruppenpools"
> Punkt 3: Benennen der „Hauptzielgruppen"
> Punkt 4: Erstellen eines Zielgruppenprofils

Punkt 1: Im Sinne eines Brainstormings sollen hier alle theoretischen Zielgruppen aufgezählt werden, die in Frage kommen könnten. Dabei kommt es nicht darauf an, dass dies strukturiert erfolgen muss, sondern vielmehr spielerisch an diese Sache herangegangen wird und dabei eine Liste entsteht, mit deren Hilfe dann weiter gearbeitet werden kann (vgl. Strupat 2009: online).

Punkt 2: Beim ausfiltrieren des Zielgruppenpools erscheint es wichtig, die Bedürfnisse der relevanten Zielgruppen zu erkennen. „Die Wünsche und Bedürfnisse Ihrer Zielgruppe helfen Ihnen bei der Planung einer erfolgreichen Social Media-Strategie. Wer die Bedürfnisse seiner Zielgruppe kennt und diese ernst nimmt, hat den Schlüssel für den Erfolg der Kommunikationskampagne in der Hand." (Manger 2010a: online) Um diese Bedürfnisse und Wünsche zu erkennen, bietet das Internet eigene Wege:

> Neben der klassischen Marktforschung können Sie im Web andere Wege begehen, um die Interessen, Hobbys und Eigenschaften der Zielgruppe schnell und einfach zu sammeln. Durch die systematische Auswertung der Online-Kommunikation (auch der Social Media Kommunikation) können Sie sich umfangreiches Wissen über die Zielgruppe aneignen [sic] und authentische Einblicke in das Kommunikationsverhalten der relevanten Teilöffentlichkeit erhaschen." (Manger 2010a: online)

Fragen die hier hilfreich sein können sind zum Beispiel (vgl. Strupat 2009: online):

- Welcher Zielgruppe wird seitens der Unternehmung der größte Nutzen geboten? Und wie lässt sich dies mit den Stärken des Unternehmens vereinbaren?
- Mit welcher Zielgruppe kommuniziert das Unternehmen am liebsten? Wo wurde bereits (in anderem Zusammenhang...) ein Vertrauensverhältnis aufgebaut?
- Bei welcher Zielgruppe wird die Leistung der Unternehmung am meisten benötigt? Wo scheint es die meisten unbefriedigten Wünsche, Bedürfnisse und Probleme zu geben?

Punkt 3: Das Benennen der Hauptzielgruppen erscheint oft nicht so einfach, denn hier gilt es sich auf die „attraktivsten" Zielgruppen zu konzentrieren. Das sind Personengruppen, die gut zum Unternehmen passen und auch die Leistungen des Unternehmens benötigen (vgl. Strupat 2009: online).

Li/Bernoff wiederum unterteilen die Hauptzielgruppen wie folgt (vgl. Li/Bernoff 2009: 52f.):

- **Kreatoren/Kreative:** sind aktiv; veröffentlichen ca. 1x/Monat einen Blog oder einen Onlineartikel;
- **Kritiker:** reagieren auf andere Inhalte, schreiben Kommentare in Blogs und Onlineforen;
- **Sammler:** diese sammeln URLs und Informationen. Wird nach einem bestimmten Inhalt im Netz gesucht, landet man wahrscheinlich auf der Seite eines Sammlers.
- **Mitmacher:** beteiligen sich an Profilen im Social Network oder haben dort selbst Seiten. Eine steigende Anzahl an Usern ist mittlerweile „Mitmacher" (USA 25%, Südkorea 40%) Europa liegt derzeit noch zurück (Stand 2009 einer Studie aus dem Jahr 2007);
- **Zuschauer:** sie konsumieren das, was andere produzieren; diese Gruppe ist (kaum verwunderlich) die größte;
- **Inaktive:** USA 41%, Europa 53%, Südkorea 37% die im Jahr 2007 online waren, beteiligen sich gar nicht an den Social Media. Gemeint ist hier der Prozentsatz der User mit Internetzugang.

Nachstehende Grafik soll diese Unterteilung visualisieren:

Abb. 18: Die Social-Technographics-Leiter (nach Li/Bernoff). (http://www.digitale-unternehmung.de/2010/11/post-methode/)

Wie diese Zielgruppen im Detail aussehen und welche Eigenschaften diese haben, kommt natürlich auf das jeweilige Unternehmen und die jeweilige Unternehmenssituation an.

Punkt 4: Das Erstellen eines Zielgruppenprofils soll den Sinn haben, dass für jede Hauptzielgruppe anhand einer Checkliste der „typische User" definiert wird und zur „Person" gemacht werden kann. Sinn dabei ist es, der Zielgruppe ein „Gesicht" und einen „Namen" zu geben, damit nicht von einer anonymen Person gesprochen wird, sondern von einer (künstlichen) Person, die die Eigenschaften der Zielgruppe X besonders gut repräsentiert und alle Charaktere dieser Zielgruppe in sich vereint (vgl. Strupat 2009: online). Meerman Scott spricht in diesem Zusammenhang auch von einem „Kunden-Persona-Profil" (vgl. Meerman Scott 2010: 210). Ist dieses Profil erstellt, dann gilt es, so viel wie möglich über diese „Person" heraus zu finden.

> „Was sind ihre Ziele und Wünsche? Was sind ihre Probleme? Welchen Medien vertrauen sie, um Lösungen für ihre Probleme zu finden? Wie können sie [erreicht werden, d. Verf.] [...]? [...] Welche Wörter und Ausdrücke verwenden die Kunden? Welche Art von Bildern und Multimedia sprechen sie an? Sind kurze und prägnante Sätze besser als lange und wortreiche?" (Meerman Scott 2010: 210)

Die Zielgruppen der Unternehmen auf den Betätigungsfeldern der Social Media betreffend, wird hier auch von sogenannten „Affinity Groups" gesprochen. Dabei handelt es sich um eine [...] „Personengruppe, die einen wesentlichen Einfluss auf die Einstellungen und insbesondere auf das (Kauf-) Verhalten eines bestimmten Individuums hat, da sich dieses Individuum dieser Gruppe verbunden fühlt oder sich mit ihr vergleicht." (Wirtschaftslexikon24.net: online) Wie der Vorarlberger Kommunikationsfachmann Thomas Wiesenegger in einem Interview meinte: Was die Zielgruppen im Bereich der Social Media betrifft, spricht man [...]

> „[...] schon nicht mehr von Zielgruppen, wir sprechen hier von Affinity Groups [Anm.: „soziale Bezugsgruppen"], das ist also noch etwas breiter gestreut. [Hier] [...] geht es darum, wirklich die Informationen an diese „Affinity Groups" so weiter zu bringen, [...] dass ich auch wirklich alle erreiche, die ich erreichen will. [...] Wir unterscheiden zum Beispiel [...] die Mountainbiker. Das ist eine Zielgruppe. Eine Affinity Group wäre z. B. der Fahrradfahrer." (Interview Wiesenegger: Anhang Seite 239)

Der Begriff „Bezugsgruppe" wird in diesem Zusammenhang wie folgt definiert (vgl. dazu auch Kapitel 5.5 Zielgruppen bzw. Dialoggruppen der Public Relations und 5.8 Phasen des Public Relations-Prozesses (Seite 29 bzw. 53)):

> „Unter Bezugsgruppen versteht man Gruppen, nach denen ein Individuum sein Verhalten ausrichtet. Dabei kann die Bezugsgruppe generell eine Mitgliedschafts- oder eine Fremdgruppe sein, d.h. eine Gruppe, der man selbst angehört bzw. nicht angehört. Die Bezugsgruppe ist mitentscheidend dafür wie das Individuum seine Umwelt und sich selbst wahrnimmt und beurteilt; sie liefert Normen (Norm, soziale) für sein Verhalten. Der Bezugsgruppeneinfluss übt einen sozialen Anpassungsdruck auf das Individuum in Richtung Konformität aus." (Wirtschaftslexikon24.net: online)

6.4.3.2 Das „Erreichen" der Zielgruppen

Hier ist es wichtig zwischen dem „Erreichen der Zielgruppen **in** den Social Media" und dem „Erreichen der Zielgruppen **durch** die Social Media" zu unterscheiden. Für die vorliegende Studie ist lediglich die erste Variante interessant: Das Erreichen der Zielgruppe **in** den Social Media.

Um die, für eine Social Media-Strategie als interessant erscheinende(n) Zielgruppe(n) ausfindig zu machen, sollte nicht zu kompliziert gedacht werden. Und dieser Grundsatz gilt sowohl für die Art der Kommunikation im Bereich der Social Media, als auch für den „Findungsprozess" der Zielgruppen an und für sich.

> "Sometimes people really complicate the art of communicating. So much so that even large companies convey their message badly to the wrong target groups. [...] Regardless of the reason why, to succeed you need to start by asking yourself what, who, why, how and when. It all starts by having a strategy that delivers your message in ways that makes people do what you want them to do." (Alexon 2011: online)

Das heißt: Um die richtigen Personen zu treffen bedient man sich des „typischen Users", der im vorangegangenen **Punk 4** des vorangegangenen Kapitels (Seite 103f.) definiert wurde, und schaut zum Beispiel mittels eines „Social Media Planners" (wie in nachstehendem Bild dargestellt), wo sich dieser typische User auf den einzelnen Social Media-Plattformen (zumindest theoretisch) finden lasst.

Abb. 19: Social Media Planner. (http://www.socialmediaplanner.de/)

Dabei wird wie folgt vorgegangen:
Wie auf Abbildung 19 ersichtlich, wird in diesem Fall zwischen „Altersgruppen", „Zielgruppen" und „Themen" unterschieden. D.h. wenn die Social Media-Strategie beispielsweise auf 25-35 jährige Männer im Bereich der „Finanzen" abzielen sollte, so klickt man auf die jeweiligen Navigations-Button um dann als Endergebnis jene Seiten zu erhalten, die die höchste Wahrscheinlichkeit aufweisen, um dort die richtigen Zielgruppen zu treffen. Mit den hier genannten Parametern, kommt für diese Zielgruppe genau eine Social Media-Plattform als Ergebnis heraus => www.sharewise.com. Gibt man andere Parameter an, kann es vorkommen, dass einem mehre Seiten angeboten werden. Hier ermöglicht dieses Tool, dass man zwischen „Aktivität" und „Reichweite" der vorgeschlagenen Seiten unterscheiden kann.

Die hier genannte Methode soll nur eine Möglichkeit unter vielen darstellen, wie man zu den, für die jeweilige Social Media-Strategie relevanten Zielgruppen kommen kann. Auch hier ist es wieder wichtig, dass man sich nicht zu sehr auf eine Variante versteift, sondern auch „Mut zum Experiment" zeigt, probiert und neue Wege zu beschreiten versucht.

> „Für eine erfolgreiche Social-Media-Kampagne ist es wichtig, dass Sie „probierend" in die Social-Media-Channels gehen und das Experiment lieben. Nutzen Sie verschiedene Kampagnenformate und Wege um die relevanten Teilöffentlichkeiten anzusprechen. Durch dieses "Trail-And-Error-Vorgehen" ergeben sich spannende Experimentierfelder für mögliche Interaktionen mit Ihrer Zielgruppe." (Manger 2010b: online)

Aber wie zuvor sinngemäß schon mehrmals erwähnt: „probierend" und „experimentierend" heißt nicht „konzept-" und/oder „strategielos".

6.4.4 Die Festlegung der Strategie

Die Strategien welche für die einzelnen Social Media-Aktivitäten gewählt werden, orientieren sich an den quantitativen oder qualitativen Zielen, welche das Unternehmen Mittels der Social Media-Strategie erreichen will. „Parallel zur Kommunikationsstrategie für das Gesamtunternehmen muss eine Strategie für jede einzelne Kommunikationsfunktion des Unternehmens entwickelt werden." (Kirchner in Renger/Siegert 1997: 226) Oder anders ausgedrückt: verschiedene Ziele verlangen verschiedene Strategien. Schindler/Liller meinen dazu, dass diese unterschiedlichen Strategien auf der bereits vorhandenen Kommunikationsstrategie des Unternehmens aufbauen (vgl. Schindler/Liller 2011: 282). Jedenfalls gilt es, die Social Media-Aktivitäten – wie schon mehrfach erwähnt – in das bereits vorhandene Kommunikationskonzept zu integrieren. Dies umfasst sowohl die Offline-Public Relations (die klassische PR) als auch die Online-Public Relations (vgl. Schindler/Liller 2011: 285)

Dabei muss berücksichtigt werden, dass dieser Social Media-Auftritt nicht im Widerspruch mit der real gelebten Firmenphilosophie steht.

> „In der unternehmerischen Praxis kommt es [...] aus Sicht der Kommunikation darauf an, das Leistungsversprechen des Unternehmens mit seiner tatsächlichen Leistungsfähigkeit in Einklang zu bringen. Oder anderes ausgedrückt: Das Sagen und das Tun des Unternehmens müssen sich decken. Das gilt [...] nicht nur für die Qualität und den Nutzen des zu verkaufenden Produkts, sondern für die gesamte Rolle des Unternehmens als gesellschaftlicher Akteur." (Schindler/Liller 2011: 258)

Denn Werte (wie etwa ein „Gemeinschaftsgefühl", „Umweltbewusstsein" oder „Ehrlichkeit") welche mittels der Social Media transportiert werden, können mitunter nicht zu der im Unternehmen gelebten Realität passen (vgl. Grabs/Bannour 2011: 68). Das heißt: Nicht nur, dass unterschiedliche Ziele auch unterschiedliche Strategien verlangen (wie hier in diesem Kapitel schon angesprochen), sondern, dass auch laut Grabs/Bannour nicht jede Social Media-Strategie zwingend zu jedem Unternehmen passt (vgl. ebd.). Weiters spielen Unternehmens-Parameter, wie etwa der für die Umsetzung der Strategie notwendige Personalaufwand eine Rolle (vgl. Grabs/Bannour 2011: 66) beziehungsweise, wer im Unternehmen die Aufgaben, die mit einem Social Media-Auftritt einher gehen, übernehmen wird (vgl Jodeleit 2010: 79). Weiters ist auch wichtig, ob die Fähigkeiten und Vorraussetzungen des Unternehmens im Bereich der Social Media ausreichend sind (vgl. Grabs/Bannour 2011: 68).

Grabs/Bannour unterscheiden nach Hannes Mehring (Anm. d. Verf.: Hannes Mehring ist Gründer der Ideenschmiede „frischr". Er betreibt die „Social Media Schmiede" – ein Social Media-Entwicklungs- und Dienstleistungsunternehmen – und ist Projektleiter der studentischen Initiative MediaCampus. Er studiert Medienwissenschaft an der TU Ilmenau (vgl. Mehring, Hannes (o.J.) in socialmediaschmiede: online)), in dieser Phase der Strategiefindung 3 Ansätze (vgl. Grabs/Bannour 2011: 68):

- den proaktiven Ansatz
- den reaktiven Ansatz und
- den passiven Ansatz

Diese Ansätze unterscheiden die Art und Weise, wie das Unternehmen auf dem Parkett der Social Media auftritt (vgl. Grabs/Bannour 2011: 66):

Ad „proaktiver Ansatz": in diesem Ansatz werden Kommunikationspartner direkt angesprochen und das Feedback selbiger (zu Produkten oder dergleichen…) ist erwünscht.

Ad „reaktiver Ansatz": Hier ist das Kommunikationsverhalten durch eine „abwartende Haltung" seitens der Unternehmung gekennzeichnet. Das Unternehmen betreibt Monitoring um auf etwaige Meldungen reagieren zu können. Für negative Meldungen empfiehlt es sich hier einen Plan für Krisenkommunikation bereitgestellt zu haben.

Ad „passiver Ansatz": Hier handelt es sich um eine reine Beobachterrolle seitens des Unternehmens. (Vgl. Grabs/Bannour 2011: 66ff. bzw. Mehring, Hannes (o.J.) in socialmediaschmiede: online)

Um Mehrings Ansatz weiter zu spinnen: Man kann somit durchaus sagen, dass der Anspruch bezüglich der Tätigkeiten und des Aufwandes im Bereich der Social Media vom passiven zum proaktiven Ansatz ansteigend ist. Daher empfiehlt es sich auch zunächst den passiven Ansatz (im Sinne des schon angesprochenen Monitoring) für die Social Media-Aktivitäten zu wählen, dann zum reaktiven Ansatz (der das Monitoring mit dem „reagieren auf negative Meldungen" verbindet) überzugehen, um dann schließlich – mit der nötigen Erfahrung – dem proaktiven Ansatz nachzugehen. Wobei hier Grabs/Bannour einwerfen, dass es sich beim „passiven Ansatz" nicht um eine eigenständige Strategie handelt. Die Beobachterrolle diene lediglich dazu, die Kontrollierbarkeit der Kommunikation zu gewährleisten, um dann – wenn es zu einer negativen Berichterstattung kommen sollte – im Sinne des „reaktiven Ansatzes" eingreifen zu können (vgl. Grabs/Bannour 2011: 68). Bernet unterteilt ähnlich, wenn er für den Bereich der Social Media-Strategien nachstehende Einteilung vornimmt. Er unterscheidet hier zwischen (vgl. Bernet 2010: 163f.):

- Zuhören
- Definieren
- Engagieren

Dabei bezieht sich der Punkt „**Zuhören**" wieder auf das schon mehrmals angesprochene Monitoring im Bereich der Social Media. Auch hier ist es wieder wichtig, Meinungen, Äußerungen und Bedürfnisse der potentiellen Zielgruppen einzufangen. Aber auch die Medienpräsenz etwaiger Interessensgruppen oder der Marktmitbewerber ist wichtig (vgl. Bernet 2010: 163).

Der zweite Punkt – das „**Definieren**" – umfasst das konzipieren, einbetten und optimieren einer Strategie. Wobei mit konzipieren das „[...] Festhalten von Zielen, Zielgruppen, Inhalten, Ressourcen und [die, d. Verf.] Evaluation [...]" (Bernet 2010: 163) gemeint ist, welche durch einfache Bestimmungen für den unternehmensinternen Umgang mit dem Instrument der Social Media im ganzen Unternehmenskommunikationsablauf ergänzt werden (vgl. Bernet 2010: 163). „Einbetten" meint hier, dass die Aktivitäten am Feld der Social Media nicht separiert vom restlichen Geschehen im Unternehmen zu sehen sind, sondern eben in den Ablauf der restlichen Unternehmenskultur integriert sein müssen. „Optimieren", bezieht sich auf den Umstand, dass Konzepte und Richtlinien immer nur so gut sind, wie deren Umsetzung. Die Umsetzung wiederum bringt wertvolle Feedbacks ins Unternehmen zurück (vgl. Bernet 2010: 163).

Der dritte und letzte Punkt – das „**Engagieren**" – bezeichnet einen Hauptteil (neben dem Zuhören) der täglichen Social Media-Tätigkeit. Sie beinhaltet das Beantworten von Fragen, das Kommentieren, das Reagieren auf Kritik, usw. usf. Weiters ist hier auch das Erstellen bzw. Einstellen eigener Beiträge, Bilder und Videos gemeint (vgl. Bernet 2010: 164). Und zuletzt umfasst es das „[...] Handeln in dem Sinne, dass Rückmeldungen ernst genommen werden und zu besserer Leistung [im Unternehmen, d. Verf.] führen." (Bernet 2010: 164) Nachstehende Abbildung soll diese Dreiteilung nochmals verbildlichen.

Abb. 20: Die drei Phasen des Social Media-Engagements. (Bernet 2010: 162)

Meerman Scott sagt bezüglich der Implementierung einer Strategie in den Kommunikationsprozess aus, dass hier wie ein „Verleger" gedacht und vorgegangen werden muss und zwar dahingehend, dass man selbst „Informationslieferant" ist und die Inhalte dieser Information mit genau der selben Sorgfalt zu behandeln sind, wie diese von einer Verlagsunternehmen behandelt werden würden (vgl. Meerman Scott 2010: 81). Zuerst müsse eine Strategie bezüglich der Inhalte formuliert werden und dann in weiterer Folge die Überlegung angestellt werden, mit Hilfe welcher Mittel und Maßnahmen diese Inhalte verbreitet werden können (vgl. ebd.).

> „Verleger identifizieren und definieren sorgfältig ihre Zielgruppen und überlegen dann, welcher Content erforderlich ist, um deren Bedürfnisse zu befriedigen. Verleger müssen die folgenden Fragen beantworten: Wer sind meine Leser? Wie erreiche ich sie? Welche Motive haben sie? Welche Probleme haben sie, bei deren Lösung ich ihnen helfen kann? Wie kann ich sie unterhalten und gleichzeitig informieren? Welcher Content wird sie veranlassen zu kaufen [Anm. d. Verf.: im Sinne der Public Relations ist die Rezeption der Inhalte als „Kauf" zu werten], was ich anzubieten habe?" (Meerman Scott 2010: 81)

6.4.5 Die Festlegung der Maßnahmen

Um die, für die Umsetzung der festgelegten Strategie sinnvollste(n) Maßnahme(n) zu treffen, sollten nachstehende Überlegungen angestellt werden. Teilweise können diese mit den diesem Punkt vorangegangenen Aktivitäten schon eindeutig beantwortet werden:

- Wo halten sich die relevanten Zielgruppen auf?
- Wo wird schon über die Unternehmung gesprochen?

- Wo soll über die Unternehmung gesprochen werden, damit die Social Media-Aktivitäten auch den gewünschten Erfolg erzielen?
- Was ist das kommunikative Ziel? Steht eher die Unternehmenspräsentation oder mehr die Bekanntmachung von Unternehmensinformationen in Echtzeit im Vordergrund (vgl. Kimmle 2010: online)?

Diese Aufzählung muss jedenfalls noch um drei weitere essentielle Punkte ergänzt werden:

- Welche Tageszeit ist die beste um zu schreiben bzw. Inhalte online zu stellen? (siehe: 6.4.6 Exkurs „Die richtige Tageszeit" am Ende dieses Kapitels, Seite 111)
- Woher kommen die notwendigen Informationen dafür?
- Wer im Unternehmen ist für das Geschriebene und für die Umsetzung verantwortlich (vgl. Grabs/Bannour 2011: 71)?

Wichtig ist (Anm. d. Verf.: durch das filtrieren der relevanten Zielgruppen und der dazu passenden Social Media-Plattformen im Vorfeld im Grunde genommen schon geschehen und dadurch eigentlich ausgeschlossen (vgl. Kapitel 6.4.3 Die Festlegung der Zielgruppen, Seite 100), an dieser Stelle trotzdem nochmals erwähnt), dass nun nicht „blindlings" in jeder erdenklichen Community ein Unternehmensprofil erstellt wird, sondern, dass jene Maßnahmen gewählt werden, die den zuvor festgelegten Kommunikationszielen am dienlichsten sind und die Umsetzung dieser am ehesten ermöglichen (vgl. Kimmle 2010: online).

Vier Punkte, die im Zusammenhang mit der Maßnahmenplanung und der daraus möglicherweise entstehenden Frustration durch falsche Erwartungen, wichtig sind (vgl. Schindler/Liller 2011: 285):

- In den Erwartungen an die Social Media realistisch bleiben: „Ein Blog mit 50 Abonnenten, das auch wirklich gelesen wird, ist wertvoller als 500 Abonnenten, die keine Beiträge lesen." (Schindler/Liller 2011: 285)
- In der Maßnahmenplanung nicht zu viel vor nehmen. Ein bis zwei Blogposts und ein oder mehrere Facebook-Updates und vielleicht die Betreuung einer weiteren Seite reichen aus.
- Mit der Aktion will man Reaktionen auslösen (Erwähnungen, Kommentare, Retweets (Anm. d. Verf.: auf „Twitter")). Diese können Anfangs auf sich warten lassen, bekommen dann aber zusehends Dynamik.

6.4.6 Exkurs „Die richtige Tageszeit"

Ein Punkt, der anderen Autoren im Zusammenhang mit der Veröffentlichung von Themen auf dem Spielfeld der Social Media anscheinend nicht so wichtig ist, soll hier kurz angeschnitten werden (Anm. d. Verf.: diese Überlegung soll keine Anmaßung sein, sie scheint nur deshalb naheliegend, da diese Thema nur sehr selten erwähnt wird (Stand Frühjahr 2011)). Die Frage dazu:

Zu welcher Tageszeit sollen Inhalte aller Art online veröffentlicht werden, damit möglichst viele Rezipienten diese auch lesen?

Die Frage leitet sich aus der sehr schlüssigen Überlegung heraus, dass die für eine Social Media-Strategie „XY" relevanten Zielgruppen, a) nicht 24/7 online sind und b) zudem eine gigantische Menge an Inhalten täglich online gestellt werden. **Pro Minute** werden auf dem Social Media-Video-Portal „You Tube" **20 Stunden Datenvolumen** eingestellt, was der Länge von zehn Hollywood-Filmen entspricht (vgl. Beisswenger 2010: 77) Das heißt zusammengefasst, dass es mindestens zwei Gründe gibt, die dafür sprechen, seine Informationen dann den (grundsätzlich interessierten) Rezipienten einer Seite zu Verfügung zu stellen, wenn die Wahrscheinlichkeit am höchstens ist, dass diese zumindest online sind. Wie hoch wäre ansonsten die Wahrscheinlichkeit, dass die relevanten Zielgruppen durch die, seitens eines Unternehmens bereit gestellten Inhalte auch wirklich erreicht werden? Wichtige Inhalte könnten „durch den Rost" fallen und interessierte Rezipienten möglicherweise nicht oder nur schwer erreichen. Manchen Unternehmen können Überlegungen in diese Richtung vermutlich vollkommen gleichgültig sein, da sie ohnehin genügend „Follower" haben, die dann gelesene Inhalte wieder teilen und durch dieses „Reposting" ebenfalls eine hohe Leserdichte entsteht. Oder deren Inhalte werden gezielt gesucht, weil das Unternehmen etwa einen Kultstatus genießt. Kleineren Unternehmen mit weniger Interessenten sollten jedoch eher nicht auf diese Vermutungen bauen, da es diesen noch um jeden einzelnen Leser geht oder zumindest gehen sollte.

Trotzdem:

> „Noch immer betreiben selbst vermeintliche Experten Social Media, indem sie einfach irgendwan [sic] irgendwas in "Twitter oder Facebook reinschreiben". Das ist oftmals amüsant, hilft bei einer professionellen Kommunikation aber immer nur bedingt weiter. Denn das Hauptziel der meisten [...] [Social Media-Strategien, d. Verf.] lautet immer: möglichst viele Nutzer erreichen." (Becker 2011: online)

Auch hier bietet das Internet verschiedene Werkzeuge an, um dieses „Problem" in den Griff zu bekommen (zum Beispiel: Tweriod unter http://www.tweriod.com für die Social Media-Plattform „Twitter" beziehungsweise „buddymedia" unter http://www.buddymedia.com für „Facebook") und somit seine Inhalte nicht nur den richtigen Zielgruppen, sondern diese auch zeitgerecht zu präsentieren, um wiederum möglichst viele Interessenten zu erreichen. Die Funktionsweise dieser Werkzeuge: Sie überprüfen, wann man die meisten Reaktionen auf die online gestellten Inhalte bekommt. Das Werkzeug kann berechen [...]

„[...] wann die eigenen Twitter-Follower am aktivsten [sind, d. Verf.]. Damit lassen sich dann wiederum einfache Rückschlüssen [sic] anstellen, wann die beste Zeit für eigene Postings ist. Es gilt die Regel: Je mehr Follower gerade aktiv sind, desto höher ist die Wahrscheinlickeit, dass die eigenen Nachrichten gelesen und weiterverbreitet wird." (Becker 2011: online)

Das Ergebnis dieser Berechnung ist grafisch dann zum Beispiel (für „Tweriod") folgendermaßen aufbereitet:

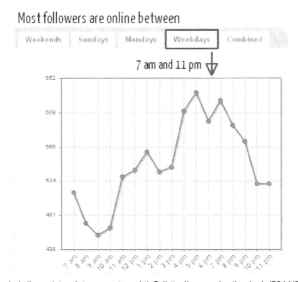

Abb. 21: Wann sind die meisten Interessenten aktiv? (http://www.robertbasic.de/2011/04/tweriod-wann-sind-die-follower-wach/)

In dieser Grafik ist eindeutig zu erkennen, dass (in diesem Fall) Inhalte, welche ungefähr zwischen 16 und 19.30 Uhr eingestellt werden, vermutlich die meisten Leser haben werden. Wohingegen eine Nachricht, welche um 9 Uhr morgens verfasst und eingestellt wird, die wenigsten der Zielpersonen erreichen wird.

Aber natürlich kann man diese Informationen auch durch Monitoring in Erfahrung bringen. Ob man sich dann daran hält, oder sich – ganz im Gegenteil – lieber seine Zielgruppenmitglieder zu „erziehen" versucht und zwar in dem Sinn, dass diese mit der Zeit wissen, dass man zu einer bestimmten Uhrzeit Inhalte online stellt, ist jedem selbst überlassen. Denn inwieweit diese „Erziehung" funktionieren kann und ob es überhaupt wichtig ist, Uhrzeiten zu berücksichtigen (Stichwort „global aktive Unternehmen"), hängt durchaus auch mit der jeweiligen Unternehmung zusammen und dem Umstand, wie dringend die, für diese Unternehmung wichtigen Zielgruppen schon von sich aus auf neue Nachrichten warten und diese dann auch in Eigeninitiative „suchen". Aber es ist anzunehmen, dass dieses Glück der „Eigeninitiative" und des „konditionierten Followers" wahrscheinlich nicht jedes Unternehmen hat und vermutlich im Bereich der hier behandelten Kleinstunternehmen gar nicht anzutreffen sein wird.

6.4.7 Die Erstellung des Budgets

Eine Social Media-Strategie im Web 2.0 scheint auf den ersten Blick kostenlos oder zumindest „günstig" zu sein, da die meisten Social Media Seiten nicht kostenpflichtig sind (vgl. Schindler/Liller 2011: 286). Der Schein trügt hier teilweise. Selbstverständlich ist eine Social Media-Strategie im Vergleich zu Kampagnen in den Printmedien oder im Hörfunk ungleich günstiger. Allerdings: Die Höhe des, für eine Public Relations Strategie auf dem Feld der Social Media zu veranschlagenden Budgets, ist von ganz alltäglichen unternehmerischen Faktoren beziehungsweise Aufwänden abhängig, die keinesfalls „kostenlos" sind (vgl. dazu auch Kapitel 5.7.6 Budget- und Zeitplan/personelle Kapazitäten, Seite 49). Solche Aufwände wären beispielsweise:

- **Zeitaufwand:** Wie viele Social Media Seiten werden parallel betreut (Anm. d. Verf.: auch hier bietet das Internet verschiedene Werkzeuge, um diesen Mehraufwand zeitlich in einem praktikablen Rahmen zu belassen. Dies kann z.B. mit „yoono" (www.yoono.com) oder ähnlichem geschehen)? Kommt das Unternehmen dabei mit einer Social Media-Strategie aus oder werden mehrere parallele Kampagnen benötigt? Werden unterschiedliche Themen bearbeitet oder werden auf verschiedenen Seiten die gleichen oder zumindest inhaltlich ähnlichen Themen gepostet? Wie oft in einem bestimmten Zeitraum wird diese Seite/werden diese Seiten betreut?
- **Personalaufwand:** Wer betreut diese Seite/n? Wird die Betreuung der Social Media-Seiten mit einer Person/mit Personen des Unternehmens bedient oder wird ein externes Unternehmen beauftragt, diese Social Media-Maßnahme zu betreuen? Oder kommt lediglich das „Rohgerüst" der Social Media-Strategie von außen (Beratungskosten), die Umsetzung und Betreuung wird dann aber unternehmensintern gelöst (Personalkosten)? Wie erfolgt und wer macht die Nachbearbeitung (Evaluation) der Kampagne?
- **Visueller und/oder qualitativer Aufwand:** Welchen Anspruch stellt das Unternehmen an die Social Media-Strategie? Beispiel „Bildmaterial": Kommen diese aus eigener Produktion? Wird ein Fotograf beauftragt qualitativ hochwertiges Bildmaterial herzustellen? Wird Bildmaterial über Bildagenturen (zum Beispiel: „iStockphoto.com") bezogen?

Diese und ähnliche Punkte schlagen sich auf die Kosten einer Social Media-Strategie nieder. Schindler/Liller führen in diesem Zusammenhang ähnliche wie die hier genannten Kostenstellen auf (vgl. Schindler/Liller 2011: 286f.). Von „kostenlos" kann somit nicht gesprochen werden. Trotzdem sind die Kosten mit einer Portion „Eigeninitiative" und etwas Mut in einem sehr überschaubaren Rahmen zu halten und gerade dadurch für die Public Relations eines Kleinstunternehmen mitunter sehr interessant. Hilker meint hierzu:

> „Wer immer noch denkt, Social Media seien nur etwas für größere Unternehmen und eine Website reiche aus, liegt falsch. Auf die Unternehmensgröße kommt es hierbei nicht an, da es keine großen Budgets für kostspielige Print-, TV- oder Radio-Schaltungen braucht, um in Social Media auf […] [das, d. Verf.] Unternehmen aufmerksam zu machen. Allerdings […] [braucht es, d. Verf.] personelle Ressourcen. Eine attraktive und aktuelle Firmenwebsite bleibt trotz Social Media natürlich obligatorisch und wichtig." (Hilker 2010: 61)

6.4.8 Die Evaluation

Kirchner schreibt: „Ziel einer Erfolgskontrolle in der Unternehmenskommunikation muß es sein, Effizienzkriterien zu finden, nach denen bei einem gegebenen Kommunikationsbudget durch intensivere Integration eine höhere Gesamtwirkung erreicht wird." (Kirchner 1997: 232) Und auch Bruhn vertritt bezüglich der Notwendigkeit der Evaluation/des Controllings die Meinung:

> „Als integrativer Bestandteil des Managementprozesses der Integrierten Kommunikation hat sich notwendigerweise ein Kommunikationscontrolling an die Durchführung der Integrierten Kommunikation anzuschließen. Gegenstand dieser Phase ist die Sicherstellung der Effektivität und Effizienz einer Integrierten Kommunikation." (Bruhn 2009: 361)

Eine Public Relations auf dem Feld der Social Media – im Sinne eines Teils der integrierten Unternehmenskommunikation (vgl. hierzu auch 5.6.2.3 Integrierte Unternehmenskommunikation, Seite 40) – macht eine Evaluation (Controlling) nach einer abgeschlossenen Social Media-Maßnahme unumgänglich. Denn nur so können die, durch die integrierte Unternehmenskommunikation im Vorfeld erwarteten Synergieeffekte auch (zumindest theoretisch) kontrolliert werden.

> „Bei allen Diskussionen in Wissenschaft und Praxis wird [hier] von der Annahme ausgegangen, dass durch eine verstärkte Integration der Kommunikation Synergiewirkungen erzielt und damit die Effizienz der Kommunikation gesteigert werden kann. Der Nachweis für die Effizienzsteigerung konnte bislang aber nur partiell erbracht werden." (Bruhn 2009: 361)

Grabs/Bannour bringen es auf den Punkt, wenn sie sagen: „Einer [sic] der wichtigsten Fragen, die Social Media nach sich zieht, ist die nach dem Erfolg." (Grabs/Bannour 2011: 97) Dabei sei es möglich, für den Bereich des Marketings diese Ziele anhand von 12 verschiedenen Kennzahlen (KPI bzw. Key Performance Indicator) zu beschreiben (vgl. Grabs/Bannour 2011: 97). Doch im Gegensatz zum Marketing, das beispielsweise anhand von gestiegenen Verkaufszahlen oder Markenerwähnungen relativ schnell Kommunikationserfolge sichtbar machen kann, ist dies im Bereich der Public Relations immer etwas schwerer.

> „Marketing- und Vertriebsmenschen haben es hier relativ leicht: Seitenzugriffe, Twitter-Follower, Facebook-Fans, Conversion Rates, eine Verbesserung des Sentiments zum Unternehmen und seinen Produkten oder Themen im Dashboard des Tools für Social Media Monitoring – alles schön und gut. Und gut messbar. Zumindest an der Oberfläche – bei genauerem Hinsehen entpuppt sich manche Erfolgsmessung als nicht eben qualitativ." (Jodeleit 2011: online)

Dies gilt auch teilweise für die Public Relations im Bereich der Social Media. Zum Beispiel kann es für eine Unternehmung wichtig sein, wie viele Interessenten „Mitglied/Fan/Follower" ihrer Social Media-Seite sind? Oder wie hoch die Zahl der Reaktionen auf das letzte Posting war? Wie hoch die Zahl der Geschäftsanbahnungen über die Social Media-Seite war? Auch diese Faktoren sind messbar. Ablesbar.

Doch im Bereich der Public Relations geht es nicht nur rein um Zahlen. Hier spielen auch nur sehr schwer oder womöglich gar nicht messbare Faktoren, wie beispielsweise „Emotionen" eine Rolle. Wie können diese messbar gemacht werden? An dieser Stelle ist zu vermuten, dass der Aufwand dafür vermutlich ungleich höher ist, dies umzusetzen, denn im Bereich der „reinen Zahlen". Denn hier bedarf es „Handarbeit" und akribisches sammeln beziehungsweise auswerten von Einträgen/Reaktionen, die seitens der Rezipienten über ein bestimmtes Thema verfasst wurden.

Es erscheint wichtig, sich an dieser Stelle folgendes zu fragen:
=> Was ist eigentlich Erfolg? Was wird seitens des Unternehmens als Erfolg gesehen?

Es ist a) anzunehmen, dass die unternehmensinterne Definition des Ausdrucks „Erfolg" vermutlich stark mit den Kommunikationszielen zusammenhängt, die am Anfang der Kommunikationsstrategie einer Unternehmung gelegt wurden und somit b) auch von der jeweiligen Unternehmung abhängig ist, was diese als „Erfolg" interpretieren kann. Damit stellt sich die nächste Frage:

=> Was waren die Kommunikationsziele? Und: Wurden diese Ziele erreicht?

Jodeleit stellt in diesem Zusammenhang exemplarisch folgende Überlegungen an:

- „Zielgrößen müssen von Zielen abgeleitet werden. Kann es ein sinnvolles Ziel sein, 1.000 Follower bei Twitter zu sammeln?
- Relevanz und Reichweite sollten gleichermaßen berücksichtigt werden. Wie wäre es, die kollektive Social-Media-Autorität der Akteure eines Unternehmens zu messen? Das bedeutet: Wenn ein Kernteam von X Menschen in Social Networks und auf Social-Media-Plattformen den Markenbotschafter fürs Unternehmen gibt, dann lässt sich messen, wie reichweitenstark und gut vernetzt diese Markenbotschafter gemeinsam sind.
- Erreichen die Social-Media-Aktivitäten überhaupt Menschen? Lösen sie Reaktionen aus? Der Interaktionsgrad mit dem Unternehmen und seinen Sprechern bzw. Mitarbeitern ist ein Anhaltspunkt. Es kommt weniger auf die Anzahl der Abonnenten an (Twitter-Follower oder Facebook-Fans etc.), sondern auch insbesondere auf die Frage, ob das Veröffentlichte relevant für die Abonnenten ist. Anhaltspunkte liefern etwa Mentions, Retweets und Shares, Aufnahmen in Twitter-Listen, Scores bei Tools wie Klout et al. Klout glänzt aus meiner Sicht insbesondere durch die Offenlegung zahlreicher interessanter kommunikativer Werte (bis hin zu "Unique Likers" bei Facebook) neben dem Gesamt-Score. (Jodeleit 2011: online)

Man kann erkennen, dass es hier nicht um Geheimnisse geht, die es zu ermitteln gilt. Im Grunde genommen geht es um sehr einfache und logische Überlegungen, die aber jedenfalls gestellt werden müssen. Schindler/Liller interpretieren „Erfolg" im Bereich der Social Media sogar noch viel einfacher, indem sie sagen: „Ihre Kommunikation im Social Web ist dann erfolgreich, wenn man Sie als Gesprächspartner anerkennt und als Marke mit klarem Profil wahrnimmt." (Schindler/Liller 2011: 287) Erfolge dieser Art können mitunter auf unterschiedliche Art und Weise wahrgenommen werden: Die Verlinkung des eigenen Blogs durch andere Blogger. Die Art und Weise, wie über bestimmte Themen innerhalb der Blogs und Postings „gesprochen" wird (Anm. d. Verf.: was wiederum auf die vorhandenen „Emotionen" zu einem Thema Rückschlüsse zulässt). Oder wie oft bereitgestellte Informationen innerhalb der Social Media-Seite, aber auch über diese Seite hinaus, im Web weitergegeben werden und seitens der Rezipienten als „Favorit" markiert werden (vgl. dazu auch Schindler/Liller 2011: 287). Dies alles sind „Erfolge". Jodeleit sieht hier nachstehende Punkte ebenfalls als „Erfolg", wenn er sagt, dass nicht nur (Anm. d. Verf.: wie Eingangs dieses Kapitels schon erwähnt) „direkte Messgrößen" relevant sind, sondern auch die Anzahl (vgl. Jodeleit 2011: online) [...]

- „eingehender Kunden- und Kooperationsanfragen über Social-Media-Kanäle/aufgrund von Social-Media-Akvititäten
- eingehender Initiativbewerbungen, die sich auf Präsenz im Web zurückführen lässt
- von Anfragen an in Social Media aktive Mitarbeiter, bei Events zu sprechen und Vorträge zu halten
- von Interviewanfragen klassischer Medien, die auf Social-Media-Präsenz zurückgehen
- von Fällen erfolgreichen Agenda Settings über Social-Media-Kanäle
- von Fällen, in denen Themen erfolgreich kanalisiert wurden (nennen wir es Agenda Cutting) [...]"
(Jodeleit 2011: online)

[...] interessant sein kann. Um diese oder vergleichbare Faktoren im Unternehmen wahr zu nehmen und mitunter als „erreichtes Kommunikationsziel" (und somit als „Erfolg") zu deklarieren, braucht es ein wenig Geduld und in der Auswertung ein Gespür für die Veränderung.

6.5 Mögliche Instrumente im Bereich der Social Media – Social Media-Tools

Wie umfangreich und unterschiedlich sich das Feld der Social Media im Web 2.0 präsentiert, wurde schon am Anfang dieser Studie in Kapitel 1.3 Praktische Relevanz, Seite 4 mit dem Schaubild „Social Media-Prisma" dargestellt (vgl. ebd.). Welcher Teil/welche Teile daraus nun für ein Unternehmen XY interessant sein kann/können, hängt immer damit zusammen, wie die jeweilige Social Media-Strategie umgesetzt werden kann, was dadurch erreicht und wer damit konfrontiert werden soll. Denn nicht mit jedem Instrument der Social Media kann alles gemacht und auch nicht der gleiche Erfolg erzielt werden. Und auch die Überlegung, wo sich die potentiellen Zielgruppen für die Social Media-Strategie eines Unternehmens aufhalten, spielt hier natürlich mit ein.

Auf Grund dieser Überlegungen wird es Seitens der Unternehmung von Vorteil sein, das eine Instrument der Social Media eher nicht zu wählen und dem anderen dafür den Vorrang zu geben. Eingehendes (wie weiter oben schon beschrieben) Monitoring vor einer Kampagne, hilft hier, die richtige Plattform für den Social Media-Auftritt der Unternehmung zu finden (vgl. hierzu auch Weinberg 2010: 41). Und zu guter Letzt kommt es natürlich auch darauf an, ob es sich bei der Kommunikation der jeweiligen Kampagne um eine interne oder externe Unternehmenskommunikation handelt. Denn nicht nur für die externe, sondern auch für die interne Unternehmenskommunikation hat sich durch die Entwicklung des Webs 2.0 einiges getan:

> „Intranet-Tools wie Weblogs (Blogs; Online-Tagebücher mit Diskussionsforum) und Wikis (gemeinsam erstellte Wissensdatenbanken à la Wikipedia) können die unternehmensweite Zusammenarbeit und den abteilungsübergreifenden Wissensaustausch fördern." (Schick 2007: 191)

Wobei hier im Zusammenhang mit dem Titel dieser Studie, die interne Unternehmenskommunikation im Bereich des Web 2.0 auf Grund der Unternehmensgrößen (Mitarbeiterzahl) und den Kommunikationsstrukturen innerhalb der Unternehmen sicherlich eine geringe Rolle spielen wird.

Hilker fasst diese und ähnliche Überlegungen in nachstehendem Schaubild der bekanntesten Social Media-Seiten aus dem Bereich der Social Media-Communities zusammen:

	Facebook	Xing	Twitter	Qype	YouTube	StudiVZ	wkn	LinkedIn	flickr	Wikipedia
Definition	Netzwerk für Privates und Geschäftliches	Plattform für geschäftliches Networking	Mikro-Blog mit Kurznachrichten	Lokales Empfehlungsportal	Internet-Videoportal	Plattform für Studenten und Schüler	Netzwerk für Privates und Geschäftliches	Plattform zur Mitarbeitersuche	Netzwerk für Fotos, Videos	Online-Enzyklopädie mit User Generated Content
Einsatzmöglichkeiten	Man kann Profile und Fansites einstellen	Premium-Mitglieder haben E-Mail Account, erhalten Statistiken und können Xing-Foren nutzen	Kommunikation, Marktforschung, Promotion, Mitarbeitersuche	Lokales Marketing	Man kann eigene Videos kostenfrei einstellen und hohe Reichweiten erzielen	Werbe-Platzierung sowie Gruppen Sponsoring	Regionales Marketing	Business-Profil, Online-Reputation, Mitarbeitersuche	Fotos können kommentiert und mit eigenen Tags versehen werden	Nachschlagewerk und Wissensmanagement
Vorteile	Internet-affine Zielgruppe, schnelle, günstige, flexible Marketing-Aktionen mit vielen Apps und Fanseiten	Geschäftliche Kontakte pflegen, networken und fachlicher Austausch in Foren	übersichtlicher und gut strukturierter Microblogging-Dienst mit rasantem Wachstum	Regionale Vermarktung	Einfaches und zielgruppenorientiertes Werben dank AdSense und detaillierte Statistiken.	Klar definierte Zielgruppe ermöglicht zielgruppenorientierte Werbung, die Akzeptanz bei Studierenden ist hoch	Effizientes Werben in einer breit gefächerten Zielgruppe	Finden von Mitarbeitern, Geschäftspartnern und Kunden	Hohe und schnelle Werbewirkung für Trends oder Produkte	Hohes Maß an Informationen weltweit in 260 Sprachen mit hoher Qualität
Nachteile	Datenschutz Richtlinien werden immer wieder kritisch diskutiert	Datenschutz gefährdet, da personenbezogene Daten öffentlich gemacht werden	Vokabular wie „Tweets" verstehen und Prägnanz der Meldungen	Pflege der Daten ist wichtig	Man muss die Grundlagen des Videoportals beachten.	Datenschutz-Bedenken und zu kommerzielle Ausrichtung	Die Regionen in D sind unterschiedlich stark vertreten.	Schwerpunkt liegt im englischen Sprachraum.	Man kann nur ein Video einspielen, Yahoo beschränkte die Suchoptionen für Deutschland	Jeder Nutzer darf an der Wikipedia mitwirken, das kann Fehlinformationen oder Manipulation bewirken

Abb. 22: Welche Social Media-Community eignet sich wofür (ein grober Überblick)? (Hilker 2010: 55)

Dies ist natürlich nur ein kleiner Ausschnitt dessen, was noch zum Themenbereich der Social Media gezählt werden kann. Auf der Suche nach der für ein bestimmtes Thema oder eine bestimmte Social Media-Strategie geeigneten Seite, kann auch hier wieder, der schon im Kapitel 6.4.3.2 Das „Erreichen" der Zielgruppen, Seite 104 vorgestellte Social Media-Planner sicherlich eine Hilfe sein (http://www.socialmediaplanner.de). Für die fiktive Auswahl (welche sich normalerweise ja durch die Selektion der zielgruppenspezifischen Charakterzüge ergibt) „männlich", „35-45" und „business to business", schlägt die Software zum Beispiel zehn Seiten vor, die für diesen Themenbereich in Frage kommen könnten. Hier erlaubt das Werkzeug dann noch im Bereich der Kriterien „Aktivität" und „Reichweite" zu differenzieren (siehe nachstehende Abbildung).

Abb. 23: Welche Social Media-Seite ist die Richtige? (http://www.socialmediaplanner.de)

6.6 Was kann Social Media bewirken? Was kann sie nicht?

Diese Frage lässt sich mit der für diese Studie verwendeten Literatur im Grunde genommen nur unbefriedigend klären. Viel besser erscheint es hier, diesen Sachverhalt mit den für diese Studie getätigten Experten-Interviews zu beantworten und wird aus diesem Grund ausgiebig in Kapitel 8.3.9 Der Wirkungsgrad der Social Media, Seite 156 der vorliegenden Studie abgehandelt.

6.7 Kleinstunternehmen in Österreich

Da schon im Titel dieser Studie daraufhin gewiesen wird, dass ihr Hauptfokus auf den Kleinstunternehmen im Bereich des Feldes der Klein- und Mittelständischen Unternehmen liegt, scheint es an dieser Stelle angebracht, diese Begriffe exakt zu definieren. Bezüglich der Literatur, welche für dieses Kapitel zu Verfügung stand ist zu sagen, dass relativ wenig über den Bereich „Kleinstunternehmen" im speziellen existiert. Viel mehr wird in der Literatur meist der Begriff der Klein- und Mittelunternehmen (kurz KMU) verwendet und diskutiert, zu welchem die Kleinstunternehmen meist pauschal dazu gezählt werden. Dies ist insofern nicht ganz gerecht, da ihre Anzahl von über 400.000 Unternehmen in Österreich die deutliche Mehrheit der Betriebe in Österreich ausmacht. Als Arbeitgeber freilich, nehmen sie mit knapp 350.000

unselbstständig Beschäftigten gegenüber den anderen Unternehmen den letzten Rang ein. Dazu auch nachstehende Tabelle, die diese Zahlen visualisieren soll:

KMU - Daten für Österreich				Beschäftigtendaten	
Dezember 2010	Beschäftigtengrößengruppen	Anzahl der Unternehmen	Anteil in %	Anzahl der unselbständig Beschäftigten	Anteil in %
WIRTSCHAFTSKAMMERBEREICH		442.991	100,0	2.177.766	100,0
	0 - 9	412.462	93,1	344.250	15,8
	10 - 49	24.736	5,6	490.951	22,5
	50 - 249	4.747	1,1	479.552	22,0
	250 und mehr	1.046	0,2	863.013	39,6

Abb. 24: Überblick der prozentualen Verteilung nach deren Größe der Unternehmen in Österreich. (http://wko.at/Statistik/kmu/WKO-BeschStatK.pdf)

6.7.1 Kategorisierung von Kleinstunternehmen

An dieser Stelle muss zuerst die Frage gestellt werden, warum eine Unterscheidung zwischen Großunternehmen auf der einen Seite der Skala und den Kleinstunternehmen auf der anderen, überhaupt gemacht werden muss? Der Grund liegt darin, dass in einem Großunternehmen im Vergleich zu einem Mittelständischen oder gar Klein- beziehungsweise Kleinstunternehmen, ganz andere finanzielle und hierarchische Strukturen vorhanden sind. Und auch die interne Kommunikation, die Kommunikation zwischen den einzelnen Mitarbeitern wird in einem Großunternehmen anders verlaufen, denn in einem Kleinstunternehmen. Was Pfohl in seinen einleitenden Worten „A small business is not a little big business" (Pfohl 2006: 2) zur „Abgrenzung der Klein- und Mittelbetriebe von Großbetrieben" auf der betriebswirtschaftlichen Ebene auszudrücken versuchte, kann ohne weiteres auch auf die kommunikationswissenschaftliche Ebene einer Unternehmung übertragen werden. Jedem wird es einleuchten, dass die Kommunikation zwischen den einzelnen Mitarbeitern in einem Kleinstunternehmen sowohl vertikal (Kommunikation zwischen Arbeitgeber und Arbeitnehmern), als auch horizontal (Kommunikation der Mitarbeiter untereinander) weitaus schneller, direkter und unbürokratischer verlaufen wird, als dies in einem dementsprechend größeren Betrieb der Fall ist. Zumal auch in vielen Handwerks- oder Dienstleistungsbetrieben im Bereich der Kleinstunternehmen zusammen – vom Chef bis zum Lehrling – vor Ort gearbeitet wird. Wenn es etwas zu Besprechen gibt, dann wird dies meist sofort und ohne große Ankündigung gemacht. Dies drückt sich auch in der Beschreibung von Hamer, Kleinunternehmen betreffend gut aus.

> „Kleinunternehmen sind direkt geführte Betriebe, in welchen der Inhaber noch selbst mit in der Betriebsleistung tätig ist (Handwerker in der Werkstatt, Freiberufler in der Praxis, Kaufmann im Laden, Landwirt auf dem Traktor u.a.). Es handelt sich hierbei immer um die Direktführung des Unternehmens zu seinen Mitarbeitern. Er begeistert sie direkt, steht mit ihnen im ständigen Kontakt und hat in der Regel keine Zwischenebenen. Diese vom Unternehmer direkt geführten Kleinbetriebe sind die effizienteste Betriebsart, die es überhaupt in unserer Volkswirtschaft gibt." (Hamer 2006: 32)

Er beschreibt hier zwar dezidiert Kleinunternehmen und keine „KleinSTunternehmen", was jedoch vernachlässigt werden kann, weil die Strukturen der Kleinstunternehmen mit denen der Kleinunternehmen als identisch vorauszusetzen sind und sich diese von den Kleinunternehmen lediglich durch ihre noch geringere Größe unterscheiden.

Um ein Unternehmen zu kategorisieren gibt es mehrer Möglichkeiten (Art, Gesellschaftsform, Wirtschaftszweig,...). Eine davon ist es, diese nach der Betriebsgröße, das heißt, sie nach quantitativen Maßstäben (Mitarbeiterzahl, Umsatz) zu unterscheiden (vgl. Wöhe/Doring 2008: 6). Diese Kategorisierung wird auch schon aus der am Kapitelanfang gezeigten Tabelle ersichtlich (siehe Seite 118). Eine weitere Kategorisierungsmöglichkeit wäre es, nach qualitativen Maßstäben zu messen. Mugler unterscheidet hier zwei Punkte, die relevant sein könnten: sogenannte „Merkmalskataloge", sowie die „Typologien" (vgl. Mugler 1998: 19). Mugler schreibt, die Merkmalskataloge betreffend, dass von einem Klein- und Mittelständischen Betrieb (KMU) gesprochen werden kann, „[...] wenn ein bestimmtes Mindestmaß an Merkmalen gegeben ist." (Mugler 1998: 19) Und: man könne nicht von solch einer Betriebsgröße sprechen, wenn nur einige Merkmale vorhanden wären (vgl. Mugler 1998: ebd.). Dies trifft natürlich auch auf die Kleinstunternehmen zu. Auf die angesprochenen „Typologien" bezogen schreibt er, dass diese Abgrenzung weiter ginge, denn die der Merkmalskataloge. Sie werde aus der Häufung von deutlich unterscheidbaren Merkmalen gebildet, welche Klein- und Mittelbetriebe zu Großunternehmen haben (vgl. Mugler 1998: 19). Dabei typische Fragen der Merkmalskataloge sind zum Beispiel, welches die häufigsten qualitativen Merkmale der Abgrenzung zwischen den Betriebsgrößen seien, oder wodurch sich etwa Handwerksbetriebe charakterisieren (vgl. Mugler 1998: 19f.)? Für die Typologien sind dies zum Beispiel die Fragen nach den Strukturen der Typologien oder welche Methode der Typologisierung verwendet wird (vgl. Mugler 1998: 24). Bezüglich der Anwendung der qualitativen Kategorisierung schreibt Pfohl, dass diese Bewertungsmethode dann zur Betriebsbeschreibung heran gezogen, wenn beispielsweise Betriebe unterschiedlicher Branchen miteinander verglichen werden. Hier können dann beispielsweise an Gütermengen orientierte Merkmale, nicht mehr herangezogen werden (vgl. Pfohl 2006: 16). Diese Unterscheidungsqualitäten sind jedoch für die Belange der vorliegenden Studie nicht entscheidend. Deshalb wird in dieser Studie der quantitativen Kategorisierung der Vorzug gegeben.

Im Bereich der quantitativen Kategorisierung der Unternehmen wird grob in Klein-, Mittel-, und Großunternehmen unterteilt. Diese relativ grobe Unterscheidung ist für den Inhalt dieser Studie jedoch zu groß dimensioniert, da die angesprochenen Großunternehmen nicht Teil der Untersuchung darstellen. Auch im Bereich der KMU kann ein großer Teil der Unternehmen unberücksichtigt bleiben. Wichtig ist lediglich, dass im Bereich der klein- und mittelständischen

Unternehmen folgende Größen unterschieden werden (klein- und mittelständische Unternehmen sind hier rein der Vollständigkeit halber ebenfalls aufgelistet):

- Kleinstunternehmen (Mikrounternehmen): jene Unternehmen, die zwischen 1-9 Mitarbeiter beschäftigen und deren Umsatz maximal € 2 Millionen beträgt. Dazu zählen auch die sogenannten EPU, die Einpersonenunternehmen.
- Kleinunternehmen: die Mitarbeiterzahl liegt zwischen 10 und 49 und der Umsatz bei maximal € 10 Millionen.
- Mittelständische Unternehmen: hier liegt die Mitarbeiterzahl zwischen 50 und maximal 249 und der Umsatz bei höchstens € 50 Millionen (vgl. Infoplattform Wissenswertes.at (o.A.) (o.J.): online).

Was das „typische Kleinunternehmen" ausmacht, beschreibt Hamel mit den nachstehenden Charakteristika, welche Klein- und Mittelständischen Unternehmen gemein sind. Dabei haben diese (vgl. Hamel 2006: 234f.):

- Eine relativ hohe Spezialisierung und daraus folgend ein geringen Produkt- und Dienstleistungspalette, teilweise sogar sind es auch sogenannte „Ein-Produkt-Betriebe". Dies verhindert eine Risikostreuung.
- Für die Erbringung der Arbeitsleistung stehen nur kleine Personalkapazitäten zu Verfügung und dies vor allem bei Kleinstunternehmen.
- Sie verfügen meist nur über eine oder jedenfalls wenige Produktionsstätte(n).
- Sie verfügen über eine hohe Markt- und Kundennähe.
- Bezüglich ihres Einflusses auf den Markt sind sie als unbedeutend einzustufen.
- Meist sind diese Unternehmen in Familienbesitz. Dies hat eine hohe emotionale Bindung der entscheidungstragenden Personen untereinander beziehungsweise dieser zu ihrem Unternehmen zur Folge.
- Diese Unternehmen werden von ihren Gründern beziehungsweise deren Nachfolgern geleitet.
- Sie haben eine „unternehmerzentrierte Organisationsstruktur [...]" (Hamel 2006: 235). Das heißt, dass sie hierarchisch sehr flach gehalten und die Kommunikationswege (wie am beginn diese Kapitels schon angesprochen) daraus folgend kurz sind.
- Bezüglich der Aufmerksamkeit durch die Öffentlichkeit sind sie als unbedeutend einzustufen (abgesehen von der jeweiligen Standortgemeinde)
- Sie sind zwar von allen externen Einflüssen (gesamtwirtschaftliche, den Arbeitsmarkt und auch juristische, politische und technologische Einflüsse betreffende) betroffen, haben selbst aber keinen wesentlichen Einfluss darauf (vgl. Hamel 2006: ebd.).

Durch die in obiger Auflistung erwähnten „Gründer-Geschäftsleitung"-Situation, in der die Besitzer des Unternehmens „IHREN" Betrieb leiten, kommt es zu einer patriarchalischen Haltung den Mitarbeitern gegenüber, wobei hier die loyale Haltung der Mitarbeiter dem Unternehmen, aber vor allem der Geschäftsführung gegenüber ein sehr hoher Wert eingeräumt wird. Diese Loyalität geht jedoch auch in die andere Richtung, wenn die Mitarbeiter quasi als „Angehörige" betrachtet werden (vgl. Hamel 2006: 237) Als „Mitarbeiter" eines Unternehmens werden hier laut der Wirtschaftskammer Österreich (WKO) nachstehende Personen gewertet:

> „a) Lohn- und Gehaltsempfänger;
> b) für das Unternehmen tätige Personen, die in einem Unterordnungsverhältnis zu diesem stehen und nach nationalem Recht Arbeitnehmern gleichgestellt sind;
> c) mitarbeitende Eigentümer;
> d) Teilhaber, die eine regelmäßige Tätigkeit in dem Unternehmen ausüben und finanzielle Vorteile aus dem Unternehmen ziehen." (WKO (o.J.): online)

6.7.2 Kleinstunternehmen und Public Relations

Im Zuge des täglichen Betriebes in einem Kleinstunternehmen spielen die Public Relations oft nur eine untergeordnete Rolle. Dies beruht auch auf dem Umstand, dass es sich bei Kleinstunternehmen mitunter um Betriebe handelt, die erst gerade neu gegründet wurden. Der betriebliche Fokus liegt in diesen Unternehmen dann oft auf der Umsetzung der Geschäftsidee oder er liegt auf dem Tagesgeschäft und ähnlichem und ist weniger im Bereich der Öffentlichkeitsarbeit zu suchen (vgl. Spatzier 2011: 8).

> „Im Allgemeinen beschäftigen sich potenzielle NeugründerInnen mit ihrer Geschäftsidee im Zuge der Erstellung von Businessplänen mehr oder weniger intensiv und stellen dabei geforderte harte Fakten wie Planungszahlen, Umsatzgrößen oder Marketingaspekte in den Vordergrund. Den Themen der Kommunikation und Public Relations widmen werdende Gründerpersönlichkeiten wenig bis gar keine Aufmerksamkeit."
> (Spatzier 2011: 8)

Spatzier sieht die Gründe für dieses Verhalten – neben der oft angespannten finanziellen Situation in Kleinstbetrieben – im

- häufigen Fehlen des Punktes „Öffentlichkeitsarbeit/Public Relations" in den Businessplänen dieser Unternehmen,
- im Dasein vieler sogenannter PR-Berater, die unter Public Relations Werbung und Marketing verstehen und wenig mit der eigentlichen Öffentlichkeitsarbeit eines Unternehmens zu tun haben sowie im
- Vorhandensein der Tatsache, dass sich die Public Relations in der Fachliteratur meistens auf die Unternehmenskommunikation der Großunternehmen beziehen und nicht auf die Besonderheiten eines Kleinstunternehmens eingeht (vgl. Spatzier 2011: 8).

Diese Erkenntnisse decken sich auch teilweise mit den Ergebnissen einer Studie, welche Seitens des PRVA (Public Relations Fachverband Austria) im Jahre 2009 zu diesem Thema durchgeführt wurde und sich mit nachstehenden Worten von Martin Bredl (Präsident des PRVA) zusammenfassen lasst: „Kleine und mittelständische Unternehmen haben ‚Berührungsängste' mit der Thematik Public Relations, wie Bredl es formuliert, es gibt aber ein enormes Potenzial." (Jurik 2011: online) Auch Jurik – wie hier in diesem Absatz Spatzier das tut – weißt darauf hin, dass die Öffentlichkeitsarbeit eines Unternehmens oft mit den Bereichen des Marketings oder der Werbung verwechselt beziehungsweise „zusammengewürfelt" wird (vgl. ebd.).

6.9 Zusammenfassung

Sinn des sechsten Kapitels dieser Studie war es, den Bereich „Social Media" zu bearbeiten. Der Fokus erfolgte darauf, auch einem mit dieser Thematik nicht vertrauten Leser, einen Überblick über dieses Kommunikationstool und dessen Umfeld – das Internet beziehungsweise das Web 2.0 – zu geben. Dabei wurden zu Beginn des Kapitels auch das Networking und dessen Entwicklung und Wichtigkeit angesprochen. Manfred Bruhn geht in diesem Zusammenhang nicht umsonst davon aus, dass sich unsere Gesellschaft aus der Phase der Dialogkommunikation gelöst hat und nun in einer Phase der Netzwerkkommunikation befindet. Sie hat sich zu einer Netzwerkgesellschaft entwickelt.

Um dieses Kapitel einzuleiten war auch hier (wie schon in Kapitel 5 „Public Relations") der Weg über die Begriffsdefinitionen unumgänglich. Da es sich bei den Social Media um eine relativ junge Art „Kommunikationsinstrument" handelt, ist die Menge der Definitionen jedoch sehr überschaubar und jene Personen, die die Social Media definiert haben, widersprechen sich auch nicht in ihren Definitionen, wie dies zum Beispiel im Falle der Public Relations (mitunter) der Fall ist (vgl. Kapitel 5.1 Definition und Begriffsbestimmung, Seite 14). Zu Erinnerung: Wenn man von Social Media spricht, dann meint man auf der Web 2.0-Technologie basierende, soziale Netzwerke, in denen Teilnehmer geschriebene oder bildliche/filmische Inhalte einstellen und diese dann von anderen Teilnehmer rezipiert, kommentiert und (im besten Fall) weiter empfohlen und verbreitet werden. Das Internet als Basis der Social Media, hat das „Push"- und „Pull"-Zeitalter verlassen und ist in das „Share"-Zeitalter eingetreten.

Weiters wurden die Begriffe des Web 2.0 und der damit verbundene Unterschied zum Web 1.0 dargestellt und zwar dahingehend, dass es sich im Falle des Web 2.0 eben um eine erweiterte Form (höhere Ebene) des Web 1.0 handelt, die diese Netzwerkbildung der Social Media und die aktive Beteiligung der Gruppenmitglieder mit Hilfe sozialer Software technisch überhaupt erst ermöglicht.

Der danach erfolgte Exkurs in das Corporate Publishing war insofern wichtig, als dass – auch wenn die Art sich zu bewegen auf dem Parkett der Social Media ungleich salopper ist, denn beispielsweise in den Printmedien – es auch auf den Portalen der Social Media nicht an journalistischen, kommunikativen und marktbezogenen Zielen der eingestellten Inhalte mangeln darf. Kein Autor (und als solcher muss sich der Hersteller einer Social Media-Seite sehen) sollte sein potenzielles Publikum mit Inhalten langweilen, noch darf er übersehen, dass ein Hauptziel der Social Media der Aufbau von „Verbindung der Kommunikationspartner" ist und sich seine Arbeit damit 1:1 mit den Zielen des Corporate Publishing deckt. Und auch der Umstand, „etwas bewirken zu wollen" trifft auf die Ziele der Social Media zu. Die marktbezogenen Ziele des Corporate Publishing dürfen deshalb nicht übersehen werden, weil diese – als Teil der integrierten Unternehmenskommunikation – ebenfalls bei den Lesern eine Wirkung erzielen wollen (und sollten). Ob dies nur „Aufmerksamkeit" oder gar die „Veränderung von bestimmten Handlungen" betrifft, hängt wiederum von der Art der Unternehmung, von den Zielen der Public Relations einer Unternehmung und auch von den Zielen der Social Media-Strategie selbst ab.

Was die Bedeutung der Social Media ganz allgemein für eine Unternehmung betrifft, so liegen für Unternehmen derzeit die monetären Gründe eine Social Media-Seite zu betreiben noch klar im Vordergrund. Diese Sichtweise deckt sich auch teilweise mit den Erkenntnissen aus den Umfragen, die für diese Studie gemacht wurden und welche in Kapitel 8 dieser Studie aufbereitet wurden. Das in Kapitel 6 angegebene Beispiel des Energielieferanten Teldafax soll ein Beispiel dafür sein, wie betriebliche Social Media nicht betrieben werden sollten und stellt auch einen klaren Warnhinweis dar, dass ein Unternehmen in seiner Strategie- und Maßnahmenplanung niemals auf die Krisenkommunikation („Für den Fall, dass...") vergessen darf. Diese Strategie- und Maßnahmenplanung ist auch ein Teil der schon aus den Public Relations bekannten AKTION-Formel, welche für die Zwecke der Social Media in ihren Inhalten angepasst wurde. Die Inhalte, die dem Autor dieser Zeilen für diesen Bereich wichtig waren:

1. Die Analyse der Ist-Situation
2. Die Definition der Ziele die mit Social Media erreicht werden sollen
3. Die Festlegung der Zielgruppen
4. Die Festlegung der Strategie
5. Die Festlegung der Maßnahmen
6. Die Erstellung des Budgets
7. Die Evaluation

Diese Einteilung wurde dann auch in weiterer Folge in Kapitel 10 dieser Studie für die Konzeptionierung eines Social Media-Auftritts verwendet und im Bereich der „Maßnahmen" noch um den Punkt der „richtigen Tageszeit" ergänzt. Dabei handelt es sich um die Überlegung, welche Tageszeit die sinnvollste sei, um Inhalte in einem Social Media-Portal einzustellen. Diese Überlegung ist dahingehend wichtig und wertvoll, als dass man nicht davon ausgehen kann, die Zielgruppen einer Social Media-Strategie seien 24h am Tag und 7 Tage/Woche online. Das heißt, es besteht die Gefahr, dass Inhalte die für die Social Media-Strategie eines Unternehmens wichtig erscheinen, von den Zielgruppen gar nicht gelesen werden, weil sie zur falschen Tageszeit gepostet wurden. Die „richtigen" Tageszeiten sind entweder mittels einer geeigneten Software oder durch Monitoring für einen bestimmten Fall oder ein bestimmtes Unternehmen und den damit verbundenen Zielgruppen ermittelbar.

Einen wichtigen Teil des Kapitels 6 stellte dann noch die Definition und Kategorisierung von Kleinstunternehmen dar, welche als direkt geführte Betriebe bezeichnet werden, in denen der Inhaber noch selbst mit der Erbringung der Betriebsleistung beschäftigt ist und in einer Form der Direktführung (Inhaber => Angestellte) seine Mitarbeiter instruiert (vgl. Hamer 2006: 32). Neben großen und mittelständischen Unternehmen, werden auch noch Kleinunternehmen unterschieden. Diese wiederum können in Klein-, Kleinst- und Einpersonenunternehmen unterteilt werden => jene Betriebe, die für diese Studie relevant sind. Kleinstunternehmen werden dabei als Unternehmen kategorisiert, die zwischen 1-9 Mitarbeiter beschäftigen und deren jährlicher Umsatz sich bei höchstens € 2 Millionen bewegt. Typisch für mittelständische Unternehmen, aber eben auch für Klein- und Kleinstunternehmen, sind nachstehende Punkte zu sehen:

- Eine hohe Spezialisierung
- Eine kleine Personalkapazität
- Eine/wenige Produktionsstätten
- Hohe Markt- und Kundennähe
- Ihr Markteinfluss ist unbedeutend
- Meist in Familienbesitz
- Vom Gründer beziehungsweise dessen Nachfolgern geleitet
- Unternehmerzentrierte Organisationsstruktur
- Wenig Aufmerksamkeit in der Öffentlichkeit
- Stark von externen Einflüssen betroffen, selbst kaum Einfluss auf diese;

Die Public Relations in Kleinstbetrieben betreffend wurde in diesem Kapitel festgehalten, dass sich Kleinstunternehmen nur wenig bis gar nicht mit den Feldern der Public Relations beschäftigen, da der Fokus hauptsächlich in der Umsetzung der Geschäftsidee oder auf dem Tagesgeschäft liegt. Astrid Spatzier sieht die Gründe dafür hauptsächlich im Fehlen des Punktes „PR" in den Businessplänen, im Dasein vieler PR-Berater, die selbst unter „PR" eher Marketing und Werbung verstehen und in der Tatsache, dass die vorhandene PR-Fachliteratur nur wenig auf die Belange der Kleinstunternehmer zugeschnitten ist. Auf die Public Relations in Kleinstunternehmen wird auch noch in den Kapitel 8 und 9 dieser Studie eingegangen und diese, in diesem Kapitel getroffenen Aussagen mit jenen aus den, für diese Studie getätigten Interviews verglichen.

In dem nun folgenden Kapiteln, dem empirischen Teil dieser Studie, werden zunächst in Kapitel 7 die Grundlagen der empirischen Erhebung angesprochen. Zuerst wird das für diese Studie verwendete „qualitative, leitfadengestützte Interview" dargestellt, um dann die Methoden der Literaturanalyse sowie der qualitativen Befragung, welche für diese Studie verwendet wurden zu erläutern. Weiters werden die Punkte der Objektivität, der Reliabilität und der Validität angesprochen um dann die Vorgehensweise der Auswertung der geführten Experteninterviews zu beschreiben.

III. Empirischer Teil

7. Grundlagen der empirischen Erhebung

7.1 Einleitung

In den vorangegangenen Kapiteln dieser Studie wurden die theoretischen Grundlagen zu den großen Teilbereichen dieses Themas – Public Relations und Social Media – ausführlich und umfassend behandelt. Im dritten großen Kapitel dieses Buches, dem empirischen Teil, sollen nun die praktischen Teile des gewählten Themas „Social Media für jedermann? Public Relations für Kleinstunternehmer auf dem Feld der Social Media" behandelt werden. Es soll hier zunächst die Zielsetzung der gewählten Datenerhebung erläutert und die Wahl dieser Methode und die der Literaturanalyse diskutiert werden. Darauf anschließend erfolgt eine kurze Ausführung der Qualitätskriterien einer empirischen Untersuchung – der Reliabilität und der Validität.

7.2 Zielsetzung der Datenerhebung im qualitativen, leitfadengestützten Gespräch

Bei der Zielsetzung der Datenerhebung für diese Studie ging es hauptsächlich darum, Meinungen und Eindrücke von Experten ihres Faches einzuholen. Der Sinn darin bestand, die aus der Literatur und dem Internet gesammelten Daten und Fakten, anhand der Gespräche mit dem Wissen, den Meinungen und den Gefühlen der Personen anzureichern, die im täglichen Arbeitsprozess mit der Thematik der „Social Media" konfrontiert sind – oder eben (noch) nicht, wie das bei einzelnen Einzelunternehmern der Fall ist.

Dabei wurde bei diesen Interviews zwischen Public Relations-Fachleuten (Public Relations- und Social Media-Experten) und Unternehmern/leitenden Angestellten (Experten ihres Faches im Bereich der Kleinstunternehmen) unterschieden. Diese Vorgehensweise ermöglichte es, auf der einen Seite die Meinung der Public Relations-Fachleute über den Bereich der Social Media ganz allgemein und dann der Social Media als Public Relations Instrument im Zusammenhang mit Kleinstunternehmern im speziellen einzufangen. Zum anderen sollte auch die Meinung der Unternehmer/leitenden Angestellten über den Bereich der Social Media im Zusammenhang mit der Public Relations in ihren Unternehmen (Anm. d. Verf.: Personen, die mitunter (noch) gar nichts oder sogar schon sehr viel mit dem Bereich der Social Media in ihrer täglichen Arbeit zu tun haben), Raum in dieser Studie finden. Dementsprechend sind für die Interviews auch zwei verschiedene Leitfäden, jeweils einer für die Befragung der Unternehmer, sowie einer für die Befragung der Social Media-Fachleute zu Verfügung gestanden.

Was das Auswahlverfahren der zu befragenden Personen betraf, wurde hier sehr unkonventionell vorgegangen: Der Autor dieser Zeilen fragte schlicht in Unternehmen, Geschäften und Gastronomielokalen, von denen er wusste, dass diese Kleinstunternehmen sind, persönlich oder telefonisch nach, ob die Geschäftsführer/Besitzer/zuständigen Personen an einem Interview bezüglich der Thematik dieser Studie interessiert wären. Ebenso wurde bei den Social Media-Fachleuten vorgegangen. Auch hier wurde durch den Autor mittels einer Recherche zuerst eruiert, wer von den Public Relations-Fachleuten generell im Bereich der Social Media aktiv ist, um dann den Kontakt über das Telefon, per Mail oder – naheliegend – durch die Kommunikationstools der Social Media herzustellen.

7.3 Wahl der Methoden

Jede Wissenschaft besteht, vereinfacht ausgedrückt, aus zwei Bereichen: den Theorien und den Methoden. Dabei umfasst der theoretische Rahmen einer Wissenschaft die Hypothesen bezüglich eines Sachverhaltes und die Aussagesysteme über den Sachverhalt (vgl. Brosius et al. 2008: 17). Anders gesagt, sind Theorien subjektive Eindrücke eines bestimmten Sachverhaltes und die Methoden helfen dabei, diese Eindrücke zu verifizieren oder zu falsifizieren. „Mit Hilfe der Methoden versuchen Wissenschaftler, ihre theoretischen Befunde und die theoretischen Überlegungen zu begründen und zu überprüfen." (Brosius et al. 2008: 17) In dieser Studie wurden zwei Methoden verwendet, um der Wissenschaftlichkeit selbiger Genüge zu leisten:

- die Methode der Literaturanalyse
- die Methode der Qualitativen Befragung/Interview (Experteninterviews)

Diese zwei verschiedenen Methoden sollen hier nun in weiterer Folge genauer beleuchtet werden.

7.3.1 Literaturanalyse

Wie eingangs dieser Studie schon erwähnt (Kapitel 3.1 Allgemein, Seite 11), wurde für die Literaturanalyse thematisch relevante Fachliteratur herangezogen. Diese kam einerseits in analoger beziehungsweise gebundener, als auch in digitaler (Internet) Form zur Anwendung. Für die Suche nach dieser Literatur wurde primär die elektronische Datenbank der Universität Salzburg verwendet. Weiters wurde intensiv im Internet in diversen Foren, einschlägigen Social Media-Fachseiten und -Blogs Literaturrecherche betrieben. Ebenso wurden dafür auch wissenschaftliche Arbeiten und Publikationen (Studien und Diplomarbeiten) aus dem deutschsprachigen In- und Ausland herangezogen, welche sich thematisch im Bereich der Public Relations ansiedeln. Und zu guter Letzt half hin und wieder selbstverständlich auch der pure Zufall, wenn gerade passend zum Thema – zum Beispiel auf Facebook – ein neues literarisches Werk aus diesem Themenbereich, ohne dieses lange suchen zu müssen, angepriesen wurde.

Bonfadelli/Meier sehen in Anlehnung an Rogers „Methodology for Meta-Research" in den Aufgaben der Literaturanalyse (als ein Teil der Meta-Analyse),

> „[...] [all jene, d. Verf.] Aktivitäten, die Ergebnisse verschiedenster Einzelstudien in einem Forschungsbericht oder bezüglich eines bestimmten Forschungsproblems systematisch zusammenfassen und [...] evaluieren, und zwar mit dem Ziel, den Stand der Forschung auf einer höheren Ebene der Generalisierung als der der Einzelstudie zu synthetisieren." (ebd.: 537)

Hart weist darauf hin, nachstehendes im Ablauf der Literaturanalyse zu berücksichtigen:

> „The selection of available documents (both published and unpublished) on the topic, which contain information, ideas, data and evidence written from a particular standpoint to fulfil certain aims or express certain views on the nature oft the topic and how it is to be investigated, and the effective evaluation of these documents in relation to the research being proposed." (Hart 1998: 13)

Für den strukturellen Ablauf einer Literaturanalyse wird hier auf eines der Standardwerke aus diesem Bereich – Harris Coopers „Synthesizing Research" – zurückgegriffen. Cooper beschreibt folgende fünf Schritte, die für den Ablauf einer Literaturanalyse wichtig sind (übers. a. d. Engl.) (vgl. Cooper 1998: 6f.):

- „Problem Formulation" => das Formulieren des Sachverhalts
- „Data Collection" => das Sammeln von Daten (Literatur)
- „Data Evaluation" => das Auswerten der Daten nach ihrer „Qualität"
- „Analysis and Interpretation" => die Analyse und Interpretation gesammelter Daten
- „Public Presentation" => Welche Daten werden „veröffentlicht", welche nicht?

7.3.2 Qualitative Befragung (Leitfadengestützte Interviews)

„Qualitative Verfahren beschreiben ein komplexes Phänomen in seiner ganzen Breite." (Brosius et al. 2008: 20)

Zur Unterscheidung der quantitativen zur qualitativen Analyse: in der quantitativen Forschung, bei der die „[...] klare Isolierung von Ursache und Wirkung, die saubere Operationalisierung von theoretischen Zusammenhängen, die Messbarkeit und Quantifizierung von Phänomenen [...]" (Flick 2007: 24) die entscheidenden Kriterien darstellen, liegt der Augenmerk der qualitativen Forschung auf anderen Gegebenheiten. In dieser geht es nicht darum, einfache prozentuale Gewichtungen zu erstellen (vgl. Brosius et al. 2008: 20), sondern um „Meinungen und Einstellungen [...] in ihrer ganzen Komplexität abzubilden." (Brosius et al. 2008: 20)

> „Die Stärke der einen ist die Schwäche der anderen Methode: Während quantitative Methoden (nur) reduzierte Aussagen über eine große Population erlauben, lassen qualitative Verfahren sehr detaillierte Aussagen über (nur) wenige Menschen zu. Quantitative Ansätze liefern die Breite, qualitative die Tiefe." (Brosius et al. 2008: 20)

Diese angesprochene Breite und Tiefe wird mittels qualitativer Interviews erreicht. Gläser/Laudel 2009 unterscheiden in diesem Zusammenhang nachstehende Arten von Interviews:

	Fragewortlaut und -reihenfolge	Antwortmöglichkeit
Standardisiertes Interview	Vorgegeben	Vorgegeben
Halbstandardisiertes Interview	Vorgegeben	Nicht vorgegeben
Nichtstandardisiertes Interview	Nicht vorgegeben (nur Thema/Themen vorgegeben)	

Abb. 25: Klassifizierung von Interviews nach ihrer Standardisierung. (Gläser/Laudel 2009: 41)

Für diese Studie kamen halbstandardisierte (an einen Leitfaden „gebundene") qualitative Interviews zum Einsatz, welche einen informatorischen Charakter besitzen (vgl. Lamnek 2005: 333) und als Ergänzung der Validierung der Literaturrecherche gesehen werden kann (vgl. Schnell et al. 2005: 387). Dabei dient das [...]

> „[...] informatorische Interview [...] der deskriptiven Erfassung von Tatsachen aus den Wissensbeständen der Befragten. In dieser Form des Interviews wird der Befragte als Experte verstanden. Dessen Fachwissen verhandelt wird. Der Befragte ist Informationslieferant für Sachverhalte, die den Forscher interessieren." (Lamnek 2005: 333)

Diese Interviews an einen Leitfaden zu „binden" hat sich insofern angeboten, da dieses Verfahren [...]

> „[...] für Untersuchungen mit verschiedenen Erkenntnisinteressen einsetzbar [ist, d. Verf.]. Für rekonstruierende Untersuchungen sind Leitfadeninterviews das geeignetste Instrument, weil über den Leitfaden sichergestellt werden kann, dass alle für die Rekonstruktion benötigten Informationen erhoben werden." (Gläser/Laudel 2009: 116)

Der für diese Interviews erstellte Leitfaden enthält die Fragen, die im Zuge dieses Gesprächs beantwortet werden „müssen". Die Reihenfolge der Fragen ist dabei nicht wichtig. Ebenso ist es nicht entscheidend, dass der Wortlaut der auf dem Leitfaden stehenden Fragen 1:1 während des Interviews wiedergegeben wird. Die Situation soll einem natürlichen Gespräch so weit das möglich ist ähneln (vgl. Gläser/Laudel 2009: 42). Dabei hat der Interviewte die Möglichkeit, seine Sichtweisen, Eindrücke und Interpretationen einer bestimmten Situation, dem Interviewer frei mitteilen zu können (vgl. Lamnek 2005: 348). Standardisierte Antworten waren für die Erstellung dieser Studie nicht von Nöten, wodurch die Befragung mittels eines standardisierten Fragebogens ausfiel. Die anderen in obiger Tabelle aufgezählten Interviewarten beziehungsweise jene, die unter anderem bei Lamnek aufgezählt werden (vgl. bei Lamnek 2005: 333f.), haben bezüglich der Erstellung dieser Studie ebenfalls keine Relevanz.

Für die Erstellung des Leitfadens sollten zwischen folgenden Fragetypen bei dieser Art des Interviews/Gesprächs unterschieden werden:

Einleitungsfrage: Diese sollte Interesse an der Befragung wecken und eventuelle Ängste des Befragten beseitigen. Wichtig ist dabei auch, dass diese erste Frage jedenfalls seitens des Befragten beantwortet werden kann (vgl. Schnell et al. 2005: 343)

Schlüsselfragen: Dabei handelt es sich um Fragen, die in jedem Interview gestellt werden sollten (vgl. Friedrich 1973: 227) im Gegensatz zu den

Eventualfragen: diese Fragen werden nur gestellt, wenn es im Interview wichtig ist, dass diese gestellt werden (vgl. ebd.)

Filterfragen: Dadurch wird sichergestellt, dass nachfolgende Fragen nur noch jenen Personen gestellt werden, auf die diese auch zutreffen (vgl. Schnell 2005: 344)

Direkte und indirekte Fragen: Manchmal kann ein Befragter zu einem Thema keine Antwort geben. Manchmal will er keine Antwort geben (vgl. Atteslander 2010: 149) Mittels der indirekten Frage fühlt sich der Befragte nicht direkt angesprochen durch die Problematik des Themas. Er kann diese Frage wertneutral als „Außenstehender" beantworten (Friedrich 1973: 201), wohingegen er mit einer direkten Frage als Person und deren Meinung zu diesem Thema angesprochen wird.

Kontrollfrage/Nachhaken: Diese sollen der „Wahrheitsfindung dienen. „Zu besonders wichtigen Informationen wird man zu der Hauptfrage an einer späteren Stelle des Fragebogens, eine weitere möglichst ähnliche Frage stellen, um die Validität der Antwort zu prüfen." (Friedrich 1973: 201) Schnell et al. Werfen diesbezüglich aber ein, dass diese Methode den Befragten eher verwirrt, als dass sie den gewünschten Effekt zeigen würde (vgl. Schnell et al. 2005: 343). Ein weiterer wichtiger Punkt in der mündlichen Befragung ist das **Schweigen.** Ziel dabei ist es, dem Befragten genügend Zeit zu Verfügung zu stellen, um ausführlich über die Frage nachdenken und auf die Fragen antworten zu können.

An dieser Stelle könnten natürlich noch zahllose weitere Arten der Fragen (Folgefragen, Spezifizierungsfragen, Strukturierungsfragen, usw. usf.) aufgelistet werden, um aber einen allgemeinen Überblick über die verschiedenen Fragearten zu geben, erscheinen die hier aufgezählten als ausreichend.

Wie schon öfter in diesem Buch erwähnt, handelt es sich bei den für diese Studie durchgeführten Interviews, um sogenannte „Experteninterviews". Dabei ist nicht die Person an sich von Interesse, sondern die Tatsache, dass diese Person einen Expertenstatus in ihrem Fachgebiet hat.

> „Experten [...] sind Angehörige einer Funktionselite, die über besonderes Wissen verfügen. Die naheliegende Interpretation des Begriffs ‚Experteninterview' wäre deshalb die des Interviews mit Angehörigen solcher Eliten, die aufgrund ihrer Position über besondere Informationen verfügen." (Gläser/Laudel 2009: 11)

Bei Experten muss es sich somit nicht zwingend um Wissenschaftler handeln, die hier interviewt werden. Die zur Thematik der „Social Media" befragten Personen waren einerseits

Experten im Bereich der Social Media. Dies sind sie zum ersten durch ihre Bildung in diesem Bereich, zweitens durch die tagtägliche Auseinandersetzung mit diesem Metier geworden. Die zweite Gruppe der Befragten sind als Kleinstunternehmer Experten in ihrem Berufsfeld. Hier war es interessant zu sehen, ob und inwieweit sich diese sich mit der Thematik „Social Media" in Kombination mit Ihrem Berufsfeld schon auseinander gesetzt haben. Dabei wurde versucht, die Branchen so weit wie möglich zu streuen und keinem Metier mehr Vorrang einzuräumen als einem anderen. Die Ergebnisse aus diesen Interviews beanspruchen nicht den Status der Repräsentativität. Dafür war die Anzahl der befragten Personen einfach zu gering. Ziel dieser Interviews war es, einen gewissen Tenor aus dem Bereich der Kleinstunternehmer einzufangen.

Nachstehend die Liste der Interviewpartner, die im Zuge der Erstellung dieser Studie befragt wurden (vgl. dazu auch Kapitel 7.2 Zielsetzung der Datenerhebung im qualitativen, leitfadengestützten Gespräch, Seite 128):

a) Interviews PR-, Werbe-Experten:
- Keybach, Bianca (Tourismuschefin „Oberstaufen Tourismus Marketing GmbH")
- Balaun, Tina (selbstständige PR-Beraterin „life like")
- Eschbacher, Ines (Projektleitung Internetagentur „gesagt. getan.")
- Osinger, Marion (PR Beauftragte/Projektleitung „Parcelsus-Messe", Salzburg)
- Bannour, Karim-Patrick (selbstständiger PR-Berater „viermalvier.at")
- Wiesenegger, Thomas (Kommunikationsberater bei „Spitzar")
- Hemetsberger, Christian (Projektleiter Marketing+PR, Standortagentur "Salzburg")
- Wagner, Simon (Social Media-Beauftragter „Ketchum Pleon")

b) Interviews Unternehmer/leitende Angestellte
- Bohle, Ulrike (Damenmode „Ulli Bohle Mode & Accessoires") => Handel
- Kolb, Anna (Friseurmeisterin „Anna Kolb Fashionfriseur") => Dienstleistung
- Goosen, Suzanne (Hotel „Natürlich", Fiss) => Tourismus
- Andreas Fuchs (Gastronom "Daimler´s Bar & Grill") => Gastro / Tourismus
- Kastinger, Stefan (Immobilienhändler „Kastinger & Priester OEG") => Dienstleistung
- Michelon, Hannes (Architekt) => Dienstleistung/Architektur
- Schurich, Stephan (Architekt „S+ Architekturstudio") => Dienstleistung/Architektur
- Lämmerhofer, Georg (Fahrschule „Zebra")=> Dienstleistung
- Spieler, Günter (Schlosserei „Metallwerkstätte") => Handwerk
- Pacher, Michael (M+M Bike Shop) => Dienstleister

7.4 Objektivität, Reliabilität und Validität

Die Objektivität (interpersonaler Konsens), die Gültigkeit (Validität) und die Verlässlichkeit (Reliabilität) sind drei zentrale Gütekriterien im Bereich der empirischen Sozialforschung (vgl. Bortz/Döring 2009: 326). Jedes Erhebungsinstrument ist dahingehend zu überprüfen, inwieweit die Ergebnisse diesen Kriterien entsprechen. Wobei hier die Gültigkeit, die Validität, „[...] das Maß für die Brauchbarkeit von Forschungsmethoden [...]" (Atteslander 2010: 228) darstellt.

> „In der quantitativen Sozialforschung versteht man unter Gültigkeit oder Validität den Grad der Genauigkeit, mit dem eine bestimmte Methode dasjenige Merkmal erfasst, das sie zu erfassen beansprucht, wobei weitgehend zwischen interner und externer Validität differenziert wird." (Lamnek 2005: 150)

Die Objektivität bedeutet, dass „[...] unterschiedliche Forscher [...] bei der Untersuchung desselben Sachverhalts mit den selben Methoden zu vergleichbaren Resultaten kommen [...]." (Bortz/Döring 2009: 326) Unter der Verlässlichkeit beziehungsweise Zuverlässigkeit (Reliabilität) kann jenes Ausmaß verstanden werden, „[...] in dem wiederholte Messungen eines Objekts mit einem Messinstrument die gleichen Werte liefern." (Schnell et al. 2005: 151) Hier wird davon ausgegangen, dass ein Messinstrument, das bei mehrmaligen Messungen verschiedene Ergebnisse liefert, nicht zuverlässig ist (vgl. ebd.).

> „Die Prüfung dieser beiden Aspekte [Anm. d. Verf.: Reliabilität und Validität] ist unerlässlich, da von ihrem Ausmaß die Zielerreichung der gesamten Untersuchung abhängig ist. Der Erfolg der gesamten Untersuchung und die Aussagefähigkeit der Ergebnisse wird in Frage gestellt, wenn es nicht gelingt, die zu prüfenden Hypothesen zuverlässig und gültig operationalisieren. Eine genaue Überprüfung der Reliabilität und Validität hat besonders dann zu erfolgen, wenn aus mehreren Variablen zusammengesetzte Indizes konstruiert werden." (Atteslander 2010: 296)

Der qualitativen empirischen Sozialforschung wird seitens der quantitativen empirischen Sozialforschung oft mangelnder Theoriebezug und ein methodisch unkontrollierbares Arbeiten vorgeworfen, da sowohl die Datenerhebung als auch deren Auswertung nicht reproduzierbar und als unverlässlich zu sehen sind (vgl. Gläser/Laudel 2009: 24f.). Dagegen sagen qualitative Forscher, dass „[...] ihre Methoden den Besonderheiten des Gegenstandsbereiches der Sozialforschung – auf Interpretationen beruhendem menschlichen Handeln – angemessen seien." (Gläser/Laudel 2009: 25) Vielmehr sei das aus Theorien abgeleitete Kategorisieren und Standardisieren von Verfahren in der quantitativen Sozialforschung ungeeignet, Bedeutungen der Aussagen der Befragten korrekt zu interpretieren und somit mittels quantitativen Erhebungen, „[...] gültige Beschreibungen und Erklärungen menschlichen Handelns [...]" (Gläser/Laudel 2009: 25) zu generieren (vgl. ebd.).

Im Zusammenhang mit der „Befragung von Personen" (Interviews) kann davon ausgegangen werden, dass die Feststellung der Validität eher schwer in Zahlen zu messen ist. In Anlehnung an Atteslander kann hier die Methode der „Expert Validity" verwendet werden (vgl. Atteslander 2010: 214). Bei dieser Methode nehmen Experten die Einschätzung der Gültigkeit vor. Praktikabler noch sind nachstehenden Überlegungen (vgl. Bortz/Döring 2009: 327f.):

- Sind die Äußerungen des Interviewten als ehrlich einzustufen? Oder sind diese verändert oder verfälscht?
- War der Interviewer fähig, die relevanten Aussagen zu erarbeiten?
- Wird das Interview mittels der Interviewprotokolle valide abgebildet, oder wurde dieses durch subjektive Eindrücke des Interviewers verfälscht?
- Wurde die Entscheidung über die Interpretation der Aussagen wirklich ausreichend hinterfragt, um daraus Aussagen zu konstruieren?

In etwa dieser Weise muss bei der Auswertung der Interviews gefragt werden, um die Validität selbiger zu garantieren. Auch der Vergleich der Aussagen der Personen untereinander und mit den aus der Literaturanalyse gewonnen Daten, ist der Validität der Interviews dienlich. Diesbezüglich soll hier jedoch nochmals darauf hingewiesen werden, dass es sich bei den Ergebnissen der Befragung um eine „zweite Maßeinheit" handelt, die das aus der Literatur wiedergegebene „lediglich" unterstützen, ergänzen oder gegebenenfalls auch widerlegen soll. Die mittels der Interviews dargelegten Sachverhalte bleiben nicht alleine und für sich in dieser Studie stehen.

Die Überprüfung der Reliabilität der Forschungsergebnisse könnte hingegen durch einen „Retest" erfolgen (vgl. Atteslander 2010: 215). Auch dies ist im Zusammenhang mit einer Befragung eher schwierig, da es sich bei den Expertengesprächen um subjektive Meinungen zu einem bestimmten Zeitpunkt handelt.

> „Die Frage, ob qualitative Erhebungstechniken ‚reliabel' sein sollen, ist strittig. Qualitative Forscher, die den Grad der Einzigartigkeit, Individualität und historischen Unwiederholbarkeit von Situationen und ihrer kontextabhängigen Bedeutung betonen, können das Konzept „Wiederholungsreliabilität" nur grundsätzlich ablehnen […]." (Bortz/Döring 2009: 327)

Es ist durchaus möglich und denkbar, dass die befragten Personen bei einem Retest die gleichen Meinungen haben, wie jene, die sie schon zum Zeitpunkt der ersten Befragung vertreten haben. Ebenso kann es jedoch auch sein, dass sich deren Meinungen vollkommen geändert haben. Um diesem Problem gegenzusteuern und die Meinungen zum Zeitpunkt der Befragung zu archivieren und dadurch als „Beweis" geltend zu machen, sind diese während der Interviews digital aufgezeichnet worden und als Transkription im Anhang dieser Studie in analoger Form archiviert. Auf dieses analoge Archiv sind die Auswertungen und Aussagen in dieser Studie aufgebaut und im nachstehenden Kapitel 8 dargestellt und interpretiert.

7.5 Vorgehensweisen bezüglich der Auswertung der geführten Experteninterviews

Auch für diesen Bereich der vorliegenden Studie konnte „das Rad nicht neu erfunden werden". Denn das Auf- und Verarbeiten von Texten und das extrahieren von Daten aus diesem Textmaterial setzt eine relativ strikte und schon bekannte Vorgehensweise voraus. Diese umfasst in den einzelnen Schritten (wobei der letzte, der der Auswertung nicht als typisch zu sehen ist, da er bei allen Formen der Analysen vorhanden ist (vgl. Gläser/Laudel 2009: 202)) die drei nachstehenden Punkte:

- Die Extraktion (Entnahme der benötigten Informationen) aus dem Text
- Die Aufbereitung (Zusammenfassung) der erfassten Rohdaten
- Die Auswertung der erfassten Daten (Analyse der Daten/Erkenntnis der Zusammenhänge)

Für den Vorgang der Datenentnahme wird dabei absichtlich der Ausdruck der „Extraktion" verwendet, um diese Analysevariante eindeutig vom Bereich der quantitativen Analyse und dem daraus bekannten Ausdruck des „Kodierens" zu unterscheiden (vgl. Gläser/Laudel 2009: 199). Die „[...] qualitative Inhaltsanalyse ist das einzige Verfahren der qualitativen Textanalyse, das [...] versucht, die Informationsfülle systematisch zu reduzieren sowie entsprechend dem Untersuchungsziel zu strukturieren." (Gläser/Laudel 2009: 200) Operativer Kern dieser Vorgehensweise stellt dabei die am Anfang dieses Kapitels schon angesprochene Extraktion. Dieser Ausdruck umfasst die „[...] Entnahme der benötigten Informationen aus dem Text." (Gläser/Laudel 2009: 200) Dieses Verfahren geschieht

> „[...] mittels eines Suchrasters, das ausgehend von den theoretischen Vorüberlegungen konstruiert wird. Extraktion heißt, den Text zu lesen und zu entscheiden, welche der in ihm enthaltenen Informationen für die Untersuchung relevant sind. Diese Informationen werden den Kategorien des Suchrasters zugeordnet, das heißt unter der entsprechenden Kategorie eingetragen." (Gläser/Laudel 2009: 200)

Das System dieser Kategorien beruht auf den im Vorfeld der qualitativen Inhaltsanalyse gefassten theoretischen Überlegungen die Untersuchungsvariablen, beziehungsweise die Einflussfaktoren, sowie die Hypothesen betreffend (vgl. Gläser/Laudel 2009: 201). Diese Vorüberlegungen strukturieren weiters die „[...] Informationsbasis und unterstützen so deren Verwendung für die Beantwortung der Forschungsfrage." (Gläser/Laudel 2009: ebd.) Dadurch werden jedoch keine starren Konstrukte geschaffen, denn das „[...] Kategoriensystem ist [...] offen: Es kann während der Extraktionen verändert werden, wenn im Text Informationen auftauchen, die relevant sind, aber nicht in das Kategoriensystem passen." (Gläser/Laudel 2009: 201) Auf die Extraktion des Textes erfolgt dann die Aufbereitung der Rohdaten. Diese „[...] werden zunächst aufbereitet, das heißt zusammengefasst, auf Redundanzen und Widersprüche geprüft, und nach für die Auswertung relevanten Kriterien überprüft." (Gläser/Laudel 2009: 202) Ergebnis der Auswertung soll eine „[...] strukturierte Informationsbasis [sein, d. Verf.], die die empirischen Informationen über die zu rekonstruierenden Fälle zusammenfasst." (Gläser/Laudel 2009: ebd.) Daraufhin folgt als letzter Schritt die Auswertung (Analyse/erfassen von Zusammenhängen) der gesammelten Daten. Der gesamte Prozess der qualitativen Inhaltsanalyse erfolgt entweder manuell oder – wie auch für die vorliegende Studie – softwaregestützt (vgl. Gläser/Laudel 2009: 202). Dieser Vorgang und das dafür verwendete Programm „MAXQDA10" werden kurz im folgenden Kapitel beschrieben.

8. Ergebnisse der qualitativen Expertengespräche

Auf den ersten Blick scheint es verhältnismäßig schwer, Aussagen die seitens der interviewten Personen in qualitativen Interviews getätigt wurden, zu erfassen, auszuwerten und die Inhalte dann zu interpretieren. „Schwer" heißt aber nicht „unmöglich". Der ursprüngliche (oder analoge) Vorgang hierfür ist, dass man in den transkribierten Texten Textstellen markiert und diese dann, auf Grund ihrer Häufigkeit und/oder ihres Inhalts, interpretiert. Der Nachteil darin liegt, dass dieser Vorgang – vor allem, wenn es sich um mehrere Interviews handelt – schnell sehr aufwändig werden kann und wegen der Menge der Daten mitunter wichtige Details übersehen werden können. Um dies für diese Studie zu verhindern und eine zweckmäßige und vor allem rationelle Analyse zu ermöglichen, beziehungsweise die Auswertung der Interviews zu erleichtern, wurden die gesammelten Daten mittels der Textanalyse-Software „MAXQDA10" (http://www.maxqda.de) zusammengefasst und dann ausgewertet.

MAXQDA ist eine Software, die die systematische Auswertung und Interpretation von Texten – in diesem Fall die transkribierten Interviews – ermöglicht, wobei die qualitative Analyse im Vordergrund steht (vgl. MAXQDA 1989-2010: o.S.). Diese Software hilft bei der qualitativen Analyse „[...] von Textdaten bei der systematischen Auswertung und Interpretation [...] [der, d. Verf.] Texte, wie auch bei der Herausarbeitung und Prüfung theoretischer Schlussfolgerungen." (MAXQDA 1989-2010: o.S.)

Wie in nachstehender Abbildung 26 zu sehen, bietet diese Software dem Nutzer die Möglichkeit, den transkribierten Text als Word-Datei in das Programm einzulesen und dort die relevanten Inhalte (wie im vorangegangen Kapitel beschrieben) zu extrahieren. Die dafür notwendigen Kategorien müssen hierfür zunächst im Vorfeld der Analyse definiert werden. Diese Kategorien ergeben sich aus den zu Beginn der wissenschaftlichen Studie gestellten Forschungsfragen, beziehungsweise den logischen Teilen (Sub-Kategorien) aus ihnen. Wenn etwa (wie in der Abbildung 26 links unten zu sehen und dort als „Codes" bezeichnet) nach den am „häufigsten benutzten Social Media-Seiten in der befragten Unternehmung" gefragt wird, ergeben sich die logischen Sub-Kategorien „YouTube", „Xing", „Twitter" und so weiter. Wann immer im weiteren Text wieder diese Kategorien auftauchen, müssen die Textstellen lediglich angezeichnet werden. Am Ende bietet dieses Programm nun einerseits die Möglichkeit zu überprüfen, wie oft eine Kategorie und vor allem in welchem Zusammenhang in einem Text verwendet wurde. Andererseits bietet sich hier aber auch die Möglichkeit zu überprüfen, wie oft und in welchem Zusammenhang diese Kategorie in allen anderen Interviews verwendet wurde.

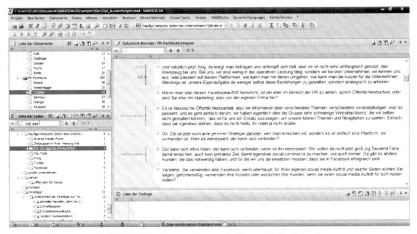

Abb. 26: Screenshot der MAXQDA10 Auswertungsseite für qualitative Interviews

Zusammenfassend kann gesagt werden, dass die für diese Studie verwendete Software MAXQDA10 gleich vorgeht, wie man dies manuell auch machen würde: man definiert Kategorien und zeichnet diese im Text an. Der eigentliche Vorteil liegt jedoch darin, dass mehrere Texte beziehungsweise darin getätigte Aussagen der Interviewten, relativ leicht erfasst und untereinander verglichen werden können.

8.1 Untersuchungsgegenstände

Die Gründe, für diese Studie qualitative, leitfadengestützte Experteninterviews zu führen, lag vor allem darin, die Meinungen, Gefühle, Ängste und Eindrücke die Thematik „Public Relations im Bereich der Social Media" einzufangen. Dabei wurden auf der einen Seite Kleinstunternehmer und leitende Angestellte von Kleinstunternehmen befragt, was sie vom Bereich der Social Media ganz allgemein halten und wie sie diese jetzt schon (oder eben auch *noch* nicht...) in den Bereich ihrer Unternehmenskommunikation integrieren, was die Wünsche und Ideen hinter dieser Vorgehensweise sind und – falls diese Kommunikationstool nicht verwendet wird – was die Gründe hinter dieser Ablehnung sind.

Auf der anderen Seite wurden natürlich auch Public Relations- und Social Media-Fachleute zum Gespräch gebeten. Hier war es wichtig zu erfahren, wie diese den Bereich der Social Media ganz allgemein und im Zusammenhang mit den Public Relations einer Kleinstunternehmung im Speziellen sehen. Wo sehen sie eventuell Chancen oder Risiken für Kleinstunternehmen im Bereich der Social Media? Und hat diese Art der Öffentlichkeitsarbeit für jedes Kleinstunternehmen und branchenunabhängig Gültigkeit? Um die Beweisbarkeit der Aussagen zu sichern, wurden die einzelnen Interviews digital aufgezeichnet und sind als Transkripte im

Anhang dieser Studie zu finden (siehe Kapitel 14.2 Transkription der Expertengespräche, Seite 216).

8.2 Auswertungen der Ergebnisse

Basis der Auswertung der Interviews bilden die im Anhang dieser Studie befindlichen Transkriptionen. Die Analyse dieser Interviews erfolgte mittels einer qualitativen Inhaltsanalyse, unterstützt durch die Verwendung der ebenfalls hier schon erwähnten und beschriebenen Software MAXQDA. Die Inhalte der einzelnen Gespräche wurden mittels Kategorisierungen in Themenblöcke segmentiert, um einen besseren Überblick bezüglich der verschiedenen Antworten und Meinungen zu erhalten.

Nachstehend sind Themen und Fragen aufgelistet, aus denen in weiterer Folge die Kapitelüberschriften aus Kapitel 8.3 dieser Studie entstanden sind:

1. Arten der Kommunikationskanäle, die seitens der Unternehmen verwendet werden?
2. Wo liegen die Kommunikationsziele des Unternehmens, wenn sich die Verantwortlichen für einen Auftritt im Bereich der Social Media entscheiden?
3. Gründe eines Unternehmens, auf einer Social Media Plattform vertreten zu sein?
4. Gründe, nicht auf einer Social Media Plattform vertreten zu sein?
5. Soll bei der Erstellung einer Social Media-Seite eine Strategie angewandt werden?
6. Soll diese Strategie einen Bezug zur restlichen Öffentlichkeitsarbeit eines Unternehmens haben?
7. Soll zur Erstellung und Betreuung der Social Media Seite Fremdhilfe herangezogen werden?
8. Wie wird das Nutzen-/Leistungsverhältnis im Bereich der Social Media gesehen?
9. Was kann die Social Media bewirken? Wo sind die Grenzen dieses Kommunikationstools zu sehen?
10. Wo ist möglicherweise ein spezieller Nutzen dieser Kommunikationstools allgemein und für Kleinstunternehmen im Besonderen zu sehen?
11. Entstehen spezielle Nachteile oder Vorteile durch die Nutzung der Social Media für ein Unternehmen?
12. Sind Social Media-Tools für jede Branche sinnvoll?

<u>Und schließlich:</u>

13. Wie sollte ein Kleinstunternehmen vorgehen, wenn es den Bereich der Social Media für sich „erobern" will?

8.3 Darstellung und Interpretation der Ergebnisse

Auf den nun folgenden Seiten sollen die Ergebnisse aus den, mit Unternehmern und Social Media-Experten geführten qualitativen Gesprächen zusammengefasst und ausgewertet werden. Ziel dabei ist es, für eine bestimmte Kategorie die einzelnen Meinungen der Befragten einzufangen und direkt nebeneinander vergleichbar zu machen.

8.3.1 Arten der täglich verwendeten Kommunikationskanäle

In diesem Unterkapitel geht es allgemein um die Kommunikationskanäle, die seitens der Unternehmungen verwendet werden. Einer der interessantesten Punkte, der sich während der Befragung der Kleinstunternehmer heraus kristallisiert hat, ist die Tatsache, dass die „Mundpropaganda" – trotz aller Technologisierung im Kommunikationsbereich mit Internet etc. – nach wie vor deren primäres Sprachrohr darzustellen scheint. Acht von zehn der befragten Unternehmer gaben zur Antwort, dass dieses Instrument für Ihre Öffentlichkeitsarbeit/Marketing essentiell ist. „Für uns ist das wichtigste die Empfehlung, die mündliche Empfehlung von zufriedenen Kunden, Klienten [...]." wie Stefan Kastinger, Immobilientreuhänder aus Salzburg sagt (Interview Kastinger: Seite 266) Der Grund für die Wichtigkeit der „positiven Nachrede" wird vermutlich in der Tatsache liegen, dass der vorrangige Aktionsraum dieser Unternehmen eher im Bereich „Lokal" beziehungsweise maximal „Regional" zu sehen ist. Hier zählt natürlich noch das „letzte Werk" welches erschaffen oder verkauft wurde, um im Gespräch bleiben zu können. Wie Herr Hannes Michelon, Architekt diesbezüglich sagt: „[...] wie gesagt, es läuft sehr viel über Mundpropaganda und über persönliche Kontakte und über die [...] Bauten an sich. [Man läuft vorbei, d. Verf.] und fragt, wer hat den das gemacht?' " (Interview Michelon: Seite 268) Wenn das Werk/die Arbeit gut ist, dann werden die „[...] Kunden zu Missionaren." (Interview Lämmerhofer: Seite 275) Dabei wird Positives aus dem Unternehmen über diese weiter getragen. Dies geschieht allerdings auch mit eventuellen negativen Erfahrungen, wie Georg Lämmerhofer, von der Fahrschule Zebra dies sieht, wenn etwas „[...] für den Kunden irgendwie bedeutend ist. Also auch, wenn es etwa nicht besonders glücklich für den Kunden [verlaufen] ist. Das erzählt er." (Interview Lämmerhofer: ebd.)

An nächster Stelle lagen dann der klassische „Tag der offenen Tür" beziehungsweise vergleichbare Veranstaltungen (soziale Events, Modenschauen, Testtage,...), die durch das Unternehmen gemacht werden, wie etwa die sehr interessante und als „anders" zu bezeichnende Arbeit für eine Kindersportgruppe der Firma „M&M Bikeshop OG", für die Öffentlichkeitsarbeit jedenfalls einen sozialen Bezug haben sollte: „Für uns sieht Öffentlichkeitsarbeit so aus, dass wir die Schaufel in die Hand nehmen, sprich für eine Kindersportgruppe, etc. etc. Jetzt haben wir ein Projekt laufen ‚Kinder nach draußen', für die baut man gerade eine BMX-Strecke. [...] Und ja, graben tun dann wir und schleppen und das ganze." (Interview Pacher:

Seite 282) Auch diese Aktivitäten werden aber wieder häufig per Mundpropaganda weiter getragen.

Wobei auch hier, um diese Aktivitäten an die breite Öffentlichkeit zu tragen, immer mehr – und für das Thema dieser Studie wichtig – die Möglichkeiten der Social Media zu tragen kommen. Diese Liegen in der Gunst mittlerweile gleich auf mit Flugblatt-Aktionen. Wobei hier Social Media fast synonym mit dem derzeit bekanntesten Anbieter „Facebook" zu nennen ist. Da dort derzeit die meisten Mitglieder weltweit, aber auch (und für diese lokal agierenden Unternehmen vor allem interessant) regional und lokal zu finden sind, macht es für die Unternehmer natürlich Sinn, dass sie ihre Social Media Aktivitäten genau dort setzen. An zweiter Stelle ist der Social Media-Anbieter „Twitter" zu sehen und an dritter Stelle dann die Video-Plattform „YouTube". Weitere Anbieter stehen auf dem Social Media-Feld „Österreich" eher im Abseits und werden deshalb beruflich nicht oder kaum verwendet. Dies hat laut Tina Balaun, selbstständige PR-Beraterin für sie folgenden Grund:

> „Facebook [ist immer, d. Verf.] an erster Stelle, dann an zweiter Stelle kommt Twitter und dritter Punkt ist YouTube. [...] Und dann ist es eigentlich schon vorbei. Zumindest in meinem Kundenkreis. Das kommt daher, dass die Produkte oder die Kunden die ich betreue, mit Produkten arbeiten, die die breite Öffentlichkeit kennt, oder kennen sollte. Und die breite Öffentlichkeit wiederum kennt die drei Portale Facebook, Twitter, YouTube. Demnach sind auch die drei Portale interessant. Und keine Ahnung, was es sonst noch gibt, das sind Portale, die existieren, man weiß auch, dass diese existieren, aber es ist einfach die Frage „Kosten-Nutzen". Oder Aufwand." (Interview Balaun: Seite 220)

Und dies betrifft nicht nur die Kunden von Frau Balaun, sondern natürlich jegliche Unternehmen, die in Erwägung gezogen haben, den Bereich der Social Media für ihre Marketing oder PR-Tätigkeiten heran zu ziehen. Welchen Sinn würde es machen, dort zu kommunizieren, wo keiner zu finden ist, der sich angesprochen fühlt?

Die klassische Pressemitteilung scheint laut den Interviews auf den ersten Blick für einen Kleinstunternehmer nicht relevant zu sein. Lediglich zwei Unternehmer ziehen diese Möglichkeit, Aufmerksamkeit für ihr Unternehmen zu erlangen in Erwägung. Dies hat jedoch nicht zu bedeuten, dass dieses Instrument der Öffentlichkeitsarbeit generell nicht (mehr) zur Anwendung käme, da – manche Unternehmen arbeiten ja mit PR-Agenturen zusammen – indirekt (über zum Beispiel die PR-Agenturen) mitunter sehr wohl wieder Meldungen an die Presse gesendet werden.

Weiters kommen noch diverse Informationsplattformen im Internet in Betracht. Hierbei handelt es sich im klassischen Sinn jedoch nicht um Social Media-Plattformen, da dort die Kommunikation mit Gleichgesinnten – wenn überhaupt – nur über Mail (also indirekt) läuft. Eine Echtzeitkommunikation findet hier nicht statt. Dazu Herr Spieler, „Metallwerkstätte", selbständiger Schlosser aus Dornbirn:

„Es geht da [Anm. d. Verf.: auf den Informationsplattformen] rein um das, was ich anbiete, Dienstleistungen oder was ich für Materialien habe, aber nicht mehr. [...] Da habe nur ich Zugriff und der Betreiber der Plattform und...klar ist das verlinkt mit meiner Website, mit dem E-Mail-Kontakt und die Kunden können da schon darauf reagieren, aber die schreiben mir dann persönlich." (Interview Spieler: Seite 279)

Alle weiteren Möglichkeiten der Öffentlichkeitsarbeit, wurden zwar ebenfalls angewandt, waren für die befragten Unternehmer jedoch nur als nebensächliche Instrumente zu sehen. Dies soll aber keine Form der Wertung sein, sondern bezieht sich lediglich auf diese Studie.

8.3.2 Kommunikationsziele im Bereich der Social Media

Hier stellte sich die Frage, welche Kommunikationsziele ein Unternehmen mit dem Unternehmensauftritt im Bereich der Social Media verbindet? Ein wichtiger Punkt, für jede Unternehmenskommunikation und deshalb natürlich auch für einen Unternehmensauftritt im Bereich der Social Media, sind die Ziele, welche mit diesem Vorhaben seitens eines Unternehmens verbunden sind. Was will man als Unternehmen mit einem Auftritt im Bereich der Social Media-Portale erreichen? Und wie will ich dies erreichen? Frau Marion Osinger („Vogl Connecting Contacts") bringt dies mit nachstehenden Worten auf den Punkt: „[...] Wie will ich kommunizieren, worüber will ich kommunizieren und wie sieht meine Zielgruppe aus [...]? [Und:] Brauche ich eine eigene graphische Umsetzung für das Ganze?" (Interview Osinger: Seite 231) Und auch während und nach einer bestimmten Social Media-Maßnahme empfiehlt es sich, einen Blick auf die Kommunikationsziele zu bewahren.

> „Man muss dann immer wieder doch auf die Kommunikationsziele zurückschauen und schauen, was will ich eigentlich erreichen damit. Sonst red ich über Gott und die Welt, habe aber eigentlich keinen Vorteil für das Unternehmen, man steckt nur viel Zeit rein. Da muss man schon sehr aufpassen, weil die Welt ist schon sehr faszinierend, und wenn man die direkte Rückmeldung hat und entsprechend schreibt, ist es toll und passiert, aber ob es dann wirklich einen Nutzen hat für das eigene Unternehmen, das muss man dann wirklich kritisch überprüfen. Das ist bei Social Media einfach n.aus dem Arbeitsalltag heraus nicht so gegeben wie bei klassischer Kommunikation." (Interview Wagner: Seite 246)

Ein Ziel, das jedenfalls in jeder Social Media-Strategie vorhanden sein sollte, ist der Dialog. Der Dialog zwischen dem Unternehmen und seinen Zielgruppen, aber auch die offene Kommunikation zwischen den Zielgruppenmitgliedern ist erwünscht. Im Sinne der saloppen PR-Umschreibung „Public Relations are to tell somebody about something", sind die Portale der Social Media geradezu prädestiniert, dort PR zu betreiben. Warum dieser Dialog wichtig ist, erklärt Christian Hemetsberger, PR- und Marketing Beauftragter der „Standort-Marketing- und Betriebsansiedlungsgesellschaft von Stadt und Land Salzburg" und sagt dazu: „[...] Da muss einfach eine Interaktion stattfinden. Ich finde einen Facebook-Account einfach schlecht, wenn auf der Pinnwand nichts los ist, oder nur der Seiteneigner schreibt dort was hin. Und dann schreibt ein User was drunter und es kommt nichts nach." (Interview Hemetsberger: Seite 242) Und wie in allen anderen Public Relations-Maßnahmen wichtig, so ist auch im Bereich der Social Media nach erfolgter Kampagne die Evaluation (Erfolgskontrolle) selbiger entscheidend. Karim-Patrick Bannour, Social Media-Agentur „viermalvier.at" meint bezüglich der Evaluation und der Zielsetzung der Unternehmenskommunikation im Bereich der Social Media:

„[...] Gerade im Web ist es ja auch wichtig, die Zielerreichung zu messen. Und das geht im Web normalerweise ganz gut. Social Media ist dabei eine gewisse Ausnahme, weil es die Key-Performance-Indikatoren in der Art und Weise noch nicht so gibt. Aber im Grund ist es eine Frage der Zielsetzung und, wenn die realistisch ist, und man wird nicht von heute auf morgen Wunder erwarten...also 1000 Fans sind nicht gleich 1000 Leads und 1000 Verkäufe...dann bringt Social Media immer etwas, da ist der Nutzen definitiv da. Viele Unternehmen machen den Fehler, dass sie sich kein Ziel setzen." (Interview Bannour: Seite 236)

8.3.3 Gründe eines Unternehmens, auf Social Media Plattformen vertreten zu sein

Wichtig ist es, sich als Unternehmer die grundlegende Frage zu stellen: Will ich auf eine Social Media Plattform mit meinem Unternehmen vertreten sein, oder will ich das nicht?

Gründe, im Bereich der Social Media-Netzwerke mit seinem Unternehmen aufzuscheinen, wurden im Zuge der Interviews wie nachstehenden angegeben:

- Eine weitere Plattform zu haben, parallel zur Homepage zum Beispiel
- Manche sahen dies auch als Alternative zu ihrer Webseite
- Der Kontakt sei persönlicher, durch die Möglichkeit der „Echtzeitkommunikation"
- Möglichkeit des Ausbaues des vorhandenen Kundenstocks
- Um Newsletter zu versenden
- Informationen kurz und bündig weiter geben zu können
- Vertrauen bildende Maßnahmen zu setzen
- Bilder, Videos,... einstellen zu könne
- Kontakt mit Personen halten zu könne
- Die Möglichkeit, viele Personen in „einem Atemzug" erreichen zu können
- Die Informationen, die preisgegeben werden, selbst steuern zu können
- Dass man dort seine Zielgruppen findet
- Dass es nichts kostet
- Um Informationen verbreiten zu können
- Als „Visitenkarte" zu sehen ist
- Um Kommunikation betreiben zu können
- Um „Spionage" betreiben zu können, wenn neue Mitarbeiter eingestellt werden sollen und man sich vorab über diese Personen informieren will.

Hier stachen drei Punkte heraus, die in ihrer Aussage für die Social Media in Verbindung mit Public Relations eigentlich signifikant sind:

- Mit dieser Aktion Informationen (auch „kurz und bündig") aus dem Unternehmen an eine Zielgruppe weiter zu leiten.
- Dass dies „kostenlos" geschieht und zwar in dem Sinn, dass hier (derzeit) keine Kosten für die Seite selbst anfallen.

- Dass mittels dieses Tools (zumindest theoretisch) mit den Zielgruppen kommuniziert werden kann.

Dass die Verbreitung von Informationen ein wichtiger Punkt für die unternehmerische Verwendung der Plattformen der Social Media darstellt, scheint auf den ersten Blick für einen PR-Fachmann als „logisch". Man muss sich jedoch vor Augen halten, dass es sich bei den befragten Kleinstunternehmern um Spezialisten in ihrem Metier handelt, jedoch keinesfalls zwingend um Spezialisten im Bereich der Öffentlichkeitsarbeit. Und die wenigsten der befragten Personen haben dazu auch Fremdhilfe in Anspruch genommen. Trotzdem werden diese Plattformen (vermutlich mehr oder weniger selbständig, da man ja nicht sagen kann, inwieweit dies durch externe (Freunde, andere Unternehmen,...) und mitunter auch professionelle Einflüsse vorgegeben wurde) als Kommunikationsinstrumente, als „Meinungs- und Informationsverbreiter" wahrgenommen und auch als solche benutzt. Als Vorteil erscheint hier auch einigen, dass sie ihre Aussagen („Posts") mit Bildern kombinieren können. Wie Frau Suzanne Goosen („Natürlich. Hotel mit Charakter.", Fiss (Tirol)) im Interview sagte: Unsere Zielgruppen [...]

„[...] wollen auch wissen, wenn du wieder wirklich was Neues, Tolles am Konzept [erweitert hast], d. Verf., oder wenn wir posten [...], dass eine große Firma [im Hotel, d. Verf.] ist. [...] [Dabei, d. Verf.] ist viel „bildlich". Man kann natürlich „schreiben", aber viel geht einfach mit Bildern, wenn ich sage, eine neue Dekoration...oder zu Weihnachten „Super Weihnachtsbaum!". (Interview Goosen: Anhang Seite 258)

Die Plattformen der Social Media werden oft nicht nur als Kommunikationsplattformen, sondern auch als Imageträger verwendet. „Wie auf einer Homepage [...]. Dass man sagt, wir haben Links zu einer bestimmten ‚Aktionen-Seite', aber genauso auch Galerien, wo man nette Fotos sieht und sieht, was wir anbieten und was wir machen." (Interview Anna Kolb: Anhang Seite 255)

8.3.4 Gründe, nicht auf einer Social Media Plattform vertreten zu sein

Dieser Punkt ist insofern interessant, da er die Hürden und die Widerstände offenlegt, warum manche Unternehmen (wie in diesem Fall nun die „Kleinstunternehmer") davon abhält, für ihr Unternehmen Öffentlichkeitsarbeit im Bereich der Möglichkeiten, die die Social Media-Tools ihnen bieten würden, zu betreiben. Neben anderen Aussagen, waren nachstehende jene, die doch auffällig viele Unternehmer nannten:

- Zeitmangel der Akteure, sich um ihre Unternehmensportale zu kümmern
- Misstrauen dem System (den Plattform-Betreibern und dem Internet allgemein) gegenüber
- Die Angst, durch den Auftritt des Unternehmens im Bereich der Social Media, vertrauliche Informationen von sich und dem Unternehmen preis zu geben.

Weitere erwähnenswerte Argumente waren dann noch:

- Die Zielgruppen des Unternehmens befinden sich nicht dort
- Angst, dass auch negative Gegebenheiten auf der Plattform diskutiert werden
- Die Bedenken bezüglich der „Steuerbarkeit" der Diskussionen

Bezüglich des Arguments „Zeitmangel": Hier gingen die Argumente von „hab nicht die Zeit, mich damit zu befassen" (Interview Spieler: Anhang Seite 279) bis zu „bei mir spezifisch ist es so, dass ich eigentlich da viel zu wenig mache, oder eigentlich so gut wie gar nichts mache...aus Zeitgründen." (Interview Schurich: Anhang Seite 271) Die grundsätzlich bestehende Möglichkeit (über deren Sinn wird noch weiter unten diskutiert (siehe Punkt g) dieser Abhandlung), dafür Fremdhilfe im Sinne einer PR-Agentur, einer speziellen Social Media-Agentur oder anderer kundiger Personen heran zu ziehen, wird dabei schon teilweise in Betracht gezogen. Aber eben nicht bei allen Befragten.

Das „Misstrauen dem System gegenüber" hängt oft mit Argumenten zusammen, wie „es weiß kein Mensch, was wirklich mit den Daten passiert" (Interview Schurich: Anhang Seite 271). Und manche Menschen wollen deshalb erst gar nicht zu viel von sich öffentlich kund tun: „Vor allem will ich auch nicht zu viel von mir preisgeben, wo andere zugreifen können, denn da habe ich auch schon sehr viele negative Dinge gehört, dass einfach gewisse Sachen nicht mehr gelöscht werden können oder permanent da sind, und dass auch andere Personen diverse Dinge reinstellen können, wodurch dann eventuell Nachteile für mich entstehen könnten." (Interview Spieler: Anhang Seite 279) Hier spielt die, schon früher erwähnte Angst mit hinein, dass auch negative Gegebenheiten auf der Plattform diskutiert werden und dass die Diskussionen eine Art Eigendynamik entwickeln könnten, über die man nur noch schwer die Kontrolle bewahren kann. Wie Georg Lämmerhofer, Fahrschule Zebra dazu sagte: „[...] es steht einfach die Angst im Raum, dass auch die Schattenseiten unserer Organisation kommuniziert werden." (Interview Lämmerhofer: Anhang Seite 275) Frau Marion Osinger hat für diese Problematik offensichtlich einen guten Mittelweg für die Steuerung der Kommunikation auf der Facebook-Seite der „Paracelsus Messe Österreich" gefunden:

> „Prinzipiell auf den Fan-Seiten keine externen Personen, die Postings setzen können und dann ist es so, wir haben uns also für das Modell entschieden, es können Fans kommentieren, aber es können Fans keine eigenen Beiträge auf die Pinwand stellen. Das ist so unser Mittelweg. Irgendeine Kommunikation muss schon stattfinden." (Interview Osinger: Anhang Seite 231)

Was bezüglich der ungewollten Datenverbreitung oft übersehen wird, ist die Tatsache, dass auf diese Seiten ja nur jener Inhalt veröffentlicht wird, den der Betreiber der Seite – der Unternehmer – auch einstellen will und zu Verfügung stellt. Was man nicht veröffentlichen will, sollte auch ein „Geheimnis" bleiben. Oder wie Frau Bianca Keybach – die auch zum Thema dieser Studie befragt wurde – schon Anfang des Jahres 2011 sehr treffend in einem Interview mit dem deutschen „ZEITmagazin" gesagt hat: „Wenn ich nicht will, dass man mich [Anm.: umgangssprachlich] am Baum pinkeln sieht, dann mach ich's eben nicht." (Dieckmann 2011: online) Und dies gilt auch für alle vertraulichen Informationen einer Person oder eines Unternehmens, welche nicht verbreitet werden sollen.

Unternehmer die befürchten, dass sie ihre Zielgruppen dort nicht finden: Dieses Thema ist einerseits leicht und dann doch schwer zu beantworten. Auf der einen Seite muss man hier ganz klar sehen, dass diese Furcht ein sehr subjektives Gefühl ist und wenn dem so ist, was will man dagegen sagen? Andererseits stellt sich hier eben die Frage, was man als „Zielgruppe" interpretiert (vgl. dazu auch Kapitel 6.4.3 Die Festlegung der Zielgruppen, Seite 100)? Es mag sein, dass mitunter nicht eine unmittelbare potentielle Interessenten- und Käuferschicht vorhanden ist, die man hier als Zielgruppe ansprechen kann, aber mitunter sind Marktmitbewerber vorhanden, die sich austauschen wollen, die wiederum sogenannte „Leads" oder „Follower" (Personen, denen die Seite eines Unternehmens gefällt) haben und diese wiederum haben Freunde, die nicht am Ort des einen Unternehmens sind, aber eben dann an dem des anderen Anbieters... . Zudem könnte man ja auch die, das Unternehmen umgebenden Anwohner als „Zielgruppe" sehen und diese durch Kommunikation mit den Verantwortlichen der Unternehmung, näher an das Unternehmen binden. Hier könnten sich einerseits Geschäftsbeziehungen entwickeln und kann andererseits auch für den Bereich des Krisenmanagements einer Unternehmung im Falle eines „Störfalles" hilfreich sein. Sehr interessant in diesem Zusammenhang war die Meinung von Frau Tina Balaun, PR-Beraterin in Salzburg:

> „[...] ich glaube, dass die Grundlage von einem erfolgreichen Social Media Auftritt die Freunde, oder die Follower oder wie man das jetzt auch nennen will, sind. Wenn man jetzt natürlich wahllos beginnt irgendwelche Leute einzuladen, wird jeder Social Media Auftritt, egal ob Markenprodukt oder [beispielsweise ein, d. Verf.] kleiner Tischler, floppen. Also auch oder grad für den Tischler [Anm. d. Verf.: als hier exemplarisch gewähltes Beispiel eines Kleinstunternehmen] kann Social Media wichtig sein, zumal er sich vorher die richtigen Freunde heraussucht. Also, bestehende Kunden, potentielle Kunden, Menschen in seinem lokalen Umfeld, ja. Und dort zu kommunizieren als kleiner Tischler kann eigentlich nur erfolgreich sein, weil das quasi, ich sag jetzt einmal, das ist so das Cafehaus im Internet. Wo man zusammensitzt, wie man oft sagt, Kundenaufträge entstehen durch persönliche Kontakte und man spricht miteinander am Abend im Lokal. Social Media ist eigentlich nichts anderes. Und genauso wie man im richtigen Leben bei den richtigen Leuten stehen sollte, oder wenn man am richtigen Tisch sitzt, man hat das Glück oder die Gabe das zu erkennen, genauso sollte man das im Social Media Bereich machen. Also die richtigen Freunde sind auf alle Fälle wichtig, weil...ich sage jetzt einmal, der kleine Hotelier 3 Strassen weiter ist definitiv interessiert am Produkt vom kleinen Tischler. Also, wenn man die Freunde gewählt oder bewusst selektiert, dann ist es auch für den Tischler interessant. Sogar mehr als für große Betriebe eigentlich." (Interview Balaun: Anhang Seite 220)

8.3.5 Strategische Vorgehensweise bei der Erstellung einer Social Media-Seite

Die Frage, die sich hier stellt, ist, ob bei der Erstellung einer Social Media-Seite für ein Unternehmen strategisch vorgegangen werden soll, oder nicht? Dass für die klassische Public Relations eine Strategie von Nöten ist, ist sowohl in diesem Schriftstück als auch in anderen einschlägigen Werken zu genüge behandelt worden und es kann somit davon ausgegangen werden, dass dies als obligat zu sehen ist. Dieser Meinung ist auch Herr Simon Wagner, Public Relations-Fachmann bei „Ketchum Publico", Salzburg:

> „Klassische Public Relations ist im besten Fall natürlich sehr, sehr stark strategisch durchgeplant. Da geht es einfach darum, dass man aus den Unternehmenszielen Kommunikationsziele ableitet, mit der richtigen Strategie. Und versucht, die Botschaften unterzubringen mit gewissen Maßnahmen. Mehr oder weniger erfolgreich natürlich, aber das kann man dann in der Evaluation sehen, adaptiert." (Interview Wagner: Anhang Seite 246)

Doch wie verhält es sich mit dem strategischen Vorgehen für die Public Relations im Bereich der Social Media? Wenn man davon ausgehen will, dass es hier ja wesentlich schneller, unkomplizierter und „hemdsärmeliger" zu geht? Vorweg sei festgestellt: Die Public Relations im Bereich der Social Media als Teil der Unternehmenskommunikation, der Öffentlichkeitsarbeit einer Unternehmung, kann grundsätzlich ebenfalls nicht darauf verzichten, in die gesamte Kommunikationsstrategie einer Unternehmung integriert zu werden. Wie Herr Bannour im, im Zusammenhang mit dieser Studie geführten Interview sagte: „Strategie, damit ich weiß, welches Ziel ich habe und wie ich es erreichen will, weil sozusagen nur aufs Geradewohl sich für irgendwas zu engagieren bringt nichts." (Interview Bannour: Anhang Seite 236) Ähnlich sieht dies auch Herr Wagner. Er sieht das ganze aber realistischer, was dann den täglichen Ablauf innerhalb der Social Media betrifft:

> „Im Social Media Bereich sehe ich schon immer den Willen zur Strategie: Warum machen wir das überhaupt? Also, da sehe ich schon, dass Unternehmen sich sehr oft fragen, gerade weil es um die Entscheidung geht „reinhüpfen oder nicht in das kalte Wasser?", was bringt mir das? Grundsätzlich gibt es da Argumente, die in immer mehr Fällen dafür sprechen. Und da ist auch die Bereitschaft dann da, das strategisch zu planen, nur es wird dann eben in der operativen Abwicklung immer mehr und mehr taktisch." (Interview Wagner: Anhang Seite 246)

Er führt dann weiter dazu aus:

> „Es zeigt sich einfach, dass man vorab natürlich gewisse Planungen anstellen kann, man muss natürlich gewisse Sachen klären, Lines für gewisse Mitarbeiter, die damit arbeiten oder auch andere, die sich in Social Media Plattformen bewegen, und verschiedene Themen planen und versuchen, verschiedene Themen unterzubringen und versuchen, auch über die Unternehmensziele oder Kommunikationsziele abgeleitet die Themen zu platzieren. Nur es zeigt sich oft, dass die Themen nicht funktionieren. Weil auch der Zugang nicht so passt, oder die Themen für diese Art der Kommunikation nicht geeignet sind. D. h., man muss vielleicht anders kommunizieren." (Interview Wagner: Anhang Seite 246)

Frau Ines Eschbacher ergänzt hier noch: „Es muss nicht genau die gleiche Strategie sein, aber es muss zumindest ein Ableger sein [...]." (Interview Eschbacher: Anhang Seite 226) Bezüglich des von Herrn Wagner angesprochenen „anders kommunizieren innerhalb der Social Media" sind sich auch andere Social Media-Fachleute darüber einig: Die Public Relations auf dem Sektor der Social Media ist schnelllebiger (vgl. Interview Eschbacher: Anhang Seite 226):

> „[...] die Umsetzung an sich und die schnelle Handlung muss einfach viel schneller gehen, da kann ich nicht 2 Tage überlegen, welche Fotos ich jetzt verschicke, weil entweder ich schicke das Foto jetzt in den nächsten 3 Minuten oder ich brauche es nicht mehr verschicken." (Interview Eschbacher: ebd.)

Auch Frau Osinger sieht die „Schnelllebigkeit" der Social Media als einen markanten Unterschied zur klassischen Public Relations und deshalb auch einen Unterschied in der Handlungsweise:

> „Man kann sich für Social Media sicher eine Strategie festlegen, wie man das auch in der PR macht, also was ja unumstößlich ist in der PR. Ich glaube nur, bei Social Media muss man nur sehr viel wendiger sein. D. h. es gibt je nach Tätigkeitsfeld, einfach sie sind mit Schlagzeilen und so weiter und so fort konfrontiert, auf die speziell im Social Media Bereich erwartet wird, dass reagiert wird. Wenn es irgendetwas Brandheißes in ihrer Branche gibt, dann wird eigentlich von vielen Kunden, die da ein bisschen im Thema drinnen sind, erwarten, dass da was kommt. Also, was natürlich auch in der PR notwenig ist, aber das ganze läuft sicher langsamer ab und ein bisschen strukturierter." (Interview Osinger: Anhang Seite 231)

Eine der Grundideen der Social Media ist die Echtzeitkommunikation (vgl. Interview Keybach: Anhang Seite 216). Auch diese bedarf einer anderen Vorgehensweise:

> „Also als klassisches Beispiel, wenn bei uns der erste Schnee kommt, iphone aus dem Fenster und Foto machen, völlig unprofessionell, aber halt Echtzeit, reinstellen, da kriegen wir am meisten Resonanz bei sämtlichen Kanälen. Würde ich niemals für die Presse machen. Also ein blödes Foto aus dem Fenster raus, und schick das als Pressemeldung, bei uns hat es geschneit, weil das ist nichts besonderes, aber wenn ich das mach, dann ist normalerweise jedes Jahr der ein oder andere Journalist dabei, der dann anruft und sagt, wir würden gern kommen und über den Wintereinbruch in Deutschland berichten. Einfach, weil man dann so mit im Bewusstsein der Medien ist." (Interview Keybach: ebd.)

Zum hier schon erwähnten, kommt oft noch ein anderer Sprachstil innerhalb der Schaltungen hinzu:

> „[...] ich denke, es ist der gesamte Sprachstil völlig anders, also wesentlich direkter zum Teil viel salopper. Man muss ja in der PR immer aufpassen, sachlich zu bleiben, nicht zu werblich zu sein. Das ist sicher über diese ganzen Social Media Plattformen anders. Also je pfiffiger und je mehr Pep umso besser." (Interview Osinger: Anhang Seite 231)

Und Frau Balaun führt dazu noch weiter aus:

> „[...] der Unterschied ist einfach in der Aussage. Also im Social Media Bereich kommuniziert man, agiert man etwas persönlicher, etwas lebendiger, menschlicher sag ich jetzt einmal, geht jetzt vielleicht mehr auf das Wetter ein, auf die Tagesstimmung, auf wirtschaftliche Geschehnisse, die heute passiert sind. Also, man versucht eigentlich, das aktuelle Geschehen irgendwie einzubinden, und in der klassischen PR geht es ganz gezielt um das Produkt, um die Marke, um eine Dienstleistung." (Interview Balaun: Anhang Seite 220)

Wie weiter oben in diesem Kapitel schon angesprochen: es ist grundsätzlich notwendig, auch im Bereich der Social Media einer Strategie zu folgen.

Und trotzdem ist es interessant, wenn man dann in einem Interview bezüglich „Strategie" von einem Unternehmer fast schon trotzig hört: „Nein, die Seite habe ich selbst aufgemacht und eigentlich ohne jegliche Strategie und Plan." (Interview Fuchs: Anhang Seite 263) Und der Erfolg gibt ihm dabei Recht. Aber: Warum ist das so? Dies mag vermutlich daran liegen, dass Herr Fuchs („Daimler´s Bar&Grill") einerseits durch seine jahrelange Erfahrung in der Gastronomie den Markt sehr gut kennt und damit vermutlich – bewusst oder unbewusst – genau das richtige macht. Das heißt, er geht sehr gezielt und strategisch vor, ohne zu wissen, dass er genau das macht. Der andere Grund liegt eventuell darin, dass die Gastronomie eher im Bereich der „individuellen Freizeitgestaltung" liegt. Man umgibt sich mit einem bestimmten

Image, wenn man sich als Kunde mit diesem oder jenem Abendlokal identifiziert. Und diese Identifikation führt natürlich auch über die Social Media-Seiten dieser Unternehmen. Das heißt, dass diese Lokale nicht erst lange um Freunde/Follower/Leads „betteln" müssen. Diese kommen freiwillig und gerne zu ihnen auf die Seite. Ganz einfach um „dazu zu gehören". Andere Branchen haben nicht dieses Glück und für diese gilt jedenfalls salopp ausgedrückt: „strategy or bust". Denn wie Herr Hemetsberger sagt:

> „Meiner Meinung nach funktioniert geplante Kommunikation ohne Strategie nicht. Zumindest nicht langfristig. Natürlich kann man durch kurzfristige Aussendungen immer Erfolge erzielen, aber das Wichtige bei der geplanten Kommunikation ist, grad wenn ich ein Bild eines Unternehmens aufbauen will, oder ein Image, oder sei es auch wirklich nur zur Bekanntheitssteigerung, muss man immer einen Plan dahinter haben. Gleiches zählt für mich für das Instrument der PR und der Social Media nämlich auch. Also da muss sich sicher überlegen, wer macht das, wie macht man es und wo wollen wir hin." (Interview Hemetsberger: Anhang Seite 242)

8.3.6 Die Social Media-Strategie und die „restliche" Öffentlichkeitsarbeit

An dieser Stelle stellt sich die Frage, ob die Strategien, die für die Social Media-Auftritte einer Unternehmung angewandt werden, einen Bezug zur restlichen Öffentlichkeitsarbeit der Unternehmung haben sollen? Das hier ein Zusammenhang zwischen der klassischen Öffentlichkeitsarbeit und der Öffentlichkeitsarbeit auf dem Sektor der Social Media bestehen muss, wurde im vorhergehenden Kapitel hinlänglich erörtert und soll hier nochmals durch die von Frau Balaun während der Interviews getätigte Aussage bestärkt werden: „Ja, definitiv, der Inhalt wird immer transportiert, die Art der Kommunikation wird nur etwas anders verpackt. Die Strategie bleibt die gleiche, die Strategie ist auch in Social Media eine Strategie, aber sie soll nicht als Strategie erkannt werden." (Interview Balaun: Anhang Seite 220) Die Wichtigkeit, dass die in der Social Media ausgesendete Botschaft mit der in der klassischen Public Relations des Unternehmens identisch sein soll und somit auch die Strategie für die Social Media nicht von der restlichen Unternehmenskommunikation getrennt sein darf, liegt für Herrn Simon Wagner ganz klar auf der Hand:

> „Man darf einfach keine anderen Botschaften aussenden als in der klassischen Kommunikation. Weil die Leser von Fachzeitschriften, von Zeitschriften sind ja auch die Leute, die in Facebook sind. Es ist ja nicht eine ganz eigene getrennte Zielgruppe, da kann ich nicht da a) sagen und bei Social Media b). Das würde einfach das Profil verfälschen und das empfehlen wir auf keinen Fall." (Interview Wagner: Anhang Seite 246)

Die klassische Unternehmenskommunikation ist jedenfalls nicht von der Kommunikation im Bereich der Social Media zu trennen. Jedoch sieht zum Beispiel Herr Karim-Patrick Bannour im Ablauf der Strategie (vgl. dazu den strategischen Ablauf im Bereich der Public Relations, wie er seitens der DPRG beschrieben wird (siehe Kapitel 5.4 Aufgaben, Funktionen und Ziele der Public Relations, Seite 27)) einen Unterschied wenn er sagt:

> „Vielleicht [...] fängt das gar nicht mit Analyse an, sondern Social Media ist jetzt für Unternehmen, die jetzt nicht heute quasi Unternehmensgründung haben [...], man fängt auch nicht bei Null an, man nimmt ja Erfahrungen mit, die man aus vergangenen Geschäftsgebaren hat. Und genau diese Erfahrungen nimmt man ja schon einmal mit, und damit ist ein Teil der Analyse und der Erfahrung schon längst passiert. Ich denke mir, wo sicher der Fokus oder, wo immer man auch früher gearbeitet hat, man hat sozusagen versucht, die Ziel-

gruppe ans Produkt heranzuführen, und jetzt führt man das Produkt an die Zielgruppe heran. Also das ist eine andere Herangehensweise [...]. [...] Es hängt vielleicht auch von der Unternehmenskultur ab, wie offen man ist, ob sich solche Dinge dann einfach abkürzen. Und ob es vielleicht auch immer wichtig ist, alles bis ins kleinste Detail zu analysieren oder nicht einfach zu sagen – das ist eine Frage der Zielsetzung – ok, ich möchte jetzt einfach diesen Weg gehen und nimm die Erfahrungen mit, die ich aus den vergangenen Kampagnen gehabt habe, wichtig ist nur, dass man quasi nicht Kampagnen, die man schon gemacht hat, 1:1 in der Vorgehensweise übernimmt. Weil die dann nicht funktionieren würden, also dieses Marktschreierische oder dieses Pushprinzip." (Interview Bannour: Anhang Seite 236)

8.3.7 Erstellung und Betreuung der Social Media-Seite mit Fremdhilfe

Eine weitere Frage ist, ob die Erstellung und Betreuung der Social Media-Seite eines Unternehmens Fremdhilfe – zum Beispiel in Form einer Public Relations-Agentur oder einer speziellen Social Media-Agentur – angenommen werden soll oder nicht? Der Gedanke dahinter ist, dass zum Beispiel:

a) auch jene Unternehmen, deren Humanressourcen durch das tägliche Geschäft in der Weise gebunden sind, dass keine Zeit mehr übrig bleibt, um eine Facebook-Seite zu bewirtschaften. Oder

b) es mitunter Unternehmer gibt, die zwar den Sinn in den Möglichkeiten der Social Media sehen, aber selbst nicht den persönlichen Zugang (Desinteresse, internetspezifisches „Unwissen",…). Und

c) es vielleicht Unternehmer gibt, die sich sagen „Was ist, wenn ich da etwas falsch mache?" und deshalb „Zugangsängste" verspüren. Beziehungsweise

d) eine Kombination aus den hier genannten Punkten.

Hier gehen die Meinungen sehr auseinander. Zum einen gibt es hier diejenigen Unternehmer, die sich bei der Erstellung und der Betreuung ihrer Social Media-Seite helfen lassen und dies als ganz selbstverständlich ansehen, dafür Freunde oder Spezialisten in Erwägung zu ziehen. Dabei sind sich diese bewusst, dazu ein Näheverhältnis zu dieser Person/dieser Agentur aufbauen zu müssen: „[…] er ist sehr oft auch im Laden, er ist auch selbst ein Biker, wir gehen immer zusammen biken, d.h. wir können uns eigentlich immer super austauschen, wenn wir im Wald sind. Und dann passiert das Ganze. […] Wir müssen nicht extra Meetings machen." (Interview Pacher: Anhang Seite 282) Dieses Naheverhältnis ist natürlich im Bereich einer Freundschaft einfacher, wie das beispielsweise in einer rein geschäftlichen Beziehung ist. Aber auch hier muss ein Naheverhältnis aufgebaut werden und eine Abstimmung erfolgen. Frau Balaun beschreibt diesen Vorgang in ihrer Agentur wie folgt:

„Das hängt von der Kooperation ab. Das ist ganz unterschiedlich. Es ist so, dass die Postings im optimalen Fall vorbereitet werden, die der Kunde dann je nach Lust und Laune, Wetter, wie auch immer, welche Einflüsse gerade von außen passieren, je nach dem einfach einzusetzen braucht. Oder man spricht sich einmal am Tag in der Früh schnell ab. Also das ist ganz individuell eigentlich. Ich kann da keine einheitliche Schiene festlegen." (Interview Balaun: Anhang Seite 220)

Und auch Agenturen wird hier seitens der Nutzer jedenfalls „Können" zugesprochen:

> „Ja natürlich, ich glaube schon, dass es Agenturen gibt, die das hervorragend machen, die sich total auf das spezialisiert haben. Es gibt auch manchmal Agenturen, die selbst sehr schnell ein Gefühl für den Kunden entwickeln und die sich in ein Thema sehr schnell einarbeiten, also die alles geben. Ich will da keiner Agentur die Berechtigung absprechen, etwas anzubieten." (Interview Osinger: Anhang Seite 231)

Wobei auch Frau Marion Osinger einschränkt, dass durch diese Fremdbetreuung ein wichtiger Punkt der Social Media – die „direkte" Kundenbeziehung und das daraus resultierende Feedback – verloren geht:

> „Aber prinzipiell glaube ich doch, auf die Dauer der befriedigendere Weg ist sicher es selbst zu machen. Man kriegt ja auch Response, und das ist ja auch nett. Man soll ja auch dieses Feedback, das man bekommt, auch direkt selbst kommentieren können und darauf reagieren können. Das ist, glaube ich, schon wichtig." (Interview Pacher: Anhang Seite 282)

Deshalb sieht auch Frau Balaun mittelfristig den Sinn einer Social Media-Seite nur dann, wenn der Kunde (der Unternehmer) selbst aktiv auf seiner Seite wird und die Betreuung der Seite mitunter sogar selbst übernimmt. Ob das Unternehmen die Seite dann selbstständig führt, ist abhängig von der jeweiligen Situation:

> „Es gibt wirklich Kunden, die sagen, wir machen das dann selber, und es gibt auch Kunden, die sagen, machen Sie das, und wir schauen einfach zu, oder mischen mit. Also es ist definitiv so, dass die Auftraggeber natürlich selber auch als Administrator bei der Website dann angemeldet werden, das ist klar. Ist ja auch dann eigentlich deren Seite, deren Eigentum. Darum sind wir natürlich auch Administratoren, und machen natürlich so ein bisschen spaßig mit am Anfang. Aber das ist immer so ein Lernprozess, das dauert dann so 3-4 Monate, bis sich eine Art Rhythmus ergibt, dann kann man eigentlich erst sagen, wie es sich entwickelt." (Interview Balaun: Anhang Seite 220)

Bezüglich der Kosten dieser Fremdbetreuung der Social Media-Seite eines Unternehmens äußert sich Thomas Wiesenegger vorsichtig, geht aber von derzeit „[...] € 100,-- und € 150,-- für 300 Wörter [...]" aus. (Interview Wiesenegger: Anhang Seite 239)

Frau Bianca Keybach sieht hingegen in der Fremdbetreuung durch z.B. eine Agentur absolut keinen Sinn. In der Anfangsphase ist ihrer Meinung nach die Unterstützung der Unternehmung noch vertretbar aber dann: „Und dann sich selber drum kümmern. Natürlich. Weil viele bieten ja an: „[...] ‚Ich mach dir eine Facebook-Seite und ich bin dann der Administrator' und das hat natürlich gar keinen Sinn." (Interview Keybach: : Anhang Seite 216) Ihr Argument diesbezüglich klingt plausibel: „Weil du kommunizierst ja als Unternehmer, und das kann kein Externer machen." (Interview Keybach: Anhang Seite 216) Die dauernde Fremdbetreuung sieht sie als Verarschung und Geldmacherei (vgl. Interview Keybach: ebd.). Dies sieht auch Günter Spieler, Metallwerkstätte Dornbirn so, wenn er sagt: „Und ich kann mir auch nicht vorstellen, dass irgendjemand die ganze Sache für mich in die Hand nimmt, weil der weiß ja auch nicht genau, wie ich ticke." (Interview Spieler: Anhang Seite 279)

Hier, die Fremdbetreuung der Social Media-Seiten eines Unternehmens betreffend, eine allgemeingültige Antwort geben zu können ist schwer. Man sollte hier als Unternehmer erkennen, dass die gewonnene „Freiheit" und „Freizeit", die einem die Fremdbetreuung der Seiten als Unternehmer einbringt, zu Kosten der Authentizität einer Seite gehen kann. Social Media-Seiten bilden die Chance, mit den Unternehmen oder den Personen, die hinter diesen Seiten stehen, direkt in Verbindung zu treten. Handelt es sich dabei jedoch nicht um die vermeintliche Person, sondern um Dritte, kann das Interesse der Follower sehr schnell abklingen. Dies hängt natürlich auch mit dem Können derjenigen Personen zusammen, die diese Seiten im Auftrag eines Unternehmens betreuen und wie sehr das Verhältnis zwischen den Akteuren stimmig ist. „Im Speziellen würde ich sagen, das ist eine interne Sache, also firmenintern zu leisten. Aber es gibt natürlich Fälle, wo das nicht machbar ist, da würde ich dann auf jeden Fall sagen, absolut zu einer spezialisierten Agentur gehen." (Interview Osinger: Anhang Seite 231)

8.3.8 Das Nutzen-/Leistungsverhältnis im Bereich der Social

In diesem Punkt geht es darum zu eruieren, in welchem Verhältnis der Nutzen der durch die Social Media für ein Unternehmen erzielt werden kann, zum Aufwand/zur Leistung steht, welche/r für diesen Nutzen aufgebracht werden muss. Dabei sind es hier nicht die blanken Zahlen, die für ein „Ergebnis" im Zusammenhang mit dieser Studie ausschlaggebend sind, sondern vielmehr subjektive Eindrücke der Kleinstunternehmer beziehungsweise der Social Media-Experten, die hier in Betracht gezogen werden sollen und wie diese Faktoren von den Unternehmern gesehen werden.

Was den Aufwand im Allgemeinen betrifft, so ist aus manchen der Interviews auf Seiten der Unternehmer zu erkennen, dass zunächst zwischen einem zeitlichen und einem monetären Aufwand unterschieden wird. Der zeitliche Aufwand, der für die Erstellung und Betreuung der Seiten verwendet wird, wird deutlich höher bewertet, denn der monetäre. Wie Frau Ulrike Bohle dies ausdrückt, auf die Frage, was die Beweggründe für die Verwendung einer Social Media-Seite sind: „Weil es einfach gratis ist, und auch eine gute Werbung, und auch präsent ist, und sich den Leuten immer wieder mal ins Gedächtnis ruft." (Interview Bohle: Anhang Seite 252) Das heißt, dass die Plattformen, die im Bereich der Social Media vorhanden sind, mitunter deswegen gerne in Anspruch genommen werden, weil sie (meistens) kostenlos sind – oder zumindest als kostenfrei erscheinen. Wie Herr Pacher sagt: „[...] Facebook ist eine kostenlose Geschichte." (Interview Pacher: Anhang Seite 282) Die dafür verwendete Arbeitszeit hingegen fällt bei den Überlegungen der Unternehmer wenig(er) ins Gewicht:

> „[...] ausschlaggebend war einfach der Kostenfaktor. Es ist so. Und ich habe auch andere Kollegen in meinem Alter, die jetzt Skateboardshops, etc. etc. haben, die nutzen auch das Facebook. Also das ist jedem zu teuer [Anm.: gemeint ist hier jegliche andere Form der PR oder des Marketings, außerhalb der Social Media]. Grad für einen Kleinbetrieb. Geht nicht. Wenn du ein großer Betrieb bist, ok. Aber Kleinbetriebe, die Kosten, nein da kannst du nicht mittanzen, das geht nicht." (Interview Pacher: Anhang Seite 282)

Und auch Georg Lämmerhofer sieht das ähnlich: „Also unsere Einschätzung ist eher die, dass durch die große Anzahl der Mitglieder eine sehr hohe Dynamik entsteht, und der eigene Aufwand dabei als sehr gering eingeschätzt wird." (Interview Lämmerhofer: Anhang Seite 275) Im Grunde genommen wird dies auch Seitens der Social Media Fachleute so gesehen wenn Frau Eschbacher zum Beispiel sagt: „Man [...] muss sich natürlich bewusst sein, dass das auf jeden Fall Arbeit ist. [...] Aber [...] ich glaube, ich kann sehr wohl gewisse Sachen über Facebook kommunizieren und es hilft mir auch was, weil außer meiner Zeit kostet es mich ja nichts." (Interview Eschbacher: Anhang Seite 226)

Bezüglich des Verhältnisses von „Aufwand", welcher für die Social Media-Plattformen notwendig ist und dem „Nutzen", welcher aus solch einer Seite gezogen werden kann, sagt Frau Balaun folgendes:

> „Das kommt zunächst darauf an, wie Aufwand und Nutzen hier gesehen werden. Und es kommt darauf an, wie viel Gedanken man sich im Vorfeld macht. Stichwort Zeitaufwand...stille Tage [Anm.: gemeint sind hier tage, an denen im Unternehmen wenig bis nichts passiert und die dafür verwendet werden könnten, eine Social Media-Seite zu betreuen]. Es kommt darauf an, wie viel Zeit man sich nimmt, ich muss mir definitiv vorher überlegen: Was will ich eigentlich aussagen, wen will ich damit ansprechen, was will ich eigentlich damit erreichen? D. h. ich bin eigentlich beim Marketingkonzept, und wenn ich mir das vorher überlegt habe, dann kann ich relativ zeitoptimiert ein gutes Nutzen- und Leistungsverhältnis daraus erzielen." (Interview Balaun: Anhang Seite 220)

Die Public Relations- und Social Media-Fachfrau Tina Balaun sieht jedoch sehr wohl, dass dieser vermeintlich „kostenlose" Faktor mitunter sehr schnell recht kostenintensiv werden kann, wenn das notwendige Konzept (Strategie) für den Social Media-Auftritt im Vorfeld nicht ausreichend „geschnürt" wurde:

> „Wenn ich natürlich nicht darüber nachdenke und einfach wahllos, oder ich sag jetzt einmal...gedanken los, meine Postings da setze und auch nicht auf den Dialog reagiere, dann kann sich das natürlich auch ganz in die andere Richtung bewegen. Also, das ist irrsinnig, wie sich das negativ auswirken kann. Das kann soweit gehen, dass das Unternehmen das auch in Zahlen spürt. Das glaube ich auf alle Fälle. Also gut durchdacht ist definitiv ein gutes Nutzen- und Leistungsverhältnis." (Interview Balaun: Anhang Seite 220)

Diesen Punkt betreffend kann man zusammenfassend sagen, dass Seitens der Kleinstunternehmer „Zeit" nicht zwingend mit „Kosten" gleichgesetzt wird. Das heißt, dass Kosten oft erst als solche gesehen werden, wenn wirkliche Geldbeträge fließen. Die persönliche Humanressource hingegen wird meist als „kostenlos" betrachtet. Dies ist natürlich betriebswirtschaftlich insofern nicht richtig, da es sich hier sehr wohl um Kosten handelt und zwar um sogenannte Opportunitätskosten. Diese sind wie folgt recht leicht erklärt: Ein Kleinstunternehmer hat nur eine bestimmte Anzahl von Zeiteinheiten pro Tag die Möglichkeit zu arbeiten und somit Umsätze zu machen. Verwendet er ein paar dieser Zeiteinheiten, um seine Social Media-Seiten zu betreuen, so hat er diese nicht mehr übrig, um Umsätze zu machen. Dieser Umsatzverluste sind natürlich ebenfalls als „Kosten" zu sehen. Opportunitätskosten sind somit auch sogenannte „Alternativkosten" (vgl. Wirtschaftslexikon24.net: online). Als Alternativkosten bezeichnet man den [...]

> „[...] in Geld oder Mengen ausgedrückter entgangener Nutzen oder Ertrag, der durch eine alternative Verwendung eines eingesetzten Gutes (Güter) oder Produktionsfaktors erzielbar gewesen wäre. Opportunitätskosten entstehen immer dadurch, dass Ressourcen nur einmal verwendet und nicht gleichzeitig anderen Zwecken zugeführt werden können. Wer z. B. mit seinem Geld Immobilien erwirbt, kann dieses Geld nicht nochmals in Anleihen anlegen. Die dadurch entgangenen Zinseinnahmen stellen die Opportunitätskosten des Immobilienkaufes dar." (Wirtschaftslexikon24.net: online)

Hier wäre entgegenzubringen, dass man diese Tätigkeiten natürlich auch auf Zeiten verlegen könnte, welche außerhalb der regulären Geschäftszeiten eines Unternehmens liegen. Allerdings ist hier wieder darauf Rücksicht zu nehmen, dass ja nicht jede Tageszeit – im Sinne der Social Media – unter der Berücksichtigung eines möglichen Reichweitenverlusts, gleich sinnvoll und effizient, um Beiträge auf der Social Media-Unternehmensseite zu posten (vgl. hierzu Kapitel 6.4.6 Exkurs „Die richtige Tageszeit", Seite 111).

Zu der, in der Überschrift dieses Punktes gestellten Frage, kann an dieser Stelle vermutet werden, dass proportional zur Höhe des Aufwands, der für eine Social Media-Seite geleistet wird, auch deren Nutzen für das Unternehmen (und vor allem für ein Kleinstunternehmen) steigen kann:

> „[...] mit der richtigen Konzeption verhält sich Aufwand und Ergebnis immer relativ zueinander. D. h. umso mehr Zeit ich investiere, umso zielgerichteter ich das mache, um so mehr schaut dabei heraus. Aber es ist ja gerade für Unternehmen, die nicht ein Riesenbudget zur Verfügung haben, um eine riesige Marketing- oder PR-Maschine aufzuziehen, ist es erstmals im Social Media möglich, eine Marke aufzubauen. Und einfach eine Riesenreichweite möglich. Im Grunde ist es nur die Frage der Konzeption...ja, mach ich das, was ich mach richtig und führt das zu dem Ziel, das ich mir hoffentlich vorher gesetzt habe? Aber dann ist es immer nutzbringend." (Interview Bannour: Anhang Seite 236)

8.3.9 Der Wirkungsgrad der Social Media

In diesem Punkt geht es darum, aufzuzeigen, was mittels der Social Media für ein Unternehmen zu erreichen ist, welche Formen der täglichen Unternehmenskommunikation hiermit geleistet werden können und wo dann aber auch die Grenzen für diese Kommunikationstools erreicht sind. Kurz ausgedrückt: Was kann man mit den Social Media-Plattformen für ein Unternehmen erreichen? Was kann Social Media als Kommunikationstool nicht? Ab welchem Punkt/ab welchen Punkten muss auf eine andere Kommunikationsform zurückgegriffen werden? Diese Frage wurde selbsterklärend ausschließlich den Social Media-Fachleuten gestellt. Dabei kamen einerseits sehr allgemeine „Probleme" mit und durch die Verwendung der Social Media zu Tage, andererseits aber auch sehr subjektive Empfindungen.
Herr Thomas Wiesenegger meinte diese Frage betreffend zum Beispiel:

> „Im Bereich der Social Media glaube ich werden die Grenzen immer weiter gesteckt. Ich sehe jetzt eigentlich dort nirgends eine Grenze. Es geht nur darum, wohin geht der Trend dann irgendwann. Ich war gerade gestern bei einem Vortrag der Vorarlberger Nachrichten. Und dort wird momentan ganz stark umgerüstet auf die ipads, iphones Situation, Apps, eben auch in diesen Social Media Bereich hinein gearbeitet, wo ich dann eben die Zeitung lesen kann." (Interview Wiesenegger: Anhang Seite 239)

Doch auch er schränkte dann für sich ein, dass ein subjektives Empfinden (in diesem Fall das „fühlen eines Zeitungspapiers") im Bereich der elektronischen Medien ganz allgemein und dann auch die Social Media im speziellen betreffend, eine Hürde für die ungeschränkte Ausbreitung und Verwendung der Social Media-Plattformen sein könnte:

> „Und die Frage ist, ob dieser Trend eben aufrecht bleibt und nicht wieder so klassische alte Modelle bei den Menschen dann wieder mehr ankommen, z. B. wenn es ums Zeitung lesen geht. Ich habe gerne Papier in der Hand. Das ist mir z.B. ganz, ganz wichtig. Dort werden sicher Grenzen kommen, wobei wie gesagt, ich denke jetzt wieder wie jemand, mein Handy hatte ich vor 15 Jahren, und denken sollten wir eben so wie die 10 oder 15-jährigen. Somit ja auch wieder Fragezeichen, ob dieser Trend irgendwo einmal Grenzen hat oder uferlos ausartet?" (Interview Wiesenegger: Anhang Seite 239)

Frau Tina Balaun sieht die Problematik eher im Bereich der Glaubwürdigkeit der Akteure und zwar insofern, dass man im Bereich der Social Media […]

> „[…] nie davon ausgehen [kann], dass es tatsächlich stimmt, was da drin steht. Das wär jetzt für mich persönlich die Grenze, wo ich sage, wenn in Social Media jemand persönlich schreibt, keine Ahnung, oder eine Firma sich da darstellt, die sagt, wir haben das und das Produkt entwickelt und es ist jetzt seit gestern fertig, und ist ab morgen am Markt. Dann heißt das noch lange nicht, dass das gestern fertig ist und ab morgen am Markt. Das ist immer so ein Problem mit der ‚Wahrhaftigkeit'. […]Demnach ist die Grenze bei Social Media einfach die Frage der Glaubbarkeit [sic] der Postings. Man muss es immer selber abschätzen können, sowohl privat als auch beruflich, wie weit ist es real, wie weit glaube ich es, und wo muss ich nachrecherchieren. Das muss man schon im Auge behalten, also nicht alles glauben, was drinsteht." (Interview Balaun: Anhang Seite 220)

Herr Simon Wagner wiederum sieht die Grenzen der Social Media in der Relevanz, also in der Wichtigkeit der verwendeten Medien, um eine meldungsrelevante Öffentlichkeit zu informieren. Hier haben die klassischen Print- oder Funkmedien derzeit einfach noch die Nase vorne.

> „Naja, ich sehe schon bei unserem Unternehmen…unsere Kunden wissen wie wichtig Social Media ist, und nehmen auch mehr und mehr Aufwand dafür in Kauf, um diese Kanäle auch richtig zu bespielen. Allerdings muss ich schon sagen, es ist in der Welt draußen schon noch sehr stark so ist, wer in der Zeitung auftaucht, der hat eine gewisse Relevanz. Also diese Relevanz von den klassischen Medien, sei es Print, Fernsehen, Radio, oder auch große Internetseiten, News-Seiten…die ist schon noch gegeben. Und das ist für viele Unternehmen nicht unwichtig, dass man dort vorkommt. In Social Media passiert so viel. Das ist sehr einfach. Da sind weniger Gatekeeper sozusagen, oder kaum Gatekeeper die das regeln, wer diese öffentliche Ehrungen, im großen Medium auftreten zu dürfen […]. Diese Gatekeeper fehlen dann und das wirkt sich auch auf die Relevanz aus." (Interview Wagner: Anhang Seite 246)

Und weiter:

> „Also wenn „under clippings" sind oder dergleichen, oder Diskussionen, auch wenn sie noch so positiv sind, auf Seiten wird das nicht so relevant erachtet wie ein Auftritt in einem großen Medium. Es geht auch darum, wer in der Zeitung ist, der ist auch Tagesgespräch. Und damit bewegt man wirklich einiges mehr als irgendwo eine Seite, auch wenn das vielleicht 100.000 Abonnenten hat. Was natürlich auch relevant ist und zielführend und zweckmäßig, die Relevanz geht schon von den großen Medien aus, und das ist für uns und bleibt sehr wichtig. Nur mehr und mehr ist es eben so, dass sich die Journalisten, die Geldkeeper in den sozialen Netzwerken tummeln und man dadurch neue Geschichten anschließen kann, um in den klassischen Medien vielleicht auch wieder vorkommen zu können. Also das ist vielleicht auch noch eine gewisse Grenze von Social Media. Andererseits ist bei Social Media, es ist – ich sehe es hauptsächlich als PR-Instrument, weil wir denken, es sollte so sein, dass man mit dem Menschen redet. Es kommt auf die PR-Definition an und auf die Marketingdefinition, aber dass man sich auf Kanälen wie Facebook nicht anschreit." (Interview Wagner: Anhang Seite 246)

Auf die Frage, wo er die Grenzen der Social Media sieht, antwortete Herr Hemetsberger, dass es hier zunächst einmal Grenzen in der Verwendung der Seite im Vergleich zu einer Homepage eines Unternehmens an und für sich gibt, nämlich insofern, dass die Homepage „[…] ein Factsheet, und Social Media […] eine Art chatten mit meinen Zielgruppen [ist]." (Interview

Hemtsberger: Anhang Seite 243) Wichtig sei hier auch, diese funktionelle Trennung zwischen Informations- und Kommunikationsplattform klar zu trennen, denn sonst [...]:

> „[...] habe ich eine Homepage Nummer 2 und tu mir eigentlich nur meine User splitten, was keinen Sinn für mich machen würde. Natürlich kann man dann multimediale Inhalte auch noch besser streuen. Wir haben mehrere Imagevideos, die es auch auf YouTube gibt, über den Marke Salzburg Account, aber auch da sind halt die Videos momentan...sie sind halt da. Aber dass man über Facebook und so, natürlich gibt es da durch diese ‚teilen'-Funktion viele Möglichkeiten das einfach breiter anzulegen, zu vervielfältigen, größere Außendarstellung, bessere und intensivere Außendarstellung." (Interview: Anhang Seite 242)

Weiters kann die Kommunikation auf den Plattformen der Social Media, die Kommunikation via Mail nicht ersetzen, da es sich dabei um „[...] hoch offizielle[n] Schriftverkehr" (vgl. ebd.) handle und diese Kommunikationsform somit nicht las konkurrierend sondern vielmehr als „ergänzend" zu den schon vorhandenen Kommunikationsformen eines Unternehmens zu sehen sei (vgl. ebd.). Wobei Frau Bianca Keybach auch hier schon einen Trend erkennt und sagt, dass immer mehr ihre Mails schon durch Facebook-Nachrichten ersetzen (vgl. Interview Keybach: Anhang Seite 216).

Frau Marion Osinger sieht die Grenzen in jenen Bereichen, wo ein Unternehmen um einen persönlichen Kontakt, ein persönliches Kennenlernen nicht mehr herum kommt. Das heißt, um Konversation mit anderen Akteuren zu führen, gibt sie den Social Media-Plattformen ein „ja", aber um geschäftliche Abschlüsse zu tätigen eher ein „nein". Wobei sie einschränkt, dass dies natürlich [...]

> „[...] auch immer ein bisschen branchenspezifisch [ist, d. Verf.]. Es gibt Branchen, wo diese Handschlagsqualität nach wie vor sehr gefragt ist, speziell bei uns im Messewesen. Also da gibt es immer diesen Satz: ‚Wenn ich einmal im Büro vorm Kunden sitze, dann ist die Wahrscheinlichkeit für einen Abschluss sehr hoch'. Und das hat auch seinen Grund. Dementsprechend...das glaube ich, da hat Facebook und so einfach seine Grenzen. Es gibt einfach diese Sympathiewerte, die man einfach im besten Falle über ein persönliches Gespräch erzielt, und diese Zusatzinformationen und jemanden zu kennen. Dieses Plaudern, ein bisschen Smalltalk machen, das fällt halt dann völlig weg, und da sind sicher die Grenzen der Social Media." (Interview Osinger: Anhang Seite 231)

Zusammenfassend kann gesagt werden, dass die Möglichkeiten oder der „Wirkungsgrad" der Social Media natürlich sehr umfassend sind und auch neue Dimensionen bezüglich der Kommunikationsgeschwindigkeit und Form beziehungsweise Art der Informationsweitergabe eröffnen. Die klassischen Kommunikationsmittel der vergangenen Jahre werden dadurch aber nicht – weder kurz- noch mittelfristig – ersetzt werden. Vielmehr sollen die Social Media-Plattformen eine Bereicherung und Ergänzung zu diesen – Mail, Homepage, Print- und Funkmedien, usw. – (mittlerweile) klassischen Formen der Unternehmenskommunikation darstellen. Und auch das persönliche Gespräch werden diese Tools – zum Glück – nicht ersetzen können.

8.3.10 Der Spezielle Nutzen für eine Unternehmung durch die Social Media

Hier stellte sich die Frage, welchen speziellen Nutzen eine Unternehmung aus ihrem Social Media-Auftritt ziehen kann? In diesem Punkt kann zwischen verschiedenen „speziellen Nutzen", welche durch die Verwendung der Social Media für die Unternehmenskommunikation auftreten unterschieden werden. Einerseits sehen die Experten für die Public Relations ganz allgemein und dann für Kleinstunternehmen im Besonderen, Vorteile die sich durch die Verwendung der Social Media-Tools ergeben können.

Einer der wichtigsten Punkte, der im Grunde genommen einer der Säulen der Social Media darstellt ist jedenfalls jener, der Möglichkeit der direkten Kommunikation der Akteure. Darin sieht auch Karim-Patrik Bannour den Hauptnutzen dieser Medien für den bereich der Public Relations, wenn er sagt, es ist [...]

> „[...] im Grunde die Möglichkeit mit dem Kunden auch direkt in Kommunikation zu treten, [...] weil es früher dieses Medium nicht gegeben hat. Und umgekehrt die Möglichkeit des Kunden über das Unternehmen zu kommunizieren, nämlich ohne dass das Unternehmen mitreden muss, oder ganz allgemein mit dem Unternehmen zu kommunizieren ist...ähm...einfach eine Riesenchance. Und das nehmen auch immer mehr, also vor allem sehr viele Konsumenten wahr." (Interview Bannour: Anhang Seite 236)

Was die speziellen Vorteile der Social Media für die Kleinstunternehmen betrifft sollen hier nachstehende aufgezählt sein:

- Social Media ist kostengünstig (**nicht kostenlos**, wie früher schon erwähnt (Stichwort: Opportunitätskosten)) Auf diesen Punkt wurde weiter oben in dieser Abhandlung schon eingegangen.
- Die häufig recht ungezwungene Kommunikationsform ist vertrauensbildend. Die Akteure „kennen" sich mitunter schon länger und wie Frau Bianca Keybach sagt: „[...] man hat dann natürlich Vertrauen und unterbewusst auch, wenn ich dann mal eine andere Frage hab, dann neige ich dazu, bei denen anzurufen oder mich zu melden und [mir] dort helfen zu lassen." (Interview Keybach: Anhang Seite 216)
- Aus dieser vertrauensbildenden Funktion entsteht die Möglichkeit, ein Image oder eine Marke eines Unternehmens aufzubauen oder – wenn dies/e schon vorhanden ist/sind – weiter auszubauen und dies in einer Weise, wie dies mittels anderen Medien (aus den hier in dieser Abhandlung erwähnten Funktionen, die die Social Media bieten) eben nicht oder schwerer möglich wäre. Wobei Frau Osinger hier einschränkt, dass die Social Media zwar für die Markenbildung sehr hilfreich sein können, jedoch kaum direkte Geschäftsabschlüsse daraus resultieren. Hier zählen dann mitunter andere Kriterien:

> „Das ist vielen Kunden schon sehr, sehr wichtig bei uns jetzt in der Ausstellerschaft, dass sie das einmal abfragen, wie schaut es da aus, ist da was los. Also das hat schon so seine Bedeutung für Geschäftsabschlüsse, aber ist sicher nicht dann dieser letzte ausschlaggebende Punkt, also über diese Facebook-Kommunikation gewinne ich so direkt keinen Kunden, der mich dann kontaktiert und sagt, ich will ausstellen bei euch, weil die Facebook-Seite so toll ist. Sondern das ist einfach nur der Markenwert, der darüber definiert ist." (Interview Osinger: Anhang Seite 231)

Die speziellen Vorteile Für Kleinstunternehmen betreffend: diese unterscheiden sich nur geringfügig von den schon weiter oben genannten und wurden da und dort auch schon erläutert. Auch hier werden wieder wie folgt genannt:

- Social Media ist kostengünstig
- Social Media ist vertrauensbildend
- Social Media ermöglicht das erleichterte Streuen von Informationen
- Social Media bietet die Möglichkeit des „likens" (auf Facebook) => Verbreitung
- Social Media hat einen Multiplikatoreffekt
- Social Media bietet die Möglichkeit, zeitoptimiert neue Kontakte schließen;

8.3.11 Nachteile/Vorteile für eine Unternehmung durch die Social Media

Hier geht es darum, ob für eine Unternehmung durch die Nutzung der Plattformen der Social Media Nachteile oder Vorteile entstehen können? Dieser Punkt bietet im Grunde genommen keine neuen Erkenntnisse, sonder soll lediglich dazu dienen, die Vor- und Nachteile die mit der Verwendung der Social Media-Plattformen einher geht noch einmal auflisten. Dabei können nachstehende Punkte klar zu den Vorteilen gezählt werden:

- Social Media bieten die Möglichkeit des Dialogs der Akteure
- Social Media fördern den Bekanntheitsgrad eines Unternehmens
- Social Media bewirken beziehungsweise verbessern sie die Verbreitung von Informationen
- Social Media ermöglichen, dass ein Unternehmen im „Gespräch bleibt"
- Social Media bieten die Möglichkeit, schneller und mehr Personen mit einer Information zu erreichen
- Social Media bieten generell eine höhere Schnelligkeit. Einerseits in der Verbreitung von Informationen an die relevanten Zielgruppen, andererseits in der Kommunikation zwischen den Akteuren an sich.

Aber das Internet an sich und die Social Media im speziellen bietet natürlich nicht nur Vorteile: Als Nachteile wären zu sehen:

- „Das Internet vergisst nichts": Jegliche Information, die eine Privatperson oder ein Unternehmen von sich preisgibt, hinterlässt Spuren und kann in weiterer Folge mit dieser Person in Verbindung gebracht werden. Wie Frau Ines Eschbacher dies ausdrückte:

> „Man muss sich bewusst sein, dass man damit ins Internet geht. Und man weiß auch, dass im Internet sehr wenig nicht gespeichert wird. Also das meiste ist wirklich wieder auffindbar und man muss sich dessen wirklich bewusst sein […]." (Interview Eschbacher: Anhang Seite 226)

- „Das Fehlen des persönlichen Kontakts": Wie hier schon erwähnt, können die Tools der Social Media einen persönlichen Kontakt der Akteure nicht ersetzen. Wie Frau Marion Osinger diesbezüglich sagte:

    „Ich glaube eine Schwäche ist natürlich unter Umständen, dass man dieses Potential [Anm.: der Kommunikationsmöglichkeiten im Bereich der Social Media] überschätzt, denn ich glaube nach wie vor, es geht nichts über die persönliche Kontaktpflege. Also das sollte dann nicht ins Hintertreffen geraten, und ich denke, das merkt man bei manchen Unternehmen, die tappen ein bisschen in diese Falle. Dieses ‚Wir kommunizieren ja eh täglich über Facebook' und und und. Und dieser Zeitaufwand frisst dann eben die Zeit für diese persönliche Kundenbetreuung. Dass man mal telefoniert, dass man sich mal kurz trifft. Einfach weg. Ich glaube, das ist ein gewisses Risiko, diesen persönlichen Kontakt darf man einfach nicht vernachlässigen." (Interview Osinger: Anhang Seite 231)

- Die Gefahr der „Öffentlichkeit des Unternehmens": Für die Betätigungen im Bereich der Social Media ist „eine gewisse Offenheit notwendig, die nicht jedes Unternehmen erträgt." (Interview Wagner: Anhang Seite 246) Das heißt, das „[...] Unternehmen muss bereit sein sich zu präsentieren und auch teilweise vielleicht sogar, was früher als klassisches Betriebsgeheimnis gegolten hat, öffentlich ausplaudern." (Interview Wagner: Anhang Seite 246) Damit haben manche Unternehmen ein Problem und dementsprechend einen schlechteren Stand auf den Feldern der Social Media.

    „Also doch drüber reden und vielleicht auch Wissen weitergeben, was sehr wichtig ist, um auch Kompetenz zu demonstrieren und da muss man schon sehr viel hergeben. Manche können das leichter und tun sich da leichter, für manche ist es einfacher und die können das besser, andere sehr geschlossene Organisationen tun sich da sehr schwer damit. Weil die strikte Regeln haben, wer darf überhaupt mit einem Journalisten reden, der anruft, oder wie schaut das aus? Diese Unternehmen tun sich da schwer sich zu öffnen und haben dann auch – meiner Meinung nach – weniger Erfolg. Wenn sie da ins kalte Wasser hüpfen um zu sagen, jetzt machen wir auch Facebook." (Interview Wagner: Anhang Seite 246)

- Der „Mangel an Glaubwürdigkeit": Das Internet allgemein und der Social Media als ein Teil des selbigen, hat immer wieder damit zu kämpfen, dass sich Meldungen, Bilder und Filme als Fälschungen herausstellen. Dieser Umstand ist als definitiver Nachteil der Glaubwürdigkeit der Social Media zu sehen. Wie Thomas Wiesenegger darüber sagte:

    „Ich glaube, dass man stark daran arbeiten muss glaubwürdig zu bleiben. Denn nur so machen diese Plattformen Sinn, nur so macht eben für den User die Plattform Sinn, dass man wirklich informiert wird und nicht manipuliert. Und diese Glaubwürdigkeit muss man aufrechterhalten." (Interview Wiesenegger: Anhang Seite 239)

8.3.12 Sind Social Media-Tools für jede Branche sinnvoll?

In diesem Punkt gingen die Meinungen der Fachleute etwas auseinander und zwar dahingehend, dass es die eine Meinung gab, die die uneingeschränkte und branchenunabhängige Meinung vertraten und jene, die nicht für jede Branche einen Sinn auf den Feldern der Social Media sahen. Auf der einen Seite stehen jene Fachleute, die der Meinung sind, dass „jede Branche da hinein muss, welche [...] ein gewisses Maß an interner Neuerungen" stattfinden lässt. (Interview Wiesenegger: Anhang Seite 239) Wobei er selbst einschränkt:

> „Meiner Meinung nach sollten nur Unternehmungen diese Plattformen benutzen, egal in welcher Größe, die auch ein gewisses Maß an Neuerungen intern stattfinden lassen. Oder, wenn es z. B. im Bereich des Tourismus ist, geht es um Angebote. Wenn ich jetzt z. B. eine Firma habe, die einfach ein Installateur sei, dann wird es nicht immer wieder etwas Neues geben, warum soll der dann die Plattform benutzen, weil die lebt eigentlich von Neuigkeiten." (Interview Wiesenegger: ebd.)

Und auch Frau Tina Balaun war hier der Meinung, dass grundsätzlich jede Branche ihre Berechtigung in diesem Bereich der Unternehmenskommunikation hat:

> „Also, ich glaube, manche Branchen…im Grunde genommen kann natürlich jeder oder sollte jeder in Social Media vertreten sein, weil es gegenwärtig eine…DIE Kommunikationsplattform ist. Das ist der Platz, wo man sich unterhält, wo man spricht. Also so gesehen sollte jeder dabei sein. Natürlich gibt es manche Branchen, wo es vielleicht ein bisschen makaber wäre, ja, ein Bestattungsunternehmen oder so, wäre jetzt vielleicht nicht so unterhaltsam, oder wird wahrscheinlich irgendwie für Aufsehen sorgen." (Interview Balaun: Anhang Seite 220)

Wobei sie dann selbst für diese noch einen Platz auf dem Feld der Social Media sah:

> „Wobei Marketing strategisch gedacht, kann das ja eigentlich schon wieder gut sein. Also grundlegend, glaube ich, kann und eigentlich soll auch jeder in Social Media aktiv sein, weil es einfach jetzt, in der jetzigen Zeit DIE Plattform ist für Kommunikation. Also, das Leben findet auch dort statt, so blöd das auch klingt." (Interview Balaun: Anhang Seite 220)

Von der Meinung der uneingeschränkten Nutzung ist auch Herr Bannour überzeugt. Er findet, dass jeder „[…] der Kunden hat, egal ob es b2b oder b2c ist und mit dem Kunden ja auch eine Interaktion hat im Geschäft oder am Telefon oder über sonst irgendeine Gebarung, der kann Social Media für sich nutzen." (Interview Bannour: Anhang Seite 236) Den Grund dafür sieht er darin, dass es ja […]

> „[…] im Grunde nicht anderes als die Verlagerung der Kundenpflege und des Kundenanbahnungsgespräches oder des Kundenkontaktes oder des Geschäftsabschlusses [ist, d. Verf.]. Es ist eigentlich nur der Sprung von der nicht digitalen Welt in die digitale Welt." (Interview Bannour: ebd)

Frau Bianca Keybach sieht auch die Gefahr, nicht zeitgemäß zu sein und mitunter einen Trend zu verschlafen, wenn ein Unternehmen die Bereiche der Social Media nicht für sich und seine Unternehmenskommunikation verwenden sollte:

> „[…] ich vergleich das immer gerne mit dem Internet. Also vor […] 15 bis 20 Jahren, haben sicherlich sehr viele Verantwortliche gesagt: ‚Nein, das mit dem Internet brauchen wir nicht.' Die da alles verschlafen haben, die schauen jetzt, dass sie ihre Domainadressen irgendwie für teures Geld kaufen, die sie sich eigentlich automatisch hätten sichern sollen. Und wir haben schon von Anfang an gesagt, wir probieren das aus. Wenn es nichts ist, dann lassen wir es halt wieder sein, aber wenn es ein Trend wird, dann können wir es uns nicht leisten, dass wir den verpassen oder zu spät einsteigen." (Interview Keybach: Anhang Seite 216)

Und weiter sagt Frau Keybach diesbezüglich: „Mir fällt jetzt keine Branche ein, die da überhaupt nicht hineingehört, entscheidend ist tatsächlich, inwiefern man sich identifizieren kann und auch auseinandersetzt mit dem Thema." (Interview Keybach: Anhang Seite 216) Und aus dieser Überlegung heraus schränkt sie dann bezüglich der bloßen Verwendung selbst ein:

> „Nur dass ich jetzt einen Facebook-Account habe, eine Fanseite habe, reicht nicht aus. Also ich muss schon schauen, was bringt meine Facebook-Seite für meine Kunden, also wie muss ich sie nutzen, ich kann sie, denke ich mal als Versicherungsunternehmen nicht so nutzen, wie ich jetzt als Tourismusregion. Da wird es wahrscheinlich eher etwas einseitig kommuniziert sein, also entscheidend ist tatsächlich, ob die Leute, die da sich auch befassen damit, das professionell machen. Und wenn sie das nicht machen, sondern nur damit

man eine Facebook-Seite hat, und dass man Werbung für sich selber macht, dann würde ich da eher abraten davon, das ist schon eher nervig." (Interview Keybach: Anhang Seite 216)

Simon Wagner sieht sogar noch einen Aufwärtstrend in der Entwicklung der Social Media als Tool der Unternehmenskommunikation:

"Mittlerweile ist es schon auch, weil sich Facebook selber sehr schnell verändert und auch die Angebote für Unternehmen immer interessanter gestaltet, wird es für sehr viel Unternehmen immer wichtiger, dort zu sein, einfach weil unabhängig von der Größe, von der Branche, von der Ausrichtung, ob das b2b oder b2c ist, einfach diese Beziehungen sehr sehr wichtig werden." (Interview Wagner: Anhang Seite 246)

Zumal es ja auch Unterschiede auf den einzelnen Unternehmensseiten gibt und diese individuell angepasst werden können [...]

"[...] [und] man sehr, sehr viele verschieden Zugänge wählen kann. Es gibt ja nicht ‚Ich mach jetzt einen Facebook Auftritt, und der schaut bei allen Unternehmen gleich aus', sondern der Zugang kann ja unterschiedlich sein, von den Inhalten, von den Angeboten her, wie auch immer. Und wir sehen in letzter Zeit, dass mehr und mehr Branchen und Unternehmen und für uns eigentlich Kandidaten wären." (Interview Wagner: ebd.)

Wobei auch er hier teilweise einschränkt:

"Einige mehr, andere weniger. Und ich würde einem Waffenhändler nicht empfehlen, einen Facebook Auftritt zu machen, der kann eigentlich nur untergehen. Andererseits kann gerade auch für sensible Branchen, die mit negativen Äußerungen zu leben gelernt haben, das auch eine ganz gute Kanalisation sein. D. h. man kann, wenn schon über einen online geredet wird, es versuchen, auf den eigenen Kanälen zu halten und seine eigene Meinung kund zu tun und sozusagen die Argumente zu entkräften. Versuchen, das in geordnete Bahnen zu lenken. Kann auch ein Zugang sein, aber es gibt gewisse Branchen, da würde ich das einfach nicht empfehlen. (Interview Wagner: ebd.)

Auch bei reinen „business to business"-ausgerichteten Unternehmen macht er gewisse Abstriche bezüglich der Nutzbarkeit der Social Media-Möglichkeiten für diese:

"Es gibt auch gewisse Branchen, da ist das noch wenig wichtig, das sind vor allem stark b2b ausgerichtete Unternehmen, die nur schwer einen Fankreis aufbauen können. Wo einfach das Potential an Fans marginal ist, einfach dadurch, dass man sich als Facebook-User, auch wenn es nicht mehr so heißt, sich als Fan outet von einem Unternehmen, das jetzt nicht sonderlich sexy wie eine große Marke, die Millionen jedes Jahr in Imagewerbung buttert, da ist es ganz interessant, einen Kanal zu haben. Aber ich empfehle jetzt nicht den großen Auftritt und da kommen Tausend Fans zusammen. Aber es gibt gewisse Unternehmen, vor allem kleinere Bereiche, kleine Branchen, da ist das mehr und mehr wichtig. Und es wird immer interessanter." (Interview Wagner: ebd.)

Auch Frau Osinger sieht bezüglich der Überlegung b2b-Partner zu kontaktieren einen Unterschied zur Nutzung der Social Media im Bereich b2c. Hier sieht sie ein sehr großes, fast uneingeschränktes Feld für die Anwendungen der Social Media:

"Ich denke ja, wobei man da sicherlich eine Unterscheidung machen muss, welche sozialen Netzwerke, also ich denke „Xing" ist eine reine business-to-business Plattform. Da denke ich mir für fast wirklich jeden Betrieb sind, sei es nur regionale Kommunikation oder überregional, also ich denke „Xing" funktioniert für jede Branche und für jedes Unternehmen, wenn es richtig umgesetzt und genutzt wird. Das ist auch immer wichtig." (Interview Osinger: Anhang Seite 231)

Frau Osinger sieht jedoch generell weniger eine Einschränkung der Branche selbst, sondern eher (wie schon erwähnt) bezüglich der Zielgruppen, die ein Unternehmen erreichen will. Nicht für jeden scheint es sinnvoll zu sein, seine Energie für eine Seite im Bereich der Social Media zu „verschwenden":

"Also, wenn ich jetzt wirklich ein ganz kleines Einzugsgebiet habe, dann ist, je nach Zielgruppe natürlich, aber wenn die Zielgruppe – sag ich jetzt einmal – 40+ ist, dann ist die Frage, macht Facebook wirklich viel Sinn. Wegen 20 Kontakten wird der Aufwand wahrscheinlich viel zu groß sein." (Interview Osinger: Anhang Seite 231)

Ähnlich sieht dies auch Frau Ines Eschbacher, wenn sie sagt:

"Ich würde nicht jedem Unternehmen empfehlen, auf Facebook präsent zu sein, oder doch nicht, ich würde auch nicht jedem Unternehmen empfehlen in Twitter präsent zu sein oder zu blocken. Es ist einfach in gewissen Unternehmen oder gewissen Firmensparten das Zielpublikum nicht im Social Media Bereich unterwegs, und es bringt mir ja nur was, für das Unternehmen, wenn ich dort bin, wo meine Kunden sind. Das ist so das um und auf warum ich als Unternehmen überhaupt irgendwo im Social Media Bereich tätig bin." (Interview Eschbacher: Anhang Seite 226)

Aber auch das reine Betätigungsfeld des Unternehmens, scheint für Frau Osinger eine Überlegung bezüglich „pro/contra" Social Media wert:

"Es gibt glaube ich Branchen, die mit Facebook nicht wirklich viel anfangen können, oder besonders erfolgreich arbeiten können. Ich glaube, wenn man sehr sehr regional ist, und einfach irgendein kleiner Handwerksbetrieb jetzt, ist die Frage, wie sinnvoll die Nutzung von Facebook ist. Würde ich mal anzweifeln." (Interview Osinger: Anhang Seite 231)

Genau in diesem Punkt sieht aber beispielsweise Frau Tina Balaun sehr wohl eine Möglichkeit für die Integration der Social Media in die Unternehmenskommunikation eines lokal agierenden Betriebes. Denn die Grundlage des Erfolgs einer Social Media-Strategie machen die [...]

"[...] Freunde, oder die Follower oder wie man das jetzt auch nennen will, [...] [aus]. Wenn man jetzt natürlich wahllos beginnt irgendwelche Leute einzuladen, wird jeder Social Media Auftritt, egal ob Markenprodukt oder kleiner Tischler, floppen. Also auch oder grad für den Tischler kann Social Media wichtig sein, zumal er sich vorher die richtigen Freunde heraussucht. Also, bestehende Kunden, potentielle Kunden, Menschen in seinem lokalen Umfeld, ja. Und dort zu kommunizieren als kleiner Tischler kann eigentlich nur erfolgreich sein, weil das quasi, ich sag jetzt einmal, das ist so das Cafehaus im Internet. Wo man zusammensitzt, wie man oft sagt, Kundenaufträge entstehen durch persönliche Kontakte und man spricht miteinander am Abend im Lokal. Social Media ist eigentlich nichts anderes." (Interview Balaun: Anhang Seite 220)

Und sieht führt noch weiter aus und bringt ein durchaus sinnvolles und einleuchtendes Beispiel dafür:

"Und genauso wie man im richtigen Leben bei den richtigen Leuten stehen sollte, oder wenn man am richtigen Tisch sitzt, man hat das Glück oder die Gabe das zu erkennen, genauso sollte man es im Social Media Bereich machen. Also die richtigen Freunde sind auf alle Fälle wichtig, weil ich sage jetzt einmal, der kleine Hotelier 3 Strassen weiter ist definitiv interessiert am Produkt vom kleinen Tischler. Also, wenn man die Freunde gewählt oder bewusst selektiert, dann ist es auch für den Tischler interessant. Sogar mehr als für große Betriebe eigentlich." (Interview Balaun: Anhang Seite 220)

<u>Man kann erkennen:</u> Selbst Fachleute der Social Media haben hier unterschiedliche Meinungen bezüglich der Überlegung, ob es für jeden und für jede Branche zweckdienlich ist, mit seinem Untenehmen auf den Plattformen der Social Media vertreten zu sein. Dies sollte zum Umkehrschluss führen, dass jeder Unternehmer, beziehungsweise die Verantwortlichen eines Unternehmens, für ihr Unternehmen selbst die Sachlage analysieren und dann abwägen, ob der Aufwand für eine Betätigung auf dem Gebiet der Social Media sinnvoll für dieses Unternehmen ist, oder eben nicht. Um dies spielerisch zu gestalten und die Fehlerquote somit so

gering wie möglich zu halten, empfiehlt es sich, den nachfolgenden und letzten Teil dieser Abhandlung zu lesen.

8.3.13 Vorgehensweise eines Kleinstunternehmens am Parkett der Social Media

An dieser Stelle stellt sich nun die Frage, wie ein Kleinstunternehmer die Herausforderung „Social Media" für sich und sein Unternehmen in Angriff nehmen soll, welche Schritte gemacht werden sollten und auf welche Hürden zu achten ist? Sehr pauschal kann dies natürlich nicht erfolgen. Und es kann hier auch kein Masterplan entstehen, auf dass diesem zum Erfolg nur nachgeschritten werden muss. Aber es können hier doch ein paar Punkte behandelt werden, in denen – mitunter unvollständig aber doch – einige wichtige Aspekte aufgegriffen werden.

Vermutlich ist jene Herangehensweise die Nächstliegende, wie der derzeit größte Vertreter der Social Media, „Facebook" selbst entstanden ist: vom privaten zum kommerziellen Kommunikationsinstrument. Wie Simon Wagner in diesem Zusammenhang meinte:

> „[...] es ist recht interessant, dass Facebook zuerst als privater Kanal wahrgenommen worden ist, eigentlich als privates Netzwerk mit Freunden und dergleichen genutzt worden ist, wo sich die Unternehmen eher zaghaft herangewagt haben. Auch die großen Marken zuerst mehr und mehr erfolgreich." (Interview Wagner: Anhang Seite 246)

Der erste Schritt ist sicherlich herauszufinden, welche Plattform für den Social Media-Auftritt des Unternehmens die geeignetste ist, damit in weiterer Folge, die für das Unternehmen relevanten Zielgruppen auch wirklich angesprochen werden können. Um jedoch den Umgang mit dem Medium „Social Media" zu erlernen, empfiehlt es sich vorher mit einem Privat-Account die eine oder andere Plattform näher kennen zu lernen, das Verhalten der dort schon „ansässigen" Personen zu studieren, den einen oder anderen Chat zu wagen und Reaktionen abzuwarten auf Files die man selbst gepostet hat. Analysieren, wie reagiert wird, wie „gesprochen" wird, wann die offensichtlich beste Uhrzeit ist, seine Inhalte zu posten. Ähnlich sieht dies auch Herr Simon Wagner:

> „Und einfach mal nachzudenken, wie könnte ich es angehen. Vielleicht bei denen, die nicht wissen ob sie starten sollen, mit Leuten reden, die nicht so sehr die sind, die jetzt die Technik oder die Abwicklung verkaufen, die wollen einem natürlich verkaufen, dass sie das machen, sondern einfach mit denen reden, die einfach einen ganzheitlichen Zugang haben, die das in die gesamte Kommunikation eingebettet sehen, die die Vor- und Nachteile abwägen, auch mal einen kritischen Kommentar abgeben, eine Empfehlung die vielleicht negativ ist. Das Geld lieber zu sparen und einen Sexflyer auf die Windschutzscheibe rundherum zu heften, ist vielleicht auch nichts, man muss mit den richtigen Leuten reden." (Interview Wagner: Anhang Seite 246)

Wie diese getätigten Aussagen bestätigen, werden mögliche eigene Vorgangsweisen zum Betreten des Parketts von Social Media, durch Kleinstunternehmen von Fachleuten sehr wohl kritisch beleuchtet. Eine Hilfestellung und/ oder Konzeptionierung (vgl. Kapitel 10 Konzeptionierung, Seite 176) würde die Unternehmer sicherlich in ihren Entscheidungen unterstützen und ihnen helfen, „Anfängerfehler" zu vermeiden.

9. Zusammenfassung und Interpretation der gewonnenen Ergebnisse

Der empirische Teil dieses Buches beschäftigte sich mit dem Thema der Social Media als Teil der Public Relations eines Kleinstunternehmens. Dafür wurde zum Zweck der empirischen Datenerhebung, die Methode des qualitativen Expertengesprächs herangezogen. Zum einen wurden Kleinstunternehmer bezüglich ihrer Gedanken zu ihrem Verhalten und ihrer Erfahrungen mit den Plattformen der Social Media ganz allgemein und im Speziellen ihre unternehmerische Öffentlichkeitsarbeit betreffend befragt. Zum anderen wurden Experten der professionellen Public Relations und Social Media zu ihren Meinungen bezüglich der Achse „Public Relations – Social Media – Kleinstunternehmen" interviewt. Die wichtigsten Ergebnisse aus diesen Interviews sollen in diesem Kapitel zusammengefasst und interpretiert werden, um damit die Beantwortung der eingangs dieser Studie aufgestellten Forschungsfragen und die Darstellung der Hypothesen zu ermöglichen.

9.1 Die Beantwortung der Forschungsfragen mittels der erhobenen Daten

9.1.1 Forschungsfrage 1

Was ist unter dem Begriff Social Media ganz allgemein und in besonderem im Zusammenhang mit Public Relations zu verstehen?

Wie in Kapitel 6.1.1 dieser Studie schon beschrieben, handelt es sich bei Social Media um Netzwerke im Internet, in denen – auf den dafür zu Verfügung gestellten Plattformen – von Usern kreierte Beiträge, Bilder und Videos mit den anderen Mitgliedern dieser Plattformen in einer „Share-Funktion" – im Sinne eines Mediums der „aktiven Teilnahme", des Gebens und des Nehmens – geteilt werden und per Tatstatur mit den Mitgliedern dieser Plattformen kommuniziert werden kann.

Die Public Relations einer Unternehmung betreffend, können die Kommunikationsplattformen der Social Media als weitere Ebene gesehen werden. Sie ermöglichen, dass über die interne oder externe Unternehmenskommunikation mit den jeweils relevanten Affinity Groups (Zielgruppen) des Unternehmens in Kontakt getreten werden kann. Dadurch können Inhalte auf Basis einer „Share"-Kommunikation unter Berücksichtigung journalistischer Gepflogenheiten (zumindest seitens der Unternehmung) miteinander geteilt werden und auf diesem Wege eine Kommunikations-Beziehung zwischen den Unternehmen und ihren Zielgruppen, beziehungsweise deren Mitgliedern aufgebaut werden.

9.1.2 Forschungsfrage 2

Was verstehen Kleinstunternehmer unter Public Relations? Wie wird Public Relations betrieben? Tendenzen?

Dieser Punkt kann durch die Ergebnisse der Interviews (zumindest für diese Studie und deren Befragte) beantwortet werden und weicht (ohne dabei repräsentativ sein zu wollen) auf den ersten Blick von der Studie der PRVA aus dem Jahr 2009 und der Untersuchung von Frau Spatzier ab (vgl. dazu Kapitel 6.7.2 Kleinstunternehmen und Public Relations, Seit 121): Von den für diese Studie befragten Unternehmern, haben sich sechs bewusst Public Relations betrieben. Vier der befragten Unternehmer betreiben unbewusst PR für ihren Betrieb und einer unterließ aus Diskretionsgründen willentlich jegliche andere Öffentlichkeitsarbeit, denn die Mundpropaganda. Von den Befragten führten immerhin vier ihre Öffentlichkeitsarbeit auch auf dem Gebiet der Social Media aus. Davon waren es drei, die dies in Eigenregie taten und einer, der seine Seite fremd betreuen ließ. Dies allerdings mit dem nötigen Naheverhältnis zur ausführenden Person, welches für ihn wichtig erschien, um seine Social Media-Seite in seinem Interesse geführt zu sehen.

Auch was die Art der Aktivitäten betraf, ließ das Repertoire keine Wünsche über. Vorhanden waren: Newsletter, Presseaussendungen, „Tag der offenen Türe", Plakate, Flyer, Modenschauen, Fahrzeugbeklebungen und auch Charity-Aktivitäten – und natürlich auch Aktivitäten auf den Plattformen der Social Media (hier vorrangig auf Facebook). Und schließlich die Mundpropaganda, die im Bereich der Kleinstunternehmen jedenfalls das wichtigste Public Relations- und Marketing-Instrument zu sein scheint, da jeder der befragten Unternehmer, diese sofort als einen sehr wichtiges Medium angab. Dies scheint insofern nachvollziehbar, da diese Unternehmen sehr stark lokal aktiv sind und somit eine gute Mundpropaganda wichtiger ist, denn für Unternehmen, welche überregional oder gar national/international agieren.

ABER: was beim Nachfragen bezüglich der Erwartungen der gesetzten Aktivitäten im Bereich der Öffentlichkeitsarbeit für ihr Unternehmen sofort aufgefallen ist: sieben der Befragten Personen sahen eine Verkaufsförderung hinter ihren Aktivitäten des „Netzwerkbildens", des „Informierens", des „Kommunizierens" – also am ehesten im Sinne eines marketingorientierten Ansatzes (vgl. Kapitel 5.2.2 Der marketingorientierte PR-Ansatz, Seite 22) – und weniger die Aspekte einer klassischen Öffentlichkeitsarbeit, einer nachhaltigen, organisationsorientierten Sichtweise. Lediglich einer sagte auf seine Charity-Aktivität angesprochen, dass es sich hierbei um eine Herzensangelegenheit handle und weniger der Aspekt des Verkaufs dahinter stehe. Das heißt, dass zwar im klassischen Sinne PR-Instrumente seitens der befragten Unternehmer eingesetzt wurden, aber im Hinterkopf doch der Gedanke der Umsatzsteigerung lag. Diese Beobachtung deckt sich auch mit den Aussagen der PR- und Social Media Experten Hemets-

berger und Bannour, die bezüglich der Trennung der Public Relations zu den Feldern des Marketings im Interview sagten, dass diese speziell auf dem Feld der Social Media sehr nahe zusammen liegen.
Was kann man nun aus diesem Sachverhalt schlussfolgern?

Punkt 1: Keines der Unternehmen hat Unterstützung aus dem Bereich der professionellen Public Relations- oder Marketingberatung. Insofern ist es auf der einen Seite faszinierend, wie professionell in der Umsetzung der Aktivitäten umgegangen wird. Aber diese Vorgehensweise birgt auf der anderen Seite natürlich die Tendenz, dass nicht unbedingt schlecht oder falsch, aber mitunter unstrukturiert vorgegangen wird. Hier könnte durch eine professionelle PR-Beratung sicherlich noch eine Verbesserung und erhöhte Zielorientiertheit in Richtung einer nachhaltigen Unternehmens-PR geschaffen werden.

Punkt 2: Natürlich ist es für einen Jungunternehmer am naheliegendsten, alles dafür zu tun, den Umsatz des Unternehmens zu bestärken. Das „hier und jetzt" scheint entscheidend zu sein. Was damit allerdings mitunter unberücksichtigt bleibt, sind Aspekte wie Kommunikation, Kundenbindung „generell" und „…für den Fall einer Krise", Nachhaltigkeit. Allgemein ausgedrückt also langfristige, organisationsorientierte Betrachtungsweisen. Dadurch drängen sich vielfach die Inhalte des Marketings stärker in den Vordergrund der gesetzten Aktivitäten, denn die Aspekte der Öffentlichkeitsarbeit. Auch hier könnte eine Beratung durch eine Fachkraft sicherlich eine Verbesserung in Richtung einer integrierten Unternehmenskommunikation (vgl. Kapitel 5.6.2.3 Integrierte Unternehmenskommunikation, Seite 40 in dieser Arbeit) herbei führen. Hinderlich in diesem Punkt wird jedoch die vermutbare finanzielle Schwäche der meisten Kleinstunternehmen sein. Was für diesen Fall möglich wäre, sind beispielsweise verhältnismäßig kostengünstige Lehrgänge oder Seminare für den Bereich der Public Relations, welche unter anderem auch immer wieder von den Wirtschaftsförderungsinstituten (WIFI) angeboten werden. Dies wäre deutlich kostengünstiger, als eine Einzelberatung oder -schulung und die Unternehmer würden jedenfalls im Vorfeld für die Thematik der Public Relations sensibilisiert werden und ihr Wissen den Bereich „Public Relations" in ihrem Unternehmen betreffend, deutlich erweitern.

9.1.3 Forschungsfrage 3

Kann gesagt werden, dass Kleinstunternehmer im eigentlichen Sinn Public Relations betreiben?

Diese Frage muss a) auf die, in dieser Studie befragten Kleinstunternehmer reduziert werden und wurde b) im Grunde genommen schon in der unmittelbar vorangegangen Abhandlung zu Forschungsfrage 2 beantwortet. Kurz zusammengefasst: Nein. Die für diese Studie befragten Kleinstunternehmer betreiben im klassischen Sinne keine organisationsorientierte Public

Relations. Es werden zwar, die für eine Public Relations-Kampagne einer Unternehmung, typischen PR-Instrumente verwendet (und natürlich auch die Plattformen der Social Media), der eigentliche Focus dabei liegt jedoch in einer Verkaufsförderung/des Marketings und nicht im Bereich der Ziele – allen voran die Anregung der Kommunikation der Community-Mitglieder untereinander und mit dem Unternehmen – einer nachhaltigen Public Relations-Kampagne.

9.1.4 Forschungsfrage 4

Was sind die Aufgaben, Funktionen und Zielgruppen der Social Media?

Diese Frage wurde durch die Kapitel 6.4 Aufgaben und Funktionen der Social Media (siehe Seite 91) und 6.4.3 Die Festlegung der Zielgruppen (siehe Seite 100) und den darauf folgenden zwei Unterkapitel zu diesem Thema ausreichend behandelt. Weiters kommt in Kapitel 10.3 Festlegung der Zielgruppen (siehe Seite 181) im Bereich der Konzeptionierung nochmals eine Abhandlung die Zielgruppen betreffend. Die Aufgaben und Ziele anbelangend, kann dies kurz gefasst, auf die „Herstellung von Kommunikation", die „Schaffung von Vertrauen" und den „Interessensausgleich zwischen dem Unternehmen und seinen Zielgruppen" zurückgeführt werden (vgl. hierzu Kapitel 6.4 Aufgaben und Funktionen der Social Media (Seite 91)). Dabei bilden die Plattformen der Social Media ein weiteres Kommunikationsinstrument für die interne und externe Unternehmenskommunikation.

9.1.5 Forschungsfrage 5

Wie wird in den einzelnen Unternehmen mit den einzelnen Zielgruppen kommuniziert? Spielt Social Media dabei eine Rolle?

Zunächst zum ersten Teil dieser Frage: Wie wird mit den einzelnen Zielgruppen kommuniziert? Wie in Kapitel 8.3.1 Arten der täglich verwendeten Kommunikationskanäle (Seite 141) dieser Studie schon beschrieben, und auch schon in der Diskussion der Forschungsfrage 2 (siehe Kapitel 9.1.2, Seite 168) erläutert, wird seitens der befragten Unternehmer ein breites Spektrum möglicher Kanäle für ihre Unternehmenskommunikation verwendet. Hier sticht die „Mundpropaganda" deutlich hervor. Dies liegt vermutlich – wie an anderen Stellen dieser Studie schon erwähnt – an der lokalen/regionalen Geschäftsausrichtung dieser Unternehmen. Die persönliche Empfehlung hat hier noch einen hohen Stellenwert. Dies soll nicht heißen, dass die Meinung beispielsweise von Kunden bei international agierenden Unternehmen weniger wichtig wäre. Eine solch dominante Stellung und „tragende Rolle" wird sie jedoch vermutlich nur bei den wenigsten global agierenden Unternehmen einnehmen. Uninteressant ist sie natürlich trotzdem nicht: Im Falle der global agierenden Unternehmen wird solch eine „persönliche Meinung" der einzelnen Zielgruppen beziehungsweise deren „elektronische Mundpropaganda" via Monitoring erfasst (vgl. dazu auch Kapitel 6.4.1 Die Analyse der Ist-Situation und das Monitoring, Seite 95).

Bezüglich der Frage, ob Social Media im Zuge dieser Unternehmenskommunikation der Kleinstunternehmen eine Rolle spielt, ist zu antworten: Ja, Social Media spielt dabei (immer mehr) eine Rolle. Immerhin knapp die Hälfte der für diese Studie interviewten Unternehmer, arbeiten aktiv – wenn auch, wie schon mehrfach erwähnt, im Bereich der „Verkaufsförderung" – mit den Werkzeugen der Social Media. Es ist an dieser Stelle zu vermuten, dass diese Zahl in Zukunft eher ansteigend sein wird.

Die verwendeten Plattformen innerhalb der Social Media betreffend, steht die Social Media-Plattform „Facebook" als klarer Spitzenreiter da. Auch an diesem Umstand wird sich vermutlich kurz- bis mittelfristig (die nächsten Monate bis Jahre) wenig ändern. Eine Begründung dafür erfolgte in den Ausführungen dieser Studie und sollen hier nur noch stichwortartig angeführt werden: (vermeintliche) Kostenlosigkeit (vgl. dazu Kapitel 8.3.8 Das Nutzen-/Leistungsverhältnis im Bereich der Social, Seite 154), derzeit größtes Netzwerk der Welt (Stand Oktober 2010 (vgl. Kapitel 1.3 Praktische Relevanz, Seite 4)), hohe Reichweite, private Nutzung der meisten Unternehmer schon gegeben, einfache Handhabung (Kommunikation, Einstellen von Bildern, Videos,…), Chat-Funktion,… .

9.1.6 Forschungsfrage 6

Kann darauf rückgeschlossen werden, dass umso weniger finanzielle Mittel für Public Relations aufgewendet werden, desto kleiner und dadurch wahrscheinlich auch finanziell schwächer ein Unternehmen ist und dadurch dann „Social Media" als Instrument interessant wird?

Diese Frage erklärt sich teilweise schon durch die im zweiten Punkt dieser Diskussion (vgl. Kapitel 9.1.2, Seite 168) erläuterte Tatsache, dass die Bewegungen der Kleinstunternehmer auf dem Feld der organisationsorientierten Public Relations als eher eingeschränkt zu bezeichnen sind. Ihr Hauptfokus liegt – wie schon erwähnt (siehe Kapitel 9.1.2) – eher auf der Verkaufsförderung (Marketing). Aber – die Social Media als übergeordnetes Instrument der Unternehmenskommunikation gesehen – die Plattformen der Social Media an und für sich, verbreiten sich mehr und mehr im Bereich Unternehmenskommunikation der Kleinstunternehmen. Dies liegt zum einen an der vermeintlichen Kostenlosigkeit (Stichwort: Opportunitätskosten (vgl. Kapitel 8.3.8 Das Nutzen-/Leistungsverhältnis im Bereich der Social Media, Seite 154). Diese Aussage spiegelt sich auch teilweise in den Interviews wider (vgl. Interview „Bohle", Anhang Seite 252 und Interview „Pacher", Anhang Seite 282).

<u>Deshalb:</u> Die Einschränkung, die Public Relations vom Feld der Social Media für die untersuchten Kleinstunternehmen auszuschließen, lässt zu, diese Forschungsfrage mit einem „Ja" zu

beantworten. Ja, diese „Kostenlosigkeit" macht dieses Kommunikationsinstrument für Kleinstunternehmen grundsätzlich interessant und ansprechend.

Zum anderen liegt das Interesse der Kleinstunternehmer am Feld der Social Media vermutlich in der Tatsache, dass einige der für diese Studie befragten Kleinstunternehmer schon privat im Bereich der Social Media aktiv sind und somit die Schwellenängste sehr gering scheinen. Fast jeder der befragten Unternehmer hat sich auf diesem Weg ohnehin schon mit der Thematik „Social Media" bekannt gemacht. Diese beiden Gründe – „Kostenlosigkeit" und „erleichterter Zugang" – verbessern die Aufnahme und die grundsätzliche Integration der Social Media in die Unternehmenskommunikation.

Um diese nun auf die Ebene der Public Relations zu bringen, beziehungsweise die Social Media auch als organisationsorientiertes Kommunikations- und Public Relations-Instrument zu verwenden und weniger als Marketing- und Werbetrommel, müssen jedoch unternehmensintern noch einige Punkte berücksichtigt werden, um die Kleinstunternehmen in ihren Kommunikations-Aktivitäten um das Feld der Public Relations zu erweitern. Belegt wird dies im Grunde durch die Aussagen der interviewten Unternehmer, von denen fast alle verkaufs- und nicht kommunikationsförderne Gründe für ihre Social Media-Aktivitäten angaben (vgl. dazu auch Kapitel 9.1.2 dieser Diskussion).

9.2 Interpretationen der Hypothesen mittels der gesammelten Daten

Aus diesen Forschungsfragen können in weiterer Folge nachstehende Hypothesen abgeleitet werden:

1. Hypothese: Kleinstunternehmen betreiben keine Public Relations im klassischen Sinn.

Diese Hypothese kann auf den ersten Blick als **nahezu** bewiesen betrachtet werden. Diese Aussage stützt sich zum einen, auf die in diese Studie aufgenommene Betrachtungsweise von Frau Astrid Spatzier, die schon in ihrem 2011 erschienenen Werk „Kommunikation und Public Relations während einer Neugründungsphase von Kleinstunternehmen" erwähnt, dass Umsatzgrößen und Marketingaspekte in Kleinstunternehmen oft den Vorrang vor den Belangen der Public Relations genießen (vgl. Spatzier 2011: 8 und Kapitel 6.7.2 Kleinstunternehmen und Public Relations, Seite 123). Zum anderen beruht die eingangs gesetzte Behauptung, auf die, im Zuge dieser Studie getätigten Interviews, welche zu einem hohen Prozentsatz das Folgende erkennen lassen: Die klassischen Instrumente der Public Relations, werden von fast allen befragten Unternehmern in den unterschiedlichsten Kombinationen eingesetzt (vgl. Kapitel 8.3.1 Arten der täglich verwendeten Kommunikationskanäle, Seite 141), doch deren Zielsetzung ist meist die „Umsatzsteigerung" und weniger die Förderung der nachhaltigen Organisationsziele. Es wurden zwar (wie in Punkt 8.3.3 Gründe eines Unternehmens, auf Social Media Plattformen vertreten zu sein, Seite 144 zu sehen) Gründe, wie nachstehende, für das Betreiben einer Social Media-Seite von den für diese Studie befragten Kleinstunternehmern angegeben:

- kostenlos
- weitere Plattform, parallel zur Homepage/ Alternative zu Webseite
- Möglichkeit der „Echtzeitkommunikation"/Kommunikationsplattform/Kontakt halten
- Ausbaumöglichkeit des vorhandenen Kundenstocks
- Newsletter
- Informationsweitergabe/Informationsweitergabe selbst steuern
- Vertrauensbildung
- Bilder, Videos, Information
- Dass man dort seine Zielgruppen findet/Möglichkeit, viele Personen zu erreichen
- „Visitenkarte" des Unternehmens
- Um „Spionage" betreiben zu können, wenn neue Mitarbeiter eingestellt werden;

Doch lediglich ein Unternehmer empfand beispielsweise „Vertrauen bilden" als sinnvoll und erstrebenswert. Und auch die Möglichkeit der „Kommunikation" war nur bei drei Unternehmern ein Grund, eine Social Media-Seite zu betreiben. Die Hauptziele waren „Informationen zu verbreiten" als Mittel für die Umsatzsteigerung und das Hauptargument jenes, dass diese Seiten „nichts kosten". Auch hier bestätigt sich das Bild, welches schon Astrid Spatzier skizziert hatte: Diese Instrumente werden in den meisten Kleinstunternehmen primär für die Umsatzstärkung und für die Verkaufsförderung eingesetzt. Das heißt, der marketingorientierte Public Relations-Ansatz steht hier noch klar im Vordergrund. Die Belange der Public Relations (zum Beispiel: Förderung der Kommunikation, Verhaltensänderung,...) und die Wichtigkeit einer, der integrierten nachhaltigen Unternehmenskommunikation entsprechenden Öffentlichkeitsarbeit (vgl. Bruhn 2009: 165), haben bei den meisten Kleinstunternehmen noch keinen Stellenwert im täglichen Geschäftsleben.

Warum jedoch dann das Wort „nahezu" im ersten Satz dieser Abhandlung? Diese Formulierung wurde deshalb gewählt, weil hier a) der Anspruch der Repräsentativität nicht erhoben werden kann (vgl. dazu Kapitel 7.3.2 Qualitative Befragung (Leitfadengestützte Interviews) auf Seite 130), sondern lediglich jene Interviews zur Analyse herangezogen werden können, welche für die vorliegende Studie gemacht wurden (auch wenn diese Beobachtungen durch die Aussage von Astrid Spatzier als bestätigt angesehen werden können). Und b) weil auch schon während dieser Interviews „statistische Ausreißer" aus dem Raster dieser Behauptung festzustellen waren (vgl. hierzu Kapitel 8.3.1, Seite 141): Wenn es sich hier zum Beispiel um – wie schon ein paar Zeilen zuvor erwähnt – „Vertrauensbildung" handelt. Oder um eine „Herzensangelegenheit" des Interviewten. Und genau diese Charity-Aktion (vgl. Kapitel 8.3.1, Seite 141) ist dann schlussendlich doch ein klassisches Beispiel dafür, wie intuitiv und „unverkrampft" organisationsorientierte, nachhaltige Public Relations in einem Unternehmen gelebt werden könnte. Dass speziell diese Charity-Aktivität nun mittels Mundpropaganda verbreitet wurde und (noch) nicht den Weg auf die Facebook-Seite dieses Unternehmens gefunden hat, mag – den Titel dieser Studie betrachtend – als Schönheitsfehler angesehen werden, den Erkenntnissen der Kombination „Public Relations ⇔ Kleinstunternehmen" bereitet dies keine Veränderung.

Die Hypothese betreffend, welche hier aufgestellt wurde, kann es deshalb eben nur ein **„nahezu"** ergeben. Allerdings: Rein „statistisch/mathematisch gerundet" und die Ergebnisse aus den, für diese Studie getätigten Interviews betreffend, ist diese Hypothese in leicht modifizierter Weise (weil die hier genannten Fälle die Ausnahme bilden und die Mehrzahl die „Verkaufsförderung" und „Umsatzsteigerung" hinter ihren Aktivitäten sehen) jedenfalls – wie nachstehend korrigiert – als bestätigt zu betrachten:

Kleinstunternehmen betreiben keine *strategisch geplanten, nachhaltigen und organisationsorientierten* Public Relations.

2. Hypothese: Umso kleiner und damit vermutlich finanziell schwächer ein Unternehmen ist, desto eher wird Social Media als Public Relations-Instrument eingesetzt.

Diese Hypothese muss zunächst dahingehend als falsifiziert bewertet werden, da sich durch die Recherchen zu dieser Studie bestätigt hat, dass von den, für diese Studie untersuchten Kleinstunternehmen zwar die Instrumente der Public Relations (Social Media, Presseaussendungen, Newsletter, Tag der offenen Türe,...) verwendet werden, jedoch kaum Public Relations (bis auf wenige Ausnahmen) im organisationsorientiertem Sinne, sondern im Sinne des Marketings einer Unternehmung betrieben wird. Das heißt, diese Instrumente werden vorrangig für die Verkaufsförderung und Umsatzsteigerung herangezogen (siehe dazu auch bei Hypothese 1).

Aber: das Instrument „Social Media" betreffend, kann jedenfalls behauptet werden, dass dieses a) allgemein immer mehr von den befragten Unternehmen eingesetzt wird, um das Unternehmen zu präsentieren und b) dies aus Kostengründen auf Social Media-Plattformen geschieht. Der Social Media haftet dabei der Nimbus an, dass sie kostenlos zu haben sei. Dass diese „Kostenlosigkeit" falsch oder zumindest trügerisch ist, ist anhand der sogenannten Opportunitätskosten erklärbar, nämlich dahingehend, dass einem Kleinstunternehmer eine bestimmte Anzahl von Zeit pro Tag zu Verfügung steht. Verwendet er einen Teil dieser Zeit für die

Betreuung seiner Social Media-Seite, so hat er diese Zeit nicht für seine Studie zu Verfügung und macht in dieser Zeit auch keine Umsätze. Dieser Umsatzverlust ist als Kostenfaktor zu sehen (vgl. dazu auch Kapitel 8.3.8 Das Nutzen-/Leistungsverhältnis im Bereich der Social, Seite 154). Noch weniger ist dies natürlich der Fall, wenn die Social Media-Seite des Unternehmens nicht vom Unternehmer selbst, sondern von einem Angestellten beziehungsweise unternehmensextern betreut wird. Das heißt: Social Media ist NICHT kostenlos. Jedoch reicht die Tatsache, dass für die meisten dieser Seiten keine laufenden Kosten (zum Beispiel im Sinne einer Monatsmiete) anfallen, aus, als dass Unternehmer sich dieser Medien bedienen.

Damit kann resümierend gesagt werden, dass ein Unternehmen nicht zur Social Media als Public Relations-Instrument greift, weil es finanziell schwächer ist. Die kaum vorhandenen organisationsorientierten PR-Tätigkeiten wurden schon in der ersten Hypothese und auch zu Beginn dieser Hypothese behandelt und bestätigt. Sie müssen hier nicht nochmals angeführt werden. Das **Public Relations bereinigte** Kommunikationsinstrument „Social Media" jedoch scheint jedenfalls für die, für diese Studie befragten Kleinstunternehmer durch die vermeintliche „Kostenlosigkeit" und die schon in Kapitel 9.1.6 (siehe Seite 172) beschriebenen geringen Schwellenängste (schon vorhandene private Aktivitäten auf den Plattformen der Social Media) interessant zu sein. Korrigiert müsste diese Hypothese damit folgendermaßen lauten:

Umso kleiner und damit vermutlich finanziell schwächer ein Unternehmen ist, desto eher wird Social Media als Instrument der Unternehmenskommunikation eingesetzt.

10. Konzeptionierung

In diesem Kapitel erfolgt nun die Konzeptionierung einer Social Media-Strategie für ein Kleinstunternehmen. Ziel dabei ist, dass dieses Konzept einerseits praktikabel und andererseits kostengünstig ist, da von einer allgemeinen Kapitalschwäche eines Kleinstunternehmens ausgegangen wird. Die in den vergangenen Kapiteln erläuterten allgemeinen Public Relations-Schwächen eines Kleinstunternehmens (vgl. Kapitel 9.1.2 Punkt 1 und Punkt 2 der Abhandlung, siehe Seite 169) werden bei dieser Konzeptionierung vernachlässigt. Für diese Konzeptionierung wird vorausgesetzt, dass die Social Media-Verantwortlichen eines Kleinstunternehmens welches sich für einen Social Media-Auftritt interessiert, eingehend über die Aufgaben, Möglichkeiten und Ziele der Public Relations als Teil ihrer Unternehmenskommunikation informiert haben. Diese Informationen können entweder mittels geeigneter Fachliteratur, beziehungsweise bei diversen Schulungen erfolgt sein. Oder es wurde professionelle Hilfe in Form einer PR-Agentur in die Vorüberlegungen zur Gestaltung und Führung der Social Media-Unternehmensseite einbezogen.

Und auch die Frage, ob ein Social Media-Auftritt für diese Unternehmung XY überhaupt sinnvoll ist, sollte an dieser Stelle natürlich schon geklärt sein. Die Meinungen, ob eine Unternehmung den Schritt auf das Parkett der Social Media wagen sollte, teilt auch die Social Media-Fachleute in mehrere Lager (vgl. Kapitel 8.3.12 Sind Social Media-Tools für jede Branche sinnvoll?, Seite 162). Deren Meinungen diesbezüglich decken von „Ja, auf jeden Fall!" bis zu „Dies ist branchenabhängig." im Grunde genommen die ganze Palette der Meinungsmöglichkeiten (vgl. ebd.). Diese Aussage erscheint auf den ersten Blick als unbefriedigend, weil sie keinen Tenor erkennen lasst. Doch kein Unternehmer wird um die Kernfrage „Brauche ich überhaupt Social Media für meine Unternehmung?" herum kommen, um sich dann im nächsten Moment zu fragen, ob das Unternehmen überhaupt genug zu berichten und genügend Bildmaterial zu Verfügung hat, um auch wirklich jede Woche und mitunter sogar täglich, die Seiten der Social Media-Plattform zu füllen. Manche Unternehmen haben dies definitiv nicht. Eine Seite, die die „business-to-customer"-Beziehungen fördert scheidet dann vermutlich (vorerst) aus, kann aber jederzeit wieder in Erwägung gezogen werden, wenn der Unternehmer meint, dass sich diese Situation bezüglich der „berichtenswerten Informationen" verbessert haben sollte. Aber wenn vielleicht auch noch nicht für den b2c-Bereich, so kann doch genügend Informationsmaterial zu Verfügung stehen, um die ersten Social Media-Schritte im Bereich „business-to-business" zu wagen. Einer Präsentation des Unternehmens auf dem Social Media-Portal (beispielsweise) „Xing" und ersten branchenrelevanten Kontakten steht damit wenig im Wege (vgl. Kapitel 8.3.12, Seite 162).

Die eingangs angesprochene „Kostengünstigkeit" diese Konzeptes soll sich daraus ergeben, dass für die Erstellung und Betreuung der Social Media-Seite – mit Ausnahme der eventuell im

Vorfeld erfolgten Public Relations-Schulung oder der Unterstützung durch einen Grafiker/Fotografen – grundsätzlich keine kostenpflichtige Fremdhilfe herangezogen werden muss. Die Erstellung und Durchführung der Social Media-Strategie obliegt dem Unternehmen beziehungsweise dem Social Media-Beauftragten der Unternehmung. Das heißt, es werden schon vorhandene Personalressourcen dafür eingesetzt. Dass diese Seite somit nur kostengünstig, nicht aber kostenlos sein kann, erklärt sich schon alleine aus den vorhandenen Lohnkosten für einen Mitarbeiter (freier Mitarbeiter, Fix-Angestellter) des Unternehmens oder aus den (zumindest vorhandenen) Opportunitätskosten (vgl. Kapitel 8.3.8, Seite 154), falls der Unternehmer selbst an die Gestaltung und Betreuung der Seite denken sollte. Weitere Kosten, die (je nach Bedarf) zu berücksichtigen sind:

- Internetanschluss: dieser kostet natürlich auch etwas, die Kosten dafür sind aber ohnehin schon vorhanden;
- Grafiker: erfolgt die grafische Aufbereitung der Social Media-Seite (Blogs, etc.) selbst oder wird die Hilfe eines Fachmanns herangezogen;
- Bilder: In jedem Fall sind bei der Erstellung der Seite Bild- und Eigentumsrechte zu beachten! Hier bestehen – von der professionellen Warte aus gesehen – zwei Möglichkeiten => a) das Bildmaterial wird in Eigenregie von einem Profi angefertigt oder b) beispielsweise in einer Bildagentur („istockphoto" (http://deutsch.istockphoto.com/) oder vergleichbare Seiten) verhältnismäßig günstig gekauft. Die Variante „selbst gemacht" ist eher **nicht** empfehlenswert, da – falls es sich im Falle des Unternehmers/Social Media-Beauftragten nicht um einen begnadeten Fotografen handeln sollte – die Gefahr besteht, dass der Social Media-Auftritt einen billigen und vor allem unprofessionellen Touch bekommen könnte. Hier gilt: Günstig ja. Billig nein. (Anm. d. Verf.: Die Ratschläge bezüglich des Bildmaterials beruhen auf der Tatsache, dass der Autor dieser Zeilen selbst Anfang der 90er-Jahre als professioneller Industrie- und Werbefotograf gearbeitet hat.)

Theoretische Grundlage für die Gestaltung dieser Konzeptionierung bildet der in Kapitel 5.7 (Seite 42) für die Public Relations beschriebene und in Kapitel 6.4.1 (Seite 93) Prozess beziehungsweise die von der DPRG 2005 definierte „AKTION-Formel" (vgl. ebd.). Diese Formel und ihre Inhalte wurde vom Autor dieser Studie für die Belange der Social Media angepasst (vgl. Kapitel 6.4.1 Die Analyse der Ist-Situation und das Monitoring, Seite 93) und hat nachstehende Unterteilung erhalten:

1. Die Analyse der Ist-Situation
2. Die Definition der Ziele die mit Social Media erreicht werden sollen
3. Die Festlegung der Zielgruppen
4. Die Festlegung der Strategie

5. Die Festlegung der Maßnahmen
6. Die Erstellung des Budgets
7. Die Evaluation

10.1 Situationsanalyse/Analyse der Ist-Situation

Soll bei der Erstellung einer Social Media-Strategie effizient und sinnvoll vorgegangen werden, so muss zunächst der Zustand der Ist-Situation erfasst werden. „In der Analyse gehen wir von dem aus, was bereits vorhanden ist und was bisher getan wurde. Es geht nicht darum, das Rad neu zu erfinden, jedoch mit dem Social Web neue Wege der Kommunikation zu erschließen." (Schindler/Liller 2011: 278) Ziel dieser Analyse ist es nachdem selbige erfolgt ist, die Situation des eigenen Unternehmens, die der Marktmitbewerber, aber auch das Unternehmensumfeld zu kennen und einschätzen zu können (vgl. Kapitel 6.4.1, Seite 93). Dies passiert zum einen mit einer Checkliste, in der man sich die Fragen nach der eigenen Markpositionierung, nach den aktuellen, bisher getätigten Kommunikationsaktivitäten und deren Zielen beziehungsweise den derzeitigen Kosten, nach den Marktmitbewerbern und deren Verhalten beantworten sollte. Auch Kunden des Unternehmens können hier ein Punkt sein, der in diese Analyse einfließt. Zu diesem Zeitpunkt der Analyse sollte auch die Frage gestellt werden, ob überhaupt der richtige Zeitpunkt ist, um in die Social Media einzusteigen? Wie steht das Unternehmen gerade in der Öffentlichkeit da? Gibt es Skandale, Gerichtsverhandlungen, offen Auseinandersetzungen, ökologische Bedenken, Entlassungen? Und könnte durch diesen Auftritt möglichen „Feinden" des Unternehmens eine neue Plattform geboten werden, um Angriffe gegen das Unternehmen zu starten?

Weiters ist das Unternehmensumfeld abzustecken: Standortregion, Standortgemeinde, Marktmitbewerber, unmittelbar angrenzende Nachbarn. Wie ist dort der Tenor der Unternehmung gegenüber? Ist man dem Unternehmen in der Gemeinde generell wohlgesinnt? Gibt es Gegner in dieser Gemeinde? Gibt es klare Befürwortet des Unternehmens? Wie sieht es mit den Mitarbeitern aus? Sind diese dem Unternehmen und dem Unternehmer verbunden und am Unternehmen interessiert, oder wird lediglich „Dienst nach Plan" gearbeitet (Stichwort: Loyalität)?

Neben solch einer Checkliste kann auch einen „SWOT-Analyse" (auch „Stärken/Schwächen-" oder „Umweltanalyse" genannt). Hier werden (wie schon in den Kapiteln 5.7.1, Seite 42 beziehungsweise 6.4.1, Seite 95 beschrieben) nach einer klaren Abgrenzung des, für die Untersuchung relevanten Bereichs, die Stärken und Schwächen sowie die Chancen und Gefahren eruiert, gesammelt und analysiert, welche das Unternehmen intern und extern, momentan und in naher Zukunft betreffen oder betreffen könnten. Auf den Erkenntnissen aus diesen Analysen können Entscheidungen getroffen werden und Inhalte formuliert werden, welche Kommunikationsziele erreicht werden sollen. Zusammenfassend kann gesagt werden: je umfangreicher das Wissen ist, welches in dieser Stufe gesammelt wurde, desto genauer lassen sich die Ziele für die Social Media-Strategie formulieren.

Beides, sowohl die SWOT-Analyse, als auch die eingangs angesprochene Checkliste sind primär mit einem Zeitaufwand und damit mit Kosten verbunden. Allerdings darf davon ausgegangen werden, dass sich der Aufwand für diese Situationsanalyse – nicht nur aus Sicht der Unternehmenskommunikation, sondern gesamtbetrieblich – jedenfalls lohnen wird.

10.2 Ziele welche mittels der Social Media erreicht werden sollen

In diesem Stadium müssen die relevanten Ziele für die anstehende Social Media-Strategie definiert werden. Wie in Kapitel 6.4.2 Die Definition der Ziele die mit Social Media erreicht werden sollen, Seite 98 beschrieben, können hier qualitative (zum Beispiel die Veränderung des Images der Unternehmung) und quantitative Ziele (etwa „Steigerung des Bekanntheitsgrads des Unternehmens" oder auch einer bestimmten Dienstleistung des Unternehmens; 50 neue Fans bei Facebook) unterschieden werden (vgl. ebd., Seite 98). Wichtig ist jedoch für beide Zielgruppen – die qualitativen als auch die quantitativen –, dass die Ergebnisse der Social Media-Strategie messbar sein müssen.

Was als Grundsatzfragen für die Definition der Ziele eines spezifischen Unternehmens zu sehen sind: Wen will das Unternehmen mit den geplanten Maßnahmen (Kommunikationsmix) erreichen, welche Informationen sollen verbreitet werden und was soll damit bei der jeweiligen Zielgruppe verändert werden? Oder kürzer ausgedrückt: Was will das Unternehmen wann und wie umsetzen, um wen oder was zu erreichen? Schindler/Liller gehen davon aus, dass für das Social Web die Ziele auf fünf Maxime reduziert werden können, von aus denen dann weitergeplant werden kann (vgl. Schindler/Liller 2011: 233):

- Zuhören
- Sprechen
- Aktivieren
- Unterstützen und
- Einbinden

Die daraus gebildeten Ziele müssen dann in weiterer Folge jedenfalls eindeutig und klar definiert werden. Hier empfiehlt es sich nach Hauptzielen und Zwischen-/Teilzielen zu unterteilen. Die Frage die hier gestellt werden muss: Welche Zwischen- oder Teilziele müssen erreicht werden, um das/die Hauptziel(e) zu erreichen? Falls sich Ziele nicht definieren lassen, gilt hier umgehend: „If you don't know where to go, don't go." (Fuchs et al. 1998: 102)

10.3 Festlegung der Zielgruppen

Nun erfolgt im nächsten Schritt die Festlegung der Zielgruppen einer Social Media-Strategie. Hier geht es um die Frage, welche Zielgruppen gewählt werden sollen, wo diese im Internet zu finden sind und welche Plattform dafür allgemein „die Richtige" für die geplante Social Media-Strategie des Kleinstunternehmens sein könnte. Wie schon in Kapitel 8.3.13 Vorgehensweise eines Kleinstunternehmens am Parkett der Social Media, Seite 165 angesprochen, kann es sich hier jedoch nicht um einen Masterplan mit Erfolgsgarantie handeln. Vielmehr sollen Anregungen und Wege aufgezeigt werden, wie in diesem Fall vorgegangen werden könnte. Die detaillierte Vorgehensweise ist dann jedenfalls immer von den Gegebenheiten der jeweiligen Unternehmung abhängig.

Im ersten Teil dieses Social Media-Prozesses – der Ist-Analyse – wurden schon einleitende Beobachtungen bezüglich potentieller Zielgruppen der Unternehmung gemacht (Mitarbeiter, Familienangehörige, Nachbarn, Gemeindemitglieder, vorhandene Kunden,...) (vgl. Kapitel 10.1, Seite 179). Zwei grundsätzliche Überlegungen die Zielgruppen einer Social Media-Strategie betreffend:

a) Natürlich macht es Spaß, auf der Social Media-Seite zu sehen, dass man nun durch Zufall einen Follower aus, beispielsweise New York oder Moskau hat. Für das meist lokal bis regional agierende Kleinstunternehmen selbst macht dieser Umstand jedoch – unternehmerisch betrachtet – wenig Sinn. Das heißt, der Social Media-Verantwortliche der Unternehmung muss versuchen, unternehmensrelevante Zielgruppen anzusprechen. Dabei sollte (wie so oft) nicht allzu kompliziert gedacht werden. Da meist im Vorfeld eine „private Social Media-Vergangenheit" des Unternehmers vorliegt und dort Verbindungen aufgebaut wurden, ist es naheliegend, diese zu aktivieren. Ebenso die anfangs dieses Kapitels schon angesprochenen Nachbarn, Gemeindemitglieder, usw. Was hier jedoch wichtig ist: Wenn einer dieser „realen Kontakte" den Kontakt mit dem Unternehmer nicht auf die geschäftliche Ebene ausweiten will, dann ist dies zu akzeptieren. Hier beispielsweise per Telefon nachzufragen, warum dieser Social Media-Kontakt unerwünscht ist, wäre sicherlich der falsche Weg.

b) Wie wichtig ist es, 1.500 Fans für die Unternehmensseite zu rekrutieren? Erstens: Im Bereich der Social Media geht es um Kommunikation. Social Media stellt – in diesem Fall – ein weiters Kommunikationstool in der Unternehmenskommunikation dar. Natürlich wird sich kein Unternehmer dagegen wehren, wenn sich sehr viele Personen oder andere Unternehmen für die neu erstellte Social Media-Seite interessieren, es darf jedoch nicht oberstes Ziel sein, so viele Fans wie irgend möglich zu generieren. Wie so oft gilt auch hier: Qualität vor Quantität.

Der zweite Aspekt der die Anzahl der Followers betrifft: Weil es manche Branchen gibt, die es vermutlich leichter haben, Fans zu begeistern (Gastronomie, In-Lokale, Markenartikel,...) und deshalb sehr schnell eine Anhängerschaft von mehreren hundert oder auch tausend Personen/Unternehmen haben (auch Kleinstunternehmen), muss die Social Media-Strategie beziehungsweise -Seite eines Kleinstunternehmers XY nicht zwingend schlecht sein, nur weil es sich dort mit dem Fanzulauf eben nicht so verhält. Denn die Überlegung der Social Media läuft in eine andere Richtung: 30 aktive Kommunikationspartner auf der Unternehmensseite werden der Idee der Social Media als Kommunikationstool gerechter, denn 1000 schweigende Fans.

Wenn es nun darum geht, wie ein Unternehmen – neben den mitunter schon vorhandenen Freunden des Seiteninhabers/-gründers – weitere Personen aktivieren kann, empfiehlt es sich (vgl. Kapitel 6.4.3, Seite 100) potenzielle Zielgruppen zu typologisieren (wie in Kapitel 6.4.3.1, Seite 101 beschrieben) um verschiedene Zielgruppenprofile (jedes Gruppenprofil hat dann seinen „typischen User", dem ein „Gesicht" und ein „Name" zugeordnet wird (vgl. Kapitel 6.4.3.1, Punkt 4, Seite 103)) festlegen zu können. In einem weiteren Schritt wird dann geregelt, wie diese erreicht beziehungsweise wo diese gefunden werden können.

Das Erreichen der für das Kleinstunternehmen relevanten Zielgruppen, kann (wie in Kapitel 6.4.3.2 Das „Erreichen" der Zielgruppen, Seite 104 näher beschrieben) zum Beispiel mit einer geeigneten Software erfolgen, indem die „typische Zielperson" mit ihren Kennzeichen eingegeben wird, um zu sehen, auf welchen Social Media-Plattformen diese zu finden ist. Diese dann auch zu wählen, macht allerdings nur dann Sinn, wenn sich der Social Media-Beauftragte/das Unternehmen mit der erwähnten Seite auch identifizieren kann und auch wirklich ein Interesse an einer überregionalen Fan-Beteiligung besteht. Diese Identifikation mit der verwendeten Social Media-Plattform ist insofern wichtig, als dass sich der Auftritt der Unternehmung im Bereich der Social Media auch als authentisch präsentieren sollte. Fehlt einem Unternehmensauftritt im Bereich der Social Media diese Authentizität, weil eben auf einer Seite präsentiert wird, die dem Unternehmen „nicht passt", so wird diese Seite vermutlich nicht sehr effizient sein und Frustrationen und Langeweile hervorrufen – bei einem möglichen Follower, aber auch beim Seitenbetreiber selbst. Auch hier sollte jedenfalls jener Weg gegangen werden, welcher für das Unternehmen und dessen Dienstleistung und Produkte am besten „funktioniert" und nicht jener, der wiederum die meisten (wie eingangs dieses Kapitels schon erwähnt) Fans erwarten lässt. Anders ausgedrückt: nur weil für das Unternehmen „Tischlerei XY", die Möbel für die Zielgruppe „männlich, 35-45 Jahre" baut und in diesem Zusammenhang über „Lifestyle-Produkte" informieren will, laut dem angesprochenen Suchtool (Anm. d. Verf.: ist exemplarisch zu sehen) „Social Media Planner" (www.socialmediaplanner.de) die meisten Follower auf „YouTube" (sowohl laut der Abfrage nach „Reichweite", als auch nach der der „Aktivitäten" zu diesem Thema eindeutig an erster Stelle zu sehen) zu erwarten sind, macht es wenig Sinn, dort Aktivitäten zu setzen, wenn das Unternehmen sich nicht mit der Erstellung von Videostreams identifizieren kann, oder nicht die Möglichkeiten dafür hat. Für diese Abfrage kommen jedoch noch weitere Plattformen in Frage, die der Unternehmung vielleicht deutlich besser zu Gesicht stehen. Hier sollte einerseits der Mut aufgebracht werden, zum Beispiel im Freundes- und Bekanntenkreis nachzufragen, ob vergleichbare Erfahrungen mitunter schon vorliegen. Eine weitere Möglichkeit bieten diverse Social Media-Foren im Internet oder auch Gruppen auf den Social Media-Seiten selbst, in denen in den einzelnen Einträgen nachgelesen werden kann oder anstehende neue(?) Fragen aufgeworfen werden können. Andererseits kann experimentell (aber niemals konzeptlos!) im Vorfeld – über einen privaten Account (vgl. dazu Kapitel 8.3.13, Seite 165) – heraus gefunden werden, welche Seite aufgrund der Mitglieder, des Sprachverhaltens und der Auftrittmöglichkeiten am geeignetsten für ein Kleinstunternehmen erscheint, bevor das Unternehmen dann auf einer – im Nachhinein betrachtet – ungeeigneten Seite „gelauncht" hat.

Betrifft die Social Media-Strategie aber wirklich nur den lokalen bis regionalen Raum (was bei Kleinstunternehmen zu vermuten ist), so ist es eventuell sinnvoller, nicht zu sehr auf softwaregestützte Programme zu bauen. Besser erscheint es hier, die in dieser Studie schon mehrfach als „Haupttool der Kleinstunternehmer" angesprochene Mundpropaganda aus dem „Reallife" auf die Belange des Internets umzulegen. Hat ein Unternehmen real eine interessante Dienstleistung oder ein innovatives und/oder nachhaltiges Geschäftsgebaren und wird die Social Media-Seite regelmäßig (täglich bis mehrmals wöchentlich) mit interessanten visuellen Inhalten und niveauvollen Beiträgen betrieben, so wird sich vermutlich relativ schnell und ohne langes Suchen eine Interessensgemeinschaft für diese Seite und auch für das Unternehmen bilden, da es sich „herumsprechen" wird, dass diese Seite und deren Inhalte (Bilder, Filme, Texte, Berichte,...) von Interesse sind.

Trotz aller eingangs erwähnter Überlegungen, welche Social Media-Plattform wohl die geeignetste für eine Unternehmung XY sein mag, darf an dieser Stelle behauptet werden, dass es sich bei der verwendeten Social Media-Plattform derzeit meistens um Facebook handeln wird (Wissensstand Oktober 2011). Dies hat mehrere Gründe. Nachstehend ein paar Überlegungen dazu:

1. Viele Unternehmer sind – wie schon erwähnt – privat mit einem Account auf Facebook vertreten. Das senkt die „Überwindungsängste", dies auch mit der Unternehmung zu wagen. Generell ist die Handhabung von „Facebook" sehr benutzerfreundlich und überschaubar.
2. Weil viele Unternehmer schon privat vertreten sind, ist auch die Wahrscheinlichkeit höher, sich a) schnell(er) eine Fangruppe für das Unternehmen aufzubauen, weil man schon Perso-

nen „kennt" und b) ist man die Gepflogenheiten auf Facebook schon eher gewohnt, denn auf google+, YouTube und ähnlichen Seiten, die einem vermutlich weniger geläufig sind.
3. Facebook ist die derzeit größte Social Media-Plattform (vgl. Kapitel 1.3, Seite 4).
4. Das Image von Facebook ist, trotz aller Anfeindungen und ständigen Warnhinweisen den Datenmissbrauch betreffend, relativ gut. Es ist somit per se kein Imageschaden, wenn ein Unternehmen Facebook als Social Media-Plattform auswählt. Ob diese Überlegungen dann wirklich in einem speziellen Fall zutreffend sind, ist aber immer von der jeweiligen Unternehmung und deren Anliegen, Wünschen und Ziele abhängig

10.4 Festlegung der Strategie

Hier ist die Grundüberlegung notwendig, dass es sich im Falle der Social Media-Strategie nicht um eine eigenständige, neue Kommunikationsstrategie handelt, sondern dass die schon vorhandene (falls vorhanden) Kommunikationsstrategie nun um das Kommunikationstool „Social Media" erweitert wird. Diese Überlegung ist insofern wichtig, als dass hier nichts Neues „erfunden" werden muss. Es muss erkannt werden:

1. Verschiedene Ziele (welche ja im Vorfeld schon fixiert wurden (vgl. Kapitel 10.2 Ziele welche mittels der Social Media erreicht werden sollen, Seite 180)) verlangen unterschiedliche Strategien. Es kann nicht DIE Erfolgsstrategie geben.
2. Die Strategie und ihre Inhalte dürfen sich nicht vom Unternehmen unterscheiden. Es dürfen über die Plattformen der Social Media keine anderen Inhalte transportiert werden, als dies schon über die verwendeten Kommunikationskanäle des Kleinstunternehmens geschieht. Wenn das Unternehmen Ökologie und „Fair Trade" als Inhalte transportiert, das Geschäftsgebaren aber genau in diesen Punkten dem nicht entspricht, so bleiben die Authentizität und Ehrlichkeit der Aussagen dieser Social Media-Strategie, aber auch jene des gesamten Unternehmens sehr schnell auf der Strecke (vgl. hierzu Kapitel 6.4.4, Seite 106). Und schließlich:
3. Um eine Strategie für ein Ziel zu entwickeln, welches mittels der Social Media-Strategie erreicht werden soll, müssen die Zielvorgaben eindeutig definiert sein (vgl. Kapitel 10.2, Seite 180) um dann strategisch klar zu planen, wer, was, wo, wann, wie und mit welchem Ziel auf der Social Media-Unternehmensseite (allgemein ausgedrückt) Informationen einstellt.

Das hier angesprochen „wie" betreffend können, wie schon in Kapitel 6.4.4 Die Festlegung der Strategie, Seite 106 beschrieben, unterschiedliche Verhaltensweisen im Auftreten des Unternehmens gewählt werden: proaktiv, reaktiv und passiv (vgl. ebd.). Je nachdem, welches dieser Verhaltensmuster gewählt wird, kann dann die Social Media-Seite des Unternehmens auf unterschiedlich intensive Weise bewirtschaftet werden. Zu berücksichtigen ist hier, dass mit zunehmender Intensität auch der Aufwand für die Social Media-Seite immer höher wird. Werden lediglich Inhalte und Informationen (im passiven Modus) kommentarlos zu Verfügung gestellt und „nur" die Reaktionen darauf mittels Monitoring beobachtet, so kann eher von einem geringen Aufwand ausgegangen werden. Deutlich höher ist der Aufwand im reaktiven oder gar im proaktiven Modus, in welchen auf Postings reagiert wird (reaktiver Ansatz) oder die Kommunikationspartner sogar direkt angesprochen werden (proaktiver Ansatz). Mit zunehmender Einbindung der Kommunikationspartner, wird jedoch nicht nur der Aufwand höher, sondern auch das Bewegen auf den Plattformen der Social Media zunehmend „gefährlicher". Denn hier ist nicht mehr nur mit positiven Reaktionen seitens der Follower zu rechnen. Hier können auch durchaus kritische oder beleidigende Statements erfolgen. Deshalb sollte – wenn die letzteren Ansätze gewählt werden – jedenfalls ein Krisenkommunikationsplan vorhanden sein (vgl. Kapitel 6.4.4, Seite 106), welcher in solchen Situationen genau vorgibt, welche Schritte zu setzen sind um einen eventuellen Schaden durch Beleidigungen, falsche Aussagen oder schlichtes Nichthandeln (vgl. Beispiel Teldafax, Kapitel 6.3, Seite 86) zu verhindern oder zumindest einzudämmen. Um diesen Problem vorzubeugen, ist schon im Vorfeld mit Bedacht darauf zu achten, welche Inhalte im Sinne eines „Verlegers" und „Informationslieferanten" (vgl. Kapitel 6.4.4, Seite 106) veröffentlicht werden (die Wichtigkeit dieses Punktes wird nochmals in Kapitel 10.5 verdeutlicht). Dies ist eine Variante, wie vorgegangen werden kann. Weitere Überlegungen zur und Variationen bezüglich der Strategiefindung für eine Social Media-Strategie sind noch in Kapitel 6.4.4, Seite 106 nachzulesen.

10.5 Festlegung der Maßnahmen

Eines wäre hier in jedem Fall genau der falsche Ansatz: die schon vorhandenen Kommunikationsmaßnahmen der „analogen" Public Relations einfach auf die Social Media abzuwälzen und 1:1 zu übertragen. Auch eine „zweite Webseite" zu kreieren ist sicherlich nicht der beste Versuch, eine erfolgreiche Social Media-Strategie zu starten. Dann wäre an diesem Punkt spätestens von einem Social Media-Auftritt der Unternehmung abzuraten.

Für die Setzung der richtigen Maßnahmen sind nachstehende Überlegungen wichtig, die seitens des Social Media-Verantwortlichen der Kleinstunternehmung vor der aktiven Ergreifung der ersten Maßnahme gemacht werden sollten (vgl. dazu auch Kapitel 6.4.5 Die Festlegung der Maßnahmen, Seite 110):

- Auf welchen Plattformen sind die relevanten Zielgruppen vertreten (diese Überlegung wurde schon im Vorfeld gemacht (vgl. Kapitel 10.3, Seite 181))?
- Auf welchen Social Media-Plattformen wird schon über diese Unternehmung gesprochen und in welcher Weise geschieht dies (positiv/negativ, geschäftlich/privat)?
- Wo soll in Zukunft über diese Unternehmung gesprochen werden? Wo können aktiv Weichen gestellt werden, um die Kommunikation im Sinne der Unternehmung und über diese selbst zu steuern?

- Welches kommunikative Ziel wird angestrebt (auch dies wurde schon im Vorfeld im Bereich der Zielfindung definiert und soll hier nur nochmals kurz hinterfragt werden (vgl. Kapitel 10.3, Seite 181))?
- Woher kommen die Informationen (Berichte, Daten, Bilder, Videos) um diese Seite mit interessanten Inhalten zu füllen und wer ist dafür verantwortlich, dass diese Berichte und Daten stimmen?
- Wann in der Woche soll gepostet werden und – ein sehr, sehr entscheidender Punkt – welche Uhrzeit soll gewählt werden, um die Inhalte zu veröffentlichen (vgl. hierzu Kapitel 6.4.6, Seite 111)?
- Was erfolgt in einem Krisenfall? Hier muss ein Krisenplan ausgearbeitet sein, der immer wieder aktualisiert wird. Dieser lässt sich im Grunde für ein Kleinstunternehmen sehr leicht einrichten, da nicht unzählige Hände im Spiel sind, wie etwa bei einem Großunternehmen und damit die Gefahr einer falschen Handlung ungleich höher ist (vgl. Beispiel Teldafax, Kapitel 6.3, Seite 86). In einem Kleinstunternehmen läuft im Falle einer Krise vermutlich doch alles über eine Person (Unternehmer oder Social Media-Beauftragter). Aber selbst diese eine Person braucht für einen Krisenfall eine klare Struktur von vorbestimmten Handlungsabläufen. Diese müssen jedenfalls im Vorfeld fixiert werden.

Weitere wichtige Punkte, die in den Teil der Maßnahmen integriert gehören (vgl. dazu Schindler/Liller 2011: 285):

- Das Monitoring: dies sollte im eigenen Interesse laufend (täglich) durchgeführt werden, um zeitgerecht agieren und rechtzeitig reagieren zu können. Dabei geht es darum, in Erfahrung zu bringen, wo und wie über das Unternehmen oder dessen Produkte im Internet gesprochen wird. Dies ist zum Beispiel über „Google Alert" in Erfahrung zu bringen. Ein Tool ermöglicht es, dass von dort auch automatisch Mails mit den neuesten Informationen über die „Gespräche" das Unternehmen betreffend, an die Mailadresse der Unternehmung gesendet werden (vgl. hierzu Grabs/Bannour 2011: Seite 75 sowie http://www.google.de/alerts). Für Twitter bietet sich search.twitter.com an, um Blogs zu durchsuchen ist Google Blogsearch sicherlich gut geeignet und für Foren sind die Seiten boardtracker.com und boardreader.com sinnvoll (vgl. Schindler/Liller 2011 133-137). Hier sollte jedoch immer ein individuelles „update" vorgenommen werden, um dann für den jeweiligen Bedarf die geeignete Gerätschaft zu Verfügung zu haben.
- Social Media Guidelines: Dies ist vor allem dann wichtig, wenn der Unternehmer nicht selbst der Social Media-Beauftragte ist, um sicher zu stellen, dass die für die Betreuung der Seite abgestellten Mitarbeiter auch im Sinne des Unternehmens und des Unternehmers handeln.

- Integration: Wie schon mehrfach im Zuge der Erstellung dieser Studie und auch in dieser Konzeption des Social Media-Auftritts einer Kleinstunternehmung, sind die Aktivitäten auf den Plattformen der Social Media als Teil der Unternehmenskommunikation zu sehen. Das setzt auch voraus, dass die schon vorhandenen Kommunikations- und Präsentationskanäle des Unternehmens auf dieses neue Kommunikationstool abgestimmt werden. Sei dies nun inhaltlich (im Sinne eines des Corporate Publishing (vgl. Kapitel 6.2 Exkurs „Corporate Publishing", Seite 83)), als auch technisch (Verlinkungen von der Unternehmenswebseite auf die Social Media-Plattform(en). Und dieses Abgleichen betrifft natürlich nicht nur den internetgestützten Teil der Unternehmenskommunikation, sondern auch die analogen Teile (Presseberichte, Jahresberichte,...).

10.6 Festlegung des Budgets

Die Höhe des Budgets, welches für den Social Media-Auftritt benötigt wird hängt von dem, für diesen Auftritt betriebenen Aufwand ab: Wie viel wird davon selbst gemacht, wie viel muss in Auftrag gegeben oder zugekauft werden (Arbeitszeit, Informationen, Bilder, Videostreams,...)? Darauf wurde schon zu Beginn von Kapitel 10 (siehe Seite 178f.) eingegangen und soll hier nur nochmals als Liste der einzelnen Punkte welche zu berücksichtigen wären, dargestellt werden. Dies kann natürlich nie vollständig erfolgen, da sich die jeweilige Kostenstruktur von Unternehmen zu Unternehmen unterscheiden wird und auch von den Social Media-Fähigkeiten und Public Relations-Erfahrungen des Unternehmers und seiner Angestellten abhängig ist. Weiters spielt hier auch die Nutzung der Möglichkeiten der integrierten Unternehmenskommunikation mit ein, die sich durch entstehende Synergieeffekte kostenminimierend auswirken können (vgl. Kapitel 5.6.2.3 Integrierte Unternehmenskommunikation, Seite 40). Wichtige und individuell zu berücksichtigende Kostenpunkte sind jedenfalls:

- Kosten „Zeitaufwand Unternehmer"
- Lohnkosten Mitarbeiter (freie Mitarbeiter, Fix-Angestellte)
- Mietkosten
- eventuelle Beratungskosten (PR-Agentur, Social Media-Agentur)
- Grafiker
- Internetanschluss
- Bilder/Videos (Herstellungskosten, Kauf)
- eventuelles Equipment (Hardware, Software)

Einige der hier angesprochenen Punkte sind schon im Unternehmensetat (bezüglich der Unterscheidung von „Etat" zu „Budget" siehe Kapitel 5.7.6, Seite 49) enthalten und müssen lediglich der neuen Kostenstelle „Social Media-Auftritt" zugeordnet werden. Andere Punkte ergeben sich neu (Beratungskosten, Bilder, etc.) und gehören richtig kalkuliert. Hier empfiehlt es sich jedenfalls Kostenvergleiche anzustellen und verschiedene Angebote einzuholen.

10.7 Die Evaluation

Eine Public Relations-Kampagne als Teil der integrierten Unternehmenskommunikation auf dem Feld der Social Media, verlangt nach einer Evaluation der gesetzten Maßnahmen (vgl. Kapitel 6.4.8 Die Evaluation, Seite 114). Die Evaluation im Sinne einer Erfolgskontrolle hier am Ende der Konzeption anzusiedeln, ist im Grunde genommen nicht ganz korrekt. Denn: Es ist zwar ein klarer Anfang der Social Media-Strategie auszumachen, aber wo ist ihr Ende? Deshalb ist es sicher sinnvoll die Evaluation nach „Projekt" und „laufender PR-Arbeit" zu unterteilen: die Social Media-Strategie als „Projekt" betrachtet, verlangt nach einer Evaluation während des Prozesses immer dann, wenn einzelne Kommunikationsziele erreicht/beendet wurden. Hier ist in diesem Sinne weniger von einer finalen Tätigkeit, sondern mehr von einem laufenden Prozess während der Social Media-Strategie auszugehen. Die Evaluation „laufender PR-Arbeit" hingegen erfolgt in regelmäßigen Abständen während des Jahres. Am Ende eines Jahres erfolgt dann die Gesamtevaluation aller PR-Maßnahmen. Dies einerseits als Erfolgkontrolle der vergangenen Gesamtmaßnahmen, aber auch als Planungsgrundlage für das kommende Jahr. Die Social Media-Strategie betreffend gilt zu fragen, wie die Kommunikationsziele gelautet haben und ob diese erreicht wurden. Die Frage, die sich hierbei stellt: „Kann ein „Erfolg" (das Kommunikationsziel in Kombination mit der dafür getätigten Maßnahme betreffend) verbucht werden oder nicht (vgl. Kapitel 6.4.8, Seite 114)?"

Wie schon in Kapitel 6.4.8 Die Evaluation, Seite 114 beschrieben: „Ihre Kommunikation im Social Web ist dann erfolgreich, wenn man Sie als Gesprächspartner anerkennt und als Marke mit klarem Profil wahrnimmt." (Schindler/Liller 2011: 287) Solis/Breakenridge erwähnen nachstehende Stichworte (sinngemäß aus dem Englischen übersetzt) den Erfolg einer Social Media-Strategie betreffend (vgl. Solis/Breakenridge 2009: 250-262) welche, so oder so ähnlich (partiell oder vollständig), Teil einer jeden Social Media-Strategie und ihrer Hauptziele sein können:

- erhöhte Kommunikation/Diskussion das Unternehmen betreffend
- Steigerung der Besucherzahlen auf der Unternehmenswebseite
- Verbesserung der Verkäufe/Veränderung der Marktposition
- Steigerung der Web-Aktivitäten durch Direkt-Marketing
- Erhöhung der Kundenbindung
- Verbesserung der Kundenbeziehungen
- Erhalt des Status einer Fachinstanz (Autorität)

- „Fortbildungsmöglichkeit" die Produkte/Dienstleistungen betreffend mittels der Unternehmensseite => erhöhte Diskussionsteilnahme durch höheren Bildungstand
- Veränderung der öffentlichen Wahrnehmung der Unternehmung
- Anmeldungen, Mitgliederzahlen und Aktivitäten auf der Social Media-Seite

Was hier jedoch wichtig ist: Diese Ziele müssen – wie schon mehrfach in dieser Studie erwähnt – mit den Unternehmenszielen übereinstimmen. Deshalb sind die hier genannten Punkte jedenfalls nur exemplarisch zu sehen. „Es ist unbedingt erforderlich, die Marketing- und PR-Ziele mit den Zielen der Unternehmung in Einklang zu bringen." (Meerman Scott 2010: 207) Für ein reales Unternehmen XY **müssen** klarerweise Punkte evaluiert werden, die für dieses Unternehmen als Unternehmensziele definiert waren. Jene Punkte in vorheriger Aufzählung, die deutlich den Marketingaspekt einer Social Media-Strategie ansprechen, wurden hier der Vollständigkeit halber in dieser Liste belassen. Durch diese Aufzählung wird die Nähe der Public Relations-Tätigkeiten zu denen des Marketings im Kommunikationsmix auf dem Feld der Social Media-Plattformen jedenfalls wieder sehr deutlich (vgl. 5.10 Die Abgrenzung der Public Relations zum Marketing, Seite 73). Und dieser Umstand betrifft auch die Messbarkeit der zuvor angesprochenen Punkte im Zuge einer Evaluation: „PR is moving into the inner sanctum of Web marketing and must now partner with it to measure, learn, and evolve." (Solis/Breakenridge 2009: 262)

Für die, in der Aufzählung genannten Punkte, gilt bezüglich der Möglichkeiten ihrer Evaluation: Jeden dieser aufgezählten Punkte betreffend, können verschiedene Instrumente verwendet werden, um den Erfolg festzustellen. Zur Feststellung der „Erhöhung der Kommunikation" könnte beispielsweise wieder das, schon in Kapitel 10.5 Festlegung der Maßnahmen, Seite 186 erwähnte „Google Alert" oder vergleichbare Tools verwendet werden (vgl. dazu auch Solis/Breakenridge 2009: 251f.). Für die „gesteigerten Besucherzahlen" bieten vermutlich die meisten (weil nicht alle überprüft werden können) Social Media-Seiten ein Tool, welches die Veränderungen der Besuche bezüglich Nutzung und Interaktionen abrufen lässt. Selbiges bieten jedenfalls alle Web-Seiten, die im Statistikbereich der Webseite die Möglichkeit bieten, die Veränderung der Besucherstatistik seit Beginn der Social Media-Strategie zu überprüfen. Kundenbeziehungen und Kundenbindungen lassen sich nicht mittels einer Software überprüfen. Hier gilt es, einerseits die Menge der Kommentare zu zählen, die man durchschnittlich für ein Posting bekommt. Je mehr Kommentare von unterschiedlichen Personen man bekommt, desto eher kann man davon ausgehen, dass die Anzahl der Follower nicht nur eine Zahl darstellt, sondern dass es sich dabei wirklich um Personen handelt, die an der Unternehmung und deren Aktivitäten interessiert sind. Aber nicht jeder Kommentar muss positiv gemeint sein. Deshalb muss man hier andererseits auch sehr selbstkritisch einen gewissen Tenor aus den einzelnen Kommentaren heraus lesen, um Tendenzen festzustellen und um nötigenfalls sofortige Maßnahmen einleiten zu können (Stichwort „Krisenmanagement"; vgl. dazu Kapitel 5.9.4 Issue Management, Seite 60 und 5.9.5 Krisen-Public Relations, Seite 62). Und das gilt für ein Kleinstunternehmen ebenso, wie für den in einem Beispiel in Kapitel 6 erwähnten Energielieferanten Teldafax und deren dort beschriebene Art, mit Problemen im Bereich der Social Media umzugehen (siehe Kapitel 6.3 Die Bedeutung der Social Media für ein Unternehmen, Seite 86). Um diese Kommentare überhaupt alle zu finden, eignet sich beispielsweise wiederum die schon beschriebene Software „Google Alert" (Kapitel 10.5, Seite 186). Auch der Status einer „Fachinstanz" wird oft mittels der Menge der Kommentare gemessen, die jemand auf seine Postings bekommt. An dieser Methode zweifeln Solis/Breakenridge dahingehend, dass sie meinen der Rückschluss von „Anzahl der Postings/Anzahl der Besucherzahl" auf „Einfluss im realen Leben" sei nicht zulässig (vgl. Solis/Breakenridge 2009: 256). Sie bevorzugen den Weg über die sogenannten RSS-Feeds (RSS = Really Simple Syndication). Dabei handelt es sich um eine Art Kurznachricht. Jeder Inhalt, der in ein Social Media-Netzwerk eingespeist wird, erzeugt solch ein RSS-Feed.

> „RSS ist ein populäres Webformat zum Veröffentlichen von Inhalten, die häufig aktualisiert werden, wie Blogeinträgen und Kommentaren, Nachrichten und Podcasts. RSS-Feeds sind Dokumente, die Zusammenfassungen relevanter Inhalte und Websites enthalten. Programme, die das RSS-Protokoll verstehen, ermöglichen den Nutzern, mit den neuesten Entwicklungen auf ihren Lieblingswebsites Schritt zu halten." (Weinberg 2009: 98)

Ein RSS-Abonnent hat die Möglichkeit mittels eines sogenannten Feedreaders wichtige Einträge oder Veränderungen an Webseiten oder Webblogs automatisch und geordnet mitgeteilt zu bekommen um diese beobachten zu können. Der Vorteil liegt daran, dass in der Nachricht ein Link ist, der den direkten Zugriff auf die gesamte Nachricht ermöglicht. Tools wie FeedBurner oder Pheedo ermöglichen es, die Neueinträge zu messen (vgl. Solis/Breakenridge 2009: 257) und deren Inhalt zu analysieren. Aber auch diese Methode geht im Grunde genommen für die meisten Kleinstunternehmer und deren lokale Bedürfnisse schon zu weit. Dennoch stellt sie durchaus eine Möglichkeit dar, die Evaluation für den Bereich „Fachinstanz" und „Einfluss" auf einem hohen technischen Stand zu managen. Die Entscheidung, ob dies wirklich notwendig ist, liegt an der Art des Unternehmens und am Unternehmer selbst. Ähnlich wie die vorherigen Punkte, ist auch der Punkt der „öffentlichen Wahrnehmung" messbar. Anmeldungen und Mitgliederzahlen sind hingegen ein optisch sehr schnell sichtbarer und messbarer Faktor. Doch ob diese Zahlen immer die Wirklichkeit wiedergeben, ist fraglich. Wie schon an einer anderen Stelle dieser Studie (vgl. Kapitel 10.3 Festlegung der Zielgruppen, Punkt b, Seite 181), stellt sich hier die Frage, ob „mehr" immer gleich „besser" im Sinne der Social Media ist.

Dies war nur ein kleiner Ausschnitt der Möglichkeiten, welche für die Evaluation der Social Media-Strategie zu Verfügung stehen. Auch hier empfiehlt es sich, wenn ein Social Media-Auftritt ansteht, eingehende und vor allem aktuelle Empfehlungen der Möglichkeiten einzuholen. So wie alle Social Media-Plattformen und das Internet in dem sie eingebettet sind, einem ständigen Wandel unterworfen sind, so sind es auch die Werkzeuge, die uns den Umgang mit diesen Netzwerken ermöglichen.

IV. Gesamtzusammenfassung

11. Zusammenfassung, Fazit

11.1 Zusammenfassung

Inhalt der Studie „Social Media für jedermann? Public Relations für Kleinstunternehmer auf dem Feld der Social Media" war es, die Thematik der Public Relations in Verbindung mit den Belangen der Kleinstunternehmen in Einklang zu bringen und zu versuchen, diese beiden Faktoren in das Feld der Social Media einzubetten. Hauptziel dabei war es, ein Konzept zu entwickeln, wie der Social Media-Auftritt eines Kleinstunternehmen strategisch geplant und unternehmerisch sinnvoll angelegt werden kann, ohne dabei die besonderen Umstände einer Kleinstunternehmung (Stichwort: personelle und finanzielle Ressourcenknappheit) zu vernachlässigen. Dabei wurde besonders darauf Wert gelegt, dass die Planung, Gestaltung und Umsetzung so kostengünstig wie möglich realisiert werden kann. Um für diese Konzeption das nötige Vorwissen zu bieten, wurden in den theoretischen Kapiteln dieser Studie zunächst die Felder der Public Relations und der Social Media detailliert definiert und bearbeitet und deren Besonderheiten eingehend beschrieben. Weiters wurde auch noch der allgemeinen Unternehmensdefinition, sowie im Speziellen der Definition von Kleinstunternehmen Aufmerksamkeit geschenkt. Der zweite, der empirische Teil dieser Studie, wurde auf den, für die vorliegende Studie durchgeführten Experteninterviews aufgebaut. Dafür wurden sowohl Social Media- und Public Relations-Experten, als auch Kleinstunternehmer mittels eines qualitativen, leitfadengestützten Interviews befragt. Das Forschungsinteresse lag dabei darauf, die Meinungen, Bedürfnisse aber auch Gefühle der Befragten einzufangen. Hier kristallisierte sich heraus, dass das Repertoire der Public Relations-Instrumente relativ intensiv seitens der Kleinstunternehmer für deren Unternehmenskommunikation verwendet wird. Allerdings ist deren Hauptanliegen dabei meistens die Verkaufs- und Umsatzförderung (im Sinne des marketingorientierte Ansatzes der Public Relations). Ziele wie etwa „Kommunikationsförderung", „Kundenbindung", „Einstellungsänderung" oder ähnliches, sind seltener das, was mit diesen Instrumenten transportiert oder erreicht werden soll. Diese Beobachtung hat den Schluss zugelassen, dass Kleinstunternehmer mitunter zwar eine sehr rege und teilweise auf einem hohen Standard befindliche externe Unternehmenskommunikation pflegen, dabei aber nicht von einer geplanten und strategischen Öffentlichkeitsarbeit im Sinne des organisationsorientierten Ansatzes gesprochen werden kann.

Die Daten aus den geführten Interviews, die durch die Zuhilfenahme der Textanalyse-Software „MAXQDA10" aufbereitet wurden, flossen in einer Zusammenfassung der empirischen Erhebung zusammen. Durch Zuhilfenahme beider Teile – des Theoretischen und des Empirischen

Teils dieser Studie – wurden zunächst die eingangs gestellten Forschungsfragen bearbeitet, um dann auf die ebenfalls zu Beginn dieser Studie aufgestellten Hypothesen einzugehen. Beide Teile zusammen ermöglichten schlussendlich die Konzeptionierung einer Social Media-Strategie für ein Kleinstunternehmen.

Was war der Sinn dieses Unterfangens? Worin besteht nun der Nutzen der vorliegenden Studie?

Den Nutzen sieht der Autor dieser Zeilen in zwei essentiellen Punkten:

Erstens in einer wissenschaftlichen Überlegung. Aufgrund dieser Studie wurde – wie schon mehrmals im Zuge der vorliegenden Studie erwähnt – für das untersuchte Umfeld bestätigt, dass für einen Kleinstunternehmer marketingtechnischen Überlegungen seiner Unternehmenskommunikation einen höheren Stellenwert zu haben scheint, denn jene der Public Relations. Warum ist dem so? Das Tagesgeschäft ist einfach das, was das Unternehmen und auch den Unternehmer am Leben zu erhalten hat. Somit liegt die Überlegung nahe, dass dem Unternehmen der unmittelbare Verkauf seiner Waren oder Dienstleistungen wichtiger ist, denn der Ausbau und der Erhalt von Kundenbeziehung über den Aufbau von Kommunikation mit selbigen. Oder anders ausgedrückt: Kommunikation ja, aber nur in Verbindung mit der Erhöhung der Verkaufs-/Umsatzzahlen.

Zweitens sieht der Verfasser dieser Zeilen dahingehend einen praktischen Nutzen, als dass der Social Media-Unwissenheit mit Hilfe dieser Zeilen vielleicht ein wenig Einhalt geboten werden kann. Vielleicht hat der eine oder andere, an der Social Media interessierte Kleinstunternehmer die Möglichkeit diese Studie oder zumindest Teile aus dieser zu lesen und lasst sich dadurch nicht in ein „mein Unternehmen MUSS in den Social Media vertreten sein"-Fahrwasser drängen und gibt – aus eigenem (vermeintlichen) Unwissen – an eine unseriöse Social Media-Agentur, die derzeit wie die Pilze aus dem Boden schießen, ein kleines Vermögen aus (Anm. d. Verf.: das kann schnell in den mittleren vierstelligen Eurobereich gehen), um solch eine Seite erstellen zu lassen, ohne danach auch weiterhin Hilfe und Betreuung für diese zu erhalten. Dies leitet auch zum nun folgenden Fazit zu dieser Studie über.

11.2 Fazit

Das Fazit zu dieser Studie soll mit einer Frage begonnen werden:

„Braucht jedes Unternehmen eine Social Media-Seite?"

Dabei muss man sich als Unternehmer ganz klar fragen, wo die Vorteile zu finden sind. Social Media bieten jedenfalls einen weiteren Kanal für die interne, aber auch externe Unternehmenskommunikation. Sie lösen sicherlich (derzeit) nicht, einen schon vorhandenen Kommunikationskanal einer Unternehmung vollkommen ab, sondern sind zu den bestehenden als Ergänzung zu sehen. Sie bereichern somit das schon vorhandene Kommunikationsinstrumentarium und eröffnen dadurch auch neue Möglichkeiten der Kommunikation. Social Media-Plattformen bieten definitiv auch eine „neue" Variante der direkten Kontaktaufnahme mit den schon vorhandenen oder zukünftigen Zielgruppen einer Unternehmung. Sie beinhalten die Möglichkeit der Echtzeitkommunikation ohne den Arbeitsplatz verlassen zu müssen. Social Media bieten die Möglichkeit, das Unternehmen in einer anderen Art zu präsentieren, wie das vielleicht auf der Webseite der Unternehmung bisher der Fall war, weil Social Media-Seiten einfach flexibler und einfacher in der Möglichkeit der Umsetzung sind. Aktueller, schneller, näher am Interessenten. Sie bieten die Möglichkeit, Neuerungen der Unternehmung oder Veränderungen nahezu „just in time" und relativ unkompliziert zu publizieren. Social Media-Auftritte sind jedenfalls „trendy".

Aber wie immer ist dort wo Licht ist auch Schatten: Social Media-Seiten kosten Zeit, wenn diese strategisch und nachhaltig gestaltet sein sollen. Denn einfach die vorhandenen Strategien auf die Social Media umzuwälzen, wäre der falsche Ansatz. Social Media als „neues" Kommunikationsinstrument braucht auch neue Überlegungen, wie sich ein Unternehmen präsentieren soll. Und wenn diese Überlegungen Zeit kosten, dann kosten sie auch Geld. Entweder deshalb, weil das Unternehmen darin von einer Agentur betreut werden (was vermutlich – ob man die Vorgehensweise der Fremdbetreuung nun gut oder schlecht findet – einen Teil der Authentizität des Unternehmensauftritts kosten wird), oder weil die Social Media-Strategien von Mitarbeitern des Unternehmens, beziehungsweise vom Unternehmensinhaber selbst betreut werden und somit Gehälter beziehungsweise Opportunitätskosten akzeptiert werden müssen. Social Media bieten auch Gefahren durch ihre Schnelligkeit. Auch hier ist das „gesprochene Wort" (selbst wenn es in diesem Fall geschrieben ist) nur wieder schwer revidierbar. Und es bekommen sehr schnell, sehr viele Personen mit, was zu wem in welcher Weise gesagt wurde. Und: Nicht jeder kann davon ausgehen, dass er seitens seiner Follower immer nur „geliebt" werden wird. Abgesehen davon, dass ein echter Krisenfall das Unternehmen treffen kann, ist auch noch damit zu rechnen, dass man auf Neider treffen könnte. Und je bekannter und erfolgreicher das Unternehmen wird, desto wahrscheinlicher ist es, dass sich auch Menschen unter den Fans eines Unternehmens befinden werden, die nur darauf warten, sich negativ einbringen zu können. Von notorischen Querulanten ganz zu schweigen. Zudem ist auch immer zu hinterfragen, ob gerade der richtige Moment ist, in dieses Feld einzusteigen? In einer Krisenzeit des Unternehmens, in der das Unternehmen ohnehin schon Schwächen hätte, den Schritt auf dieses Parkett zu wagen, wäre unsinnig. Das heißt: Die Social Media sind sicherlich als Spiegelbild der Gesellschaft in der wir leben zu sehen. Es wird auch auf diesem Parkett immer Menschen geben, die sich nicht zu benehmen wissen und die einer Person oder einer Unternehmung schlechtes wollen. Inwieweit ist hier dann der zu erwartende Schaden durch solche Personen größer, denn der Nutzen, der durch diese Seiten gegeben wäre? Es stellt sich die Frage, ob ein Unternehmer sich dieser Gefahren und diesen möglichen Verbalattacken aussetzen will?

Eine weitere Überlegung ist dahingehend, dass durch die Möglichkeiten der Social Media und wie sich ein Unternehmen dort präsentieren kann, dieses sehr transparent wird. Dies kann den positiven Effekt haben, dass sich schon vorhandene und zukünftige/potentielle Interessenten ob dieser Transparenz vermehrt zu dieser Unternehmung hingezogen fühlen, weil diese Offenheit als Ehrlichkeit interpretiert wird. Es kann aber auch den negativen Aspekt mit sich bringen, dass Marktmitbewerber mitunter Einzelheiten über die Unternehmung in Erfahrung bringen können, die eigentlich nicht oder noch nicht für die Öffentlichkeit bestimmt waren. Dies kann dadurch geschehen, dass in der Umsetzung ein Fehler passiert ist, oder weil seitens der Marktmitbewerber gezielt dagegen gesteuert wird (Szenario: eine auf der Social Media-Plattform angekündigte Veranstaltung mit einer Gegenveranstaltung zu boykottieren). Und dann stellt sich die immer wiederkehrende Frage „Hat das Unternehmen auch wirklich genug zu berichten?". Oder langweilt man seine Zielgruppen mit dem dargebotenen und wirft dadurch wieder ein schlechtes Licht auf ein, auf Grund seiner realen Dienstleistungen zwar durchaus interessantes Unternehmen, welches sich lediglich unprofessionell oder zumindest unbeholfen im Internet präsentiert?

Dieser Grundüberlegungen sollte sich jeder Unternehmer bewusst werden, wenn er mit den Gedanken spielt, sein Unternehmen auf einer Social Media-Seite zu präsentieren um dort den Zielen der Public Relations gerecht zu werden. Und dies gilt für große Unternehmungen ebenso, wie auch für kleine Unternehmen – oder Kleinstunternehmen. Hier für sich selbst nur die Variante „Welchen Nutzen hat eine Social Media-Seite für ein Unternehmen?" anzustellen, ohne auch die Möglichkeiten eines Social Media-Versagens zu erwähnen, wäre grundlegend unseriös.

Die Frage, die eingangs dieses Fazits gestellt wurde, muss vielleicht dahingehend korrigiert werden, dass sie folgendermaßen lauten sollte: „Braucht jedes Unternehmen eine INTERESSANTE Social Media-Seite?" Dann ist die Antwort klar und deutlich: Ja. Jedes Unternehmen braucht eine strategisch geführte, in die vorhandene Unternehmenskommunikation integrierte Social Media-Seite. Und jedes Unternehmen sollte diesen Zustand anstreben, denn die Möglichkeiten der Social Media bieten jedenfalls ein höheres Potential an „Chancen" denn an „Risiken". Aber kann jedes Unternehmen solch einen INTERESSANTEN Social Media-Auftritt umsetzen und dauerhaft garantieren? Nein. Das kann nicht jedes Unternehmen. Und dann ist in den Augen des Autors dieser Studie eher dem Rat zu folgen, sich (momentan noch) aus dem Feld der Social Media fern zu halten.

V. Anhang

12. Literaturverzeichnis

12.1 allgemeine Literatur

Atteslander, Peter (2010): Methoden der empirischen Sozialforschung. 13., neu bearbeitete und erweiterte Auflage. Berlin: Erich Schmidt Verlag GmbH&Co.

Baines, Paul/Egan, John/Jefkins, Frank (2007): Public Relations. Contemporary issues and techniques. Burlington MA: Elsevier Ltd.

Beisswenger, Achim [Hrsg.] (2010): YouTube und seine Kinder. Wie Online-Video, Web TV und Social Media die Kommunikation von Marken, Medien und Menschen revolutionieren. Baden-Baden: Nomos Verlagsgesellschaft/Edition Reinhard Fischer.

Bentele, Günter (1994) in Bentele, Günter/Brosius, Hans-Bernd/ Jarren, Otfried (Hrsg.) (2003): Öffentliche Kommunikation. Handbuch Kommunikations- und Medienwissenschaft. Wiesbaden: Westdeutscher Verlag: 54-78.

Bentele, Günter/Fröhlich, Romy/Szyszka, Peter (Hrsg.) (2008): Handbuch der Public Relations. Wissenschaftliche Grundlagen und berufliches Handeln. Mit Lexikon. 2., korrigierte und erweiterte Auflage. Wiesbaden: GWV Fachverlage GmbH.

Bentele, Günter (1997): Grundlagen der Public Relations. Positionsbestimmung und einige Thesen. In Donsbach, Wolfgang (Hrsg.) (1997): Public Relations in Theorie und Praxis. Grundlagen und Arbeitsweise der Öffentlichkeitsarbeit in verschiedenen Funktionen. München: Verlag Reinhard Fischer: 21-36.

Bentele, Günter (2008): Ein rekonstruktiver Ansatz der Public Relations. In: Bentele, Günter/Fröhlich, Romy/Szyszka, Peter (Hrsg.) (2008): Handbuch der Public Relations. Wissenschaftliche Grundlagen und berufliches Handeln. Mit Lexikon. 2., korrigierte und erweiterte Auflage. Wiesbaden: GWV Fachverlage GmbH: 147-160.

Bernet, Marcel (2006): Medienarbeit im Netz. Von E-Mail bis Webblog: Mehr Erfolg mit Online-PR. Zürich: Orell Füssli Verlag AG.

Bernet, Marcel (2010): Social Media in der Medienarbeit. Online-PR im Zeitalter von Google, Facebook und Co. Wiesbaden: VS Verlag für Sozialwissenschaften I Springer Fachmedien GmbH.

Besson, Nanette Aimée (2004): Strategische PR-Evaluation. Erfassung, Bewertung und Kontrolle von Öffentlichkeitsarbeit. 2., durchges. Auflage. Wiesbaden: VS Verlag für Sozialwissenschaften.

Bogner, Franz M. (2005): Das neue PR-Denken. Strategien. Konzepte. Aktivitäten. Frankfurt: Redline Wirtschaft.

Böhringer, Joachim/Bühler, Peter/Schlaich, Patrick (2008): Kompendium der Mediengestaltung für Digital- und Printmedien. 4., vollständig überarb. und erw. Auflage. Berlin/Heidelberg: Spinger-Verlag.

Bonfadelli, Heinz/Meier, Werner (1984): Meta-Forschung in der Publizistikwissenschaft. Zur Problematik der synthese von empirischer Forschung. In: Rundfunk und Fernsehen, 32. Jg., Nr. 3, 537-550.

Bortz, Jürgen/Döring, Nicola (2009): Forschungsmethoden und Evaluation für Human- und Sozialwissenschaftler. 4., überarbeitete Auflage. Heidelberg: Springer Medizin Verlag.

Brauer, Gernot (2005): Presse- und Öffentlichkeitsarbeit: Ein Handbuch. UVK Verlag: Konstanz.

Bridges, Janet A./Nelson, Richard Alan (2000): Issues Management: A Relational Approach. In: Ledingham John A./Bruning Stephen D. (2000): Public Relations as Relationship Management. A Relational Approach to the Study and Practice of Public Relations. Mahwah, NJ: Lawrence Erlbaum Associates, Inc.: 95-115.

Brosius, Hans-Bernd/ Koschel, Friederike/ Haas, Alexander (2008): Methoden der empirischen Kommunikationsforschung. Eine Einführung. 4., überarbeitete und erweiterte Auflage. Wiesbaden: GWV Fachverlag GmbH.

Bruhn, Manfred (1997): Kommunikationspolitik. München: Verlag Vahlen.

Bruhn, Manfred (2005): Unternehmens- und Marketingkommunikation. Handbuch für ein integriertes Kommunikationsmanagement. München: Verlag Franz Vahlen GmbH.

Bruhn, Manfred (2009): Integrierte Unternehmens- und Markenkommunikation. Strategische Planung und operative Umsetzung. 5., überarbeitete und aktualisierte Auflage. Stuttgart: Schäffer-Poeschel Verlag.

Burkart, Roland/Hömberg, Walter (2007): Kommunikationstheorien. Ein Textbuch zur Einführung. Band 8. 4., überarbeitete und erweiterte Auflage. Wien: Universitäts-Verlagbuchnadlung Ges.m.b.H.

Chandler, Daniel/Munday, Rod (2011): A Dictionary of Media and Communications. New York: Oxford University Press Inc.

Cooper, Harris (1998): Synthesizing Research. Third Edition. A Guide for Literature Reviews. Thousand Oaks (CA): Sage Publications, Inc.

Deutsche Public Relations Gesellschaft e. V. (DPRG). (Hrsg.). (2005). Öffentlichkeitsarbeit. PR-Arbeit. Berufsfeld – Qualifikationsprofil – Zugangswege. 5., überarbeitete Neuauflage. Bonn: DGfK.

Donsbach, Wolfgang (Hrsg.) (1997): Public Relations in Theorie und Praxis. Grundlagen und Arbeitsweise der Öffentlichkeitsarbeit in verschiedenen Funktionen. München: Verlag Reinhard Fischer.

Dubislav, Walter (1981): Die Definition. 4. Auflage. Hamburg: Felix Meiner Verlag GmbH.

Duden (2005): Fremdwörterbuch. Band 5. 8., neu bearbeitete und erweiterte Auflage. Mannheim: Bibliographisches Institut & F.A. Brockhaus AG.

Flick, Uwe (2007): Qualitative Sozialforschung. Eine Einführung. Reinbek bei Hamburg: Rowohlt Taschenbuch Verlag.

Fuchs, Peter/Möhrle, Hartwin/Schmidt-Marwede, Ulrich (1998): PR im Netz - Online Relations für Kommunikationsprofis: Ein Handbuch für die Praxis. Frankfurt am Main: IMK.

Gläser, Jochen/Laudel, Grit (2009): Experteninterviews und qualitative Inhaltsanalyse. 3., überarbeitete Auflage. Wiesbaden: GWV Fachverlage GmbH.

Grabs, Anne/Bannour, Karim-Patrick (2011): Follow me! Erfolgreiches Social Media Marketing mit Facebook, Twitter und Co. Bonn: Galileo Press.

Grunig, James E./Grunig, Larissa A./Dozier, David M. (1996): Das situative Modell exzellenter Public Relations: Schlussfolgerungen aus einer internationalen Studie. In: Bentele, Günter/Steinmann, Horst/Zerfaß, Ansgar (Hrsg.) (1996): Dialogorientierte Unternehmenskommunikation: Grundlagen - Praxiserfahrungen - Perspektiven. Berlin: Vistas: 199-228.

Grunig, James E./Hunt, Todd (1984): Managing Public Relations. New York, New York: Holt, Rinehart and Winston, Inc.

Grunig, James E./Hunt, Todd (1994): Public Relations Techniques. Orlando, Florida: Holt, Rinehart and Winston, Inc.

Haedrich, Günther/Barthenheier, Günter/Kleinert, Horst (1982): Öffentlichkeitsarbeit. Dialog zwischen Institution und Gesellschaft. Berlin/New York: de Gruyter.

Hart, Chris (1998): Doing a Literature Review. Releasing the Social Science Research Imagination. London: SAGE Publications Ltd.

Hass, Berthold/Walsh, Gianfranco/Kilian, Thomas (2008): Web 2.0. Berlin, Heidelberg: Springer-Verlag.

Herbst, Dieter (1997): Public Relations. Das professionelle 1x1.Berlin: Cornelsen Verlag.

Herger, Nikodemus (2008): Public Relations im Kontext der Unternehmenskommunikation. In: Bentele, Günter/Fröhlich, Romy/Szyszka, Peter (Hrsg.) (2008): Handbuch der Public Relations. Wissenschaftliche Grundlagen und berufliches Handeln. Mit Lexikon. 2., korrigierte und erweiterte Auflage. Wiesbaden: GWV Fachverlage GmbH.: 254-267.

Hermanni, Horst (1991): Das Unternehmen in der Öffentlichkeit. Effektive Wege der Selbstdarstellung. Heidelberg: Sauer-Verlag GmbH.

Hilker, Claudia (2010): Social Media für Unternehmer. Wie man Xing, Twitter, YouTube und Co. erfolgreich im Business einsetzt. Wien: Linde Verlag Ges. m. b. H.

Huber, Melanie (2010): Kommunikation im Web 2.0. 2., überarbeitete Auflage. Konstanz: UVK Verlagsgesellschaft mbH.

Jarren, Otfried/Röttger, Ulrike (2008): Public Relations aus kommunikationswissenschaftlicher Sicht. In: Bentele, Günter/Fröhlich, Romy/Szyszka, Peter (Hrsg.) (2008): Handbuch der Public Relations. Wissenschaftliche Grundlagen und berufliches Handeln. Mit Lexikon. 2., korrigierte und erweiterte Auflage. Wiesbaden: GWV Fachverlage GmbH: 19-36.

Jodeleit, Bernhard (2010): Social Media Relations. Leitfaden für erfolgreiche PR-Strategien und Öffentlichkeitsarbeit im Web 2.0.

Kastenhuber, Sandra (2009): Das Unternehmensbuch als Public Relations-Instrument im Kontext von Corporate Publishing. Diplomarbeit Universität Salzburg.

Köcher, Alfred/Birchmeier, Eliane (1992): Public Relations? Public Relations! Konzepte, Instrumente und Beispiele für erfolgreiche Unternehmenskommunikation. Köln: Verl. TÜV-Rheinland.

Koschnick, Wolgang J. (1996): Standard-Lexikon Werbung. Verkaufsförderung. Öffentlichkeitsarbeit. Band 1: A-K. München: K.G. Saur Verlag GmbH&CoKG.

Kotler, Philip/Armstrong, Gary/Saunders, John/Wong, Veronica (2007b): Grundlagen des Marketing. 4., aktualisierte Auflage. München: Pearson Studium.

Kotler, Philip/Keller, Kevin Lane/Bliemel, Friedhelm (2007a): Marketing-Management. Strategien für wertschaffendes Handeln. 12., aktualisierte Auflage. München: Pearson Studium.

Kotler, Philip/Mindak, William (1978): Marketing and Public Relations. Should they be partners or rivals? The Journal of Marketing, Vol. 42, No. 4 (Oktober 1978). S. 13-20.

Kunczik, Michael (1993/2010): Public Relations. Konzepte und Theorien. 5., überarbeitete und erweiterte Auflage. Köln Weimar Wien: Böhlau Verlag GmbH & Cie.

Lamnek, Siegfried (2005): Qualitative Sozialforschung. Lehrbuch. 4., vollständig überarbeitete Auflage. Weinheim, Basel: Beltz Verlag.

Ledingham, John A./Bruning, Stephen D. (2000): Public Relations as Relationship Management. A Relational Approach to the Study and Practice of Public Relations. Mahwah, NJ: Lawrence Erlbaum Associates, Inc.

Li, Charlene/Bernoff, Josh (2009): Facebook You Tube Xing & Co. Gewinnen mit Social Technologies. Aus dem Amerikanischen von Ingrid Proß-Gill. München: Carl Hanser Verlag.

Lies, Jan (2008): Public Relations. Ein Handbuch. Konstanz: UVK Verlagsgesellschaft mbH.

Mast, Claudia (2010): Unternehmenskommunikation. Ein Leitfaden. 4., neue und erweiterte Auflage. Stuttgart: Lucius & Lucius Verlagsgesellschaft mbH.

Meermann Scott, David (2010): Die neuen Regeln für Marketing und PR im Web 2.0 - Wie Sie im Social Web News Releases, Blogs, Podcasting und Virales Marketing nutzen, um Ihre Kunden zu erreichen.

Meffert, Heribert (1982): Marketing. Einführung in die Absatzpolitik. 6. Auflage. Unveränderter Nachdruck 1985. Wiesbaden: Betriebswirtschaftlicher Verlag Dr. Th. Gabler GmbH.

Merten, Klaus (1977): Kommunikation. Eine Begriffs- und Prozessanalyse. Opladen: Westdeutscher Verlag GmbH.

Merten, Klaus (2000): Das Handwörterbuch der PR. Frankfurt am Main: F.A.Z.-Institut für Management-, Markt- und Medienforschung GmbH.

Müller, Bernhard/Kreis-Muzzulini, Angela (2003): Public Relations für Kommunikations-, Marketing- und Werbeprofis. Frauenfeld: Huber&Co. AG.

Mugler, Josef (1998): Betriebswirtschaftslehre der Klein- und Mittelbetriebe. Band 1. Dritte, überarbeitete Auflage. Wien: Springer-Verlag.

Oeckl, Albert (1964): Handbuch der Public Relations. München: Süddeutscher Verlag GmbH.

Pürer, Heinz (2003): Publizistik- und Kommunikationswissenschaft. Ein Handbuch. Konstanz: UVK Verlagsgesellschaft.

Reiter, Markus (2006): Öffentlichkeitsarbeit. Die wichtigsten Instrumente. Die richtige Kommunikation. Der beste Umgang mit den Medien. Heidelberg: Redline Wirtschaft, Redline GmbH.

Renger, Rudi/Siegert, Gabriele (Hg.) (1997): Kommunikationswelten. Wissenschaftliche Perspektiven zur Medien- und Informationsgesellschaft. Innsbruck: StudienVerlag Ges.m.b.H.

Ronneberger, Franz (1989): Theorie der Public Relations. In: Pflaum, Dieter; Pieper, Wolfgang (Hrsg.) (1989): Lexikon der Public Relations. 2., überarbeitete und erweiterte Auflage. Landsberg: Verlag Moderne Industrie; S 494-498

Ronneberger, Franz/Rühl, Manfred (1992). Theorie der Public Relations. Ein Entwurf. Opladen: Westdeutscher Verlag GmbH.

Rota, Franco P./Fuchs, Wolfgang (2007): Lexikon der Public Relations. 500 Begriffe zu Öffentlichkeitsarbeit, Markt- und Unternehmenskommunikation. München: Deutscher Taschenbuch Verlag GmbH&Co. KG.

Röttger, Ulrike (2008): Aufgabenfelder. In: Bentele, Günter/Fröhlich, Romy/Szyszka, Peter (Hrsg.) (2008): Handbuch der Public Relations. Wissenschaftliche Grundlagen und berufliches Handeln. Mit Lexikon. 2., korrigierte und erweiterte Auflage. Wiesbaden: GWV Fachverlage GmbH.: 501-510.

Ruisinger, Dominik (2007): Online Relations. Leitfaden für moderne PR im Netz. Stuttgart: Schäfer-Poeschel Verlag.

Safko, Lon/Brake, David K. (2009): The Social Media Bible: Tactics, Tools, and Strategies for Business Success. Hoboken (NJ): John Wiley & Sons, Inc.

Salzburg INSIDE. Das Magazin. Ausgabe 1/2011. Salzburg: Sinz GmbH.

Schick, Siegfried (2007): Interne Unternehmenskommunikation. Strategien entwickeln. Strukturen schaffen. Prozesse steuern. 3. überarbeitete und aktualisierte Auflage. Stuttgart: Schäffer-Poeschl Verlag für Wirtschaft, Steuern, Recht GmbH.

Schindler, Marie-Christine/Liller, Tapio (2011): PR im Social Web. Das Handbuch für Kommunikationsprofis. Köln: O´Reilly Verlag GmbH&Co. KG.

Schnell, Rainer/Hill, Paul B./Esser, Elke (2005): Methoden der empirischen Sozialforschung. 7., völlig überarbeitete und erweiterte Auflage. München: Oldenbourg Wissenschaftsverlag GmbH.

Schwab, Heike/Zowislo, Natascha (2002): Praxishandbuch Kommunikationsmanagement. Grundlagen und Instrumente der internen und externen Unternehmenskommunikation. Frankfurt/Main: Campus Verlag GmbH.

Signitzer, Benno (1996): Einige Grundlagen der Public-Relations-Planung in sub (Sozialarbeit und Bewährungshilfe) (o.A.) (1996). 18. Jg., Nr. 16. Wien: Verein für Bewährungshilfe und Soziale Arbeit.: 6-28.

Signitzer, Benno (2007): Theorie der Public Relations. In: Burkart, Roland/Hömberg, Walter (2007): Kommunikationstheorien. Ein Textbuch zur Einführung. Band 8. 4., überarbeitete und erweiterte Auflage. Wien: Universitäts-Verlagbuchnadlung Ges.m.b.H.: 141-173.

Signitzer, Benno (1997): Einige Linien der aktuellen Public Relations-Theorieentwicklung. In: Renger, Rudi/Siegert, Gabriele (Hg.) (1997): Kommunikationswelten. Wissenschaftliche Perspektiven zur Medien- und Informationsgesellschaft. Innsbruck: StudienVerlag Ges.m.b.H.: 183-211.

Solis, Brian/Breakenridge, Deirdre (2009): Putting the Public Back in Public Relations. How Social Media Is Reinventing the Aging Business of PR. New Jersey: FT Press.

Spatzier, Astrid (2011): Kommunikation und Public Relations während einer Neugründungsphase von Kleinstunternehmen. Hamburg: Verlag Dr. Kovač.

Szyszka, Peter (2008) in Bentele, Günter/Fröhlich, Romy/Szyszka, Peter (Hrsg.) (2008): Handbuch der Public Relations. Wissenschaftliche Grundlagen und berufliches Handeln. Mit Lexikon. 2., korrigierte und erweiterte Auflage. Wiesbaden: GWV Fachverlage GmbH.

Theis-Berglmair, Anna Maria (2003): Organisationskommunikation. Theoretische Grundlagen und empirische Forschungen. 2. Auflage. Münster: LIT Verlag.

Weinberg, Tamar (2009): The New Community Rules. Marketing on the Social Web.

Weinberg, Tamar (2010): Social Media Marketing: Strategien für Twitter, Facebook & Co. Deutsche Übersetzung von Dorothea Heymann-Reder. 1. Auflage. O´Reilly.

Wöhe, Günter/Döring, Ulrich (2008): Einführung in die Allgemeine Betriebswirtschaftslehre. 23., vollständig neu bearbeitete Auflage. München: Verlag Franz Vahlen GmbH.

Zerfaß, Ansgar (2010): Unternehmensführung und Öffentlichkeitsarbeit. Grundlegung einer Theorie der Unternehmenskommunikation und Public Relations. 3., aktualisierte Auflage. Wiesbaden: VS Verlag für Sozialwissenschaften / Springer Fachmedien.

12.2 Online-Quellen

A&B. Face2Net. One. Community Relations. (o.A) (o.J) URL: http://www.kommunikationsglossar.de/de/glossar/community_relations.html (27.1.2011)

Alexon, Caterina (2011): Do You Ask Yourself What, Who, Why, How and When? In: socialmediatoday. The Web´s best Thinkers on Social Media. URL: http://socialmediatoday.com/catarinasworld/267805/do-you-ask-yourself-what-who-why-how-and-when (17.3.2011)

AsseFin – Werbeagentur in Hannover. Unser kleines Werbelexikon. URL: http://www.assefin.de/pages/index.php?modul=465#c (24.11.2010)

Becker, Alexander (2011): Auf die Länge und die Uhrzeit kommt es an in ethority. Webblog. URL: http://www.ethority.de/weblog/2011/05/02/auf-die-lange-und-die-uhrzeit-kommt-es-an/ (4.5.2011)

Dieckmann, Christoph (2011): Vorsicht, Google-Kamera! Street View. In: ZEITmagazin. Nr. 14 vom 31.3.2011. Online: Zeit Online. Internet. URL: http://www.zeit.de/2011/14/Google-Street-View/seite-1 (1.7.2011)

DPRG – Deutsche Public Relations Gesellschaft E.V. Berufsbild. URL: http://www.dprg.de/statische/itemshowone.php4?id=39 (1.11.2010)

Eck, Klaus (2011): Christian Kuhna: 9. Social Media Management by adidas. In: PR-Blogger. Neue Wege der Kommunikation. URL: http://pr-blogger.de/2011/03/21/christian-kuhna-8-social-media-management-by-adidas/ (23.3.2011)

Facebook „Press". URL: http://www.facebook.com/press/info.php?statistics (19.10.2010)

Facebook „Facebook". URL: http://www.facebook.com/press/info.php?statistics#!/facebook (19.10.2010)

Gabler Wirtschaftslexikon: Meffert, Heribert. URL: http://wirtschaftslexikon.gabler.de/Autoren/prof-dr-dr-h-c-mult-heribert-meffert.html (1.12.2010)

Gillin, Paul (2010): The New Conversation: Taking Social Media from Talk to Action in Harvard Business Review Analytic Services. URL: http://hbr.org/hbrg-main/resources/pdfs/comm/sas/16203-hbr-sas-report-r3.pdf (10.1.2011)

Hermanns, Hartmut (2008): Regeln für Pressekonferenzen: Wie man PR-Veranstaltungen optimal organisiert und durchführt. URL: http://www.suite101.de/content/regeln-fuer-pressekonferenzen-a40528#ixzz1CeNnExLG (31.01.2011)

IAB Switzerland – Internet Glossar (o.A.) (o.J). URL: http://www.iabschweiz.ch/index.php/internet-glossar.html (9.2.2001)

Infoplattform Wissenswertes.at (o.A.) (o.J.): Basiswissen zu den KMU´s. URL: http://www.wissenswertes.at/index.php?id=kmu (25.5.2011)

Jurik, Margaretha (2011): PR-Nachhilfe für KMU – die Studie! In: Horizont. Der Online-Informationsdienst für Werbung, Medien und Marketing. URL: http://www.horizont.at/newsdetail/news/pr-nachhilfe-fuer-kmu-die-studie.html?cHash=25e120d1eb4e7bc64eefed849f0565dc (25.5.2011)

Jodeleit, Bernhard (2011): Erfolge mit Social Media messen – aber wie? In: Im Blickpunkt. Blog. URL: http://blog.jodeleit.de/evaluation-dialogorientierter-social-media-massnahmen/ (5.5.2011)

Kimmle, Catherine (2010): 100 Social Media Tips für Unternehmen – Teil 1. Tools für Ihren Erfolg. In: Marketing Shop. Ihr Shop für erfolgreiches Marketing. URL: http://blog.marketingshop.de/100-social-media-tipps-fur-unternehmen-%E2%80%93-teil-1/ (28.4.2011)

Knill, Markus (o.J.): Kampfrhetorik oder Dialogik? Erschienen in: Spital-Management und "Aktuell 8/94". URL: http://www.rhetorik.ch/Kampfrhetorik/Kampfrhetorik.html (28.1.2011)

Knüwer, Thomas (2011): Indiskretion Ehrensache. Notizen aus dem Medienalltag Wenn Social Media fehl am Platz ist – das Beispiel Teldafax. URL: http://www.indiskretionehrensache.de/2011/02/teldafax-facebook/ (28.2.2011)

Manger, Michael (2010a): Teil 1: Die ideale Social Media Kampagne. In: Echt/Zeit/Schrift. Blog über Corporate und Communications Social Web. URL: http://www.echtzeitschrift.info/?p=454 (14.3.2011)

Manger , Michael (2010b): Teil 2: Teil 1: Die ideale Social Media Kampagne. In: Echt/Zeit/Schrift. Blog über Corporate und Communications Social Web. URL: http://www.echtzeitschrift.info/?p=526 (14.3.2011)

MAXQDA (1989-2010): Software für qualitative Datenanalyse. VERBI Software. Berlin-Marburg-Amöneburg: Consult. Sozialforschung GmbH.

Mehring, Hannes (o.J.): socialmediaschmiede by frischr. URL: http://www.frischr.com/socialmediaschmiede/wir-in-der-schmiede/ (28.4.2011)

Roskos, Matias (2011): Cajong is nothing – 1.500 Facebook-Fans in 5 Tagen. In: SocialNetworkStrategien. Social Networks, Communities, Crowdsourcing – alles rund um Facebook, Social Media Marketing, Communityaufbau und Communitymanagement. URL: http://www.socialnetworkstrategien.de/2011/03/cajong-is-nothing-1-500-facebook-fans-in-5-tagen/ (14.3.2011)

Schindler, Marie-Christine (2010): Von CP zu Corporate Publishing in mcschindler.com. PR-Beratung. Redaktion. Corporate Publishing. URL: http://www.mcschindler.com/2010/07/15/von-cp-zu-corporate-social-publishing/ (10.2.2011)

Schmitt, Christian (2010): Corporate Publishing und Social Media. Corporate Publisher setzen stärker auf die sozialen Medien und schichten Budgets zugunsten von Social Media um. In: media-TREFF. URL: http://www.media-treff.de/index.php/2010/11/17/corporate-publisher-setzten-starker-auf-die-sozialen-medien-und-schichten-budgets-zugunsten-von-social-media-um/ (9.2.2011)

Social Media: Statistiken und Daten zu Nutzerzahlen und mehr. URL: http://blog.kennstdueinen.de/2010/03/social-media-statistiken-daten-zu-nutzerzahlen-und-mehr/ (19.10.2010)

Strupat, Ralf R. (2009): Marketing & Vertrieb. Zielgruppendefinition – Wie bestimme ich meine Zielgruppe? Online: http://www.onpulson.de/themen/169/zielgruppendefinition-wie-bestimme-ich-meine-zielgruppe/ (9.3.2011)

TCW. Konzepte und Lösungen von morgen. (o.A.) (o.J.) URL: http://www.tcw.de/static_pages/view/118 (18.1.2011)

Ward, Susan (o.J.): Social Media Definition. URL: http://sbinfocanada.about.com/od/socialmedia/g/socialmedia.htm (7.2.2011)

Wirtschaftslexikon24.net (o.A.) (o.J.). URL: http://www.wirtschaftslexikon24.net

WKO – Wirtschaftskammer Österreich (2011): Social Media Guidelines für KMU. Version 2.0. URL: http://www.telefit.at/web20/wko-socialmedia-guidelines.pdf (28.2.2011)

WKO – Wirtschaftskammer Österreich (o.J.): Klein- und Mittelbetriebe in Österreich. URL: http://wko.at/Statistik/KMU/Erl%C3%A4uterungen.pdf (25.5.2011)

13. Abbildungsverzeichnis

Abb. 1: Social-Media-Prisma. (http://www.ethority.de/weblog/social-media-prisma/) 15

Abb. 2: Facebook-Seite von „Adidas". (http://www.facebook.com/adidasoriginals (16.3.2011)) 17

Abb. 3: Die vier PR-Modelle von Grunig und Hunt. (Grunig/Hunt 1984: 22) 33

Abb. 4: Kommunikationsmodell. (Kotler 2007a: 655) 41

Abb. 5: Bereiche der Unternehmenskommunikation. (Mast 2010: 11) 44

Abb. 6: Handlungsfelder und Teilbereiche der Unternehmenskommunikation. (Zerfaß 2010: 289) 45

Abb. 7: SWOT-Analyse. (TCW. http://www.tcw.de/static_pages/view/118) 51

Abb. 8: Die Struktur von Issues. (Lies 2008: 175 nach Ansoff 1980) 67

Abb. 9: Mögliche Beziehungen zwischen Marketing und Public Relations. (Kotler/Mindak 1978: 17) 79

Abb. 10: „Push- versus Pull-Kommunikation. (Bruhn 2009: 11) 86

Abb. 11: Unterschied zwischen Web 1.0 und Web 2.0. (http://www.sizlopedia.com/2007/08/18/web-10-vs-web-20-the-visual-difference/) 87

Abb. 12: Corporate Publishing-Instrumente. (Mast 2010: 265) 89

Abb. 13: Gründe Social Media für ein Unternehmen zu verwenden. (http://www.facebookbiz.de/artikel/facebook-seite-vs-webseite-warum-treten-kunden-mit-unternehmen-in-kontakt/%20/bildschirmfoto-2011-03-03-um-10-20-43) 92

Abb. 14: Eintrag Facebook-Seite von Teldafax vom 17.2.2011. (http://www.facebook.com/TelDaFax) 94

Abb. 15: Eintrag Facebook-Seite von Teldafax vom 28.2.2011. (http://www.facebook.com/?ref=home#!/TelDaFax) 94

Abb. 16: Social-Media-Kanäle. (Hilker 2010: 70) 96

Abb. 17: Ablauf der einzelnen Schritte im Bereich der Social Media-Gesamtstrategie. (Hilker 2010: 64) 97

Abb. 18: Die Social-Technographics-Leiter (nach Li/Bernoff). (http://www.digitale-unternehmung.de/2010/11/post-methode/) 107

Abb. 19: Social Media Planner. (http://www.socialmediaplanner.de/) 109

Abb. 20: Die drei Phasen des Social Media-Engagements. (Bernet 2010: 162) 113

Abb. 21: Wann sind die meisten Interessenten aktiv? (http://www.robertbasic.de/2011/04/tweriod-wann-sind-die-follower-wach/) 116

Abb. 22: Welche Social Media-Community eignet sich wofür (ein grober Überblick)? (Hilker 2010: 55) 121

Abb. 23: Welche Social Media-Seite ist die Richtige? (http://www.socialmediaplanner.de) 122

Abb. 24: Überblick der prozentualen Verteilung nach deren Größe der Unternehmen in Österreich. (http://wko.at/Statistik/kmu/WKO-BeschStatK.pdf) 123

Abb. 25: Klassifizierung von Interviews nach ihrer Standardisierung. (Gläser/Laudel 2009: 41) 134

Abb. 26: Screenshot der MAXQDA10 Auswertungsseite für qualitative Interviews 142

14. Anhang

14.1 Interviewleitfaden Public Relations-Fachleute

Interviewleitfaden „Social Media"-Fachleute (typisch)

Sehr geehrte(r) Frau/Herr [...], herzlichen Dank, dass Sie sich für dieses Interview Zeit genommen haben. Wie ich Sie im Vorfeld schon informiert habe, handelt es sich dabei thematisch um den Bereich der „Public Relations und KMU (Klein- und Mittelunternehmen)". Das Thema, zu welchem dieses Interview weitere Fakten liefern soll lautet:

Social Media für jedermann? Public Relations für Kleinstunternehmer auf dem Feld der Social Media

Mit Ihrem mündlichen Einverständnis, werden Ihre Antworten, für die hier genannte Studie verwendet werden. Sind Sie damit einverstanden?

1. Könnten Sie mir zunächst mitteilen, in welchem Bereich das Unternehmen [...] für welches Sie arbeiten, tätig ist und was genau die Aufgabenbereiche dieser Unternehmung sind?

2. Und was ist dabei Ihre Tätigkeit innerhalb der Unternehmung [...]?

3. Würden sie also sagen, dass Ihre Arbeit mit dem Public Relations-Instrument und Tätigkeitsfeld „Social Media" zu tun hat?

4. Welche Seiten verwenden Sie für Ihre firmeninternen Social Media Auftritte am häufigsten? Tendenzen?

5. Und sind diese eher für den Bereich des Marketings oder eher für den Bereich der Public Relations in Ihrem Unternehmen?

Hier weiter, wenn Angestellter einer Social Media - kreierenden Unternehmung. Ansonsten zu 7.:

6. Sie verwenden also [...] für Ihre eigenen Social Media-Auftritte. Und welche Seiten wollen Ihre Kunden (gefühlsmäßig...) am häufigsten für deren jeweiliges Unternehmen für den Social Media-Auftritt nutzen? Facebook, x-ing, etc.?

---

7. Wie sehen Sie den Bereich der Social Media ganz allgemein? In den letzten Jahren – vor allem seitdem „Facebook" sehr populär geworden ist, scheint sich ja jeder zu den Social Media Seiten hingezogen zu fühlen. Im privaten Bereich, wie auch im Geschäftlichen. Mit wenigen Ausnahmen will jeder in einem Netzwerk integriert sein. Und vor allem der Bereich „Geschäft" scheint auch immer mehr Chancen auf dem Feld der Social Media zu sehen. Würden Sie grundsätzlich Vertretern jeder Branche empfehlen, sich in diesen Bereich der Unternehmenskommunikation vorzuwagen?
[Wenn nötig nachfragen: Welche Branchen würden Sie somit eher ausklammern?]

8. Wo sehen sie spezielle Möglichkeiten und Chancen im Bereich der Social Media für den Bereich der Public Relations? Wo denken Sie, dass dieses Kommunikationsinstrument Vorteile hat? Oder sehen Sie sogar Nachteile?

9. Was kann Social Media für Sie persönlich? Welchen speziellen Nutzen bietet dieses Instrument für die Public Relations-Tätigkeiten eines Unternehmens? Und was kann Social Media als Kommunikationsinstrument womöglich nicht? Wo sind etwaige Grenzen?

10. Sehen Sie im Bereich der Social Media auch Möglichkeiten für den Bereich der Kleinstunternehmungen? Dass Kleinstunternehmungen Nutzen aus diesem Kommunikationstool ziehen?

11. Würden Sie sagen, dass das Nutzen-/Leistungsverhältnis – das Verhältnis zwischen Aufwand für die Social Media und der Nutzen den ein Kleinstunternehmen daraus zieht – für ein Kleinstunternehmen unrentabel ist? Stichworte: Zeitaufwand.

12. Worin würden Sie die Unterschiede in der Strategie oder im Verhalten der Akteure sehen, wenn man nun die Public Relations im Feld der Social Media mit den „normalen", den klassischen Public Relations vergleicht?

13. Als abschließende Frage: Was würden Sie persönlich einem Kleinstunternehmer/einer Kleinstunternehmerin raten, wenn dieser/diese sich dazu entschließt, ihre PR Tätigkeiten auf den Bereich der Social Media ausdehnen zu wollen? Worauf sollen diese achten?

14. Und sollen diese Ihrer Meinung nach eher den „Sprung ins kalte Wasser" wagen und versuchen und experimentieren oder doch eher streng strategisch zum Beispiel im Sinne des, von der DPRG aufgestellten AKTIONs-Plans vorgehen?

A	=>	Analyse, Strategie und Konzeption
K	=>	Kontakt, Beratung und Verhandlung
T	=>	Text und kreative Gestaltung
I	=>	Implementierung
O	=>	Operative Umsetzung
N	=>	Nacharbeit bzw. Evaluation

Ich bedanke mich für das interessante Gespräch und vor allem dafür, dass Sie sich Zeit genommen haben.

14.2 Interviewleitfaden Unternehmer/leitender Angestellter

Interviewleitfaden „Social Media" für Unternehmer/(leitender) Angestellter (typisch)

Sehr geehrte(r) Frau/Herr [...], herzlichen Dank, dass Sie sich für dieses Interview Zeit genommen haben. Wie ich Sie im Vorfeld schon informiert habe, handelt es sich dabei thematisch um den Bereich der „PR und KMU (Klein- und Mittelunternehmen)". Das Studienthema zu welchem dieses Interview weitere Fakten liefern soll lautet:

Social Media für jedermann? Public Relations für Kleinstunternehmer auf dem Feld der Social Media

Mit Ihrem mündlichen Einverständnis, werden Ihre Antworten, für die hier genannte Studie verwendet werden. Sind Sie damit einverstanden?

1. [a) Sie sind Chef Ihres eigenen Unternehmens? In welcher Branche ist Ihr Unternehmen tätig?] oder [b) Könnten Sie mir zunächst mitteilen, in welchem Bereich die Unternehmung, [...] für welche Sie arbeiten, tätig ist und was genau die Aufgabenbereiche dieser Unternehmung sind?] Und wie viele Mitarbeiter in diesem Unternehmen beschäftigt sind?

2. Als „Social Media" werden Soziale Netzwerke und Netzgemeinschaften verstanden, die als Plattformen zum gegenseitigen Transfer von Meinungen, Eindrücken und Erfahrungen dienen. Sagt Ihnen der Ausdruck der „Social Media" etwas? In welchem Zusammenhang sagt Ihnen dieser Ausdruck etwas?

3. Öffentlichkeitsarbeit oder auch Public Relations bezeichnet/n den weit gefassten Begriff für die Gestaltung der öffentlichen Kommunikation von Organisationen, Unternehmen oder Einzelpersonen. Anders ausgedrückt meint es (im Gegensatz zum Marketing, in dem es primär um die Verkaufsförderung geht...) salopp ausgedrückt „to tell someone about something" Würden Sie in diesem Zusammenhang sagen, dass Sie in und für Ihr Unternehmen Öffentlichkeitsarbeit betreiben?

Wenn 3. „nein":
4. Wenn Sie etwas Wichtiges in Ihrem Unternehmen geändert haben, wenn Sie ab jetzt nun z.B. versuchen ein anderes Image aufzubauen, besonders ökologisch zu arbeiten oder ökologische Produkte zu verwenden, wenn Sie eine besondere Marke in Ihrem Unternehmen verwenden, eine neue Dienstleistung anbieten, wenn Sie nun eine Veränderung welcher Art auch immer an Ihrem Unternehmen gemacht haben, Ihr Unternehmen sich vergrößert hat, einen weiteren Firmensitz hat, usw. usf., teilen Sie dies Ihren Zielgruppen (Kunden, Lieferanten, Partnern,...) mit?

Wenn 3. „ja" (und wenn 4. „ja") hier weiter (und dann nach Punkt 6. bei Punkt 17. weiter, wenn „Social Media" verwendet wird; Ansonsten bei 7):
5. Wer macht diese „Meldung(en)"? Machen Sie diese selbst?

6. Wo machen Sie diese? Und vor allem: Wie machen Sie das? Welches Medium verwenden Sie dafür?

Wenn 4. „nein" gleich hier weiter:
7. Sind Sie privat in einem Social Media-Portal aktiv?

8. Haben Sie schon mal mit dem Gedanken gespielt, dass Sie die Daten Ihres Unternehmens auf einer Social Media-Plattform z.B. auf Facebook preisgeben? Dass sie dort also ein Firmenprofil erstellen?

Wenn 8. „ja":
9. Warum würden Sie dies gerne machen? Was erwarten Sie sich davon?

Wenn 8. „nein":
10. Sie haben aber schon von z.B. „Facebook" im Zusammenhang als Kommunikationstool für Unternehmen gehört? Und auch davon, dass immer mehr Unternehmen dieses Kommunikationsinstrument – die Social Media – im Bereich des Marketings, aber auch im Bereich der Public Relations für Ihr Unternehmen verwenden? *(wenn „nein" bei 14. weiter)*

Wenn 10. „ja":
11. Warum denken Sie, dass diese Form der online-Kommuniaktion weniger geeignet ist für Ihre Unternehmung?

12. Befürchten Sie, dass der Aufwand für die Erstellung und Erhaltung einer Social Media Seite höher ist, als Sie an Nutzen daraus ziehen könnten?

13. Was sind Gründe, dass Sie keine Tätigkeiten im Bereich der Social Media geplant haben und auch in näherer Zukunft nicht vor haben?

Wenn 10. „nein":
14. Können Sie sich vorstellen, dass diese Kommunikationsplattformen in näherer Zukunft interessant für Sie werden und wenn Sie sich z.b. von einer PR-Agentur beraten haben lassen und diese Ihnen eine für Sie und Ihr Unternehmen geeignete PR-Strategie für Ihren Social Media-Auftritt zurecht gelegt hat – Sie also professionelle Unterstützung für diesen Bereich bekommen haben – dass Sie dann eher an die Erstellung einer Social Media-Seite für Ihr Unternehmen denken?
15. Man hört immer wieder in einschlägigen Medienberichten, dass Social Media-Plattformen die Daten ihrer Mitglieder weiterverkaufen würden. Haben (hätten) sie persönlich ein Problem damit, wenn Gefahr bestünde, dass Ihre Daten oder die Daten Ihrer Firma weiter gegeben werden würden?

Mögliche Frage, wenn nicht im Bereich der Social Media tätig, dann weiter zu 22:
16. Ist diese „Weitergabe der Daten" womöglich ein Grund, warum Sie mit Ihrem Unternehmen nicht im Bereich der Social Media tätig sind – sei das nun im Bereich der Public Relations oder im Bereich des Marketings?

Hier nur weiter, wenn 3. „ja" oder bei 6. „Social Media" als Antwort::
17. Sie verwenden dazu Social Media. Warum haben Sie Ihre Tätigkeiten im Bereich der Social Media gestartet? Und auf welcher Plattform haben Sie ein Unternehmensprofil angelegt?

18. Soll dieser Unternehmensauftritt eher eine primär informative Funktion erfüllen (Public Relations) oder eher eine Verkaufsfördernde (Marketing)? Oder beides?

19. Welche Erwartungen haben Sie an Ihre Tätigkeiten im Bereich der Social Media? Welches Ziel verfolgen Sie mit Ihrem Unternehmensauftritt auf z.B. „Facebook"?

20. Haben Sie Ihre Tätigkeiten strukturiert? Haben Sie einen Plan aufgestellt, wo und wann Sie etwas machen? Und wie Sie etwas machen? Oder wollen Sie zunächst noch experimentieren?

21. Man hört immer wieder in einschlägigen Medienberichten, dass Social Media-Plattformen die Daten ihrer Mitglieder weiterverkaufen würden. Haben (hätten) sie persönlich ein Problem damit, wenn Gefahr bestünde, dass Ihre Daten oder die Daten Ihrer Firma weiter gegeben werden würden?

Als abschließende Frage (für alle):
22. Als abschließende Frage: Haben Sie das Gefühl, dass Ihr Interesse am Bereich und den Möglichkeiten der Social Media und an Social Media-Portalen ganz allgemein, durch dieses Interview geweckt wurde? Dass Sie ihre vorhandenen Tätigkeiten in diese Richtung weiter ausbauen wollen?
Oder falls Sie noch nichts mit Social Media zu tun haben, nun in Erwägung gezogen haben, dieses Kommunikationsinstrument in Ihre Unternehmenskommunikation aufzunehmen?

Ich bedanke mich für das interessante Gespräch und vor allem dafür, dass Sie sich Zeit genommen haben.

14.2 Transkription der Expertengespräche

Interview mit Frau Keybach, Bianca (Tourismuschefin „Oberstaufen Tourismus Marketing GmbH") vom 9.4.2011:

S: Sehr geehrte Frau Keybach, herzlichen Dank, dass Sie sich für dieses Interview Zeit genommen haben. Wie ich Sie im Vorfeld schon informiert habe handelt es sich dabei thematisch um den Bereich der PR und KMU, also Public Relations und im Bereich der Klein- und Mittelunternehmen. Das Studienthema, zu welchem dieses Interview weitere Fakten liefern sollte, lautet „Social Media fur jedermann? Public Relations für Kleinstunternehmer auf dem Feld der Social Media". Mit Ihrem mündlichen Einverständnis werde ich die Antworten für die hier genannte Studie verwenden. Sind sie damit einverstanden?

K: Ja.

S: Könnten Sie vielleicht kurz erläutern, in welchem Bereich der Unternehmung Oberstaufen Tourismus Sie tätig sind, und was genau der Aufgabenbereich dieser Unternehmung ist? Ihr Aufgabenbereich und der Bereich der Unternehmung?

K: Ich bin die Geschäftsführerin der Oberstaufen Tourismus Marketing GmbH., die - wie der Name schon sagt – zuständig ist für das touristische Marketing. Also die Gästeakquise, gleichzeitig auch für den Gästeservice. Hier vor Ort, vor der Anreise, nach der Anreise, für die Infrastruktur und auch Veranstaltungen.

S: Wie viele Mitarbeiter sind ca. tätig für Sie?

K: Es sind insgesamt 20 Köpfe, zusammengerechnet 15 Ganztages.

S: Über dem Bereich eines Kleinunternehmens eigentlich schon?

K: Ja.

S: Als Social Media werden soziale Netzwerke Netzgemeinschaften verstanden, die als Plattform zum gegenseitigen Transfer von Meinungen, Eindrücken und Erfahrungen dienen. Sagt Ihnen der Ausdruck der Social Media etwas? Und in welchem Zusammenhang sagt Ihnen der Ausdruck etwas?

K: Ja, wir nutzen Social Media sehr aktiv seit über 2 Jahren, über beinahe sämtliche bekannte Kanäle, angefangen bei Facebook, Twitter über YouTube, Bewertungsportale, Flicker und was es alles so gibt in der Landschaft. Es ist für uns sehr sehr spannend.

S: Ok. Öffentlichkeitsarbeit oder Public Relation bezeichnet den weit gefassten Begriff für die Gestaltung der öffentlichen Kommunikation von Organisationen, Unternehmen und Einzelpersonen; anders ausgedrückt meint es im Gegensatz etwa zum Marketing, wo es um die primäre Verkaufsförderung geht, salopp ausgedrückt „to tell someone about something". Würden Sie im Zusammenhang sagen, dass Sie in und für Ihr Unternehmen Öffentlichkeitsarbeit betreiben?

K: Klar. Definitiv.

S: Und wer macht diese Meldungen, wer macht diese Öffentlichkeitsarbeit? Die Gesellschaft, oder machen Sie die selber?

K: Meinen Sie die klassische Pressearbeit?

S: Sowohl als auch.

K: Also, die klassische Pressearbeit, das Handwerk, die Texte werden fabriziert von einem ehemaligen Journalisten. Dann haben wir eine PR-Abteilung, die das Ganze regelmäßig rausschickt, die den Presseverteiler pflegt, und das Ganze natürlich auch Online zur Verfügung stellt, entsprechende Anfragen annimmt, Pressereisen veranstaltet, einzelne Pressereisen betreut und begleitet und wenn jemand was braucht, genauso Bildmaterial, liefert, bzw. wenn jemand andere Interviewpartner möchte, da entsprechend vermittelt.

S: Das heißt, Sie delegieren das, aber es wird hausextern quasi gemacht?

K: Nein, nur die Texte, da haben wir eine Person, die aber auch sehr sehr oft hier ist. Sich auskennt im Ort, der uns das handwerkliche bereitstellt, was wir selber nicht haben. Aber Ansprechpartner sind wir im Haus.

S: Und wie werden diese Meldungen gemacht, im Sinne von: mit welchen Medien oder welche einzelnen Medien werden hierfür verwendet?

K: Gut. Es sind ja die Presseansprechpartner, die legen ja fest, wie sie entsprechende Meldungen haben möchten. Die meisten sind mittlerweile per e-mail. Ansprechpartner schicken das zum größten Teil per e-mail aus, automatisch wird das Ganze auf unserer Presseseite veröffentlicht zum Download. Und wir haben auch einen PR-account bei Twitter, wo dann auch mal die Infos rausgehen, wenn neue Presseaussendungen veröffentlicht werden.

S: Warum denken Sie, dass, wenn Sie sagen, dass Sie Facebook z. B. verwenden, oder generell diese Social Media Kanäle, warum denken Sie, dass diese Kanäle für Sie Sinn machen?

K: Für unseren Tourismusbereich ist es eine sehr sehr schöne Möglichkeit, mit dem Kunden oder dem potentiellen Kunden in Kontakt zu kommen, auch den Bekanntheitsgrad zu steigern, zuzuhören vor allem, sehr sehr spannend, weil vor allem bisher natürlich einige Entscheidungen getroffen wurden basierend auf Bauchgefühl, Erfahrungswerten, Sonstigem. Und jetzt kann ich die Kunden einfach fragen was sie haben wollen. Wenn man natürlich einen entsprechenden repräsentativen Freundeskreis hat bzw. Fankreis hat, eine Community, ja man kann dort auch frühzeitig informieren und sich deshalb auch Arbeit sparen, muss man auch sagen, und ja natürlich auch Imagebildung betreiben.

S: Man kann als mehr oder weniger schon mal vorweg eine Meldung in das Internet, also in dem Fall in das Social Media Plattform einstellen, und einen gewissen Tenor abhören oder heraushören. Wie jetzt die PU darauf reagiert auf diese Meldung?

K: Genau. Absolut. Unser aktuelles Beispiel war die Titelseite von unserem Urlaubsmagazin, da haben wir früher natürlich sicher nichts kriegsentscheidendes, da haben wir früher gesagt, ja, wir nehmen das, weil das gefällt uns am besten. Und was weiß ich was. Und jetzt gibt es halt 3, 4, 5 Alternativen zur Auswahl, die stellen wir bei Facebook rein und die Community stimmt ab, was am meisten gewollt ist, das wird dann letztendlich auch gedruckt. Deshalb ist das auch eine gewisse Wertschätzung, die da vermittelt wird, weil man einfach sagt, ihr seid uns wichtig, eure Meinung ist uns wichtig, und die zählt dann auch letztendlich.

S: Sie würden also Facebook im als Speziellen jetzt, aber generell Social Media, nicht nur als reine Informations-, sondern auch als Kommunikationsplattform sehen?

K: Ja. 80 % Kommunikation und 20 % Information von unserer Seite.

S: Wie sehen Sie den Bereich der Social Media ganz allgemein im letzten Jahr, und vor allem seit Facebook sehr populär geworden ist, scheint sich ja jeder zu solchen Social Media Seiten hingezogen zu fühlen. Im privaten Bereich wie auch im Geschäftlichen, mit wenigen Ausnahmen will jeder in diesen Netzwerken integriert sein, und vor allem der Bereich Geschäft scheint immer mehr Chancen auf dem Feld der Social Media zu sehen. Würden Sie grundsätzlich jeden Vertretern aus allen Branchen empfehlen, sich dort einen Social Media Account zuzulegen, oder würden Sie sagen, rein gefühlsmäßig, die eine oder andere Branche sollte da nicht die Finger davon lassen, aber den Nutzen werden diejenigen wahrscheinlich nicht finden?

K: Mir fällt jetzt keine Branche ein, die da überhaupt nicht hineingehört, entscheidend ist tatsächlich, in wie fern man sich identifizieren kann und auch auseinandersetzt mit dem Thema. Nur dass ich jetzt einen Facebook-Account habe, eine Fanseite habe, reicht nicht aus. Also ich muss schon schauen, was bringt meine Facebook-Seite für meine Kunden, also wie muss ich sie nutzen, ich kann sie, denke ich mal als Versicherungsunternehmen nicht so nutzen, wie ich jetzt als Tourismusregion. Da wird es wahrscheinlich eher etwas einseitig kommuniziert sein, also entscheidend ist tatsächlich, ob die Leute, die da sich auch befassen damit, das professionell machen. Und wenn sie das nicht machen, sondern nur damit man eine Facebook-Seite hat, und dass man Werbung für sich selber macht, dann würde ich da eher abraten davon, das ist schon eher nervig.

S: Betreiben Sie selber, oder was die Social Media Aktivitäten betrifft, eine Strategie, oder wurde strategisch da zuerst überlegt, was tun wir wo, wann, oder wurde da auch teilweise einfach mal versucht und probiert?

K: Dadurch, dass wir sehr früh angefangen haben, wo das Thema eigentlich noch gar nicht so heiß war, haben wir sehr viel Erfahrungen sammeln können, auch einige Fehler gemacht, und die haben wir natürlich genutzt und haben die in eine richtige Strategie dann integriert, nach der wir das Ganze jetzt auch nutzen.

S: Und jetzt wird strategisch vorgegangen?

K: Ja. Definitiv.

S: Was würden Sie als Fachfrau einem Kleinstunternehmer raten? Würden Sie sagen, auch zuerst mal probieren, oder würden Sie sagen, gut, dieses ins Wasser hupfen, wie Sie das gemacht haben vor mehreren Jahren, wäre heut zu riskant, lieber von vornherein strategisch. Oder würden Sie, anders ausgedrückt, wenn Sie heute noch einmal vor der Wahl stehen würden, eher strategisch von vornherein vorgehen?

K: Ja. Auf jeden Fall. Also man kann es sich heutzutage nicht mehr leisten, da jetzt Tests zu fahren. Was ich auf jeden Fall empfehle, dass man sich zuerst ein Personenprofil anlegt um das Ganze ein bisschen kennen zu lernen, hineinzuschauen was läuft da, wie krieg ich die Glücksnüsse weg, usw. Und wenn man da ein bisschen Gefühl dafür bekommen hat, aus meiner Sicht im Idealfall sich jemanden zur Hand nehmen, der sich damit auskennt, damit man nicht die Fehler macht, die viele schon hinter sich haben, und dass man für das Unternehmen ein Personenprofil anlegt oder tatsächlich irgend welche Werbesprüche reinballert und dann gar keine Startchancen nutzen kann. Oder manche, die kaufen sich Fans ein. Das ist alles Hokuspokus.

S: Es ist interessant mit den „Fans kaufen". Wie funktioniert das, oder wie kann man sich das vorstellen?

K: Also ich weiß, ich habe den Social Media Manager von BMW mal kennen gelernt, total interessant. Das war in der Zeit, wo sie grad von Audi abgelöst wurden von Platz 1 der Automarken bei Facebook. Und der hat mir dann erzählt, dass Audi tatsächlich, da gibt es ja verschiedene Audiseiten, wenn du Audi eingibst, dann gibt es da halt 20 Seiten, nur eine ist ja wirklich von Audi selber, und die setzen sich dann halt mit denen in Verbindung, denen die anderen Seiten gehören, und ja geben denen gute Kohle, dafür dass die dann übertragen wird.

S: *Das gleiche gab es ja jetzt bei uns in Wien mit dem Museumsquartier, jetzt vor einer Woche.*

K: Und es...manchmal, ich sag jetzt bei dem Beispiel Audi, ist vielleicht gar nicht so schlecht, weil dann sind die ja Audifans, aber wenn jetzt zum Beispiel die Allgäumarketing sagen würden, wir kaufen jetzt die Fans von Oberstaufen, dann wär es ein bisschen schwierig, weil die dann nicht unbedingt Allgäufans sind, die Hälfte davon wird sagen, ja super, die andere Hälfte würde wahrscheinlich sagen, ja nehmen wir jetzt Oberstaufen. Und bei solchen Sachen da muss man einfach aufpassen, weil Fans sind nicht gleich Fans, Twitterfollower sind nicht gleich Twitterfollower. Das Problem ist natürlich, dass es jetzt sehr sehr viele Berater und Experten gibt, die gar keine Berater und Experten sind, aber man sollte da ein bisschen schauen, und sich einen, der sich da wirklich auskennt zur Hand nehmen.

S: *Also, zuerst sich selber ein Bild bilden, und dann erst auf Berater zugehen, auch im Sinne von weil eben genügend Berater herum sind, die mitunter das Ganze nicht seriös oder mitunter auch fast schon betrügerisch betreiben?*

K: Ja, muss man wirklich sagen. Und dann sich selber drum kümmern. Natürlich. Weil viele bieten ja an: „Ich mach dir eine Facebook-Seite und ich bin dann der Administrator" und das hat natürlich gar keinen Sinn. Weil du kommunizierst ja als Unternehmer, und das kann kein Externer machen.

S: *Also im Bereich, dass jemand PR-Agenturen diese Facebookseiten betreuen, sehen Sie keinen Sinn?*

K: Keine Chance, Verarschung, Geldmacherei.

S: *Ok. Verstehe.*
Wo sehen Sie spezielle Möglichkeiten im Chancenbereich der Social Media für den Bereich Public relations und wo sehen Sie ihn vor allem für Kleinstunternehmen?

K: Die Chancen?

S: *Die Chancen, die Kleinstunternehmen hätten, oder die Chancenerweiterung.*

K: Ja, die sind präsent. Wenn sie entsprechende Funktionen nutzen. Also, bei uns ist es z. B. so, dass, wenn bei uns auf unserer Seite eine Buchung stattfindet, also eine Urlaubsbuchung, dann hat der Gast die Möglichkeit, das bei Facebook zu veröffentlichen. Also, irgendeiner, der oder seine Freunde hat überhaupt nichts mit Oberstaufen zu tun, der sagt, ich hab jetzt grad die Rosenalp gebucht, und das kann auch veröffentlicht werden. Dann kommt auf seiner Facebook-Seite der oder der hat gerade auf der Rosenalp gebucht. Eine bessere Werbung gibt es nicht, das ist keine klassische Werbung, aber natürlich gigantisch. Also wenn man das verknüpfen kann, sagt, ich bin – was weiß ich was – also ein Kfz-Betrieb z. B. und hab dann irgendwelche Funktionen, von mir aus auch mobile Applikationen, was natürlich sehr hilfreich ist, wo einfach dann verknüpft sind. Dass Menschen, also dass man gar nicht selber kommuniziert, sondern die Menschen nutzt, die meine Kunden sind. Und schlussendlich unterbewusst die Informationen streut, oder die Bindungen rüber bringt. Dann kann man das sehr gut nutzen. Und dann selber, also grad hier im Ort, ein sehr rühriges Versicherungsunternehmen, die sind da sehr gezielt unterwegs, und geben ganz ganz wertvolle Tipps. Wo man wirklich regelmäßig ist.

S: *Im Bereich der Social Media. Oder auch im Facebook?*

K: Ja, genau. Also da ist man wirklich lieber auf, wenn die etwas posten, die machen es nicht oft, aber dann liest man das wirklich durch. Und man hat dann natürlich Vertrauen und unterbewusst auch, wenn ich dann mal eine andere Frage hab, dann neige ich dazu, bei denen anzurufen oder mich zu melden und dort helfen zu lassen.

S: Machen Sie das dann auch über Facebook oder machen Sie das dann eher über ...

K: Ich persönlich nicht, aber der eine oder andere macht das bestimmt bzw. wird es zu mehr kommen. Man sieht ja auch, dass immer mehr Menschen die E-Mails ersetzen durch Facebook-Nachrichten.

S: *Mir ist nur aufgefallen, es ist immer interessant, weil man dann über Facebook kommuniziert, also primär dort etwas hinterlässt oder eine Nachricht hinterlässt, dann als Rückmeldung kommt: ja, ruf mich an! Also dass dann die Kommunikation von der einen Seite gestartet, also auf Facebook, aber auf der anderen Seite dann, in die klassische Kommunikationsebene face to face oder Telefon weiter geht.*

K: Also, in manchen Situationen lässt sich das dann nicht vermeiden bzw. da ist es auch wichtig, dass man das dann auch übergibt. Also bei uns z. B. oder im Tourismusbereich da schreibt jemand auf die Oberstaufenseite, habt ihr über Ostern noch Zimmer frei? Da ist natürlich dann ein Punkt erreicht, wo ich nicht reinschreiben kann, ja sag uns doch mal wann, wie und was. Dann 100.000 freie Zimmer weitergeben kann. Da komm ich irgendwann mal an den Punkt, wo ich sag ...

S: *... jetzt komm ich nicht mehr um die Kommunikation herum, also die klassische Kommunikation.*

K: Genau. 1. Weil man nicht möchte, dass es öffentlich ist, dass dann jeder weiß, für wie viel Euro ich was buche bzw. wir auch nicht wollen, wer da vermittelt wird. Weil die anderen, die da nicht vermittelt werden, die rufen dann an oder schreiben rein, man muss schon immer ein bisschen mit Feingefühl das ganze nutzen.

S: *Also, da sind dann mehr oder weniger Ihre Grenzen der Social Media Kommunikation erreicht?*

K: Ja, so ist es.

S: *Also, als Informationstool oder Marketingtool bestens, aber beim Verkauf oder wenn es in Bereiche geht, wo man ein Gespräch dann braucht, einfach...oder eine direktere Kommunikation braucht, ist dann die Grenze erreicht?*

K: Wir werden uns auch über Facebook nicht fortpflanzen können.

S: *Wer weiß?*

[Gelächter] K: Also, manchen realen Bereich braucht man einfach.

S: *Ja, ich verstehe.*
Wo würden Sie Unterschiede in der Strategie oder im Verhalten der Akteure sehen, wenn man nun die Public Relations im Feld der klassischen PR sieht, also sprich Newsletter etc., und dann im Bereich der Social Media betrachtet? Sind für Sie Unterschiede da, in der Strategie oder in der Zeit, etc. oder sehen Sie das eher als grundsätzlich gleich oder auf gleicher Ebene?

K: Bei der klassischen PR muss ich anders kommunizieren einerseits, andererseits ist eine gewisse Regelmäßigkeit sehr hilfreich, also mit Newsletter. Da warten die Leute, weil sie es gewohnt sind, dass sie immer Anfang des Monats einen Newsletter bekommen. Bei der Presse ist es ähnlich, da weiß man an welchen Tagen, um welche Uhrzeit normalerweise etwas rausgehen sollte. Die Leute werden natürlich auch mit Sie angesprochen. Bei uns ändern sich das grad ein bisschen. Und bei den Social Media Plattformen da ist es eine Echtzeitkommunikation. Abgesehen davon, dass ich über die sozialen Medien nicht nur die Presse anspreche. Die Presse wird natürlich mitinformiert, wenn sie sich interessieren für unsere Kommunikation über die Kanäle, aber die eigentlichen Ansprechpartner sind die Endkunden, die Presse saugt sie mit auf die Informationen.

S: *Also doch eher "business to costumer". Und weniger "business to business".*

K: Ja. Wie gesagt, wir haben diesen Twitteraccount mit PR, aber die meisten sind trotzdem Follower von Oberstaufen, vom Oberstaufen-Acount. Also als klassisches Beispiel, wenn bei uns der erste Schnee kommt, I-Phone aus dem Fenster und Foto machen, völlig unprofessionell, aber halt Echtzeit, reinstellen, da kriegen wir am meisten Resonanz bei sämtlichen Kanälen. Würde ich niemals für die Presse machen. Also ein blödes Foto aus dem Fenster raus, und schick das als Pressemeldung, bei uns hat es geschneit, weil das ist nichts besonderes, aber wenn ich das mach, dann ist normalerweise jedes Jahr der ein oder andere Journalist dabei, der dann anruft und sagt, wir würden gern kommen und über den Wintereinbruch in Deutschland berichten. Einfach, weil man dann so mit im Bewusstsein der Medien ist.

S: *Das heißt also, es geht hemdsärmlicher, salopper zu im Bereich der Social Media?*

K: Ja, und alles per „Du".

S: *Trotzdem mit Strategie?*

K: Ja.

S: *Als abschließende Frage: Was halten Sie oder sehen Sie das als Problem, dass manche ...oder wie soll man sagen...oder anders ausgedrückt, man hört eben öfter, aus einschlägigen Medienberichte, dass Social Media Plattformen die Daten ihrer Mitglieder weiterverkaufen. Glauben Sie, dass das ein Grund ist, der Kleinstunternehmer, die sich weniger mit dieser Thematik bis jetzt auseinandergesetzt haben, bisher noch abhalten könnte, von den Social Media. Oder von den Tätigkeiten im Bereich der Social Media?*

K: Ich glaub, das sind andere Gründe. Also 1. deine Daten werden so oder so verkauft, egal ob man ein Spiegel-Abo hat oder irgendeine Kundenkarte beim Supermarkt oder bei Facebook sich einloggt, das ist grad ganz egal, ein weiterer Kanal, wo Adressen gesammelt werden. Es ist immer eine so vordergründige Argumentation, genauso wie die Argumentation es kostet zuviel oder es sind nicht die Zielgruppen, weil im Facebook nur die sind, die zu viel Zeit haben, und natürlich auch das Thema Firmengeheimnisse, das ist auch eine schöne Argumentation, wenn man keinen Facebook-Account aufmachen will, wenn wir nicht wollen, dass da Internas rausgehen. Ja, ich glaub, das ist einfach die einfachste Begründung dafür, dass ich keine Lust hab, mich mit diesem Thema zu befassen. Und am liebsten möchte, dass alles so bleibt wie es ist, so wie es früher war, wie man es schon immer gemacht hat.

S: *Was für gewisse Branchen vielleicht legitim ist.*

K: Klar. Aber ich vergleich das immer gerne mit dem Internet. Also vor...15 bis 20 Jahren, haben sicherlich sehr viele Verantwortliche gesagt: „Nein, das mit dem Internet brauchen wir nicht." Die da alles verschlafen haben, die schauen jetzt, dass sie ihre Domainadressen irgendwie für teures Geld kaufen, die sie sich eigentlich automatisch hätten sichern sollen. Und wir haben schon von Anfang an gesagt, wir probieren das aus. Wenn es nichts ist, dann lassen wir es halt wieder sein, aber wenn es ein Trend wird, dann können wir es uns nicht leisten, dass wir den verpassen oder zu spät einsteigen.

S: *Sie meinen jetzt nicht Internet, sondern Social Media?*

K: Genau. Also beim Internet war ich noch nicht soweit. Aber im Social Media muss man einfach offen sein für Neues, vieles ausprobieren, vieles dann wieder seinlassen. Nur wenn ich alles von vorne herein sein lass, ist halt nie ein Treffer dabei.

S: *Dann wird auch nichts weitergehen?*

K: So ist es. Und was ich sehr schade finde, wenn die Verantwortlichen selber nicht anfangen können mit den Medien, was ich ja verstehe, also wenn die halte, was weiß ich, Ende 50 bin und sag, ich bin schon sehr stolz auf mich, dass ich eine E-Mail rausschicken kann, dann muss man einfach im Unternehmen schauen, wer ist privat da drin, sprich wer kann sich damit identifizieren. Derjenige soll doch mal schauen, was man da machen kann. Man muss ja nicht alles selber machen.

S: *Super. Dann würde ich sagen: herzlichen Dank für diese Auskunft, für das Interview, und vor allem vielen Dank für Ihre Zeit.*

K: Dankeschön. War schön.

Interview mit Frau Balaun, Tina (selbstständige PR-Beraterin „life like") vom 11.4.2011:

S: Sehr geehrte Frau Balaun, herzlichen Dank, dass Sie sich für das Interview Zeit genommen haben. . Wie ich Sie im Vorfeld schon informiert habe handelt es sich dabei thematisch um den Bereich der PR und KMU, also Public Relations und im Bereich der Klein- und Mittelunternehmen. Das Studienthema, zu welchem dieses Interview weitere Fakten liefern sollte, lautet „Social Media für jedermann? Public Relations für Kleinstunternehmer auf dem Feld der Social Media". Mit Ihrem mündlichen Einverständnis werde ich die Antworten für die hier genannte Studie verwenden. Sind sie damit einverstanden?

B: Ja, selbstverständlich.

S: Dankeschön. Könnten Sie mir zunächst mitteilen, in welchem Bereich das Unternehmen, für welches Sie tätig sind, also in welchem Bereich das Unternehmen tätig ist, und welcher Aufgabenbereich der Ihre ist?

B: Also ich leite eine PR-Agentur, bin selber ein Kleinunternehmen in der Form, und mache Öffentlichkeitsarbeit, Public Relations für andere Unternehmen, wobei da das Spektrum vom Kleinunternehmen bis zum großen Konzern eigentlich reicht. In der Form ist mein Aufgabenbereich eigentlich beginnend von der Ideenfindung bis hin zur Umsetzung, bis hin zum Presseclipping, eigentlich das komplette Spektrum der Öffentlichkeitsarbeit.

S: Wie viele Mitarbeiter haben Sie in der Firma?

B: Ich arbeite selber alleine und habe 4 Leute, mit denen ich zusammenarbeite, aber auf freier Basis.

S: Also im Sinne Freelancer?

B: Ja.

S: Würden Sie sagen, dass Ihre Arbeit, also die Arbeit mit der PR logischerweise auch mit dem Bereich der Social Media zu tun hat?

B: Definitiv ja, weil es eine Art der Kommunikation ist in der jetzigen Zeit. Und PR gehört auf alle Fälle ins Web, ins Social Media.

S: Als weitere Kommunikationsform im Sinne der Unternehmenskommunikation?

B: Als zusätzliche Kommunikationsform. Ja, also auf keinen Fall als einzige, aber als zusätzliche und unterstützende.

S: Haben Sie als Firma ebenfalls eine Social Media Seite? Oder sind Sie im Social Media mit Ihrem Unternehmen vertreten? Sagen wir es andersherum.

B: Ich bin auf einer Plattform mit meinem Unternehmen vertreten, und bin auf einer anderen Plattform. Ich bin auf Twitter klarerweise mit dem eigenen Unternehmen als Plattform präsent und bin auf Facebook eigentlich mit mir als Person präsent. Und das wird sich irgendwann einmal ändern, hat aber jetzt noch einen ganz besonderen Grund. Und zwar weil ich selber auch als Kleinstunternehmen irgendwann einmal eigentlich wie über Kleinunternehmen auch arbeite, persönliche Kontakte, so begonnen habe eigentlich, meine Firma aufzubauen. Und diese Kontakte nach wie vor pflege, und so halte ich mein eigenes Profil eigentlich, oder so versuche ich zu 50 % privat und 50 % betrieblich zu halten. Ich versuche, einen sehr guten Mix dahinein zu bringen.

S: Verstehe. Wenn Sie selber sagen, Sie verwenden Facebook, Sie verwenden Twitter, gibt es noch weitere Seite, Xing z. B., wäre das, oder ist das für Sie interessant als Unternehmerin?

B: Ist für mich selber interessant, ist aber für meine Kunden nicht interessant. Und darum für mich in der Form jetzt eigentlich auch nicht.

S: Also der Austausch „business to customers" ist für Sie wichtiger in dem Zusammenhang, also Social Media, als wie business to business?

B: Also ich bin in Xing dabei. Da kommuniziere ich auch, binde aber meine Kunden, meine Geschehnisse da nicht mit ein, das ist wirklich nur ich selber. Wie gesagt, für meine Kunden ist das völlig uninteressant. Xing.

S: Sind diese Bereiche, also diese Social Media Auftritte Ihres Unternehmens eher marketingorientiert oder eher Public Relations orientiert? Also sprich, geht es Ihnen jetzt eher um Kundeninformation, dass Sie potentielle Kunden darüber informieren, was Sie machen, in welcher Weise Sie es machen, etc. oder geht es eher um Marketing, also eher um Verkaufsförderung in weitestem Sinn. Oder kann man da überhaupt eine Grenze ziehen?

B: Ich sage, das eine steht mit dem anderen ganz stark in Verbindung. Und für mich ist es, auf meiner Plattform zumindest so, dass Marketing und PR Hand in Hand gehen und auch vermischt werden. Also, auch die Arbeitsphilosophie meiner Agentur beruht darauf, auf einer, ich sage jetzt einmal, den natürlichen Charakter des Menschen und auch der Kommunikation zu bewahren. Und den transportiere ich, das ist mein Marketingteil, den transportiere ich, ich transportiere eine persönliche Art der Kommunikation über dieses Portal Facebook, wechsle aber da wieder ab mit Clippings von mir selber, von Kunden, mit Verlinkungen zu z. B. Fernsehberichten, Radiospots. Also ich vermische, wie gesagt, die Marketingstrategie meiner eigenen Agentur mit den Presseclippings, mit der PR für meine Kunden.

S: Das heißt im Grunde genommen, wenn Ihr Name dort steht, das ist ein Aufmerksammachen auf Ihre eigene Firma und zusätzlich natürlich dann auf das Produkt, das Sie gerade in den Umlauf bringen?

B: Genau. Und es geht auch darum, dass die Kunden, die ich betreue, also ich muss sagen, dieses Konzept oder diese Idee kommt wahnsinnig gut an. Weil die Kunden eigentlich genau auf diese persönliche Ebene reagieren. Ich sage jetzt einmal ganz ehrlich, es gibt auch Presseagenturen, die haben oder man hat ein Pressethema mit z. B. 70 Clippings in der Woche. Das ist jetzt nicht die Kunst. Also es ist keine Kunst, viele Clippings zu erreichen, weil eine gute Presse setzt man voraus. Wenn ich eine Presseagentur engagiere setze ich voraus, dass die Fachkenntnis besitzen und auch entsprechend arbeiten. D. h. viele Clippings sind, wenn man es richtig macht, die Basis einer Pressearbeit. Was aber das besondere ist, und das ist wiederum Marketing, ist zumindest bei meiner Agentur die persönliche Kommunikation, dieses ja lebensechte, das Nahbare. Und das ist eigentlich die Marketingstrategie meiner Agentur und das ist auch das, worauf die Kunden reagieren, in positivem Sinn.

S: Potentielle Kunden genauso wie schon vorhandene?

B: Ja. Genau.

S: Sie verwenden selber Facebook und Twitter, jetzt vorrangig oder momentan noch, sind privat auf Xing vertreten. Gibt es bei Ihren Kunden Tendenzen oder sind Tendenzen feststellbar, wenn ein Kunde zu Ihnen kommt und sagt, Neukunde oder auch vorhandener schon, ich möchte auf der Seite in Social Media vorhanden sein. Gibt es Tendenzen, welche Seiten da primär gewünscht werden?

B: Also das ist immer Facebook an allererster Stelle, dann an zweiter Stelle kommt Twitter, und dritter Punkt ist YouTube. Also dass man sagt, meine Firma, meine Videos online stellen. Und dann ist es eigentlich schon vorbei. Zumindest in meinem Kundenkreis. Und das kommt daher, dass die Produkte oder die Kunden, die ich betreue, mit Produkten arbeiten, die die breite Öffentlichkeit eigentlich kennt oder kennen sollte. Und die breite Öffentlichkeit wiederum kennt die 3 Portale Facebook, Twitter, YouTube. Demnach sind auch die 3 Portale interessant. Und keine Ahnung, was es da noch alles gibt, das sind Portale, die existieren, man weiß auch dass diese existieren, aber es ist einfach die Frage Kosten – Nutzen. Oder Aufwand.

S: *Also, dass der Aufwand höher wäre wie der Nutzen, der daraus erzielbar ist?*

B: Also, bringt es mir tatsächlich etwas, auf 7 Portalen präsent zu sein, wenn nachweislich die breite Masse auf Facebook und Twitter kommuniziert? Und da sagen natürlich die meisten nein.

S: *Wie kann man sich das vorstellen? Die Kunden kommen zu Ihnen und sagen, ich möchte dort vertreten sein. Machen Sie die Strategie dafür? Oder kommen die schon mit Ideen, sprich mit einem Ansatz einer Strategie her, oder läuft das alles über Sie? Von der Analyse bis zur Evaluation am Schluss?*

B: Also jetzt nur auf die Social Media bezogen?

S: *Auf die Social Media, ja.*

B: Also bei der Social Media ist es eigentlich so, dass die meisten Kunden das hausintern machen. Und dann in Absprache mit unserer Agentur, oder meiner Agentur, dass parallel gefahren wird, die Kommunikationsschiene. Oder es gibt Firmen, die sind bis dato noch gar nicht vertraut mit dem Thema. Ich sage einmal, die dümpeln so ein bisschen im Social Network herum, aber eigentlich noch relativ planlos. Wobei das jetzt nichts Negatives ist, das ist normal, das ist ein Lernprozess, auch jetzt noch, obwohl es das schon lange nicht mehr gibt. Wo dann einfach ganz klassisch wie in der PR, oder auch im Marketing man sagt: „ok, ich will da und da vertreten sein", warum will ich das, wen will ich da ansprechen, geht es mir da mehr um Firmen, um meine Kunden, geht es da um Endverbraucher, welche Botschaft bringe ich über dieses Portal rüber, geht es mehr ums Produkt, geht es um den Umsatz, geht es einfach nur ums Image. Kann ja auch sein. Und anhand von den Vorstellungen des Kunden arbeitet man dann ein Konzept aus, meistens gibt es eine Variante A, eine Variante B, ja. Und anhand von diesem Konzept entscheidet letztendlich dann der Kunde, wie er das gerne bearbeitet haben möchte. Und ja, das wird dann in Auftrag gegeben und ganz klassisch bearbeitet.

S: *Also die, wenn man das zusammenfasst, diese Zielsetzung wird gemeinsam erarbeitet mit dem Kunden?*

B: Ja.

S: *Gibt es auch Kunden, die überhaupt keine Ziele haben, die einfach sagen, ich will dort sein? Völlig egal, wo man dann vielleicht auch hinterfragen müsste, wieso wollen Sie da überhaupt sein?*

B: Gott sei Dank, in meinem Fall nicht. Also es gibt Kunden, die sagen, sie wollen gerne im Social Media Bereich präsent sein. Ich möchte das und das sagen, aber ich weiß nicht, wie ich das transportieren soll. Das passiert schon. Aber es gibt Gott sei Dank, zumindest ist es mir noch nicht passiert, dass jemand sagt ich will da drinnen sein, Hauptsache dabei sein. Die, die den Wunsch geäußert haben präsent zu sein, haben sich schon ein paar Gedanken gemacht. Zumindest im Ansatz ein Ziel ausgearbeitet.

S: Und sind vielleicht auch privat dort schon vertreten. Also sie kennen mitunter das Medium schon, oder die Medien in dem Sinne, es gibt ja nicht nur Facebook, es gibt ja daneben, fast verschwindend klein, aber doch vorhanden.

B: Viele Firmen sind z. B. auch auf Presseportalen präsent. Das ja kein direkter Social Media Bereich ist, aber auch immer weiter in das Thema entgleist und abrutscht. Presseportale, also da sind ziemlich viele Firmen selber präsent, und das ist auch ein Arbeitsbereich, der dann oft in Social Media hineinfällt. Für meine Kunden zumindest. Also wir machen das mit für die Kunden dann.

S: Wenn dann eine Social Media Seite kreiert wird seitens, also von ihrer Seite. Umgekehrt, betreuen Sie die dann weiter oder ist es dann so geplant, dass dann der Kunde diese im Endeffekt dann betreut?

B: Das hängt von der Kooperation ab. Das ist ganz unterschiedlich. Es ist so, dass die Postings im optimalen Fall vorbereitet werden, die der Kunde dann je nach Lust und Laune, Wetter, wie auch immer, welche Einflüsse gerade von außen passieren, je nach dem einfach einzusetzen braucht. Oder man spricht sich einmal am Tag in der Früh schnell ab. Also das ist ganz individuell eigentlich. Ich kann da keine einheitliche Schiene festlegen. Es gibt wirklich Kunden, die sagen, wir machen das dann selber, und es gibt auch Kunden, die sagen, machen Sie das, und wir schauen einfach zu, oder mischen mit. Also es ist definitiv so, dass die Auftraggeber natürlich selber auch als Administrator bei der Website dann angemeldet werden, das ist klar. Ist ja auch dann eigentlich deren Seite, deren Eigentum. Darum sind wir natürlich auch Administratoren, und machen natürlich so ein bisschen spaßig mit am Anfang. Aber das ist immer so ein Lernprozess, das dauert dann so 3-4 Monate, bis sich eine Art Rhythmus ergibt, dann kann man eigentlich erst sagen, wie es sich entwickelt.

S: Kritisch betrachtet, im Sinne der Authentizität, die ja sehr wichtig ist, und was ja auch sehr viel im Social Media Bereich ausmacht...ähm...wenn man es kritisch betrachtet, müsste man aber auf der anderen Seite das eigentlich hinterfragen...oder kritisch hinterfragen, inwieweit das ganze dann noch authentisch ist, wenn jetzt eine PR-Abteilung für eine Firma XY eigentlich die Meldungen schreibt. Oder darf man das nicht so eng sehen?

B: Ich würde das insofern nicht sehen, weil es einfach für jedes Fach Experten gibt. Und selbst ein großes Unternehmen hat jetzt vielleicht nicht den Social Media Experten im eigenen Boot sitzen. Dann hat die Firma natürlich die Möglichkeit sich so jemanden in die Firma zu holen, oder auf eine externe Agentur zurückzugreifen. Also, ich würde das jetzt nicht so eng sehen. Definitiv also, man sollte jetzt einfach nicht als Unwissender in Social Media beginnen loszuplappern, sag ich jetzt einmal, weil das ganze soll ja schon durchdacht sein, aber ich finde es keinen negativen Punkt, wenn es ein Externer macht. Das ist definit wichtig, dass eine gesunde Kommunikation zwischen Unternehmen und Agentur besteht. Also, das ist eigentlich ja das Leben der Agentur, also das Leben der Firma, die ja eigentlich transportiert werden soll. Also eine Agentur, die jetzt vielleicht 2 Autostunden entfernt sitzt vom Unternehmen, hat jetzt natürlich nicht so den Einblick in die Geschehnisse des Unternehmens, wie ist die Stimmung, was ist jetzt gerade heute wichtig. Also es sind ja auch viele persönliche Faktoren, die da mitspielen. Auch rund ums Produkt, oder worum es grad geht, oder Dienstleistungen. Das heißt, direkte Kommunikation ist ganz wichtig. Also ich muss vorher mit dem Unternehmen kommunizieren bevor ich für das Unternehmen kommunizieren kann. Das ist ganz wichtig.

S: Ist klar. Wie sehen Sie den Bereich der Social Media ganz allgemein in den letzten Jahren, vor allem seit Facebook sehr populär geworden ist, scheint sich ja jeder zu den Social Media Seiten hingezogen zu fühlen. Im privaten Bereich, aber natürlich eben auch im geschäftlichen Bereich immer mehr bzw. sehr stark mittlerweile. Mit wenigen Ausnahmen will jeder in den Netzwerken integriert sein, und vor allem der Bereich Geschäft scheint auch immer mehr Chancen auf dem Feld der Social Media zu sehen. Würden Sie grundsätzlich jedem Vertreter jeder Branche empfehlen, sich in diesem Bereich der Unternehmenskommunikation vorzuwa-

gen, oder sagen Sie, gut, gewisse Branchen oder gewissen Größen von Unternehmen, etc. müssen nicht zwingend in Social Media vertreten sein?

B: Also, ich glaube, manche Branchen...im Grunde genommen kann natürlich jeder oder sollte jeder in Social Media vertreten sein, weil es gegenwärtig eine...DIE Kommunikationsplattform ist. Das ist der Platz, wo man sich unterhält, wo man spricht. Also so gesehen sollte jeder dabei sein. Natürlich gibt es manche Branchen, wo es vielleicht ein bisschen makaber wäre, ja, ein Bestattungsunternehmen oder so, wäre jetzt vielleicht nicht so unterhaltsam, oder wird wahrscheinlich irgendwie für Aufsehen sorgen. Wobei Marketing strategisch gedacht, kann das ja eigentlich schon wieder gut sein. Also grundlegend, glaube ich, kann und eigentlich soll auch jeder in Social Media aktiv sein, weil es einfach jetzt, in der jetzigen Zeit DIE Plattform ist für Kommunikation. Also, das Leben findet auch dort statt, so blöd das auch klingt.

S: Wenn man jetzt aber davon ausgeht, dass ja manche Unternehmen, ich denke so im Tourismusbereich, logischerweise sehr viel zu berichten haben, oder mitunter zumindest mehr zu berichtet haben als wie andere, und andere Branche, ich denke jetzt an einen Schreinerbetrieb, verhältnismäßig wenig zu berichten hat. Und so eine Seite natürlich mitunter auch relativ uninteressant sein kann, für Kunden, potentielle Kunden. Müsste man da nicht abwägen und im Grunde genommen seriöserweise einem Schreiner, der zu einem kommt, sagen...ja man sieht für ihn oder seinen Betrieb jetzt im Bereich der Social Media weniger Potential?

B: Sehe ich jetzt nicht so, weil, ich glaube, dass die Grundlage von einem erfolgreichen Social Media Auftritt die Freunde, oder die Follower oder wie man das jetzt auch nennen will, sind. Wenn man jetzt natürlich beginnt irgendwelche Leute einzuladen, wird jeder Social Media Auftritt, egal ob Markenprodukt oder kleiner Tischler, floppen. Also auch oder grad für den Tischler kann Social Media wichtig sein, zumal er sich vorher die richtigen Freunde heraussucht. Also, bestehende Kunden, potentielle Kunden, Menschen in seinem lokalen Umfeld, ja. Und dort zu kommunizieren als kleiner Tischler kann eigentlich nur erfolgreich sein, weil das quasi, ich sag jetzt einmal, das ist so das Cafehaus im Internet. Wo man zusammensitzt, wie man oft sagt, Kundenaufträge entstehen durch persönliche Kontakte und man spricht miteinander am Abend im Lokal. Social Media ist eigentlich nichts anderes. Und genauso wie man im richtigen Leben bei den richtigen Leuten stehen sollte, oder wenn man am richtigen Tisch sitzt, man hat das Glück oder die Gabe das zu erkennen, genauso sollte man das im Social Media Bereich machen. Also die richtigen Freunde sind auf alle Fälle wichtig, weil...ich sage jetzt einmal, der kleine Hotelier 3 Strassen weiter ist definitiv interessiert am Produkt vom kleinen Tischler. Also, wenn man die Freunde gewählt oder bewusst selektiert, dann ist es auch für den Tischler interessant. Sogar mehr als für große Betriebe eigentlich.

S: Wo sehen Sie spezielle Möglichkeiten und Chancen im Bereich der Social Media für den Bereich der Public Relations, wo denken Sie, dass dieses Kommunikationsinstrument auf jeden Fall Vorteile hat, wo sind aber mitunter Nachteile zu sehen im Bereich der Social Media für die PR, also jetzt speziell?

B: Als Vorteil sehe ich auf alle Fälle, dass man sich selber als PR-Agentur präsentieren kann, man kann seine Art und Weise, seine Arbeitsweise darstellen, man kann dem Unternehmen einen Charakter geben. Das ist auf alle Fälle das Positive. Man kann natürlich darüber hinaus seinen Kunden mittransportieren, das ist quasi ein Zuckerl für die Kunden, das freut sie immer wieder. Bringt natürlich, wenn man die Kunden auf der eigenen Plattform transportiert, wieder potentielle Neukunden für den Kunden, weil das...sind wieder die eigenen Freunde...das ist ja verknüpft. Definitiver Nachteil ist, dass man sich halt Presseclippings veröffentlichen, ist ein super gutes Tool für Neukunden, die sich das jetzt anschauen und sagen...ok. Die Agentur X macht jetzt den und den Kunden. Das klingt ja und schaut ja auch auf jeder Website von jeder Agentur wunderschön aus, wenn da jetzt 30 Kunden stehen. Letztendlich wird sich aber der Kunde auch fragen, oder der potentielle Kunde, welche Clippings hat denn dieses Projekt jetzt eigentlich gebracht. Also, was ist eigentlich aus dem großen Namen, aus der großen wichtigen Referenz, was ist eigentlich rausgekommen. Weil das ist letztendlich ja das entscheidende.

Und da ist Social Media sehr gut, weil man da die Clippings raufstellen kann. Man muss aber immer bedenken...sobald ich das ins Netz stelle, bin ich natürlich als Presseagentur...ist das Thema abgeschlossen. Denn sobald ich jetzt ein Presseclipping vom Standard auf Facebook veröffentlich, kann ich also zu 1000%-iger Sicherheit sagen, dass die Presse nichts mehr bringen wird. Weil natürlich gerade Zeitungen, auch in Zeiten Social Media und Web immer noch mit der Exklusivität arbeiten, gerade Tageszeitungen, die wollen natürlich immer die schnellsten sein. Die Lifestylemagazine wollen natürlich immer die sein, die als erstes den Trend entdecken. D.h. Presseclippings ist super für jede Presseagentur, ist aber ganz schlecht, wenn ich das inmitten eines Pressethemas mache. Also, immer erst nachher. Das ist ein großer Nachteil.

S: D. h. man bringt dann, man versucht, im Standard, in der Presse hinein zu bringen, und bringt dann diese als Einschaltung dann nachher?

B: Nachher. Ja. Also, der Vorteil ist, die Transparenz ist also Vorteil und Nachteil zugleich. So ist das eigentlich kurz gesagt.

S: Was kann Social Media für Sie persönlich, welchen speziellen Nutzen bietet das Instrument für die Public Relations-Tätigkeit eines Unternehmens und was kann Social Media als Kommunikationsinstrument womöglich nicht? Wo sind etwaige Grenzen gesetzt? Oder was ist definitiv ein Vorteil?

B: Also ein Vorteil ist auf alle Fälle für mich persönlich...wenn ich privat bin...einfach Spaß, Neugier. Für mich als Agentur Mitbewerbsbeobachtung auf alle Fälle.

S: Also, was machen die anderen? Die anderen Agenturen, oder...?

B: Ja, die anderen Agenturen und potentielle Kunden.

S: Also, der Marktmitbewerber?

B: Genau.

S: Also, wenn man einen Softdrinkhersteller hernimmt, dann die Softdrinkhersteller, die auf der gleichen Ebene verkaufen?

B: Genau. Also Mitbewerbsbeobachtung. Was es nicht kann...?

S: Im Sinne der Kommunikation, wo sind die Grenzen der Social Media?

B: In der Glaubhaftigkeit einfach, ich glaube, Social Media, man kann nie davon ausgehen, dass es tatsächlich stimmt, was da drin steht. Das wär' jetzt für mich persönlich die Grenze, wo ich sage, wenn in Social Media jemand persönlich schreibt, keine Ahnung, oder eine Firma sich da darstellt, die sagt, wir haben das und das Produkt entwickelt und es ist jetzt seit gestern fertig, und ist ab morgen am Markt. Dann heißt das noch lange nicht, dass das gestern fertig ist und ab morgen am Markt. Das ist immer so ein Problem mit der „Wahrhaftigkeit".

S: D. h. es können auch so frisch aufgewärmte „Suppe" sein vom letzten Jahr sein?

B: Ja. Es ist ja auch bekannt, dass bei Social Media postings bewusst falsch transportiert werden, um einfach nur Aufmerksamkeit zu erregen. Genauso wie dieses, es war vor kurzem, es ist in der Zeitung gestanden, das Rezept von Coca Cola wurde gefunden. Stand groß auf Facebook, ist aber ein absoluter Fake, hat aber Tausende an neuen Freunden auf der Facebook-Seite gebracht.

S: Für Coca Cola?

B: Ja, für Coca Cola. Na klar. Also, es wird einfach bewusst, wenn Unwahrheiten verbreitet werden. Demnach ist die Grenze bei Social Media einfach die Frage der Glaubbarkeit der Postings. Man muss es immer selber abschätzen können, sowohl privat als auch beruflich, wie weit ist es real, wie weit glaube ich es, und wo muss ich nachrecherchieren. Das muss man schon im Auge behalten, also nicht alles glauben, was drinsteht.

S: *Genau. Es ersetzt also nicht den gesunden Menschenverstand, und es ersetzt auch nicht das, dass ich mich auf einer anderen Ebene auch noch informiere.*

B: Sollte es nicht ersetzen.

S: *Sehen im Bereich der Social Media auch Möglichkeiten speziell für die Kleinstunternehmen?*

B: Ja.

S: *Also, das heißt, dass die Unternehmen einen besonderen Nutzen aus diesem Kommunikationspool ziehen?*

B: Ja. Und zwar, weil man sehr zeitoptimiert neue Kontakte schließen kann. Man muss jetzt nicht mühselig auf hunderte Kundenevents gehen und dort Handshake machen und dort lieb schauen und nicht reden, sondern man kann wirklich zeitoptimiert neue Kunden, neue Freunde recherchieren, suchen, finden und mit denen eigentlich sofort zu kommunizieren beginnen. Das ist definitiv ein Vorteil, weil grad Kleinstunternehmer oft nicht so viel Zeit haben. D. h. es geht alles relativ schnell und ja, das ist aus meiner Sicht der Vorteil. Und wie gesagt, die Möglichkeit, obwohl es Social Media ist, die Möglichkeit auf persönlicher Ebene ständig präsent zu sein. Grad bei Kleinstunternehmen, weil Kleinstunternehmen ja eigentlich zumindest am Anfang von diesem persönlichen Flair eigentlich leben.

S: *Von dieser persönlichen Betreuung des Kunden?*

B: Genau, auch diese ganze Aura, das ist einfach, Kleinstunternehmen sind einfach persönliche Unternehmen, die sind persönlich in der Kommunikation, in der Ausstrahlung, meistens auch im Webauftritt, also es ist auch vom wording her ganz anders. Und da ist definit der Vorteil für Kleinstunternehmen.

S: *Würden Sie sagen, dass das Nutzen- Leistungsverhältnis, also das Verhältnis zwischen Aufwand für Social Media und der Nutzen, den ein Kleinstunternehmer draus zieht, für ein Kleinstunternehmen unrentabel oder rentabel ist?*

B: Das kommt zunächst darauf an, wie Aufwand und Nutzen hier gesehen werden. Und es kommt darauf an, wie viel Gedanken man sich im Vorfeld macht. Stichwort Zeitaufwand…stille Tage. Es kommt darauf an, wie viel Zeit man sich nimmt, ich muss mir definitiv vorher überlegen: Was will ich eigentlich aussagen, wen will ich damit ansprechen, was will ich eigentlich damit erreichen? D. h. ich bin eigentlich beim Marketingkonzept, und wenn ich mir das vorher überlegt habe, dann kann ich relativ zeitoptimiert ein gutes Nutzen- und Leistungsverhältnis daraus erzielen. Wenn ich natürlich nicht darüber nachdenke und einfach wahllos, oder ich sag jetzt einmal…gedankenlos, meine Postings da setze und auch nicht auf den Dialog reagiere, dann kann sich das natürlich auch ganz in die andere Richtung bewegen. Also, das ist irrsinnig, wie sich das negativ auswirken kann. Das kann soweit gehen, dass das Unternehmen das auch in Zahlen spürt. Das glaube ich auf alle Fälle. Also gut durchdacht ist definitiv ein gutes Nutzen- und Leistungsverhältnis.

S: *Also, Sie sprechen an, dass man nicht strategielos an die Social Media herangehen soll oder an die Erstellung einer Facebook-Seite für ein Unternehmen?*

B: Ja, definitiv.

S: Sondern jedenfalls mit einem Konzept im Vorhinein.

B: Ja, definitiv. Das ist genauso, wie ich mir im direkten Dialog mit dem Menschen überlege, was ich sage. Bevor ich es sage muss ich mir das im Social Media Bereich besonders überlegen, weil man ja nicht ständig vor dem Rechner sitzt, und weil so ein Dialog oder eine offene Kommunikation, muss, ruft ja eigentlich zum offenen Dialog auf, sehr schnell gehen kann. Im persönlichen Gespräch habe ich sofort die Möglichkeit zu antworten, zu reagieren, in Social Media müsste ich wirklich, rein theoretisch, 24 Stunden vor dem Bild sitzen. Und das kann man einfach nicht, d. h. es kann sehr schnell passieren, dass sich ein Posting zu einem Dialog oder einer Kommunikation entwickelt, in eine Richtung, die ich eigentlich gar nicht vorgesehen habe, oder die sogar in eine negative Richtung geht. Und man muss dann reagieren, d. h. definit vorher denken und dann posten.

S: Ich verstehe. Wenn es jetzt passieren würde, ich spreche jetzt den Fall an, der vor kürzerer Zeit passiert ist, letzte Woche Museumsquartier, diese Zusammenlegung der Fanseiten. Wo es dann so ziemlich zum Aufruhr kam seitens der Fans, und auf der anderen Seite aber dann seitens der Museumsquartierleitung gesagt wurde, ok...diese negative Stimmung brauchen wir hier auf unserer Seite nicht, und dann postings gelöscht wurden. Was halten Sie davon generell von dieser Vorgehensweise, ist das zielführend...oder?

B: Postings zu löschen finde ich immer ganz schlecht, weil es eigentlich grad Kritiker dazu motiviert, auch negative postings zu setzen, weil natürlich, wenn jetzt jemand eine Kritik schreibt, und dieses Posting wird gelöscht, fühlt sich erstens, der, der die Kritik gestellt hat, wahrscheinlich verärgert, zurecht. Und ein eventuell weiterer Kritiker, der sich aber bis dato nicht getraut hat, seine Kritik irgendwie zu posten, wird natürlich dadurch motiviert, das auch zu tun, weil er sich denkt, was passiert denn jetzt, wenn ich das schreibe. Also, man beginnt eigentlich damit, das alles ins Rollen zu bringen, d. h. ich würde postings niemals löschen, ich würde, also das ist mir und auch Kunden von mir oft schon so gegangen, dass dann plötzlich postings kommen, mit denen man einfach nicht rechnet und man sollte versuchen, die Antwort so nett und vor allem so ehrlich auf jeden Fall zu geben, sachlich bleiben. Und es passiert auch, dass sich diese Kritiker dann nicht abwimmeln lassen, sag ich jetzt einmal, oder zufrieden geben, die gehen natürlich immer weiter. Und dann, ich habe es zumindest bis dato immer erfolgreich gemacht, hab dann eigentlich im Posting geschrieben, wir stehen gerne zu einem Dialog zur Verfügung und gerne auch offene Kommunikation, biete über E-Mail an, und dann eine Email-Adresse. Und damit ist es dann beendet, und alles, was darauf folgt, darf gelöscht werden, weil das Unternehmen, die Firma sagt, ab jetzt ist Sense mit dem offenen Dialog, wenden Sie sich bitte an den und den. Und wenn der dann nachher drunter noch was schreiben würde, dann kann man es löschen. Ist aber bis dato noch nicht passiert.

S: Da geht es also schon schwer in den Bereich der Krisenkommunikation hinein.

B: Ich habe auch schon einen Fall gehabt, wo ein sehr guter und bekannter Regisseur aus Österreich begonnen hat, etwas Kritisches über ein Produkt meines Kunden zu sagen, und ich bin dann kurz einmal in Panik verfallen. Ich habe den dann kurzerhand angerufen und gesagt, bitte klären wir das am Telefon. Dann haben wir das besprochen, alles war gut, und ich habe dann unter das Posting nachher noch daruntergesetzt, persönlich bespricht es sich am besten. Dann dieses berüchtigte Smiley und alles war gut. D. h. alle weiteren Freunde dieser Seite sehen, es wird auf postings und Kritik eingegangen, aber es muss nicht zwangsläufig jeder mitkriegen, worum es eigentlich genau geht.

S: Also, bis zu einem gewissen Level ist es ok. Auf Social Media das auszutragen und auch öffentlich auch auszutragen, und dann kommt irgendwann der Punkt um zu sagen, hier ist der Schnitt?

B: Definitiv darauf reagieren, aber die direkte Auseinandersetzung...wenn es jetzt echt ein Problem gibt, ansonsten auf alle Fälle persönlich klären, per E-Mail, per Telefon.

S: *Worin würden Sie den Unterschied zwischen der Strategie oder im Verhalten der Akteure sehen, wenn man nun die klassische PR mit der PR auf dem Felde der Social Media vergleicht? Gibt es für Sie einen Unterschied? In der Zeitaufteilung, in der Handhabung, im Ablauf oder würden Sie sagen, im Grunde genommen ist es das gleiche, aber es muss adaptiert werden.*

B: Nein, ich glaube, der Unterschied ist einfach in der Aussage. Also im Social Media Bereich kommuniziert man, agiert man etwas persönlicher, etwas lebendiger, menschlicher sag ich jetzt einmal, geht jetzt vielleicht mehr auf das Wetter ein, auf die Tagesstimmung, auf wirtschaftliche Geschehnisse, die heute passiert sind. Also, man versucht eigentlich, das aktuelle Geschehen irgendwie einzubinden, und in der klassischen PR geht es ganz gezielt um das Produkt, um die Marke, um eine Dienstleistung. Und um das geht es in unseren Sticks.

S: *Also, klassische PR sachlich?*

B: Konzeptioniert, Social Media ist auch konzeptioniert, aber mit dem Hang zum, ja zu einem persönlichen Touch, sagen wir so.

S: *Mit dem Hang zum Smalltalk?*

B: Genau.

S: *Und trotzdem die Inhalte zu transportieren?*

B: Ja, definitiv, der Inhalt wird immer transportiert, die Art der Kommunikation wird nur etwas anders verpackt. Die Strategie bleibt die gleiche, die Strategie ist auch in Social Media eine Strategie, aber sie soll nicht als Strategie erkannt werden.

S: *Also eingebunden in die PR-Strategie eines Unternehmens kann man die Strategie der Social Media sehen?*

B: Definitiv ja.

S: *Also eine weitere Form der Unternehmenskommunikation?*

B: Auf alle Fälle.

S: *Als abschließende Frage. Was würden Sie persönlich einem Kleinstunternehmer, einer Kleinstunternehmerin raten, wenn dieser oder diese sich dazu entschließt, ihre PR-Tätigkeit auf den Bereich der Social Media auszudehnen? Worauf sollten sie achten? Ich sprech da auch diesen Sprung ins kalte Wasser an, zuerst mal reinspringen und dann versuchen zu schwimmen unter dem Gesichtspunkt, wir haben ohnehin noch nicht so viel Fans, viel kann nicht passieren, oder sagen, he, wie Sie eh schon angesprochen haben, Strategie und dann Handlung?*

B: Auf alle Fälle Strategie. Zuerst würde ich als Kleinunternehmen meine bereits bestehenden Kunden einladen. Ich würde auf alle Fälle Fürsprecher meines Unternehmens einladen, ganz zu Beginn, klarerweise auch die eigenen Mitarbeiter. Ich würde nicht alle Mitarbeiter zum Administrator ernennen, sondern einen, oder eine Agentur beauftragen. Ich würde potentielle Kunden akquirieren über Social Media und ich würde versuchen, auch Medien, also ich würd' versuchen als Kleinst- und Mittelunternehmen so gezielt wie möglich vorzugehen und sehr persönlich über das Produkt zu berichten, oder auch in Ich-Form als das Produkt, das kommt auf die Firma an. Und ich würde den stetigen Dialog pflegen und auf alle Fälle eine persönliche, ein persönliches Posting am Tag, wider jeglichen Statistiken und weiß ich nicht was alles, maximal 3 postings pro Woche finde ich als Kleinstunternehmen falsch.

S: *Also täglich?*

B: Täglich eine persönliche Meldung, eine Meldung die nichts mit dem Produkt zu tun hat, die nur Stimmung, Emotion weckt, ja, und natürlich auch präsent sein. Ich bin in dem Moment als Firma präsent, mein Level ist präsent, ich mache aber eine emotionale Aussage. D. h. man nervt unter Anführungszeichen nicht mit dem Produkt, und man gibt der Firma wiederum ein persönliches Gesicht. Ja, das würde ich einem Klein- oder Mittelunternehmen raten. Auf alle Fälle Konzept, zuerst denken, dann posten.

S: *Gut. Dann sage ich herzlichen Dank fürs Interview und vor allem, dass Sie sich Zeit genommen haben.*

**Interview mit Frau Eschbacher, Ines (Projektleitung Internetagentur „gesagt. getan.")
vom 1.4.2011:**

S: Sehr geehrte Frau Eschbacher, danke, dass Sie sich heute für dieses Interview Zeit genommen haben. . Wie ich Sie im Vorfeld schon informiert habe handelt es sich dabei thematisch um den Bereich der PR und KMU, also Public Relations und im Bereich der Klein- und Mittelunternehmen. Das Studienthema, zu welchem dieses Interview weitere Fakten liefern sollte, lautet „Social Media für jedermann? Public Relations für Kleinstunternehmer auf dem Feld der Social Media". Mit Ihrem mündlichen Einverständnis werde ich die Antworten für die hier genannte Studie verwenden. Sind sie damit einverstanden?

E: Ja.

S: Können Sie mir zunächst mitteilen, welchen Bereich das Unternehmen, gesagt, getan, für welches Sie arbeiten, tätig ist, und was genau die Aufgabenbereiche dieser Unternehmung sind?

E: „Gesagt, getan" ist eine Internetagentur im Bereich Tourismus, 50 % sind Tourismuskunden 50 % sind Handel und Industrie. Wir konzipieren und betreuen unsere Kunden im Bereich Web, und nur Web. Das bedeutet, von der Konzeption der Webseite, von der Programmierung der Webseite über Newsletter, Social Media Aktivitäten, Blockaktivitäten...diese Richtung. Und die betreuen wir laufend...also über Jahre hinweg. Über ein Kommunikationskonzept, ein Werbekonzept oder ein Marktauftrittskonzept im Web.

S: Also Stammkunden und Unternehmen, die einmal da sind, Schnellschüsse und dann ...

E: Nein, das ist nicht so, dass wir sagen, wir machen jetzt eine Webseite und jetzt programmieren wir, und dann hören wir von dem Kunden nie wieder was. Solche Aufträge lehnen wir auch ab. Es sind wirklich Kunden, die wir laufend betreuen.

S: Was genau ist Ihre Tätigkeit in diesem Bereich oder in Ihrem Unternehmen?

E: Ich mach die Konzeption der Webseite selbst, also setze mich mit dem Kunden zusammen und auch mit dem Projekt an sich auseinander, entscheide, welche Art von Seite mit welchen Tools für unsere Kunden wichtig sind, was er braucht, was er nicht braucht. Welche Arten von Kommunikation auch für ihn in weiterer Folge wichtig sind, und auf was er noch hinarbeiten muss. Und setzen das auch intern mit den Kollegen um und bin dann quasi die Schnittstelle zwischen intern und extern.

S: Würden Sie sagen, dass die Arbeit, die Sie verrichten, im und mit dem Bereich der Social Media zu tun hat, oder eben nicht?

E: Doch schon, teilweise. Aber eher ein geringer Teil.

S: In welchem Bereich?

E: Wobei man auch sagen muss, man muss Social Media definieren. Also, was wird alles als Social Media gesehen? Sind das nur soziale Netzwerke wie Facebook, Twitter und Co? Oder zählt zu Social Media auch ein Blog Das ist ganz unterschiedlich?

S: Für mich zählt es dazu. Ich meine den gesamten Bereich Social Media. Also sowohl eben diese neue Social Media, im Sinne von Facebook oder die, die...Xing oder wie sie alle heißen. Aber benötigt genau das Alte, oder die ältere Version der, oder der erste Schritt in Richtung Kommunikation und dies es gegeben hat, im Netz im Sinne der Blogs, die es schon Jahre gibt.

E: Ja, doch, dann schon mehr.

S: Welche Seiten verwenden Sie firmenintern, also für Ihren eigenen Webauftritt oder ...entschuldigung...den eigenen Social Media Auftritt am häufigsten?

E: Firmenmäßig oder privat?

S: Firmenmäßig, als Unternehmen.

E: Facebook, also genau „gesagt, getan" Facebook-Fanseite. Obwohl es jetzt nicht mehr Fanseite heißt. Ein Blog und jeder von uns ist dort auf Xing vertreten. Eine eigene Xing-Seite gibt es nicht.

S: Gibt es nicht?

E: Nein, oder doch, gibt es schon. Xing. Facebook. Blog.

S: Mit Facebook und Xing, eigentlich die ja...sagen wir die bekanntesten oder bekannteren...Facebook sowieso, aber selbst Xing, obwohl die nicht annähernd soviel Mitglieder haben?

E: Und Twitter. Wir twittern fast alle. Mehr oder weniger, eher weniger.

S: Also Facebook, Xing, Twitter und die Blogs?

E: Genau.

S: Und sind diese eher für den Bereich des Marketings oder eher für den Bereich der Publik Relations in Ihrem Unternehmen jetzt...in Ihrem Unternehmen „gesagt, getan". Geht es jetzt eher um die Öffentlichkeitsarbeit, was machen wir, was tun wir, wer sind wir, oder geht es mehr um Verkauf, also sprich Neukundenwerbung? Oder vordergründig Neukundenwerbung?

E: Es geht mehr um PR.

S: Also mehr Öffentlichkeitsarbeit. Ok.

S: Sie verwenden also, Facebook, Xing, Twitter, Blocks für eigene Social Media Auftritte oder für Ihren Auftritt. Und welche Seiten wollen Ihre Kunden gefühlsmäßig jetzt? Also wenn Sie für einen Kunden Social Media Auftritte machen oder kreieren oder zumindest ihm zu einer raten, die Sie selber nicht umsetzen würden, welche Tendenzen liegen da oder gibt es da Tendenzen?

E: Die Kunden verlangen bei Anfragen und auch neue Kunden oder potentielle Kunden und bestehende Kunden verlangen eigentlich immer Facebook und Blogs. Manche Twitter, aber sehr vereinzelt. Hauptsächlich Facebook und Blogs.

S: Man kann also sagen, der Bekanntheitsgrad bei Facebook, den mittlerweile in den letzten 2 Jahren erreicht hat, ist auch voll im Unternehmen?

E: Ja, wobei die wenigsten wissen, was das wirklich bedeutet. Also, sie wollen einen Blog und sie wollen Facebook, weil man es haben sollte, muss und weil es viel bringt. Und sie wollen einen Flicker Fotostream. Weil man es einfach haben muss.

S: Genau, das ist das, was ich befürchtet habe. Also, die Klassiker, die verwendet werden.

S: Wie sehen Sie den Bereich der Social Media ganz allgemein in den letzten Jahren, vor allen Dingen, wie ich vorher schon gesagt habe, ist ja Facebook relativ populär geworden, und deshalb scheint es ja, dass jeder eine Social Media Seite haben will, privat sowieso, aber auch für die Firma oder für das Unternehmen. Mit wenigen Ausnahmen will jeder am Netzwerk integriert sein. Vor allem im Bereich Geschäft scheint auch immer mehr die Chance auf dem Feld der Social Media gesehen zu werden. Würden Sie grundsätzlich Vertretern jeder Branche empfehlen, sich in diesem Bereich der Unternehmenskommunikation vorzuwagen oder gibt es Branchen, wo Sie sagen würden uninteressant, bringt nichts?

E: Ich glaube, da muss man wieder ganz stark die einzelnen Tools von Social Media unterscheiden. Ich würde nicht jedem Unternehmen empfehlen, auf Facebook präsent zu sein, oder noch nicht. Ich würde auch nicht jedem Unternehmen empfehlen in Twitter präsent zu sein oder zu blocken. Es ist einfach in gewissen Unternehmen oder gewissen Firmensparten das Zielpublikum nicht im Social Media Bereich unterwegs, und es bringt mir ja nur was, für das Unternehmen, wenn ich dort bin, wo meine Kunden sind. Das ist so das um und auf warum ich als Unternehmen überhaupt irgendwo im Social Media Bereich tätig bin.

S: Für Mitarbeiter sehr Marketing bezogen?

E: Genau, es kommt immer darauf an, wie? Wenn ich sage, ich will meine Mitarbeiter erreichen, die wahrscheinlich alle auf Facebook herumkrebsen, oder will ich jetzt potentielle Neukundenwerbung machen, dann bringt es vielleicht Bestattungsunternehmen nichts, auf Facebook zu sein. Der hingegen kann natürlich bloggen. Und ich würde jetzt einmal grundsätzlich kein Unternehmen ausschließen, aber nur unter dem Aspekt, dass man Social Media sehr breit sieht, und nicht auf Facebook und Twitter einschränkt.

S: Also im Grunde genommen hängt es dann davon ab, dass das Unternehmen...

E: Mit welchem Werkzeug man arbeitet...

S: Ja, aber dass das Unternehmen auch was, wie soll man sagen, meldenswürdiges macht, damit man überhaupt einen Sinn dahinter sehen kann, im Bereich Social Media zu arbeiten.

E: Das ist allgemein so, wer nichts zu melden hat, hat dort nichts verloren. Das ist das um und auf von Social Media, dass man was zu sagen hat.

S: Wobei man es relativieren kann, weil was dem einen nichts sagt, kann ja für den anderen wahnsinnig wichtig und wahnsinnig toll sein?

E: Natürlich.

S: Aber grundsätzlich würden Sie schon sagen, dass gewisse Branchen, um nicht bestimmte Branchen zu nennen, weil es ja dann wirklich sehr subjektiv ist, sehr auf das Unternehmen bezogen ist, aber dass gewisse Branchen eher ausklammerbar sind, also speziell Branchen, deren Zielgruppen wahrscheinlich nicht oder noch nicht vorhanden sind.

E: ...nicht oder noch nicht vorhanden sind. Genau.

S: Wo sehen Sie speziell die Möglichkeit der Chancen im Bereich der Social Media für den Bereich der Public Relations. Dass man sagt...ok...verkaufsfördernd? Die Social Media zu verwenden ist ja im Grunde genommen relativ breit vertreten. Aber im Sinne der Öffentlichkeitsarbeit erscheint es doch noch eher im Bereich Aufbau zu sein.

E: Ich finde, dass Marketing und PR gerade im Bereich Online-PR oder Online-Marketing sehr ineinander geht. Und ich würde Facebook und Twitter eher als, in dem Sinne als Non-Profit Tools sehen, in dem Sinn oder PR-mäßig, weil vor allem in dem Bereich, wo meine Kunden hauptsächlich sind, das ist im Tourismus, ich will nicht als Kunde lesen, welche Pauschale ich grad verkaufen will. Vielleicht zwischendurch mal, aber hauptsächlich will ich doch wissen, es gibt Schnee in dem Skigebiet, das Skigebiet hat eröffnet, wie sind die Fotos vom Opening und von der Sonnwendfeier, es gibt eine andere Route, gibt es, aber ich will nicht wirklich wissen, was mein Zimmer kostet. Also ich will nicht.

S: Im klassischen Sinne Werbung haben, sondern mehr Information.

E: Ja, ich will Infos haben. Man hat auch gesehen bei „Dove" z. B. ist ein schönes Beispiel, die haben Facebook hergenommen als

S: „Dove", die Körperlotion?

E: Genau, Kosmetik. Die haben Social Media hergenommen als Informationsquelle von den Kunden, also welche Probleme haben die Kunden mit der Körpermilch, wie gehen sie damit um, juckt sie, oder einfach solche Sachen. Die sind damit sehr sehr gut gefahren. Es ist irgendwie mehr so dieses Feedback, ... hat dies verwendet. Ich glaube, man muss sich auf jeden Fall im Klaren sein, als was man es verwendet. Man soll das nicht mischen. Man kann das auch als Pressetool hernehmen, wie Twitter z. B. Man muss sich irgendwie klar sein, als was man es verwendet und irgendwie der Linie treu bleiben. Weil nicht da 10.000 Sachen versuchen, um irgendwo ....

S: Also strategisch soll man vorgehen und nicht. Ok.
Wo sehen Sie eher Nachteile im Sinne von Vorteilen, dass man sagt: ok, man kann es als Tool verwenden als PR oder man kann`s als Tool für Marketing verwenden, aber gibt es auch Nachteile im Sinne, dass man sagt: ok, vielleicht kommen da Informationen über die Firma zu Tage, das hört man immer wieder, dass die Leute dann Probleme damit haben können?

E: Man muss sich bewusst sein, dass man damit ins Internet geht. Und man weiß auch, dass im Internet sehr wenig nicht gespeichert wird. Also das meiste ist wirklich wieder auffindbar und man muss sich dessen wirklich bewusst sein, dass ich da nichts reinschreiben kann, und auch die Realität ist, es ist einfach enorm. Wenn ich jetzt, ein Beispiel: Ein Kunde von mir hat ein Hotel, hat ein Seminar, und hat den Seminarraum vermietet an eine Partei, nicht ganz so beliebt war. Und es ist einfach aufgrund von Blocks so schnell rauskommen, dass sich die Partei dort trifft, und 2 Stunden in diesem Hotel ist. Das ist getwittert worden, das ist in Facebook kommuniziert worden, ist geblockt worden. Das Hotel war x-mal verlinkt, und negativ verlinkt. Und wenn jetzt irgendeiner, der einfach ein Hotel in dieser Stadt sucht und einfach rein gibt, irgendein Hotel in dieser Stadt, dann wird das einfach mit dem gefunden. Und da kann das Hotel nichts dagegen machen. Man muss sich dessen schon bewusst sein. Man kann positive Sachen sehr schnell, sehr gut kommunizieren und das ist auch enorm, aber das gilt auch für negative Sachen. Die kann man teilweise nicht beeinflussen.

S: Ok. Was kann Social Media für Sie persönlich, welchen speziellen Nutzen bietet dieses Instrument für z. B. Public Relation Tätigkeiten eines Unternehmens, und was Social Media als Kommunikationsinstrument womöglich nicht? Wo sind etwa die Grenzen? Im Sinne von, was kann Social Media bewirken, wo kann Social Media dann auch nichts mehr tun? Eben z. B. in dem Bereich, wo sie gesagt haben, für das Hotel. Was könnte der Kunde mit dem Hotel jetzt, wenn der Schaden da ist, der durch Social Media mitunter entstanden ist...?

E: Man kann natürlich Krisenkommunikation schneller verbreiten.

S: Also, das würden Sie als definiten Vorteil sehen, oder eine Möglichkeit sehen, warum Social Media überhaupt entstanden ist?

E: Ja. Die Krise ist eben erst durch Social Media entstanden, was aber auch bedeutet, dass man den ganzen Bereich Social Media nicht einfach als lustiges Tool sehen darf. Z. B. es rechnet kein Mensch damit, dass ein Hotel in einer kleinen Stadt negative Schlagzeilen schreibt im Web, mit dem rechnet man einfach nicht. Und da muss einfach irgendein Plan oder Krisenplan da sein, wie man damit umgeht. Und natürlich kann man das dann auch über Blogs, über

Twitter und über Facebook schön kommunizieren und auch eine Gegenmaßnahme machen, wie, keine Ahnung, wir spenden das Geld an was weiß ich. Aber der Schaden bleibt. Der Schaden wäre wahrscheinlich nicht so groß gewesen, bis gar nicht da gewesen, wenn das Unternehmen selbst nicht in diesem Bereich unterwegs ist und aktiv ist.

S: *Das heißt, die Social Media Tätigkeiten, anders herum, dass man sagt, die Tätigkeit, die Social Media setzt, müssen natürlich...wie soll ich sagen...überprüft werden, aber nicht nur die Tätigkeiten, die Social Media speziell macht, müssen überprüft werden, sondern man sollte auch alles andere, was sonst noch im Betrieb abläuft grundsätzlich überdenken. Weil auch das wesentlich schneller zu Tage kommt, als wie es ohne Social Media zu Tage gekommen ist.*

E: Man muss auch das überdenken, auch wenn ich als Unternehmen nicht über Social Media tätig bin oder im Bereich der Social Media tätig bin, vielleicht sind es meine Mitarbeiter.

S: *Also, es wird über das Unternehmen gesprochen?*

E: Es wird wahrscheinlich auf jeden Fall über das Unternehmen gesprochen und wahrscheinlich ist es, ja, ich weiß nicht, es kommt darauf an, wie groß das Unternehmen ist, aber meistens ist es vielleicht doch besser, grad bei großen Konzernen, wenn ich als Unternehmen a) dort bin, wo meine Kunden grade sind, wo einfach über meine Firma gesprochen wird. Ob positiv oder negativ. Und auch wenn ich nicht dort bin, muss ich auf jeden Fall wissen, dass es diese Tools gibt, dass es Facebook gibt, dass es Twitter gibt, dass es Blogs gibt, und ich muss sie auf jeden Fall „monitoren", also überwachen.

S: *Ok. Das war eine perfekte Überleitung in ein Großunternehmen, weil in meiner Arbeit geht es ja um Kleinstunternehmen. Um die Kleinstunternehmer. Sehen Sie im Bereich der Social Media auch Möglichkeiten für Kleinstunternehmer, also dass Kleinstunternehmer Nutzen aus diesem Kommunikationstool ziehen? Grundsätzlich, ganz allgemein, unabhängig von der Branche jetzt. Man muss sich vorstellen, dass relativ wenig monetäre Ressourcen dafür vorhanden sind.*

E: Ja, klar. Es kommt dann auch immer drauf an, welches Werkzeug ich nutze, und wie ich es nutze. Auch da gibt es ein superschönes Beispiel von einem, ich glaube das war irgendein Waffelverkäufer in den USA...oder war es ein Bosna-Verkäufer. Gut. Keine Ahnung. Auf jeden Fall war der so beliebt, und der hat einfach getwittert, wo er als nächstes sein wird oder an welcher Straßenecke er als nächstes sein wird. Und der hat dann einfach seine ganzen Stammkunden gehabt, die haben halt gewusst, ok. er twittert das sowieso und der hat auch quasi so kommuniziert, wo er in der nächsten halben Stunde sein wird, und es sind halt die ganzen Leute gekommen und haben dort Waffeln, Bosna, irgendwas von dem Typ gekauft, was er alles produziert hat. Man kann das sehr wohl hernehmen, und man muss sich natürlich bewusst sein, dass das auf jeden Fall Arbeit ist. Aber wahrscheinlich ist twittern in Österreich nicht ganz so bekannt und würde auch nicht den Nutzen haben wie es in der USA hat, aber ich glaube, ich kann sehr wohl gewisse Sachen über Facebook kommunizieren und es hilft mir auch was, weil außer meiner Zeit kostet es mich ja nichts.

S: *Wenn ich irgendwas, unter Anführungszeichen gesehen, wenn ich sage es ist subjektiv, was ich dann als „nennenswert" oder „erwähnenswert" empfinde, über irgendwas was zu berichten.*

E: Ja, ich glaube, dass die meisten was zu berichten haben. Und da kann ich jetzt ein Bäcker sein, da kann ich jetzt ein Feinkostladen sein, da kann ich jetzt ein Friseur sein, da kann ich jetzt ein, keine Ahnung. Wo sind noch Kleinstunternehmen?

S: *Grundsätzlich Schlosser, Spengler, Schlüsseldienst, grundsätzlich im handwerklichen Bereich würde ich Kleinstunternehmen grundsätzlich sehen. Aber grundsätzlich eher im handwerklichen Bereich. Dienstleister gibt es natürlich genauso.*

E: Ich sehe es eher im Dienstleisterbereich und ich glaube, im Dienstleisterbereich kann ich sehr wohl sehr viel kommunizieren, für einen Tischler fällt mir jetzt akut eher weniger ein, aber wahrscheinlich, weil es nicht mein Thema ist, weil ich keine Berührungspunkte...zu dieser Materie an sich habe. Aber ich glaube schon, dass man es nutzen kann. Um Kundenbindung und Kundenkommunikation aufzubauen.

S: *Ok. Würden Sie sagen, dass das Nutzen-Leistungsverhältnis, also das Verhältnis zwischen Aufwand für die Social Media und der Nutzen, den ein Kleinstunternehmer daraus zieht, für ein Kleinstunternehmen unrentabel ist, weil man ja doch sagt, eine Person, aber im Grunde genommen eigentlich...haben sie es eh schon beantwortet...mit dem Bosnastand, nennen wir ihn jetzt Bosnastandverkäufer in New York. Also, wenn ich das jetzt noch einmal zusammenfassen darf, würden Sie den Zeitaufwand auf jeden Fall rentabel empfinden? In seinem speziellen Fall.*

E: In seinem speziellen Fall auf jeden Fall, aber nicht generell.

S: *Worin würden Sie den Unterschied in der Strategie oder im Verhalten der Akteure sehen, wenn man Public Relations im Feld der Social Media mit der normalen klassischen, alten...darf ich sagen...alten PR sieht?*

E: In welchem Verhältnis?

S: *Nein, nicht im Verhältnis, sondern wo der Unterschied der Akteure jetzt zu sehen ist, also...wie soll man sagen...anders ausgedrückt: Ist ein Unterschied in der Strategie, wie ich mit einer PR herangehe Ihrer Meinung nach zu sehen, wenn man jetzt die Social Media als PR-Instrument hernimmt, im Vergleich zu alten...alten darf ich nicht sagen...besser klassischen PR-Instrumenten, die früher verwendet wurden, bevor Social Media verwendet wurde. Oder gibt es vielleicht ihrer Meinung nach eher keine Unterschiede in der Strategie?*

E: Ich weiß es nicht...ich glaube...dass man...[Pause]

S: *Gehen PR-Fachleute oder Personen, die damit im weitesten Sinne zu tun haben, ihrer Meinung nach heute anders an die Geschichte „PR" heran, weil das Social Media vorhanden ist?*

E: Man muss anders rangehen. Und ich glaube, dass man allein aufgrund der Tatsache, dass das Fernsehen eingeführt worden ist, anders an die Sache rangehen muss, damit Internet jetzt mit Social Media noch mehr, also ich glaube, dass das immer, es ist so schnelllebig, man braucht einfach ein Konzept, man hat einfach die Zeit nimmer, glaube ich, wirklich jeden Schritt zu konzeptionieren. Also, ich kann mir schon grundsätzlich bei, wenn ich sage, ich bau mir jetzt ein PR-Konzept für Social Media, kann ich mich hinsetzen und kann sagen, gut, des und des und des ist, das sind die Stärken, das sind die Schwächen, das ist ungefähr ähnlich und das bleibt auch gleich. Also die Rangehensweise ist meiner Meinung nach schon sehr ähnlich und sollte sie auch sein. Aber die Umsetzung an sich und die schnelle Handlung muss einfach viel schneller gehen, da kann ich nicht 2 Tage überlegen, welche Fotos ich jetzt verschicke, weil entweder ich schicke das Foto jetzt in den nächsten 3 Minuten oder ich brauche es nicht mehr verschicken. Oder ich stell es irgendwo rein, es geht alles viel schneller und, ich glaube schon, dass sich das geändert hat, man muss das mittlerweile schon sehr als eins sehen. Also ich glaube nicht, dass ich für irgendein Unternehmen PR machen kann und das bei Null ausklammern kann. Das glaube ich nicht.

S: *Also muss von vorneherein in die Strategie eingebunden oder überall angedacht werden.*

E: Es muss nicht genau die gleiche Strategie sein, aber es muss zumindest ein Ableger sein oder es muss zumindest angedacht werden.

S: Ok. Als abschließende Frage: Was würden Sie persönlich einem Kleinstunternehmen, einer Kleinstunternehmerin raten, wenn diese sich dazu entschließen würden, Ihre PR-Tätigkeiten auf den Bereich der Social Media auszudehnen, worauf sollten diese achten? Sollten die eher experimentieren und einfach mal den Sprung ins kalte Wasser wagen oder eben mit Hilfe dessen vielleicht zu ihrer eigenen persönlichen Strategie finden, suchen und dann finden oder ist es eher so, dass man im Sinne von der PR aufgestellten Aktionsplanes, diesen Klassiker der Strategien sagen sollte, dass sie sich eher daran halten sollten. Also doch eine Strategie verwenden sollten. Ohne Strategie keine PR?

E: Die Oberstrategie muss auf jeden Fall vorhanden sein und man liest das sehr oft, und das wird jeder Internetpartner gleich sagen, gerade bei Social Media, ich bin einfach im Internet, ich schreibe da was rein, was ich nicht mehr löschen kann, und es gilt meiner Meinung nach wirklich einmal sich einen Account anzulegen, egal ob auf Twitter oder Facebook, keine Ahnung, schieß mich tot, was es sonst noch alles gibt, um zu schauen und lernen ohne irgendwas zu tun. Und dann erst überlegen wirklich, wie machen es andere Unternehmen, wie machen es meine Konkurrenten, wie machen es meine Geschäftspartner, wie machen es große Firmen, einfach mal zuzuschauen, ich glaube, dann entwickelt es sich von selbst.

S: Also ohne weiteres von Großen, wenn man jetzt von Kleinstunternehmer redet, von Großen nicht unbedingt abkupfern, aber lernen?

E: Ja. Lernen. Einfach wirklich mal eine Zeit lang zuschauen und lernen und einfach auch rausfinden, ob meine Zielgruppe überhaupt vorhanden ist, auf der Plattform, wo ich mich festlegen will. Und was die machen, welche Fragen die grundsätzlich stellen, was die machen. So entwickelt sich dann eh, glaube ich, irgendwie eine Strategie von selbst. Aber planlos anmelden, heute habe ich erfahren, dass es Facebook gibt, morgen bin ich dabei, das glaube ich ist genau der falsche Weg.

S: Wird nicht funktionieren?

E: Nein. Vielleicht funktioniert es beim ein oder anderen, wahrscheinlich aber eher nicht, das ist genau so wie bei jedem anderen PR-Konzept, ich kann auch nicht heute sagen, das veröffentlich ich jetzt, dann mache ich eine Pressekonferenz und morgen denke ich mir so, doch nicht so gut gewesen, hätte ich noch einmal drüber schlafen sollen.

S: Also, keine Schnellschüsse machen, aber trotzdem um noch mal auf das zurückzukommen, sie haben vorher gesagt, insgesamt schneller denken, schneller arbeiten.

E: Sobald ich ein Konzept habe.

S: Ok. Also das Konzept muss vorher stehen und dann muss aber grundsätzlich schneller gehandelt werden?

E: [nickt] Und ein Tip: Jeder soll sich vorher einen Krisenplan überlegen.

S: Gut. Dann bedanke ich mich für das interessante Gespräch und danke, dass Sie Zeit gehabt haben.

Interview mit Frau Osinger, Marion (PR Beauftragte/Projektleitung „Parcelsus-Messe", Salzburg) vom 4.4.2011:

S: Sehr geehrte Frau Osinger, herzlichen Dank, dass Sie sich für das Interview Zeit genommen haben. . Wie ich Sie im Vorfeld schon informiert habe handelt es sich dabei thematisch um den Bereich der PR und KMU, also Public Relations und im Bereich der Klein- und Mittelunternehmen. Das Studienthema, zu welchem dieses Interview weitere Fakten liefern sollte, lautet „Social Media für jedermann? Public Relations für Kleinstunternehmer auf dem Feld der Social Media". Mit Ihrem mündlichen Einverständnis werde ich die Antworten für die hier genannte Studie verwenden. Sind sie damit einverstanden?

O: Ja.

S: Können Sie mir zunächst mitteilen, in welchem Bereich das Unternehmen, für welches Sie tätig sind, arbeitet, in welchem Bereich das Unternehmen arbeitet, und in welchem Bereich Sie tätig sind? Und was genau Ihr Aufgabenbereich in dieser Unternehmung ist.

O: Wir sind im Messewesen tätig, das heißt wir sind ein kleines Unternehmen, das selbständig Messekonzepte entwickelt, die umsetzt, verkauft und vermarktet, also wirklich von Punkt Null bis zur Ausführung. Mein Tätigkeitsbereich innerhalb dieses Unternehmens ist die Betreuung von Gesundheitsmessen und Gesundheitskongressen, Medizinkongressen.

S: Wie viel Mitarbeiter arbeiten da bei Ihnen?

O: Wir sind ganz klein, wir sind zu Dritt.

S: Also, ein klassisches Kleinstunternehmen.

O: Ja, ganz ganz klassisch, genau.

S: Und Ihre Tätigkeiten genau sind noch mal die Betreuung der Kunden oder der Messen?

O: Ja.

S: Mehr die Messen oder mehr die Kunden?

O: Ja beides, das überschneidet sich in dem Falle. Einerseits in Konzeption und wenn ein Konzept einmal steht, dann wirklich Kontakte knüpfen, Verkauf und Vermarktung und dann eben auch Umsetzung, sprich Hallenaufplanung, Organisation vor Ort, Ablauf, etc., etc.

S: Ok. Haben Sie dabei auch mit Öffentlichkeitsarbeit zu tun?

O: Ja. Also, wir müssen ja unsere Konzepte auch verkaufen und eben auch publik machen, auch in der Presse, das ist auf jeden Fall sehr wichtig, dementsprechend ist ein Teil der PR, also ganz klassische Pressearbeit und so weiter und so fort, ist da enthalten und für meine Projekte liegt das ganze auch bei mir.

S: Würden Sie sagen, dass Ihre Arbeit auch mit dem Public Relations Instrument und Tätigkeitsfeld der Social Media zu tun hat?

O: Auf jeden Fall. Also das entwickelt sich eigentlich in den letzten 12 Monaten – würde ich sagen – ganz ganz stark. Man muss es eigentlich machen, speziell im Brandingbereich. Man braucht einfach einen Social Media Auftritt, das bleibt nicht aus, wird von den Kunden verlangt, also speziell auch von den Ausstellern und ein tolles Instrument, nach außen zu kommunizieren.

S: *In welchem Bereich verwenden Sie das mehr, als Kommunikationsinstrument oder mehr als Public Relations Instrument oder mehr im Marketing oder wo ist das zu sehen?*

O: Ich würde sagen, das überschneidet sich ein bisschen im Bereich Kommunikation und Marketing. Das heißt einerseits kommunizieren wir natürlich ganz stark an unsere Fans quasi, wobei man dazu sagen muss, das ist von Format zu Format sehr verschieden, also in manchen Bereichen geht das ganz schnell, ganz gut, dass man eine große Fangemeinschaft erreicht, in manchen Bereichen ist es sehr zäh, bis die ganze Gruppe sich einmal ein bisschen bildet und aufbaut. Also das ist einerseits die Kommunikation an Besucher wie eben auch an Aussteller, die sehen, es wird über sie kommuniziert, und sie können ihre Produkte auch dort präsentieren. Und andererseits natürlich auch Marketing. Ich würde ganz stark sagen, auch zur Markenbildung. D. h. eine gewisse Bindung an eine Marke und einfach das sich immer wieder in Erinnerung rufen, ist natürlich durch Social Media ganz gut gegeben und sind die Voraussetzungen ganz gut dafür.

S: *Ok. Welche Seiten verwenden Sie firmenintern für Ihren Social Media Auftritt? Gibt es da irgendwelche Tendenzen? Oder...?*

O: Wie es firmenintern definiert ist, also in unserer internen Kommunikation?

S: *Also, welchen Auftritt Ihr Unternehmen für diese Tätigkeit verwendet?*

O: Wir verwenden hauptsächlich eigentlich Facebook und Xing. Xing eher für gewerbliche Kontakte von business to business und Facebook dann eben für potentielle Besucher.

S: *Also als Informationsplattform?*

O: Genau.

S: *Wie sehen Sie den Bereich der Social Media ganz Allgemein in den letzten Jahr, also vor allem seit Facebook so populär geworden ist, scheint sich ja jeder zu den Social Media Seiten hingezogen zu fühlen. Im privaten Bereich wie eben auch im Geschäftlichen. Mit wenigen Ausnahmen will jeder in einem Netzwerk integriert sein, und vor allem der Bereich Geschäft scheint auch immer Chancen auf diesem Feld zu sehen. Würden Sie grundsätzlich Vertretern in jeder Branche empfehlen, sich in diesen Bereich der Unternehmungskommunikation vorzuwagen?*

O: Ich denke ja, wobei man da sicherlich eine Unterscheidung machen muss, welche sozialen Netzwerke, also ich denke Xing ist eine reine business to business Plattform. Da denke ich mir für fast wirklich jeden Betrieb sind, sei es nur regionale Kommunikation oder überregional, also ich denke Xing funktioniert für jede Branche und für jedes Unternehmen, wenn es richtig umgesetzt und genutzt wird. Das ist auch immer wichtig.

S: *Im Sinne einer Selbstpräsentation?*

O: Im Sinne einer Selbstpräsentation, auch im Sinne eines Austausches. Also ich glaube, das ist ein Bereich, der noch wesentlich mehr genutzt werden muss, was aber sicher, meiner Einschätzung nach eben im Aufwind ist, also auch die Kommunikation untereinander. Also, dass sich die Branchen untereinander stärker vernetzen, aber eben auch interessierte Kunden, die irgendwelche Fragen haben, also dass man Neukunden gewinnen kann über diese Plattformen oder Geschäftskontakte eben. Facebook ich glaube ich so eine Sache. Es gibt glaube ich Branchen, die mit Facebook nicht wirklich viel anfangen können, oder besonders erfolgreich arbeiten können. Ich glaube, wenn man sehr sehr regional ist, und einfach irgendein kleiner Handwerksbetrieb jetzt, ist die Frage, wie sinnvoll die Nutzung von Facebook ist. Würde ich mal anzweifeln.

S: *Weil er seine Zielgruppen nicht erwischt oder ...*

O: Also, wenn ich jetzt wirklich ein ganz kleines Einzugsgebiet habe, dann ist, je nach Zielgruppe natürlich, aber wenn die Zielgruppe – sag ich jetzt einmal – 40 + ist, dann ist die Frage, macht Facebook wirklich viel Sinn. Wegen 20 Kontakten wird der Aufwand wahrscheinlich viel zu groß sein.

S: *Ok. Wo sehen Sie spezielle Möglichkeiten und Chancen im Bereich der Social Media für den Bereich der Public Relations? Wo denken Sie, dass dieses Kommunikationsinstrument Vorteile hat, oder wo mitunter auch Nachteile? Speziell für Ihre Branche.*

O: Also ich denke, der Vorteil ist natürlich eben das sich immer wieder in Erinnerung rufen, und einfach auch ein bisschen Teil des täglichen Lebens der Kunden, die eben vernetzt sind mit uns, zu sein. D. h. ich habe einfach die Möglichkeit, ohne dass ich persönlich richtig aufdringlich bin, täglich zu kommunizieren, wenn ich das will. Um irgendwelche Informationen zu deponieren, nützliche Links etc. Das ist sicher ein großer Vorteil. Ich glaube eine Schwäche ist natürlich unter Umständen, dass man dieses Potential überschätzt, denn ich glaube nach wie vor, es geht nichts über die persönliche Kontaktpflege. Also das sollte dann nicht ins Hintertreffen geraten, und ich denke, das merkt man bei manchen Unternehmen, die tappen ein bisschen in diese Falle. Dieses „Wir kommunizieren ja eh täglich über Facebook" und und und. Und dieser Zeitaufwand frisst dann eben die Zeit für diese persönliche Kundenbetreuung. Dass man mal telefoniert, dass man sich mal kurz trifft. Einfach weg. Ich glaube, das ist ein gewisses Risiko, diesen persönlichen Kontakt darf man einfach nicht vernachlässigen.

S: *Was kann Social Media für Sie persönlich, welchen speziellen Nutzen bietet dieses Instrument für die Public Relationstätigkeit eines Unternehmens und was kann Social Media als Kommunikationsinstrument womöglich nicht? Wo sind etwa die Grenzen gesetzt? Also Sie sehen die Grenzen so rückbezüglich auf die Frage, im Grunde genommen bei der persönlichen, also irgendwo ist die Grenze des künstlichen Gesprächs quasi erreicht, und es muss ein persönliches Gespräch her.*

O: Ja. Ich denke, das ist natürlich auch immer ein bisschen branchenspezifisch. Es gibt Branchen, wo diese Handschlagsqualität nach wie vor sehr gefragt ist, speziell bei uns im Messewesen. Also da gibt es immer diesen Satz: „Wenn ich einmal im Büro vorm Kunden sitze, dann ist die Wahrscheinlichkeit für einen Abschluss sehr hoch". Und das hat auch seinen Grund. Dementsprechend...das glaube ich, da hat Facebook und so einfach seine Grenzen. Es gibt einfach diese Sympathiewerte, die man einfach im besten Falle über ein persönliches Gespräch erzielt, und diese Zusatzinformationen und jemanden zu kennen. Dieses Plaudern, ein bisschen Smalltalk machen, das fällt halt dann völlig weg, und da sind sicher die Grenzen der Social Media.

S: *Also Sie glauben, einen echten Geschäftsabschluss gibt es eher selten...im Bereich der Social Media.*

O: Also ich glaube, es ist wichtig einfach eine Marke aufzubauen, und es wird auch von vielen Kunden abgefragt. Es sind jetzt nicht nur diese Social Media Daten, sondern eben auch Zugriffe auf die eigene Firmenhomepage und so weiter und so fort. Das ist vielen Kunden schon sehr sehr wichtig bei uns jetzt in der Ausstellerschaft, dass sie das einmal abfragen, wie schaut es da aus, ist da was los. Also das hat schon so seine Bedeutung für Geschäftsabschlüsse, aber ist sicher nicht dann dieser letzte ausschlaggebende Punkt, also über diese Facebook-Kommunikation gewinne ich so direkt keinen Kunden, der mich dann kontaktiert und sagt, ich will ausstellen bei euch, weil die Facebook-Seite so toll ist. Sondern das ist einfach nur der Markenwert, der darüber definiert ist.

S: Einfach im Endeffekt eine weitere Form der Kommunikation, eine weitere Ebene, die man den Kunden zur Verfügung stellt, aber nicht eine Ebene die ein persönliches Gespräch ersetzen kann, oder...oder...mitunter über schlechte Arbeit hinweg täuschen kann?

O: Genau, so ist es. Es ist ein zusätzlicher Incentiv würd ich sagen, aber es ist nichts auf einer anderen Ebene ersetzt. Auf keinen Fall.

S: Ok. Wie hoch sehen Sie das Risiko, dass das Ganze negativ verwendet werden kann, weil wenn ich dem Kunden, dem potentiellen Kunden wie auch dem schon vorhandenen, die Möglichkeit gebe, mich anschreiben zu können öffentlich anschreiben zu können, dass es im Endeffekt via Facebook-Pinwand ja jeder sieht, dass dann mitunter negatives passiert ist in der Kundenbeziehung, und das dann publiziert wird?

O: Also ich denke, das gilt allgemein für den Gebrauch von Social Media, dass man einfach sehr sehr vorsichtig ist, was die gesamten Einstellungen einer solchen Funktion betrifft. D. h. diese Überlegung, ob eine Pinwand von einer Unternehmensseite offen ist oder nicht, ist sehr essenziell. Wir haben uns dafür entschieden, die Pinwand nicht offen zu führen, weil wir das Ganze eben bis zu einem gewissen Grad strategisch steuern wollen und ich glaube einfach, eine Kommunikation, die so öffentlich ist, muss immer ein bisschen geführt sein. Also eine völlig offene Kommunikation ist vielleicht im privaten was sehr reizvolles, aber im unternehmerischen sicherlich ein riesiges Risikopotential. Wo uns wir dafür entschieden haben, das nicht in Kauf zu nehmen. Es gibt natürlich Seiten, die offen sind, und man beobachtet das ja auch immer, dass das Ganze ja kippen kann. Weil entweder ich sitze auf meinem Smartphone und kontrolliere permanent, was auf meiner Seite los ist, was mich aber dann 7 Tage die Woche eigentlich fesselt an das Instrument, oder ich ziehe eben gewisse Kontrollmaßnahmen ein.

S: Sie meinen jetzt, eine offene Pinwand im Sinne, dass nicht einmal die Fans was draufschreiben können? Oder Sie meinen, dass keine externen Nichtfans was draufschreiben können?

O: Genau. Prinzipiell auf den Fan-Seiten keine externen Personen, die Postings setzen können und dann ist es so, wir haben uns also für das Modell entschieden, es können Fans kommentieren, aber es können Fans keine eigenen Beiträge auf die Pinwand stellen. Das ist so unser Mittelweg. Irgendeine Kommunikation muss schon stattfinden.

S: Ist klar. Das wäre meine nächste Frage gewesen. Weil das ja dann der Social Media widerspricht, wenn ich nicht kommunizieren kann.

O: Nein, nein, es muss schon ein Austausch bestehen, es ist klar, natürlich gibt es einmal das Restrisiko, aber ich traue mich jetzt einmal zu behaupten, dass wir die Kundenpflege soweit im Griff haben, dass wir eben wieder über die persönliche Schiene, wenn es einmal irgendwo Probleme gibt, die gibt es immer im Geschäftssinn, es gibt einmal Missverständnisse oder sonstiges. Dann wird das ganze bei uns auf einer persönlichen Ebene geregelt, das kennen die Kunden so von uns, und ich glaube da würde keiner auf die Idee kommen, dass er da irgendetwas auf Facebook postet. Eben wo wir auch wieder bei der Bedeutung einer persönlichen Kontaktpflege sind.

S: Verstehe. Gut.
Sehen Sie im Bereich der Social Media auch Möglichkeiten im Bereich der Kleinstunternehmen? Sie haben vorher schon gesagt, grundsätzlich sehen Sie die Chance für jede Branche, wenn ich das jetzt richtig in Erinnerung habe. Bis auf einen Handwerksbetrieb, der wirklich nur lokal agiert. Sehen Sie grundsätzlich die Möglichkeit für den Bereich der Kleinstunternehmen allgemein, oder wie würden Sie das einschätzen? Und glauben Sie, dass Kleinstunternehmen Nutzen aus diesen Kommunikationstools ziehen können?

O: Ja. Sagen wir mal so, ich denke, es ist wirklich wesentlich schwieriger, ohne einen großen Markennamen, der bereits in aller Munde ist, z. B. eine Facebook Fangemeinde aufzubauen. Auf Xing geht das einfacher, weil auf Xing sind interessanterweise in jeder Branche immer die zu treffen, die so und so schon sehr à fine zu diesem Social Media Thema sind, und die an Netzwerken sehr aktiv interessiert sind. Über Facebook braucht man einfach einen gewissen Markenwert, um wirklich tolle Anzahl von Fans zu erreichen. Also, da gibt es halt so, ich will jetzt keine Markennamen nennen, aber das sind immer Selbstläufer. Das merkt man, wenn eine so große Marke nach Österreich kommt, und die starten natürlich alle mit einer Facebook-Seite, dann haben die innerhalb von 3 Wochen 4000 Fans. Da träumt ein Kleinstunternehmen davon. Nichts desto trotz glaube ich, eine kleine und feine Fangemeinschaft kann sehr nützlich sein. Man muss ja immer den Multiplikatorfaktor mitrechnen. Nur weil ich jetzt nicht alle oder eine Riesenanzahl von Fans habe, glaube ich nichts desto trotz, dass Leute, die an dem Thema interessiert sind, ja dann auch wieder nach außen kommunizieren. D. h. auch hier würde ich einen Faktor von sagen wir einmal 5 aufstellen, d. h. wenn ich 28 oder 30 Fans habe, dann habe ich 150 Leute, die mit dem Thema in irgendeiner Form konfrontiert werden. Was man natürlich auch nicht vergessen darf, ist immer noch die ganze Google Advertising Sache, usw. Auch da ist es einfach wichtig, diese Repräsentanz einfach zu haben, denke ich. Je öfter man genannt wird umso besser.

S: *Ok. Sie würden also sagen, das Nutzen-/Leistungsverhältnis, also der Aufwand für Social Media und der Nutzen, den ein Kleinstunternehmer daraus ziehen kann, würde sich rentieren aufgrund dieses Mehrwertes zum Beispiel eben.*

O: Ja, ich glaube, es kommt darauf an, wer diesen Bereich im Unternehmen übernimmt. Also, wenn ich jetzt sage, ich habe jemanden beauftragt, der mit diesen gesamten sozialen Netzwerken online prinzipiell privat nichts zu tun hat, für den das völliges Neuland ist, der vielleicht auch mit dieser Form der Kommunikation, die ja auch sehr eigen ist, und sehr bewusst interaktiv gestaltet werden muss, wo er seine Probleme hat oder der erst Fuß fassen muss, dann ist sicher der Zeitaufwand sehr sehr groß. Wenn ich aber jetzt Mitarbeiter habe, die in dem ganzen sattelfest sind, die auch wissen, wie funktioniert denn wirklich gutes Branding, die das ganze auch verfolgen, wie kommuniziert man denn über so eine Social Media Plattform, dann glaube ich ist der Zeitaufwand nicht sonderlich groß. Ob der jetzt eine private Meldung von sich gibt oder dann eine firmeninterne, wann er in seinem Projekt gut drinnen ist, macht das für ihn kaum einen Unterschied.

S: *Das heißt, man kann dann relativ effektiv arbeiten, relativ schnell Meldungen an eine mittelgroße bis große Gruppe bringen?*

O: Genau. Auf jeden Fall. Aber das ist eben immer die Frage, wie sehr ist derjenige, der für diese Kommunikation zuständig ist, in dem einerseits im Social Media drinnen, und andererseits auch über die Thematik, über die kommuniziert werden soll. Denn wenn das jetzt jemand ist, der nur im Administrativbereich sitzt, dann kriegt er beim Projektfortschritt oder beim Produktfortschritt recht wenig mit oder weniger. Wenn das wieder wer ist, der wirklich aktiv jeden Tag, wie man so schön sagt, an der Basis und am Kunden ist, der wird auch ein Gespür dafür entwickeln, was sind denn interessante Infos.

S: *Das heißt also, wenn ich das weiterführe diesen Gedanken. Halten Sie relativ wenig, wenn ich das so vorlaut sagen darf, davon, dass eine firmenexterne Betreuung der Social Media Seite erfolgt, im Sinne von, es gibt ja PR-Unternehmen, die das anbieten, eine Facebook-Seite zu betreuen für ein Unternehmen XY.*

O: Was heißt wenig. Ich denke, wenn das eine gute Agentur ist, die sich darauf spezialisiert hat, die vor allem vom Unternehmen im Vorfeld gut gebrieft wird, dann kann das schon funktionieren. Es muss nur einfach klar sein, da gibt es immer eine Zwischenstation. D. h. bis zu einem gewissen Grad wird einem da Arbeit abgenommen, auf der anderen Seite bin ich davon überzeugt, dass eine wirklich aktive und gute Kommunikation über Social Media nur dann klappt, wenn auch diese Agentur im permanenten Austausch mit dem Kunden ist, für den sie kommuniziert. Und dann ist entweder die Frage, ist dieser technische Hemmschuh, der da vielleicht besteht, weshalb man sich an eine Agentur wendet, wirklich so dramatisch, dass ich mir dann im Endeffekt wieder diese Zusatzarbeit antue, sage ich jetzt einfach so ganz frei, täglich mit irgend jemand aus der Agentur zu kommunizieren. Es sei denn das ist eine ganz sympathische Person.

S: *Weil es immer ums Eck geht?*

O: Genau. Und eigentlich ist ja, also jetzt aus meiner Definition, der Vorteil u. a. diese direkte Kommunikation.

S: *Also dann sollte, wenn man das in Erwägung zieht, als Kleinstunternehmer in diesen Bereich sich einzuleben und auch dort dann PR zu betreiben, wird man nicht drum herumkommen, das im Endeffekt selber zu machen?*

O: Ja, also wie gesagt, ich denke halt.

S: *Authentizität.*

O: Ha, das ist ein Zungenbrecher und eine wichtige Sache in dem Bereich. Ja natürlich, ich glaube schon, dass es Agenturen gibt, die das hervorragend machen, die sich total auf das spezialisiert haben. Es gibt auch manchmal Agenturen, die selbst sehr schnell ein Gefühl für den Kunden entwickeln und die sich in ein Thema sehr schnell einarbeiten, also die alles geben. Ich will da keiner Agentur die Berechtigung absprechen, etwas anzubieten. Aber prinzipiell glaube ich doch, auf die Dauer der befriedigendere Weg ist sicher es selbst zu machen. Man kriegt ja auch Response, und das ist ja auch nett. Man soll ja auch dieses Feedback, das man bekommt, auch direkt selbst kommentieren können und darauf reagieren können. Das ist, glaube ich, schon wichtig.

S: *Und ein mögliches Lob an sich selber, dann auch dementsprechend positiv auffassen können.*

O: Ja, sicherlich ist es immer wichtig, dass man mitbekommt, was wird denn eigentlich kommuniziert, und was kommt denn so an Rücklauf. Und da ist die Frage, bekommt man das wirklich so mit, wenn eine Agentur extern das führt.

S: *Also Sie würden es nicht generell vom Tisch weisen, aber eher.*

O: Im speziellen würde ich sagen, das ist eine interne Sache, also firmenintern zu leisten. Aber es gibt natürlich Fälle, wo das nicht machbar ist, da würde ich dann auf jeden Fall sagen, absolut zu einer spezialisierten Agentur gehen.

S: *Ok. Worin würden Sie den Unterschied in der Strategie und im Verhalten der Akteure sehen, also wenn man jetzt diese klassische Public Relations Tätigkeit zur Tätigkeit auf dem Feld der Social Media im Vergleich sieht? Sehen Sie da Unterschiede, oder?*

O: Ja, ich denke, es ist der gesamte Sprachstil völlig anders, also wesentlich direkter zum Teil viel salopper. Man muss ja in der PR immer aufpassen, sachlich zu bleiben, nicht zu werblich zu sein. Das ist sicher über diese ganzen Social Media Plattformen anders. Also je pfiffiger und je mehr Pep umso besser. Solange man das ganze nicht völlig auf die Spitze treibt, also da ist sicher mal in der Sprache ein ganz klarer Unterschied festzustellen. Und ich denke auch, in der Strategie. Man kann sich für Social Media sicher eine Strategie festlegen, wie man das auch in der PR macht, also was ja unumstößlich ist in der PR. Ich glaube nur, bei Social Media muss man nur sehr viel wendiger sein. D. h. es gibt je nach Tätigkeitsfeld, einfach sie sind mit Schlagzeilen und so weiter und so fort konfrontiert, auf die speziell im Social Media Bereich erwartet wird, dass reagiert wird. Wenn es irgendetwas Brandheißes in ihrer Branche gibt, dann wird eigentlich von vielen Kunden, die da ein bisschen im Thema drinnen sind, erwarten, dass da was kommt. Also, was natürlich auch in der PR notwenig ist, aber das ganze läuft sicher langsamer ab und ein bisschen strukturierter. Social Media ist glaube ich auch immer bis zu einem gewissen Grad ein Bauchgefühl. So würde ich das jetzt beschreiben. Also es gibt auch bei uns immer einen gewissen Ideenpool, aus dem man schöpft, und der mir aufgestellt worden ist, und eine Kommunikationsrichtung und eine Zielsetzung, etc. Aber dieses Fleisch, wie man einfach so schön sagt, von dem man dann zehrt, das erweitert sich immer wieder in ganz unterschiedliche Richtungen, und das lässt sich weniger strukturieren.

S: *Also, Strategie ja, aber mit der notwendigen Flexibilität.*

O: Genau.

S: *Als abschließende Frage. Was würden Sie persönlich einem Kleinstunternehmer, einer Kleinstunternehmerin raten, wenn dieser oder diese sich dazu entschließen, ihre PR-Tätigkeit auf dem Bereich der Social Media auszudehnen? Worauf sollen diese achten?*

O: Wie gesagt, nicht irgendeine Seite anlegen, so in einer halb 6 Uhr abends lege ich noch schnell einen Account an, weil das ist ja eh nicht so dramatisch.

S: *Also, der Sprung ins kalte Wasser ist von Ihrer Seite oder von Ihrem Standpunkt her eher abzuraten.*

O: Ja, was heißt der Sprung ins kalte Wasser. Immer wenn man ein neues Marketinginstrument oder PR-Instrument dazu nimmt, dann ist das ein Sprung ins kalte Wasser. Man weiß nie so genau, was auf einen wartet, aber ich glaube speziell das kann man mit einem Privataccount machen. Wenn ich jetzt persönlich sage auf Xing oder auf Facebook, jetzt ist es mir gerade lustig, jetzt will ich einen Account anlegen, dann ist das meine Sache und dann wird das kein großartiger Beinbruch sein, weil ich mir denke, das ein oder andere sollte ich dann im Nachhinein noch modifizieren. Bei einer Firmenseite glaube ich muss man sich wirklich gut überlegen, will ich jetzt den Firmennamen vermarkten, will ich einzelne Marken oder Produkte vermarkten. Also, das sind alles so Fragen im Vorfeld, die man sich sicher gut überlegen muss, auch überlegen, welche Plattform passt zu uns. Und dann sich einfach auch bewusst sein, es ist sehr zeitintensiv, und man sollte auf keinen Fall eine Seite anlegen und dann irgendwo so gänzlich versanden lassen. Also es braucht sicher Strategie, genau so wie bei jedem anderen PR-Instrument. Und einfach von vorneherein eine gute Überlegung, wie will ich kommunizieren, worüber will ich kommunizieren und wie sieht meine Zielgruppe aus und, und. Brauch ich eine eigene graphische Umsetzung für das ganze. Wir haben schon bemerkt, es gibt einfach Themen, da kann ich mit diesem Layout, mit dem ich so in der Normalkampagne arbeite, kann ich über Facebook nicht wirklich etwas anfangen. Oder da will ich nicht ein Format vermarkten, sondern da will ich eine Thematik aus diesem Format vermarkten. Also wir haben z. B. bei einer Verpackungsmesse einen großen Bioverpackungsschwerpunkt, ja jetzt ist natürlich Bioverpackung ein wesentlich emotionaleres Thema, ein wesentlich für breitere Masse interessantes Thema als wenn ich jetzt einfach sage Verpackung. Und so sind eben immer diese Überlegungen im Vorfeld, die man sicher machen muss, und nicht einfach irgend wie um 8 Uhr abends einen Account anlegen, denn man kann relativ wenig verändern. Also das ist wirklich was, also speziell Facebook ist da ja mittlerweile sehr restriktiv, weil ja natürlich das Interesse eines privaten Unternehmens, und das ist, immer dahin geht, da einen Gewinn daraus zu ziehen. Also, d. h. so diese, wie wir es kennen, geriatrische Facebook-Seitenverwaltung wird schon ganz stark versucht zu unterminieren, d. h. es empfiehlt sich sicherlich auch, sich im Vorfeld zu informieren, worauf muss ich denn acht geben, wenn ich so einen Account anlege, wie händle ich das, wo liegen gewisse Risiken in der Installation, etc., damit dann alles gut klappt. Weil einmal auf eine Email-Adresse einen Account angemeldet, gibt es dann eigentlich kein zurück mehr. Man kann nur inaktiv setzen, aber das war es dann.

S: Abändern wird dann schwierig.

O: Ja.

S: Dann bedanke ich mich herzlich für das Gespräch und vor allem für Ihre Zeit.

O: Ja, gerne.

Interview mit Herrn Mag. Bannour, Karim-Patrick (selbstständiger PR-Berater „viermal-vier.at") vom 5.4.2011:

S: Sehr geehrter Herr Bannour, herzlichen Dank, dass Sie sich für das Interview Zeit genommen haben. . Wie ich Sie im Vorfeld schon informiert habe handelt es sich dabei thematisch um den Bereich der PR und KMU, also Public Relations und im Bereich der Klein- und Mittelunternehmen. Das Studienthema, zu welchem dieses Interview weitere Fakten liefern sollte, lautet „Social Media für jedermann? Public Relations für Kleinstunternehmer auf dem Feld der Social Media". Mit Ihrem mündlichen Einverständnis werde ich die Antworten für die hier genannte Studie verwenden. Sind sie damit einverstanden?

B: Ja.

S: Können Sie mir zunächst mitteilen, in welchem Bereich das Unternehmen, für das Sie arbeiten, oder das Ihnen gehört, tätig ist? Und was genau der Aufgabenbereich dieser Unternehmung ist?

B: Also, meine Agentur ist eine Social Media Agentur, die Unternehmen, Marken, Organisationen bei ihrem Social Media Auftritt betreut. Von der Konzeption bis zur technischen Umsetzung und redaktionellen Betreuung.

S: Ok. Und Ihre Tätigkeit im Fach das alles. Es ist eine One-Man-Show oder ein Einzelunternehmen?

B: Es ist mittlerweile mit der Agenturpartnerin, hab 2 Leute in der Agentur mit ein paar Freelancer.

S: Also zu Zweit vorrangig mit ein paar Personen, die immer wieder mitarbeiten. Würden Sie jetzt sagen, dass Ihre Arbeit hauptsächlich mit Social Media zu tun hat? Oder Ausschließlich?

B: Ausschließlich.

S: Welche Seiten verwenden sie intern für Ihren Social Media Auftritt?

B: Unzählig viele. Die wichtigsten sind die Website, der Corporate block oder der Unternehmensblock, die Facebook-Seite, dann die persönlichen Twitter-Accounts, die allerdings hauptsächlich beruflich genutzt werden, und einen YouTube-Account noch ein bisschen, das war es so im Großen und Ganzen. Alles andere sind Accounts, die halt mitlaufen, aber auf denen nicht der Focus liegt.

S: Xing oder so was in die Richtung?

B: Schon, Xing und Linkedin auch, aber auch die anderen Personen. Das sind wieder die Personen-Accounts.

S: Ich verstehe. Also die Tendenz...die Haupttendenz liegt eigentlich bei Blogs und Facebook?

B: Ja.

S: Sind diese Seiten, die Sie machen, jetzt eher fürs Marketing gedacht, oder eher um etwas zu verkaufen, oder eher um Personen oder ihre Firmen, Ihre Kommunikationspartner zu informieren?

B: Na, es ist schon oft im Marketingbereich angesiedelt, aber es gehört auch sehr PR und Produktionsmanagement dazu. Also, 2/3 Marketing, 1/3 PR.

S: *Also mehr Verkauf und weniger Information. Ok. Sie verwenden also Facebook hauptsächlich für eigene Social Media Auftritte. Wenn Sie jetzt schauen, was Ihre Kunden vorwiegende Referenzen legen, wo würden Sie da sagen, dass das Hauptinteresse liegt?*

B: Facebook, eindeutig. Das liegt aber daran, dass derzeit ein dementsprechend großer Hype rundherum besteht, und die mediale Präsenz viel größer ist, aber hat durchaus auch plattformbedingt seine Berechtigung, weil halt viele User angemeldet sind, auch aktiv sind. Also der Hauptfokus liegt definitiv auf Facebook.

S: *Als zweites dann, aber schon verschwindend klein erst der nächste.*

B: Das teilt sich dann auf, Blogs spielen eine relativ große Rolle, Fotomediaplattformen, Flicker YouTube spielen da eine gewisse Rolle, Twitter spielt auch immer wieder mal eine Rolle, Xing, aber das teilt sich dann recht gut auf die anderen Plattformen auf.

S: *Wie sehen Sie den Bereich der Social Media ganz allgemein in den letzten Jahren, vor allem seit Facebook so populär geworden ist, scheint sich hier ja jeder zu den Social Media Seiten hingezogen zu fühlen. Im privaten Bereich sowieso, aber jetzt immer mehr auch im Geschäftlichen. Mit wenigen Ausnahmen will mehr oder weniger jeder in diesen Netzwerken sein oder integriert sein, und vor allem der Bereich Geschäft scheint auch immer mehr Chancen auf dem Feld der Social Media zu sehen. Würden Sie grundsätzlich vertreten, jeder Branche empfehlen, im Social Media aktiv zu sein, oder in den Social Media aktiv zu sein?*

B: Jeder der Kunden hat, egal ob es b2b oder b2c ist und mit dem Kunden ja auch eine Interaktion hat im Geschäft oder am Telefon oder über sonst irgendeine Gebarung, der kann Social Media für sich nutzen. Also, es ist im Grunde nicht anderes als die Verlagerung der Kundenpflege und des Kundenanbahnungsgespräches oder des Kundenkontaktes oder des Geschäftsabschlusses. Es ist eigentlich nur der Sprung von der nicht digitalen Welt in die digitale Welt.

S: *Ok. Also eine andere Form der Unternehmenskommunikation, in diesem Sinn.*
Ausklammern würden Sie gar keine Branche, dass man sagt, ok. Aufgrund von brisanter, dass man eher sagt, dass das ein brisantes Geschäft wäre – Waffenhändler, was auch immer. Also es ist nicht der Waffenhändler im Schatten unten, sondern der normale, der Faustfeuerwaffen jetzt z. B. verkauft?

B: Das ist wieder die Frage, welchen Zielmarkt ich bedienen will, in den USA gehören Waffen ja quasi in dieselbe Kategorie wie Lebensmittel, also ist es dort ein ganz anderer Umgang mit dem Thema. Aber im Grunde gibt es keinen Ausschluss, auch Ärzte gehen jetzt gerade voll aktiv auf Social Media zu, weil sie halt merken, dass sie dort auch unterscheidbar sind in den Zusatzprodukten, die jeder Arzt anbietet und mit denen er auch Geld verdient. Juristen, also im Grunde gibt es keine Branche, bei der es nicht möglich ist. Das ist eine Frage der Konzeption.

S: *Wo sehen Sie spezielle Möglichkeiten im Bereich der Chancen der Social Media im Bereich der Public Relations? Wo denken Sie, dass diese Kommunikationsform oder dieses Kommunikationsinstrument wie Social Media Vorteile hat, und wo wären eher Nachteile zu sehen im Bereich der Social Media, oder wo gibt es problematische Seiten an der Social Media?*

B: Na ja, schauen Sie, Chance ist immer Risiko, Risiko ist immer Chance. Der große Vorteil ist…der Briansowieso hat das glaube ich geschrieben…"putting back public into PR", oder so. Also im Sinn, PR war lange Zeit ja so Unternehmen kommuniziert mit intermediär Journalist und der ist sozusagen der, der entscheidet, was dann irgendwie weiter an die breite Masse kommuniziert wird. Und der, an das das geht fällt jetzt weg, und jetzt geht es wieder darum, das Unternehmen direkt mit der Öffentlichkeit, direkt mit dem potentiellen Kunden oder mit dem bestehenden Kunden zu kommunizieren. Also, das ist eigentlich die große Chance, weil jetzt müssen Unternehmen wirklich ernsthaft kommunizieren und nicht irgendeine virtuelle Marke aufbauen, die es in echt gar nicht gibt, die versucht ein Bedürfnis zu erwecken.

S: Im Sinne der „new economy" in den 90-er Jahren, was dann als große Blase dann geplatzt ist?

B: Genau. Und das ist im Grunde die Möglichkeit mit dem Kunden auch direkt in Kommunikation zu treten, ja...weil es früher dieses Medium nicht gegeben hat. Und umgekehrt die Möglichkeit des Kunden über das Unternehmen zu kommunizieren, nämlich ohne dass das Unternehmen mitreden muss, oder ganz allgemein mit dem Unternehmen zu kommunizieren ist...ähm...einfach eine Riesenchance. Und das nehmen auch immer mehr, also vor allem sehr viele Konsumenten wahr.

S: Ok.

B: Und das nehmen auch immer mehr, also vor allem sehr viele Konsumenten wahr, aber immer mehr Unternehmen erkennen, dass sie nicht auskommen, meistens unfreiwillig. Aber das ist eine große Chance. Das Risiko besteht darin, entweder ignoriere ich es, weil ich glaube, es geht mich nichts an, oder es ist nur Hype oder so. Und dann fliege ich auf die Schnauze, weil halt irgendwo Reputationskrisen auftauchen, die ich nicht behandeln oder entgegensteuern kann, weil ich es gar nicht mitbekomme, oder ich mache es so wie die aktuellen Fälle, die solche Reputationskrisen, dass ich halt glaube, ich kann mit den selben Kommunikationsmethoden arbeiten, sondern nach dem Motto, löschen oder totschweigen, oder

S: So wie es jetzt im Museumsquartier war die letzten Tage?

B: Das war sicher ein Sonderfall, und da bin ich sehr geteilter Meinung, aber, wenn ich es ignoriere oder falsch behandle, dann kann das immer ein Risiko sein. Und das ist ungefähr so, wie wenn ich meinem Kunden im Geschäft falsch behandle...naja dann wird er auch irgendwann beleidigt sein. Nur die Reichweite ist bei Social Media viel größer, und das ist halt öffentlich.

S: Was kann Social Media für Sie persönlich, welchen speziellen Nutzen bietet das Instrument für die PR, oder für die Public Relationstätigkeit eines Unternehmens und was kann Social Media als Kommunikationssystem womöglich nicht? Oder sind etwaige Grenzen, also wie weit kann Social Media für ein Unternehmen nutzbringend sein und wo kommt dann der Punkt, wo man sagt, da komm ich um ein persönliches Gespräch, da komm ich um klassische PR-Instrumente nicht rundherum oder drum herum?

B: Das ist eine Frage der Zielsetzung. Dem ganzen muss sowieso ein Konzept vorausgehen und eine Strategie, damit ich weiß, welches Ziel ich habe und wie ich es erreichen will, weil sozusagen nur aufs Geradewohl sich für irgendwas zu engagieren bringt nichts. Das ist, wie wenn man in einen Markt hineingeht, den man nicht kennt. Mit einem Produkt, von dem man nicht weiß ob es ankommt, oder was es kann. Und z. B. es geht ja da zum Teil um KMU oder im speziellen für mich selbst als KMU im Grunde als KU, ist es ja so, dass mir Social Media die Möglichkeit bietet, auf viel größere, höhere Reichweite mit der Kompetenz, die ich habe, zu erreichen, als es mir mit früheren Marketing- oder PR-Methoden möglich gewesen wäre. Also unter dem finanziellen Rahmen, den man halt hat. Das heißt es ist mehr Zeit aber weniger Kostenaufwand und es verlagert sich auch zur personellen Ressource. Aber genau das ist auch die Stärke, weil man weiß ja im Normalfall, was man gut kann und was nicht, und kann das auch viel besser kommunizieren. Und deswegen, das ist eigentlich auch der große Nutzen. Aber schlussendlich muss ich in meiner Zielsetzung ja auch festlegen, was will ich denn tatsächlich da erreichen. Habe ich einen anderen Job und möchte Produkte verkaufen...ähm...bin ich ein Restaurant, möchte Leute, die bei mir essen gehen, bin ich ein Unternehmen, das Marketing betreibt, und das einen hohen Etat gewinnen will. Also im Grunde ist es eine Frage der Zielsetzung. Weil gerade im Web ist es ja auch wichtig, die Zielerreichung zu messen. Und das geht im Web normalerweise ganz gut. Social Media ist dabei eine gewisse Ausnahme, weil es die Key-Performance-Indikatoren in der Art und Weise noch nicht so gibt. Aber im Grund ist es eine Frage der Zielsetzung und, wenn die realistisch ist, und man wird nicht von heute auf morgen Wunder erwarten...also 1000 Fans sind nicht gleich 1000 Leads und 1000 Verkäufe...dann bringt Social Media immer etwas, da ist der Nutzen definitiv da. Viele Unternehmen machen den Fehler, dass sie sich kein Ziel setzen.

S: Also, auf jeden Fall keine Schnellschussaktion der Social Media, sondern ebenfalls ein langsamer Aufbau von Kunden und Beziehungen, die eben auf einer anderen Ebene stattfinden?

B: Ja. Es ist eh dieser klassische Social Media Spruch: auf „Augenhöhe" einfach. Eben nicht mehr dieses Push-Prinzip so – wir schreien und du musst zuhören – sondern einfach wirklich auch, dass die Konsumenten das Gefühl haben (wollen), dass sie ernst genommen werden. Und wenn sie ein Problem haben nicht abgespeist werden, sondern ernst genommen werden. Wenn Unternehmen das schaffen und signalisieren, ja, dann sind sie auf dem richtigen Weg, und das merken sie auch wiederum, weil diese Bindung zwischen Kunden und Unternehmung auch viel enger wird.

S: Ok. Dass Sie bei ... „sehen Sie im Bereich der Social Media Möglichkeiten im Bereich der Kleinstunternehmen"...im großen und ganzen haben Sie das eh schon vorher beantwortet, ja, mit einem definitiven ja.

B: Ja

S: Weil Sie vorher schon dieses Nutzen-/Leistungsverhältnis, diese Personalressource in Form des Einzelunternehmens angesprochen haben, würden Sie also sagen, dass das Nutzen-/Leistungsverhältnis, das Verhältnis zwischen Aufwand für die Social Media und der Nutzen, den ein Kleinstunternehmen daraus zieht, für ein Kleinstunternehmen unrentabel oder eher rentabel ist? Oder hängt das dann auch wieder davon ab, welche Ziele ich setze als Unternehmer?

B: Also mit der richtigen Konzeption verhält sich Aufwand und Ergebnis immer relativ zueinander. D. h. umso mehr Zeit ich investiere, umso zielgerichteter ich das mache, um so mehr schaut dabei heraus. Aber es ist ja gerade für Unternehmen, die nicht ein Riesenbudget zur Verfügung haben, um eine riesige Marketing- oder PR-Maschine aufzuziehen, ist es erstmals im Social Media möglich, eine Marke aufzubauen. Und einfach eine Riesenreichweite möglich. Im Grunde ist es nur die Frage der Konzeption...ja, mach ich das, was ich mach richtig und führt das zu dem Ziel, das ich mir hoffentlich vorher gesetzt habe? Aber dann ist es immer nutzbringend.

S: Mach ich das richtig, und mache ich das, was ich mache richtig?

B: Genau.

S: Würden Sie Unterschiede sehen zwischen der Strategie der klassischen PR und der Strategie, wie man in Social Media an seine Zielgruppen herankommt? Und auch im Endeffekt die Konzeption...entschuldigung...der Strategieumsetzung im Sinne der vom DPRG aufgestellten, des aufgestellten Aktionsplanes, also Analyse, Strategie, Konzeption, Kontakt, Beratung, etc. Bleibt dieser Ablauf im Grunde genommen immer gleich und endet wiederum mit der Evaluation oder sind irgendwelche Punkte, die besonders sind in der Social Media? Die also adaptiert werden müssten, aber im Grunde genommen bleibt es der gleiche Ablauf?

B: Was sagen klassische PR, was ist der klassische PR-Weg?

S: *Der klassische PR-Weg wäre eben zu sagen, ok. Ich analysiere die Situation und sage, ich setze mir dafür eine Strategie, rück mir ein Konzept zurecht, schaue, dass ich meine Zielgruppen für dieses Konzept finde, mache eine bestimmte textuelle Struktur. In dem Sinn jetzt nicht auf Social Media, sondern was auch immer ich dann eben für ein Konzept habe. Schaue, dass ich das einsetze, den Termin finde und schaue, dass ich das umsetze. Und im Endeffekt, ist das jetzt die Frage, bleibt das für Sie bei Social Media gleich oder ist es etwas, wo Sie sagen, nein bei Social Media kann man abkürzen und da kann man Sachen schneller machen, oder muss schneller gearbeitet werden?*

B: Das ist eine gute Frage. Ich weiß gar nicht, ob man das pauschal beantworten kann. Vielleicht kann man da gar nicht die Grenze setzen, vielleicht fängt das gar nicht mit Analyse an, sondern Social Media ist jetzt für Unternehmen, die jetzt nicht heute quasi Unternehmensgründung haben, ja auch nicht, man fängt auch nicht bei Null an, man nimmt ja Erfahrungen mit, die man aus vergangenen Geschäftsgebaren hat. Und genau diese Erfahrungen nimmt man ja schon einmal mit, und damit ist ein Teil der Analyse und der Erfahrung schon längst passiert. Ich denke mir, wo sicher der Fokus oder, wo man ja auch früher gearbeitet hat, man hat sozusagen versucht, die Zielgruppe ans Produkt heranzuführen, und jetzt führt man das Produkt an die Zielgruppe heran. Also das ist eine andere Herangehensweise, aber im Grunde – ich kann das nicht pauschal beantworten. Aber ich würde sagen, es ist ähnlich. Es hängt vielleicht auch von der Unternehmenskultur ab, wie offen man ist, ob sich solche Dinge dann einfach abkürzen. Und ob es vielleicht auch immer wichtig ist, alles bis ins kleinste Detail zu analysieren oder nicht einfach zu sagen – das ist eine Frage der Zielsetzung – ok...ich möchte jetzt einfach diesen Weg gehen und nimm die Erfahrungen mit, die ich aus den vergangenen Campagnen gehabt habe, wichtig ist nur, dass man quasi nicht Campagnen, die man schon gemacht hat, 1:1 in der Vorgehensweise übernimmt. Weil die dann nicht funktionieren würden, also dieses Marktschreierische oder dieses Pushprinzip. Aber ja, ansonsten.

S: *Also adaptieren, aber grundsätzlich bleibt es vom theoretischen Aufbau für Sie gleich?*

B: Im Grunde schon, ja.

S: *Ok. Als abschließende Frage. Was würden Sie persönlich zu einem Kleinstunternehmer, einer Kleinstunternehmerin sagen, oder würden Sie den Personen raten, wenn diese sich dazu entschließen, Ihre PR-Tätigkeit auf den Bereich der Social Media auszudehnen? Wissen Sie, überhaupt dort anzufangen, eine Aktion zu setzen. Worauf sollten diese achten im Sinne von ins kalte Wasser springen und einfach machen oder, wie Sie schon angesprochen haben, auf jeden Fall eine Strategie als komplette Konträrpunkte gesehen?*

B: Im Grunde sollte jeder, und das wäre eigentlich nichts Neues, es ist nur in den letzten Jahrzehnten verloren gegangen, sollte jeder selbst der beste Konsument sein, natürlich außer jeder Barkeaper. Aber, wenn ich den Markt verstehe weil ich Teil des Marktes bin, dann kann ich auch besser agieren. Und genau das sollte ja bei jedem Unternehmer der Fall sein, er sollte selbst wissen, was der Abnehmer wirklich will, ja, was der Markt wirklich braucht, was die Konsumenten wirklich verlangen, und wie ich mit ihnen kommunizieren muss und wie ich selbst kommuniziert werden will, und wie ich selbst als Konsument behandelt werden will. Und wenn ich das umlege, und wenn ich selbst bei Social Media auch privat aktiv bin und schaue, wie das denn andere machen, wie ich andere wahrnehme, kann ich im Grunde nichts falsch machen. Es ist ja nur diese künstliche Trennung sozusagen, die da gesetzt wurde, wie dieses komisch plastische Markenbuilding, wie es dann aufgekommen ist. Da kommen wir jetzt eigentlich wieder weg davon, weil es im Grunde ja nur um eines geht, wenn ich weiß, was die Leute wollen, dann kann ich ihnen auch das richtige geben. Aber nicht sozusagen ein künstliches Bedürfnis schaffen, das noch gar nicht da ist.

S: *Ist klar. Ja, gut. Dann bedanke ich mich für das interessante Gespräch und danke, dass Sie sich Zeit genommen haben.*

B: Gerne.

Interview mit Herrn Wiesenegger, Thomas (Kommunikationsberater bei „Spitzar") vom 7.4.2011:

S: Sehr geehrter Herr Mag. Wiesenegger, herzlichen Dank, dass Sie sich für dieses Interview Zeit genommen haben. . Wie ich Sie im Vorfeld schon informiert habe handelt es sich dabei thematisch um den Bereich der PR und KMU, also Public Relations und im Bereich der Klein- und Mittelunternehmen. Das Studienthema, zu welchem dieses Interview weitere Fakten liefern sollte, lautet „Social Media für jedermann? Public Relations für Kleinstunternehmer auf dem Feld der Social Media". Mit Ihrem mündlichen Einverständnis werde ich die Antworten für die hier genannte Studie verwenden. Sind sie damit einverstanden?

W: Ja.

S: Können Sie mir zunächst mitteilen, in welchem Bereich das Unternehmen, für welches Sie tätig sind, und für welches Sie arbeiten, in welchem Bereich das Unternehmen tätig ist und welcher Aufgabenbereich Ihrer ist?

W: Die Agentur Spitzer ist eine Kommunikationsagentur im Bereich Werbung machen wir Konzepte und die graphischen Umsetzungen und PR ist schon ein ganz wichtiger Bereich, den wir aber nicht im Hause selber abdecken sondern das ganze auch auslagern.

S: Und was sind dann genau Ihre Tätigkeiten im Unternehmen?

W: Ich betreue den Tourismusbereich und bin Konzept- und Kundenbetreuer im Außendienst und auch übernehme ich das ganze Projektmanagement.

S: Würden Sie also sagen, dass Ihre Arbeit mit dem Bereich des Public Relations-Instruments und Tätigkeitsfeld der Social Media grundsätzlich zu tun hat?

W: Unbedingt, weil man diese Dinge nicht mehr auseinander halten kann. Sie sind zusammen, sie sind ganz wichtig, sie ergänzen sich.

S: Okay. Welche Seiten verwenden Sie eigentlich firmenintern für Social Media Auftritte, machen Sie so was, welche Seiten werden da präferiert?

W: Wir als Agentur nutzen das Facebook, haben dort eine eigene Seite und YouTube, weil wir auch einen Film gemacht haben,

S: ...also Imagevideo?

W: Genau. Richtig. Die Seiten, die nutzen wir für uns.

S: Ok, also Facebook, YouTube. Xing oder vergleichbare Seiten sind weniger interessant für das Unternehmen?

W: Sind für uns weniger interessant, weil wir dort gar nicht Zeit haben, dort so in die Tiefe zu gehen, und Facebook und YouTube sind zwei Plattformen, die für uns eine gewisse Oberflächlichkeit ausstrahlen, auf der wir uns gut bewegen können.

S: Ich verstehe. Sind diese Seiten, die Sie verwenden, eher für den Bereich des Marketings zu sehen oder eher für den Bereich der Public Relations für Ihr Unternehmen zu sehen. Also geht es eher um Kundenkommunikation und Unternehmenskommunikation im Allgemeinen ausgedrückt oder geht es eher um Verkauf, Verkaufsförderung?

W: Also, das hat mehr einen reinen Informationscharakter und eigentlich überhaupt keine verkaufsfördernden Maßnahmen, denn wir glauben, dass unsere Kunden sich dort in diesen

Plattformen sich nicht die Zeit nehmen, sich wirklich um Produkte oder für Produkte zu interessieren und zu informieren. Das passiert, denke ich, auf anderen Plattformen.

S: Ok. Sie verwenden also Facebook und YouTube für Ihre eigenen Social Media Auftritte. Welche Seiten glauben Sie gefühlsmäßig werden am häufigsten von Ihren jeweiligen Kunden für die jeweiligen Social Media Auftritte Ihrer Kunden verwendet? Gibt es da irgendwelche Tendenzen?

W: Wir merken, dass natürlich immer genau diese Seiten am meisten besucht werden, von denen auch gesprochen wird. Somit sind die Menschen dort sehr gut lenkbar, Social Media ist noch ein so jungfräulicher Begriff, dass die Menschen meistens oder die User oft gar nicht wissen, was da überhaupt alles dazugehört. Eben damit sind sie lenkbar und ich denke also schon, dass z. B. YouTube und das Facebook dort für uns eigentlich die Spitzenreiter darstellen, oder für unsere Kunden die interessantesten Seiten sind.

S: Aufgrund der Popularität von Facebook z. B.?

W: Ja.

S: Wie sehen Sie den Bereich der Social Media ganz allgemein in den letzten Jahren, vor allem seit Facebook sehr populär geworden ist, scheint sich jeder zu Social Media Seiten hingezogen zu fühlen. Im privaten Bereich eben wie auch im geschäftlichen. Mit wenigen Ausnahmen will jeder in einem Netzwerk integriert sein, und vor allem der Bereich Geschäft scheint auch immer mehr Chancen auf dem Feld der Social Media zu sehen. Würden Sie grundsätzlich Vertretern jeder Branche empfehlen, sich in den Bereich der Unternehmenskommunikation vorzuwagen, oder würden Sie, sagen Sie, diesen Bereich würde ich eher ausklammern, weil zu uninteressant, zu gefährlich, oder was auch?

W: Trifft irgendwie alles zu. Meiner Meinung nach sollten nur Unternehmungen diese Plattformen benutzen, egal in welcher Größe, die auch ein gewisses Maß an Neuerungen intern stattfinden lassen. Oder, wenn es z. B. im Bereich des Tourismus ist, geht es um Angebote. Wenn ich jetzt z. B. eine Firma habe, die einfach ein Installateur sei, dann wird es nicht immer wieder etwas Neues geben, warum soll der dann die Plattform benutzen, weil die lebt eigentlich von Neuigkeiten.

S: Ok. Abhängig vielleicht auch davon, dass der besagte Installateur seine Zielgruppen nicht zwingend im Social Media finden wird?

W: Richtig. Also ich bin nicht der Meinung, dass jede Branche da hinein muss.

S: Wo sehen Sie spezielle Möglichkeiten und Chancen für die PR, im Bereich der Social Media für die Public Relations?

W: Die Zukunft wird es sein für die einzelnen Unternehmen, egal in welchem Bereich, ihre Informationen ganz speziell zu kanalisieren. Wir sprechen hier schon nicht mehr von Zielgruppen, wir sprechen hier von Affinity Groups, das ist also noch etwas breiter gestreut. Und hier geht es darum, wirklich die Informationen an diese Affinity Groups so weiter zu bringen, dass eben also nur über spezielle Kanäle das so zu transportieren, dass ich auch wirklich auch alle erreiche, die ich erreichen will. Und das ist natürlich eine Riesenchance für den PR-Bereich, der natürlich dort wunderbar leben und werken kann.

S: Wie kann man diese Affinity Groups definieren?

W: Wir unterscheiden z. B., wir haben eine Zielgruppe, die Mountainbiker, das ist eine Zielgruppe. Eine Affinity Group wäre z. B. der Fahrradfahrer.

S: Also eine Übergruppierung?

W: Ja, genau.

S: Und die Hauptzielgruppe ist dann der Mountainbiker?

W: Ja, richtig. Aber ich will jeden Fahrradfahrer erreichen.

S: Weil, vielleicht wird der zum Mountainbiker?

W: Richtig. Und das ist für uns die Zukunft und eben dort auch die richtigen Kanäle zu finden, und nicht nur über diese ganz spezialisierten Geschichten, das ist meiner Meinung nach die Zukunft.

S: Ok. Wo denken Sie hat diese, oder wo sehen Sie Nachteile im Bereich der Social Media für die Public Relations? Gibt es Nachteile Ihrer Meinung nach, oder...?

W: Die Nachteile, es gibt auf jeden Fall Nachteile. Ich glaube, dass man stark daran arbeiten muss glaubwürdig zu bleiben. Denn nur so machen diese Plattformen Sinn, nur so macht eben für den User die Plattform Sinn, dass man wirklich informiert wird und nicht manipuliert. Und diese Glaubwürdigkeit muss man aufrechterhalten. Dort sehe ich ein bisschen die Gefahr, denn der Teufel schläft nie.

S: Was kann Social Media für Sie persönlich? Welchen speziellen Nutzen bietet dieses Instrument für die Public Relations Tätigkeiten eines Unternehmens, und was kann Social Media als Kommunikationsinstrument womöglich nicht? Wo sind etwaige Grenzen für Sie, wo hört die Fähigkeit der PR auf im Bereich der Social Media?

W: Im Bereich der Social Media glaube ich werden die Grenzen immer weiter gesteckt. Ich sehe jetzt eigentlich dort nirgends eine Grenze. Es geht nur darum, wohin geht der Trend dann irgendwann. Ich war gerade gestern bei einem Vortrag der Vorarlberger Nachrichten. Und dort wird momentan ganz stark umgerüstet auf die I-Pads, I-Phones Situation, Apps, eben auch in diesen Social Media Bereich hinein gearbeitet, wo ich dann eben die Zeitung lesen kann. Und die Frage ist, ob dieser Trend eben aufrecht bleibt und nicht wieder so klassische alte Modelle bei den Menschen dann wieder mehr ankommen, z. B. wenn es ums Zeitung lesen geht. Ich habe gerne Papier in der Hand. Das ist mir z. B. ganz ganz wichtig. Dort werden sicher Grenzen kommen, wobei wie gesagt, ich denke jetzt wieder wie jemand, mein Handy hatte ich vor 15 Jahren, und denken sollten wir eben so wie die 10 oder 15-jährigen. Somit ja auch wieder Fragezeichen, ob dieser Trend irgendwo einmal Grenzen hat oder uferlos ausartet. Ich sehe keine Grenzen, keine Gefahren.

S: Ok. Sehen Sie im Bereich Social Media auch Möglichkeiten für den Bereich der Kleinstunternehmungen? Und sehen Sie die Möglichkeit, dass Kleinstunternehmungen Nutzen aus diesem Kommunikationspool ziehen?

W: Finde ich ganz ganz wichtig, dass auch Kleinstunternehmen sich diesem Thema annehmen, sich damit beschäftigen, denn auch Kleinstunternehmen müssen über kurz oder lang auch gar keine Kleinstunternehmen bleiben. Sie sind oft sehr beweglich, sind kreativ, sind ja innovativ, und auch dort gewisse Zielgruppen zu erreichen, je nach dem was es für ein Produkt ist, würde ich es auf jeden Fall nutzen und versuchen, die Problematik sehe ich in der Betreuung der Informationen, die ich vermitteln will. Denn da geht es natürlich wieder um den Mainpower, den die wenigsten eigentlich haben und die Zeitproblematik.

S: Welche Möglichkeiten hätten Kleinstunternehmen dieses Problem mitunter zu lösen?

W: Da geht es um eine Zeitplanung, und das ist natürlich wieder sehr individuell, aber es gibt eben auch PR-Agenturen, die diese Arbeiten mittlerweile übernehmen.

S: *Für Kleinstunternehmen?*

W: Klein-, Mittel-

S: *Gibt es einen bezahlbaren Rahmen?*

W: Eben, was ich weiß, geht es hier um eine Wortanzahl und da gibt es spezielle Tarife, und die bewegen sich wahrscheinlich zwischen € 100,-- und € 150,--. Für 300 Wörter.

S: *Ah. Perfekt.*

S: *Würden Sie sagen, dass das Nutzen- Leistungsverhältnis, das Verhältnis zwischen Aufwand für die Social Media und der Nutzen, den ein Kleinstunternehmen daraus zieht, für ein Kleinstunternehmen grundsätzlich also rentabel ist?*

W: Diese Antwort kann ich, diese Frage kann ich nicht beantworten, ich kann aber nur raten, dass man es versucht.

S: *Versuchen, in Form von in den Pool springen und schwimmen, oder mit Strategie darangehen, PR-Konzepte etc.? Welche Variante würden Sie da eher vorziehen?*

W: Ich ziehe auf jeden Fall die strategisch organisierte Kampagne vor, eine gewisse Mediaplanung ist ganz ganz wichtig um eben auch diese Regelmäßigkeit zu garantieren. Denn nur mitzuschwimmen und irgendwie halbherzig so heut habe ich Zeit, heut habe ich nicht Zeit, da werde ich den Kunden nicht fangen können. Oder informieren können, oder erreichen können. Sondern einfach nur mit einer gewissen Regelmäßigkeit, und dort, wie gesagt, sollte man sich eben schon die Zeit nehmen, das auch wirklich dann entsprechend zu organisieren und hineinzustellen.

S: *Hängt natürlich auch damit zusammen, wie viel Informationsbackground dieses Unternehmen zu bieten hat. D. h. dass Unternehmen, die weniger Informationen zu bieten haben, werden sich dementsprechend schwer tun, regelmäßig etwas posten zu können?*

W: Richtig. Also wir sehen das ja bei uns selbst. Denn wir sind zwar eine, ich nenne es jetzt einfach mal Werbeagentur, nur, bei uns ist es genau so. Jeden Tag wird die Frage gestellt, was könnten wir heute posten. Und das ist gar nicht so einfach. Und oft wird dann auch einmal ein Unsinn ins Netz gestellt, ob das zielführend ist lasse ich jetzt einmal dahin gestellt. Aber man hat gepostet. Also man sollte sich das genau überlegen, die Themen genau überlegen, und auch wenn ich nicht immer monatlich Neuigkeiten habe, dann sollte ich es auch nicht zwanghaft probieren. Und dann wird es erstens überschaubarer und zweitens vielleicht auch interessanter. Willst du gelten, mach dich selten, aber wenn, dann musst du dabei sein.

S: *Verstehe. Wo würden Sie die Unterschiede in der Strategie und im Verhalten der Akteure sehen, wenn man nun die PR im Feld der Social Media mit der normalen, der klassischen PR vergleicht. Gibt es Unterschiede oder sagen Sie, im Endeffekt ist es nur adaptiert für die Social Media?*

W: Es kommt immer darauf an, wen ich erreichen will. Die normale PR, es ist eben so, dass ich, wenn ich in einem Printmedium bin, sehr viele Menschen ansprechen möchte, ansprechen muss, erreichen muss und will. Aber im Social Media Bereich werde ich ja soundso nur von denen gelesen, die wirklich ganz speziell auf ein Thema anspringen und auch nur eine gewisse Sprache verstehen. Deswegen denke ich ist es eine Riesenherausforderung, dort wirklich auch diese zwei verschiedenen Arten bedienen zu können.

S: Als abschließende Frage. Was würden Sie persönlich einem Kleinstunternehmer, einer Kleinstunternehmerin raten, wenn diese sich dazu entschließt, ihre PR-Tätigkeit auf den Bereich der Social Media auszudehnen, wissen Sie überhaupt anzufangen, falls noch gar nichts da ist? Gibt es irgendetwas, wo die speziell darauf achten müssen, oder mal starten?

W: Für mich gilt es immer, weil ich ja ein Anhänger bin der Strategie. Für mich gilt es immer, sich mal zu überlegen, wer bin ich, was bin ich, was mach ich. Dort für mich auch irgendwo eine Wertewelt zu bauen, eine Produktwelt zu bauen, und dann entsprechend mir zu überlegen, wie kann ich dort wirklich einen guten Auftritt machen. Denn Halbherzigkeit spürt man überall, das spürt vor allem der, der sich auskennt bei den Themen, die dort bedient werden. Und dann wird es relativ schnell uninteressant und meiner Meinung so gut wie möglich vorbereiten und sich auch der Arbeit, die damit verbunden ist, bewusst sein.

S: Dann bedanke ich mich sehr herzlich für das Gespräch, und vor allem für Ihre Zeit.

W: Bitte gerne.

Interview mit Herrn Hemetsberger, Christian (Projektleiter Marketing+PR, Standortagentur "Salzburg")

S: Sehr geehrter Herr Hemtsberger, herzlichen Dank, dass Sie sich für dieses Interview Zeit genommen haben. Wie ich Sie im Vorfeld schon informiert habe handelt es sich dabei thematisch um den Bereich der PR und KMU, also Public Relations und im Bereich der Klein- und Mittelunternehmen. Das Studienthema, zu welchem dieses Interview weitere Fakten liefern sollte, lautet „Social Media für jedermann? Public Relations für Kleinstunternehmer auf dem Feld der Social Media". Mit Ihrem mündlichen Einverständnis werde ich die Antworten für die hier genannte Studie verwenden. Sind sie damit einverstanden?
H: Ja, bin ich.

S: Danke sehr. Können Sie mir zunächst mitteilen, in welchem Bereich der Unternehmung Salzburg, Standort Salzburg, für welches Sie tätig sind, und was genau der Aufgabenbereich dieser Unternehmung ist, bzw. welcher Ihrer in der Unternehmung ist?

H: Also, die Standortagentur Salzburg ist die Standort-Marketing- und Betriebsansiedlungsgesellschaft von Stadt und Land Salzburg, wir sind zugehörig 2/3 dem Land, 1/3 der Stadt. Wir betreiben aktiv Marketing für den Wirtschaftsstandort und sind gleichzeitig Serviceeinrichtung für Unternehmen, die sich in Salzburg ansiedeln wollen. Da gibt es noch Unterprojekte, wie z. B. die Film Location Salzburg, ist artverwandt mit der Betriebsansiedlung. Die Film Location versucht eben international bzw. prestigeträchtige und große Filmproduktionen nach Salzburg zu holen. Dann gibt es das Projekt der Marke Salzburg, das ist die Dachmarke für alle Salzburger Wirtschaftsbetriebe aber auch Tourismus, Kultur, es soll wirklich Salzburg als ganzes repräsentieren. Eine Regionsmarke, wenn man das im europäischen Zusammenhang so sehen will. Und dann haben wir noch das Chinabüro, was örtlich im Schloss Mirabell zwar beheimatet ist, strukturell aber zu uns gehört, was die Beziehungen zur Volksrepublik China intensivieren sollen, weil das einfach ein toller Zukunftsmarkt natürlich ist, und wir da mit Salzburg und der Kultur schon einen gewissen Wettbewerbsvorteil haben, der intensiviert werden soll. Meine Position ist Projektleiter für PR und Marketing, umfasst die vorher genannten Projekte, also von Film Location, PR über Wirtschaftsstandort-PR, genauso Chinabüro aber auch aktiv Serviceleistungen zu machen. Wenn jetzt z. B. ein Unternehmen, das sich angesiedelt hat, gerne auch in den Medien vertreten sein wollen würde. Zu dem bin ich noch der administrative Projektleiter für die Marke Salzburg.

S: Also, man kann sagen, Sie sind ein relativ untypischer Fall in diesem Unternehmen, es ist Public Relations und Marketing in einer Hand?

H: Rein vom kommunikationswissenschaftlichen Standpunkt aus würde ich wahrscheinlich von allen Professoren geschimpft werden, in der Praxis ist es halt oft einfach so, dass Marketing und PR sehr nahe hergehen. Wenn man es jetzt einordnen will in den theoretischen Hintergrund, dann wird bei uns eher die marketingtheoretische Sichtweise von PR gepflegt. Ergibt sich einfach aus dem Alltagsgeschäft heraus.

S: Wie viel Mitarbeiter sind ungefähr tätig für dieses Unternehmen?

H: Wir sind jetzt 6 Mitarbeiter.

S: 6 Mitarbeiter insgesamt. Also, im Grunde genommen ein Non-Profit Unternehmen, das im Bereich der KMU eigentlich angesiedelt ist?

H: Wir sind sicher ein Kleinstunternehmen, sind eine Art Serviceagentur. Ja, nonprofit, wir arbeiten nicht gewinnorientiert, dürfen aber durchaus Umsätze machen.

S: Ganz allgemein werden Social Media als soziale Netze und Netzgemeinschaften verstanden, die als Plattform zum gegenseitigen Transfer von Meinungen, Eindrücken und Erfahrun-

gen dienen. Sagt Ihnen der Ausdruck Social Media etwas, und in welchem Zusammenhang sagt Ihnen der Ausdruck etwas?

H: Social Media sagt mir natürlich was, ist glaube mittlerweile ist es sehr schwer, in der Medienlandschaft da über den Begriff nicht mehr zu stolpern. Im Zusammenhang Social Media ist einfach klassisch Facebook sicher der erste Eindruck, den ich habe. Ich würde aber auch YouTube vielleicht dazu nehmen, Flicker, ja Xing in der beruflichen Schiene, Businessschiene, Linkedin gibt es da aktueller, es gibt genügend Plattformen. Das ist für mich Social Media.

S: Ok. Öffentlichkeitsarbeit oder auch Public Relations bezeichnet den weit gefassten Begriff für die Gestaltung der öffentlichen Kommunikation von Organisationen, Unternehmen oder Einzelpersonen. Anders ausgedrückt meint es eben im Gegensatz zu Marketing, wo es um Verkaufsförderung geht, salopp ausgedrückt, to tell someone about something. Würden Sie in diesem Zusammenhang sagen, dass Sie und für Ihr Unternehmen Öffentlichkeitsarbeit betreiben?

H: Selbstverständlich. Also, man muss das zwei gespalten sehen, was wir tun. Einerseits ist es eben wirklich Standort Marketing, das ist jetzt, um nicht plump zu sagen, klassische Werbung, die Vorteile des Wirtschaftsstandortes Salzburg nach außen zu tragen. Um wiederum Unternehmen nach Salzburg zu bekommen. Die Öffentlichkeitsarbeit sehe ich so ein bisschen in der Stimmungsmache, in der Imagebildung, weil wir leben also als Agentur auch davon, dass wir weiter empfohlen werden, dass man uns kennt. Da ist mir auch natürlich die innerösterreichische Zielgruppe, speziell die Salzburger Unternehmen als Zielgruppe, sehr wichtig, weil man einfach, wenn da jetzt ein Industrieunternehmen einen deutschen Partner hat, der vielleicht den Standort in Salzburg errichten möchte, dieses Unternehmen uns empfiehlt. Da gibt es eine Agentur, die begleiten dich von A bis Z, während der Betriebsansiedlung, das ganze auch noch kostenlos. Also tolle Serviceeinrichtung. In dem Zusammenhang sehe ich hauptsächlich unsere Öffentlichkeitsarbeit angesiedelt, weil das einfach wichtig ist, dass man uns kennt und nur so kommen wir wirklich zu vermehrten Ansiedlungen. Ansiedlungen allgemein kommen bei uns hauptsächlich aus dem deutschsprachigen Raum, und da aus dem grenznahen Raum Baden Würthenberg, Bayern.

S: Ok. Wer macht diese Meldungen?

H: Das macht, das obliegt eigentlich allein mir, Projektleiter Marketing und PR klingt gut, fachlich bin ich allein, also es ist eine One-Man-Show, von der Erstellung, Konzeption, Mediaplanung ist alles an meiner Person anzuhaften.

S: Wo machen Sie das, und vor allem wie machen Sie das? Also, welche Medien werden dafür, welches Medium, im Sinne von welchen Medien werden dafür verwendet?

H: Wir arbeiten sehr stark im Printbereich, und da in Fachmagazinen. Betriebsansiedlung funktioniert hauptsächlich so, dass man Unternehmen Anknüpfungspunkte am Standort zeigt, also wirklich konkrete Projekte. Z. B. die Holzindustrie in Salzburg oder generell die Holzbranche mit der FH als Ausbildungszentrum, mit diversen Unternehmen, einem Holzklaster, das einfach ein konkreter Punkt, wo man zeigen kann nach außen, da gibt es Kompetenzen, da haben wir Know-how in Salzburg, und das inserieren wir oder über Presseaussendung, versuchen auch redaktionell unterzukommen mit Erfolgsstories in Fachmagazinen. Wiederum zurück zur Imagebildung innerhalb von Salzburg, also erfolgreiche Ansiedlung der Unternehmer, lobt den Standort, erklärt warum er nach Salzburg gekommen ist, und lobt und erwähnt unsere Serviceleistungen. Das ist wieder die Imagebildung und Bekanntheitssteigerung als Kommunikationsziel innerhalb Salzburg, wo wir eben wieder dann bei dem Punkt sind, man muss uns kennen, damit wir weiter empfohlen werden können.

S: Ok. Wird dafür auch, oder werden dafür auch Social Media Aktivitäten gemacht? Das klang jetzt doch eher nach klassischer PR-Tätigkeit im Sinne von, klassisch im Sinne von „alt"?

H: Social Media wird von der Standortagentur Salzburg als Unternehmen selbst nicht betrieben. Ich habe das verknüpft mit meinem privaten Facebook-Account, habe durch Filterung von Gruppen, etc. mir auch einen Businesspart aufgebaut, das sind hauptsächlich Journalistenkontakte, die ich dort pflege, bzw. auch mit anderen Marketingabteilungen von Unternehmen, weil mir dort einfach ein gewisser amikalerer Umgangston, ein zeitnaher Umgangston. Es geht oft schneller, wenn man schnell einem Bekannten im Facebook was schreibt, als wenn man da ein hoch offizielles Mail schreibt. Natürlich der hoch offizielle Schriftverkehr von E-Mail kann dagegen, also ich würde das nicht konkurrierend sehen, ich würde das ergänzend sehen. Dass wir aktiv jetzt Meldungen über Social Media verbreiten, machen wir noch nicht, ich sage mit Absicht jetzt noch nicht, weil ich warte noch auf den Re-Range unserer Homepage, weil wir einfach da von der Standortagentur eine eher veraltete Homepage haben, und ich noch nicht in diesen Markt einsteigen will mit dieser Homepage. Sondern, wenn ich einen Re-Range habe, gehört zu der Planung, zur Strategie mit dieser Homepage auch Social Media Tools. Da würde ich dann sehen, zukünftig kann ich da jetzt leider nur sprechen, dass wir Wirtschaftsnews vom Standort publizieren, weil ich einfach diese Spezialisierung auf Wirtschaftsstandortnews noch nicht gesehen habe in Salzburg, dass das jemand hat. Da hätten wir sicher dann eine sehr gute Position, wenn man sich da etabliert. Und natürlich auch Erfolgsmeldungen von Ansiedlungen, etc., tollen Filmproduktionen und Hintergrundstorys. Wir könnten eine Filmfirma monatlich vorstellen, einen tollen Marktführer aus Salzburg, Weltmarktführer, was auch immer. Da gibt es dann sicher verschiedene Anmeldungsmöglichkeiten. Momentan sind wir in Social Media offiziell nicht vertreten, das läuft wie gesagt nur über meinen Facebook-Account, und da ist eben die Vernetzung mit Journalisten und Partnern und Unternehmen an erster Stelle.

S: *Also Sie haben grundsätzlich angedacht, mit dem Unternehmen in den Bereich der Social Media einzutauchen, das ist auch schon mal jetzt auf Ihrem privaten Account, läuft so eine kleine Nebenschiene quasi. Was würden Sie sich persönlich erwarten, wenn Sie in den Social Media Bereich eintreten? Was sind Ihre persönlichen Erwartungen, warum würden Sie das gerne machen?*

H: Der Einstieg in Social Media bedeutet für mich einen direkteren Dialog mit unseren Zielgruppen. Also, Social Media würde ich auch wieder großteils sehen zur Bekanntheitssteigerung. Da ist natürlich wirklich der Dialog mit den Salzburgern an erster Stelle. Ich sage absichtlich Dialog, weil ich habe einfach schon mehrfach Unternehmen gesehen, die einfach in Facebook drin sind, mit einem Standortinfotext. Aber auf diesen Seiten findet keine Interaktion statt. Dafür sind Social Media Plattformen nicht da, sondern dafür ist eine Homepage z. B. da. Social Media muss wirklich Dialog fördern, und da man wirklich, grad wenn ich jetzt sage, eine Newsgenerierung für den Standort, was mir ja auch hilft den Standort zu vermarkten, ich weiß auch nicht alles, was am Standort passiert. Wenn mir da auf Facebook ein Unternehmen schreibt, tolles neues Projekt, gerne helfen wir Ihnen da, gerne machen wir das publik, sei es auch nur wirklich auf unserer Homepage oder auf der Pinwand unseres Facebook-Accounts, falls wir den dann einmal hätten. Ja, wie gesagt, ich erwarte mir Dialogbekanntheitssteigerung.

S: *Heißt das, rein Social Media im Sinne von Informationsbereitstellung wäre für Sie zu wenig?*

H: Ja, absolut. Dafür sehe ich Social Media als nicht geeignet, sondern wie Sie auch bei der anfänglichen Definition gesagt haben, da muss einfach eine Interaktion stattfinden. Ich finde einen Facebook-Account einfach schlecht, wenn auf der Pinwand nichts los ist, oder nur der Seiteneigner schreibt dort was hin. Und dann schreibt ein User was drunter, und es kommt einfach nichts nach.

S: *Verstehe.*

H: Dann habe ich eine Homepage Nummer 2 und tu mir eigentlich nur meine User splitten, was keinen Sinn für mich machen würde. Natürlich kann man dann multimediale Inhalte auch noch besser streuen. Wir haben mehrere Imagevideos, die es auch auf YouTube gibt, über den Marke Salzburg Account, aber auch da sind halt die Videos momentan...sie sind halt da. Aber dass man über Facebook und so, natürlich gibt es da durch diese „teilen"-Funktion viele Möglichkeiten das einfach breiter anzulegen, zu vervielfältigen, größere Außendarstellung, bessere und intensivere Außendarstellung.

S: *Also eine Ergänzung zur Website?*

H: Ja. Also Website ist für mich, wenn man das sagen will, ein Factsheet, und Social Media ist für mich eine Art chatten mit meinen Zielgruppen.

S: *Eine Erweiterung der Unternehmenskommunikation?*

H: Absolut.

S: *Eine weitere Schiene?*

H: Richtig, ja.

S: *Sie haben grundsätzlich von Facebook als Unternehmenstool schon gehört, und Sie wollen es auch selber aufnehmen. Wo sehen Sie denn eher den Bereich für die Social Media, eher im Marketingbereich, oder eher im PR-Bereich? Es wird ja auch mitunter, wenn man Facebook-Seiten anschaut, auch sehr viel Werbung damit gemacht. Würden Sie es eher als Tool der Öffentlichkeitsarbeit sehen, oder eher als Tool der Marketingseite?*

H: Definitiv als Öffentlichkeitsarbeit, wie gesagt, Marketing, ich würde es wahrscheinlich wieder mischen, wie wir das auch in unserem Unternehmen tun, aber primär ist es sicher Öffentlichkeitsarbeit, weil da gibt es ja die schöne, Werbung ist to sell, PR ist to tell. Und Social Media, nachdem ich da einen sehr starken Dialogfokus hinlegen würde, ist klassisch to tell. Also ist auch klar in der Öffentlichkeitsarbeit anzusiedeln. Natürlich hätte ich dort auch meine Factsheet, warum man sich in Salzburg ansiedeln sollte, rein weil sie auch verteilt werden können, und weil Facebook ja weltweit existiert. Natürlich wäre das auch dabei. Der Hauptgrund aber mit meinen Zielgruppen interagieren zu können, und zwar direkt als über Homepage oder über Mail, weil da einfach mir eine Bringschuld oder eine Holschuld gegeben ist, würde ich hauptsächlich Öffentlichkeitsarbeit über Social Media Kanäle betreiben.

S: *Verstehe. Man hört immer wieder in einschlägigen Medien, dass Social Media Plattformen die Daten ihrer Mitglieder weiter verkaufen. Haben oder hätten Sie persönlich ein Problem damit, oder würde für das Unternehmen ein Nachteil entstehen, wenn solche Daten weiter gegeben würden, oder sagen Sie, ok, das kann man in Kauf nehmen, weil es halt einfach „so ist"?*

H: Ja, also für mich privat persönlich ist die Weitergabe von Daten natürlich etwas problematisch. Wenn ich jetzt ein Unternehmensprofil habe und ich Öffentlichkeitsarbeit betreibe mit diesem Social Media Account, dann sind es ja Inhalte, die ich nach außen tragen will. Dass jetzt da natürlich ein Herr Zuckerberg, Sackerberg, oder wie man ihn auch immer nennen mag, Geld verdient, meine Daten weiter zu verkaufen, ist natürlich nicht schön, aber ich glaube, das weiß man, wenn man auf Facebook unterwegs ist. Die Daten, die ich in Facebook stelle sind ja auch für die Öffentlichkeit bestimmt. Da werden ja keine Bilanzen oder derartige Sachen hoch geladen oder präsentiert. Von dem her hätte ich da eigentlich weniger Probleme. Ich sage immer, man weiß worauf man sich einlässt, wenn man in Facebook ist. Wo es vielleicht problematisch werden könnte ist, wo ich allerdings die rechtliche Situation nicht wirklich weiß, immer nur die Medienberichte verfolgen kann, ist, dass Bilder, die auf Facebook sind, möglicherweise für Werbezwecke von Facebook entfremdet werden könnten. Da haben wir dann einfach ein Urheberproblem, weil nicht alle Fotos auch von uns kommen, sondern wir auch oft nur die Genehmigung haben, für den Wirtschaftsstandort Salzburg diese Industrieanlage neu zu präsentieren, unter Bildnachweis, etc. Das müsste man sicher dann sehr deutlich abklären, welche Fotos stelle ich auf Facebook, habe ich dann auch wirklich das Recht von dem Bildinhaber, dass der auch weiß, dass das auch auf Facebook ist.

S: Oder dass man mitunter selber los zieht und selber Bilder macht?

H: Richtig. Aber das ist eben für eine Wirtschaftsagentur oder Standortagentur wie uns in Salzburg fast unmöglich. Allein von der Humanressource her. Also, wir sind auch wirklich darauf angewiesen, Inputs von Unternehmen aus Salzburg zu bekommen, sei es jetzt eben durch Bildmaterial, durch Pressemeldungen, also da sind auch wir Empfänger, damit wir einfach wissen, was ist am Standort los, welche Projekte gibt es. Weil vielleicht ist bei uns in der Warteschleife ein Unternehmen, das schon lange nach Salzburg kommen will, was genau auf so einen Partner gewartet hat. Da sehe ich das einzige Problem, wenn Facebook diese Bilder wirklich weiter nutzt und weiter verbreitet, und wir keine Kontrolle darüber hätten, und wir die aber selbst von einem Partner bekommen haben, das wäre sicher problematisch. Da müsste man sich ein Procedere überlegen, dass man sich da das Einverständnis auch für Facebook von den jeweiligen Bildbesitzern holt.

S: Verstehe. Als abschließende Frage. Haben Sie das Gefühl, dass Ihr Interesse an dem Bereich und den Möglichkeiten der Social Media und an Social Media Portalen ganz allgemein durch dieses Interview schon geweckt wurde, oder dass Sie Ihre vorhandenen Tendenzen in dieser Richtung weiter ausbauen wollen?

H: Dieses Interview regt sicher zum Nachdenken an, vor allem jetzt, wie Sie gemerkt haben, mit den Bildrechten, an das habe ich eigentlich per so nicht gedacht gehabt. Allgemein haben wir schon länger einfach Interesse, Social Media aktiv zu nutzen und uns da wirklich auch intensiv damit zu beschäftigen. Es ist auch immer eine gewisse Ressourcenfrage, weil wie gesagt, für mich ist der Dialog sehr wichtig, und wenn unter Dialog gerade im Facebook muss sehr zeitnahe erfolgen. Da muss man sich dann wirklich überlegen, wer kann für unser Unternehmen da drinnen sprechen, wer hat die Zeit und die Ressourcen, da wirklich zeitnah zu antworten. Da müsste man sich sicher auch strukturell noch etwas überlegen. Was bei uns aber natürlich alles Hand in Hand geht mit der Überlegung einer neuen Homepage. Sobald diese Homepage dann wirklich gelauncht ist, wird es ein strategisches Konzept geben, wie man das ganze dann angehen wird.

S: Sie meinen also ohne Strategie funktioniert es im Facebook oder generell, allgemein gesagt im Social Media Bereich, nicht?

H: Meiner Meinung nach funktioniert geplante Kommunikation ohne Strategie nicht. Zumindest nicht langfristig. Natürlich kann man durch kurzfristige Aussendungen immer Erfolge erzielen, aber das Wichtige bei der geplanten Kommunikation ist, grad wenn ich ein Bild eines Unternehmens aufbauen will, oder ein Image, oder sei es auch wirklich nur zur Bekanntheitssteigerung, muss man immer einen Plan dahinter haben. Gleiches zählt für mich für das Instrument der PR und der Social Media nämlich auch. Also da muss sich sicher überlegen, wer macht das, wie macht man es und wo wollen wir hin.

S: Glauben Sie, dass der Aufwand, der sicher hinter einer Social Media Strategie liegt, den Nutzen dann rechtfertigt? Für Ihr Unternehmen speziell, nicht allgemein, sondern?

H: Also ich sehe den Hauptnutzen eben durch den Dialog und Bekanntheitssteigerung sehr sehr hoch, den Aufwand ist momentan halt auch schwer abzuschätzen, weil, wenn man eine gewisse Userzahl erreicht hat, wird natürlich auch der Traffic auf der Seite zunehmen. Große Unternehmen leisten sich einen Social Media Manager, das werden wir sicher nicht machen können, sprich es wird ziemlich sicher dann an meiner Position hängen bleiben. Würden wir gewisse Userzahlen und Traffic überschreiten ist es sicher vom Zeitmanagement her am Plafond bei mir. Rechtfertigen tut es sich auf jeden Fall, da muss man sich strukturell dann halt überlegen, wie man das besser löst. Aber ich bin mir sehr sehr sicher, dass es sich auszahlen würde.

S: Gut. Dann bedanke ich mich herzlich für das Interview, und bedanke mich vor allem, dass Sie Zeit gehabt haben.

H: Sehr gerne. Danke für das Interview.

Interview mit Herrn Wagner, Simon (Social Media-Beauftragter „Ketchum Pleon") vom 4.4.2011:

S: Herr Wagner, herzlichen Dank, dass Sie sich für dieses Interview Zeit genommen haben. Wie ich Sie im Vorfeld schon informiert habe, handelt es sich dabei um den Bereich der Public Relations der KMU, also Klein- und Mittelunternehmen. Für eine Studie werden Ihre Aussagen verwendet. Das Studienthema ist Social Media als PR-Instrument für Klein- und Mittelunternehmen in Österreich mit besonderem Augenmerk auf die Situation für Kleinstunternehmen. Mit Ihrem mündlichen Einverständnis werden Ihre Antworten für die hier genannte Studie verwendet werden, wenn Sie damit einverstanden sind.

W: Ja.

S: Könnten Sie mir zunächst mitteilen, in welchem Bereich des Unternehmens „Pleon Publico", für welches Sie arbeiten, Sie tätig sind, und was genau Ihr Aufgabenbereich dort ist?

W: Ich bin hier als PR-Consulter angestellt, kümmere mich für verschiedene Kunden um die Gestaltung der Beziehungen mit Zielgruppen, betrifft verschiedene Branchen, verschiedene Größen von Unternehmen. Ein Schwerpunkt von mir ist Onlinekommunikation, da bin ich sozusagen als übergreifender Berater tätig, auch an anderen Kundenprojekten dran und berate die anderen Berater im Hintergrund. Und habe auch eigene Projekte laufen in dem Bereich.

S: Würden Sie also sagen, dass Ihre Arbeit mit dem Public Relations Instrument und Tätigkeitsbereich der Social Media zu tun hat?

W: Ich glaube, dass inzwischen ziemlich jeder Public Relations Berater mit Social Media zu tun hat oder zu tun haben sollte.

S: Welche Seiten verwenden Sie firmenintern für Social Media Auftritte, also im Sinne von Facebook, Xing, oder irgendwie? Kann man da sagen,...?

W: Wirklich interne Kommunikation oder Kommunikation unseres Unternehmens?

S: Des eigenen Unternehmens. Selbstdarstellung.

W: Wir haben einen kleinen Facebook-Auftritt, der im Grunde nur als Websiteersatz ist, also es ist für uns als Agentur nicht wirklich relevant von uns selber zu reden, eigene Kommunikation zu betreiben. Wir haben natürlich unseren Zigarrenclub und dergleichen, der da auch vorkommt, aber wir stellen die Eigenkommunikation, die Eigen-PR nicht so sehr in den Vordergrund. Wir arbeiten im Hintergrund, eigentlich. Ein kleiner Auftritt, den wir aber nicht sonderlich hegen und pflegen.

S: Also, wenn überhaupt in die Richtung, dann klassisch. Schon fast Facebook, ja?

W: Und natürlich jetzt Xing, da kriegt man Anfragen und verknüpft sich halt, aber es ist nicht sehr umfangreich genutzt, das Werkzeug bei uns. Bei uns, wir sind wenig in der operativen Leistung tätig, sondern wir beraten Unternehmen, wir kennen uns aus, was passiert auf diesen Plattformen, wie kann man mit denen umgehen, wie kann man die nutzen für die Unternehmen. Allerdings ist unsere Eigenaufgabe da weniger selbst diese Beziehungen zu gestalten, sondern strategisch zu arbeiten.

S: Wenn man also diesen Facebook-Auftritt hernimmt, ist der eher im Bereich der PR zu sehen, sprich Öffentlichkeitsarbeit, oder sind Sie eher im Marketing, also von der eigenen Firma her?

W: Es ist klassische Öffentlichkeitsarbeit, also wir informieren über verschiedene Themen, verschiedene Veranstaltungen, was so passiert, und es geht einfach darum, wir haben eigentlich über die Gruppe sehr schwierige Websitepräsenz, die wir selber nicht gestalten können, das ist für uns ein Ersatz sozusagen, um unsere kleinen Themen und Neuigkeiten zu spielen. Einfach, dass sie irgendwo stehen, dass es nicht heißt, ihr redet ja nicht drüber.

S: Ok. Da ist jetzt nicht eine gewisse Strategie dahinter, wen man erreichen will, sondern es ist einfach eine Plattform, die vorhanden ist. Wen es interessiert, der kann sich verbinden?

W: Der kann sich Infos holen, der kann sich verbinden, wenn es ihn interessiert. Wir wollen da nicht jetzt groß zig Tausend Fans damit erreichen, auch kein primäres Ziel, damit irgendwie Social Commerce zu machen, wie auch immer. Da gibt es andere Kunden, die das notwendig haben, und für die wir uns da einsetzen müssen, dass sie in Facebook erfolgreich sind.

S: Verstehe. Sie verwenden also Facebook, wenn überhaupt, für Ihren eigenen Social Media Auftritt und welche Seiten würden Sie sagen, gefühlsmäßig, verwenden Ihre Kunden oder wünschen Ihre Kunden, wenn sie einen Social Media Auftritt für sich haben wollen?

W: Dzt. Ist natürlich Facebook das non plus ultra, ein großes Netzwerk mit den meisten Menschen drinnen, es ist einfach derzeit die Sau, die durchs Dorf geht, gejagt wird. Wenn sie nichts falsch machen, werden sie das auch länger bleiben, kann genauso sein, dass sie in Richtung Google gehen, wo grad ein bisschen der Glanz verblasst, wenn man so will, das ist immer eine Gradwanderung dieser Seiten, aber die kommen und gehen, die Social Media an sich bleiben. Es wird immer beliebtere und nicht so beliebte Plattformen geben, es kann wie MySpace sein, das da so schön langsam untergeht, es können neue Stars kommen, die Entwicklung ist wahnsinnig schnell. Es können ganz neue Spieler mit neuen Konzepten aufs Feld kommen, aber dzt. Ist einfach klassisch Facebook. Twitter ist in Österreich eher nachrangig, würde ich sagen. Es gibt verschiedene Bereiche, wo Twitter sehr stark schon genutzt wird, das ist der Medienbereich vielleicht, die ja ohnehin sehr aktiv sind und das Werkzeug auch nützen. Aber wir arbeiten sehr stark im b2b Bereich, da ist Twitter im Grunde noch nicht so gefragt. Und wenn man es noch dazuzählen will, Blog wird auch noch ein Thema sein. Also das ist einerseits als News-Room blogartig gestaltet, und andererseits natürlich Reputation und Expertenbildung zu betreiben. Also Blog wird auch wichtiger, im Vergleich zu Facebook.

S: Interessant ist das eigentlich, weil Blogs ja schon wesentlich länger existieren, aber nie diesen Hype kriegt haben.

W: Naja, es gibt einfach gewisse Nachteile, die Blogsphäre ist einfach kein so ein definierter Raum, wo die Fische so knapp beieinander schwimmen. Es ist ein sehr weites Feld, wo man sehr schwierig nach den Lesern fischen muss. In Facebook da sind die Fische schon sehr sehr knapp, die Netze sind enger sozusagen. Man kann leichter fischen und leichter zu den Lesern kommen. Die Vernetzung ist einfacher, es ist einfach ein eigener Kosmos, der leichter zu beackern ist und gewisse Vorteile bietet einfach.

S: Verstehe. Wie sehen Sie im Bereich der Social Media ganz Allgemein in den letzten Jahren, wie Sie ja selber schon gesagt haben, hat ja Facebook jetzt relativ einen Hype erlebt, also ist sehr populär geworden, und jedes Unternehmen fühlt sich jetzt auch immer mehr dazu berufen, auch eine Facebook-Seite haben zu wollen. Und würden Sie grundsätzlich jedem Vertreter, anders gesagt, würden Sie allen Vertretern jeglicher Bereiche das empfehlen, ihn im Facebook oder vergleichbarem Medium eine Seite zu kreieren, oder würden Sie manchen Branchen eher abraten davon?

W: Also, grundsätzlich die Entwicklung, um den Anfang Ihrer Frage zu beantworten, es ist recht interessant, dass Facebook zuerst als privater Kanal wahrgenommen worden ist, eigentlich als privates Netzwerk mit Freunden und dergleichen genutzt worden ist, wo sich die Unternehmen eher zaghaft herangewagt haben. Auch die großen Marken zuerst mehr und mehr erfolgreich.

Mittlerweile ist es schon auch, weil sich Facebook selber sehr schnell verändert und auch die Angebote für Unternehmen immer interessanter gestaltet, wird es für sehr viel Unternehmen immer wichtiger, dort zu sein, einfach weil unabhängig von der Größe, von der Branche, von der Ausrichtung, ob das b2b oder b2c ist, einfach diese Beziehungen sehr sehr wichtig werden. Und man sehr sehr viele verschieden Zugänge wählen kann. Es gibt ja nicht, ich mach jetzt einen Facebook Auftritt, und der schaut bei allen Unternehmen gleich aus, sondern der Zugang kann ja unterschiedlich sein, von den Inhalten, von den Angeboten her, wie auch immer. Und wir sehen in letzter Zeit, dass mehr und mehr Branchen und Unternehmen und für uns eigentlich Kandidaten wären. Einige mehr, andere weniger. Und ich würde einem Waffenhändler nicht empfehlen, einen Facebook Auftritt zu machen, der kann eigentlich nur untergehen. Andererseits kann gerade auch für sensible Branchen, die mit negativen Äußerungen zu leben gelernt haben, das auch eine ganz gute Kanalisation sein. D. h. man kann, wenn schon über einen online geredet wird, es versuchen, auf den eigenen Kanälen zu halten und seine eigene Meinung kund zu tun und sozusagen die Argumente zu entkräften. Versuchen, das in geordnete Bahnen zu lenken. Kann auch ein Zugang sein, aber es gibt gewisse Branchen, da würde ich das einfach nicht empfehlen. Es gibt auch gewisse Branchen, da ist das noch wenig wichtig, das sind vor allem stark b2b ausgerichtete Unternehmen, die nur schwer einen Fankreis aufbauen können. Wo einfach das Potential an Fans marginal ist, einfach dadurch, dass man sich als Facebook-User, auch wenn es nicht mehr so heißt, sich als Fan outet von einem Unternehmen, das jetzt nicht sonderlich sexy wie eine große Marke, die Millionen jedes Jahr in Imagewerbung buttert, da ist es ganz interessant, einen Kanal zu haben. Aber ich empfehle jetzt nicht den großen Auftritt und da kommen Tausend Fans zusammen. Aber es gibt gewisse Unternehmen, vor allem kleinere Bereiche, kleine Unternehmen, da ist das mehr und mehr wichtig. Und es wird immer interessanter.

S: Also, weniger von der Größe abhängig, sondern primär eigentlich was das Unternehmen produziert, oder in welcher Branche es tätig ist. Dass man dann eher dafür oder dagegen sprechen könnte, wie der besagte Waffenhändler. Wobei Sie den auch nicht ganz ausschließen können.

W: Nein, es sind einfach auch, man muss einfach auch das Umfeld beachten. Es kann Social Media nicht ein Selbstweg sein, wie es vor einigen Jahren war, da waren es die Viralvideos. Da hat es geheißen, jetzt muss ich auch ein Viralvideo machen, weil das jetzt grad angesagt ist. Als Selbstweg würde ich Social Media nicht sehen, ich würde das einfach in der gesamten Kommunikationsstrategie sehen, mitdenken auf jeden Fall, das machen wir mittlerweile bei jedem Konzept, bei jedem Kunden, bei jedem potentiellen Kunden einfach mitdenken, was ist mit Social Media, wie sieht es da aus. Wir analysieren, was passiert da. Andererseits gäbe es da Bedarf? Aber auch das gesamte Kommunikationskonzept einfach stimmen muss. Und da muss das sehr gut eingetaktet sein, es ist ein ganz anderer Zugang und ein ganz, eine andere Strategien und Taktiken teilweise mal eher notwendig, aber es nicht als Selbstweg zu sehen sondern sollte einfach passen. Man darf einfach keine anderen Botschaften aussenden als in der klassischen Kommunikation. Weil die Leser von Fachzeitschriften, von Zeitschriften sind ja auch die Leute, die in Facebook sind. Es ist ja nicht eine ganz eigene getrennte Zielgruppe, da kann ich nicht da a) sagen und bei Social Media b). Das würde einfach das Profil verfälschen und das empfehlen wir auf keinen Fall. Einfach mitdenken und im Falle des Falles Vorschläge liefern und beratend eingehen.

S: Also als weiterer Kanal der Kommunikation?

W: Unter anderem ja. Ich würde es nicht als klassische Maßnahme sehen, so wie ich mache jetzt ein Experteninterview oder ich mache jetzt ein Hintergrundgespräch oder eine Pressekonferenz, mache nicht Social Media, das nicht. Es ist schon ein ganz eigenes Feld, die Kommunikation. Man kann das nicht mit eigenen Mitteln führen, wie man eben eine klassische Kommunikation vielleicht oder die gewohnte traditionelle Kommunikation führt. Es sind andere Zugänge notwendig, und das muss auch das Unternehmen können. Es muss authentisch sein. Dass das Unternehmen relativ locker kommuniziert und nicht so die klassische Business-

Standardsprache auf Facebook bringt, das wird nicht ankommen. Es muss für das Unternehmen authentisch sein.

S: Wo sehen Sie spezielle Möglichkeiten und Chancen im Bereich der Social Media für den Bereich der Public Relations? Wo denken Sie, dass dieses Kommunikationsinstrument Vorteile hat, und wo vielleicht sogar Nachteile? Also z. B. Stichwort Krisen-PR.

W: Vorteile, das ist klar, der direkte Kontakt zu den Zielgruppen, soweit man das sagen kann. Also einerseits natürlich die direkte Zielgruppe, andererseits auch bisherige Mittler wie Medien, man kann ja auch mit Journalisten über Social Media reden. Es ist die direkte Vernetzung, wie beim Beispiel Facebook, man kann einfach direkte Nachrichten schreiben, Statusmeldungen posten, man erreicht die, ob sie es lesen sieht man dann, ob es im Screen auftaucht oder nicht, oder wie auch immer. Aber es ist dieser direkte Kontakt, der schon sehr relevant ist. Da geht's drum, zu dem Zeitpunkt, der mir wichtig ist oder wichtig erscheint, erreiche ich die Leute, die mir richtig und wichtig erscheinen. So fern ich die Kontakte aufgebaut habe. D. h. ich kann wirklich zu dem Zeitpunkt, wo ich etwas kommunizieren will, das kommunizieren, das ist auch bei Blog so, z. B. Was sehr wichtig ist, grade im Falle von Krisenkommunikation, wenn man das als Beispiel nimmt. Und man hat schon eine gewisse Gemeinde aufgebaut, dann ist es sehr wichtig und sehr gut, wenn man solche Kanäle schon aufgebaut, schon geöffnet hat, und dann im Krisenfall eben die eigenen Botschaften transportieren kann. Andererseits müsste man vielleicht bis zum Erscheinungstermin zum nächsten Tag warten. Da sieht man dann, was am nächsten Tag überhaupt über mein Unternehmen geschrieben worden ist, dann kann ich drauf reagieren. Erscheint das vielleicht dann am besten am übernächsten Tag in der Tageszeitung und da dauert das einfach so lang.
Auf Facebook kann ich das sofort kommunizieren, wenn ich dann denke im Krisenfall, wenn ich die internen Krisenpläne soweit abgestimmt habe, dass auch diese Zielgruppe nicht vergessen wird. Blockbereich z. B. kann man sehr schnell Google-initiierte Inhalte veröffentlich, d. h. Google liest den Blog, programmiert das sehr schnell aus, man kann wenn man jetzt z. B. eine Atomkatastrophe in Japan hat und sich die Nachrichten überschlagen, und man selber den Artikel mit den richtigen Stichworten veröffentlicht, sehr schnell sehr weit nach *hier* kommen, wenn man von Google als relevant betrachtet wird. Das ist das, wenn die Programmierung stimmt, das natürlich ein immenser Vorteil, wenn man in der Suchmaschine weiter oben landet. Und seine eigenen Botschaften unterbringen kann im vielstimmigen Konzert.

S: Das ist der zweite Teil der Frage, wo eventuelle Nachteile sein könnten?

W: Naja, das ist ganz klar, es ist eine gewisse Offenheit nötig, die nicht jedes Unternehmen erträgt. Also, man muss, es gibt verschiedene Zugänge aber man muss einen Mehrwert liefern mit dieser Kommunikation. Es werden nicht Leute einfach Fans, weil sie sagen es gefällt mir, das gibt es auch z. B. bei großen Marken, aber da muss man viel Geld ins Image investieren. Bei kleineren Unternehmen ist es so, dass man einen gewissen Mehrwert bieten muss. Es kann sein, dass man seinen Usern, seinen Fans eine Bühne bietet, dass man, wenn man es auf Facebook richtig macht, ist es auch erlaubt, dass man Gewinnspiele macht, dass man „Insides" aus dem Unternehmen bietet. Dass man weiß, wie es dort abläuft. Da gehört eine gewisse Offenheit dazu. D. h. das Unternehmen muss bereit sein sich zu präsentieren und auch teilweise vielleicht sogar, was früher als klassisches Betriebsgeheimnis gegolten hat, öffentlich ausplaudern, sag ich mal. Also doch drüber reden und vielleicht auch Wissen weitergeben, was sehr wichtig ist, um auch Kompetenz zu demonstrieren und da muss man schon sehr viel hergeben. Manche können das leichter und tun sich da leichter, für manche ist es einfacher und die können das besser, andere sehr geschlossene Organisationen tun sich da sehr schwer damit. Weil die strikte Regeln haben, wer darf überhaupt mit einem Journalisten reden, der anruft, oder wie schaut das aus? Diese Unternehmen tun sich da schwer sich zu öffnen und haben dann auch – meiner Meinung nach – weniger Erfolg. Wenn sie da ins kalte Wasser hüpfen um zu sagen, jetzt machen wir auch Facebook. Und natürlich ganz ein heikler Faktor ist natürlich, wenn man mit Kritik nicht leben kann, dann …

S: Also, man muss auch damit rechnen und in dem Sinne damit leben können, dass mitunter auch mal was Negatives kommt?

W: Genau. Es hängt natürlich ganz verschieden ab, wie viel, in welcher Intensität, wie oft und wie alt das ist, das hängt vom Unternehmen ab. Aber man muss einfach mit kritischen Kommentaren leben, das ist

S: Und die dann nicht einfach rauslöschen kann, wie auch schon passiert ist.

W: Das kann sein, wenn man so offen kommuniziert, dass man z. B. rassistische untergriffige nicht gesetzeskonforme Kommentare löscht. Wenn man das vorab kommuniziert, dann kann man das schon machen, aber nicht jeden zu löschen. Man muss damit leben können, darauf antworten und versuchen, damit umzugehen. Es ist für viele Unternehmen auch schwer, weil die bisher gewohnt waren, dass man, dass sie mit Journalisten geredet haben, die, meisten im persönlichen Gespräch, oder wie auch immer, per Telefon, oder keine Ahnung, ein gewisses Maß an Höflichkeit gegenüber gebracht haben. Was dann am Schluss im Artikel stand, ist wieder eine andere Sache. Aber es hat halt eine gewisse Beziehung gegeben. Im Onlinebereich ist da ein anderer Zugang, die Sitten sind etwas rauer, die Kommentare kritischer und damit muss man leben können, und damit muss man umgehen können. Auch richtig händeln können, dass man vielleicht sogar besser aussteigt, wenn man die richtige Antwort auf einen kritischen Kommentar liefert.

S: Also hinter der Fassade der Halbanonymität muss man fast sagen, weil ganz anonym, es kann ein komplett falsches Profil sein, aber der Person, die da was gepostet hat, hat hinter dieser Halbanonymität versteckt tun sich dann mitunter Abgründe auf, im Sinne von, dass eben von der Kommunikation her das nicht ganz fein ablaufen könnte.

W: Das kann schon auch ohne aktuellen Krisenfall zu einer veritablen Krise führen, wenn heftige Kommentare kommen, und es sich vielleicht in richtigen Kreisen abspielt, dass das immer mehr und immer mehr wird, dass das dann zu veritablem Imageschaden führt. Da muss man immer mitdenken, das muss man auch entsprechend beobachten und dauerhaft beobachten, dass man schnell reagieren kann, dass man frühzeitig reagieren kann, dass man richtig reagiert, dass man nicht mit einer genervten Reaktion noch mehr in die gleiche Kerbe haut, noch mehr zerstört. Also da muss man vorher lange und breit überlegen und gut vorbereitet sein, um solche Fälle zu händeln. Das ist gleich wie bei der klassischen Krisenkommunikation. Es geht nicht darum ob es passiert, es geht darum wann es passiert. Man muss einfach vorbereitet sein darauf.

S: Ist klar.

W: Und auch die entsprechenden Administratoren intern entsprechend briefen und schulen. Und ich weiß nicht, wie weit Social Media jetzt gefasst wird, wir haben das nicht genau definiert. Es gibt natürlich zig Plattformen. Also wenn man jetzt auch Bewertungsportale dazuzählt, das wird auch für viele Unternehmen relevant. Also der Tourismus hat mittlerweile sehr gut damit zu leben gelernt und es als Chance sogar zu nützen gelernt, andere Unternehmen, andere Branchen werden da jetzt folgen und werden diesen harten Kampf, den die Hoteliers zu Anfang zu führen hatten, jetzt aufnehmen müssen, können aber von diesen Strategien letztendlich auch profitieren. Aber es wird immer mehr Branchen treffen, auch mit Social Media am Smartphone, also wenn es um Preisvergleiche geht, wenn es um Kundenbewertungen geht, wenn es um, also diese Themen werden mehr und mehr relevant sein.

S: Also sinngemäß, wenn eine negative Meldung für einen Tourismusbetrieb kommt, dass es nicht Sinn macht, diese negativen Meldungen rauszustreichen, sondern den Missstand zu beheben, daraus zu lernen quasi?

W: Gut zu sein, und nicht ein Schwein als Rennpferd verkaufen.

S: Was kann Social Media für Sie persönlich, welchen speziellen Nutzen bietet dieses Instrument für die Public Relations Tätigkeit eines Unternehmens, im weitesten Sinn grundsätzlich haben Sie ja eh schon beantwortet. Und was kann Social Media als Kommunikationsinstrument womöglich nicht? Wo sind etwaige Grenzen? Bis wohin kann Social Media einem Unternehmen helfen, und ab wann muss man einfach sagen, so jetzt muss es an eine klassische Pressekonferenz gehen, und einfach über diese Social Media Community hinauszukommen?

W: Naja, ich sehe schon bei unserem Unternehmen...unsere Kunden wissen wie wichtig Social Media ist, und nehmen auch mehr und mehr Aufwand dafür in Kauf, um diese Kanäle auch richtig zu bespielen. Allerdings muss ich schon sagen, es ist in der Welt draußen schon noch sehr stark so ist, wer in der Zeitung auftaucht, der hat eine gewisse Relevanz. Also diese Relevanz von den klassischen Medien, sei es Print, Fernsehen, Radio, oder auch große Internetseiten, News-Seiten...die ist schon noch gegeben. Und das ist für viele Unternehmen nicht unwichtig, dass man dort vorkommt. In Social Media passiert so viel. Und da ist sehr einfach. Da sind weniger Gatekeeper sozusagen, oder kaum Gatekeeper, die das regeln, wer diese öffentliche Ehrungen, im großen Medium auftreten zu dürfen [...]. Diese Gatekeeper fehlen dann und das wirkt sich auch auf die Relevanz aus. Also wenn „under clippings" sind oder dergleichen, oder Diskussionen, auch wenn sie noch so positiv sind, auf Seiten wird das nicht so relevant erachtet wie ein Auftritt in einem großen Medium. Es geht auch darum, wer in der Zeitung ist, der ist auch Tagesgespräch. Und damit bewegt man wirklich einiges mehr als irgendwo eine Seite, auch wenn das vielleicht 100.000 Abonnenten hat. Was natürlich auch relevant ist und zielführend und zweckmäßig, die Relevanz geht schon von den großen Medien aus, und das ist für uns und bleibt sehr wichtig. Nur mehr und mehr ist es eben so, dass sich die Journalisten, die Geldkeeper in den sozialen Netzwerken tummeln und man dadurch neue Geschichten anschließen kann, um in den klassischen Medien vielleicht auch wieder vorkommen zu können. Also das ist vielleicht auch noch eine gewisse Grenze von Social Media. Andererseits ist bei Social Media, es ist – ich sehe es hauptsächlich als PR-Instrument, weil wir denken, es sollte so sein, dass man mit dem Menschen redet. Es kommt auf die PR-Definition an und auf die Marketingdefinition, aber dass man sich auf Kanälen wie Facebook nicht anschreit. Also nicht lauthals rausschreit, ich habs billiger und kauf bei mir, und da und des und wie auch immer. Sondern mehr mit ihnen redet. Also einen Dialog führt und wirklich zuhört und sich anhört, was da so Thema ist, etwa für die Marktforschung ganz gut und nicht dass man Marktforschung macht, sondern schaut, wenn man was anbietet, wie sind die Kommentare drauf, wie wird das auch angenommen, wie wird das bei echten Menschen rezipiert, was denken die drüber. Also, wenn man damit wirklich eine ernsthafte Beschäftigung sucht, dann kann das schon sehr wichtig und sehr gut sein. Klassisch eher PR-Instrument. Andererseits geht das eben immer mehr durch die technologischen Möglichkeiten in vielen weiteren Bereichen, also es sind jetzt diese Cubonic-Plattformen jetzt grad ein Thema, das ist schon eine Möglichkeit für Unternehmen, um sehr schnell sehr viel Aufmerksamkeit zu bekommen. Das ist jetzt keine klassische PR mehr, weil du wirklich Vertrieb machst, klassischen Vertrieb. Und aber das ist doch ein sehr wichtiger Bereich, es geht auch mit den Places-Anwendungen, ob des jetzt Facebook –Orte ist oder Pool-Places oder Four-Square ist, oder wie immer die heißen, mehr und mehr darum, in der realen Welt ein Netz zu ziehen und sich selber dazu zu orten und vielleicht auch mit entsprechenden Aktionen neue Kunden zu erschließen und das ist dann keine klassische PR mehr. Man muss natürlich auch nebenbei PR machen und drüber reden und mit den Leuten reden, aber das geht dann schon sehr stark in Marketing, das geht schon sehr stark in teilweise Werbung, teilweise Vertrieb, wie auch immer. Das Feld ist keineswegs so klar abgegrenzt und kann man auch nicht einer Division zuordnen im Unternehmen in der, wie auch immer, in der Agentur, das braucht dann sehr, je nach Zugang, je nach Unternehmen, je nach Möglichkeiten, je nach – wie auch immer man es nützt – braucht einfach gewisse Experten da drinnen. Es kann sehr wichtig Karriere natürlich, das ist auch ein großes Thema für viele unserer Kunden, eventuelle neue Kräfte zu suchen, zu orten, ausfindig zu machen und diese an sich zu binden. Für den Bereich ist es mehr und mehr wichtig, das geht sehr weit.

S: Sie würden aber auch sagen, oder anders ausgedrückt, sind Sie auch der Meinung, dass der Bereich PR und Marketing, der oft außerhalb der Social Media schon teilweise schwer zu unterscheiden ist, was ist jetzt noch PR, klassische PR, was ist jetzt noch Marketing, geht es eher um Information, geht es eher um Verkauf? In Social Media noch mehr zusammengewachsen ist. Noch schlechter zu trennen ist?

W: Das mag sein, es braucht auf jeden Fall einen sehr ganzheitlichen Zugang, also diese sture, ich kann persönlich mit dieser klaren Trennung relativ wenig anfangen, es hat alles seine Berechtigung. Es sollte für Alles Experten geben, das ist klar, weil alles sehr spezifisch, hoch komplexe Angelegenheiten sind. Wichtig ist das Zusammenarbeiten, das Ziel eines Unternehmens oder Organisation ist natürlich, sollte definiert sein, und sollte weniger das Problem darin sein, wer, es gibt natürlich immer wieder interne Streitereien, aber es gibt für alles seine Gründe, für alles einen Zweck. Natürlich wissen manche Unternehmen nicht so ganz warum eigentlich PR, und die sehen es eher als künstlichen Weg irgendwo Produkte zu lancieren, ja gibt auch Zugänge, verspricht vielleicht auch einen Erfolg, nachdem es die gelebte Praxis ist, das passiert einfach draußen, ist es natürlich ein Thema. Aber das wird im Social Media Bereich ja mehr und mehr sich zeigen, dass da interdisziplinäre neue Gattungen an Mitarbeitern entsteht in den Unternehmen oder auch in den Agenturen gemeinsam, die auch im Unternehmen sehr vernetzt sein müssen und die verschiedenen Divisionenteile zusammenbringen müssen, um möglichst die richtigen Botschaften rauszusetzen. Das kann mal Marketing sein, das kann mal PR sein, das kann mal etwas vollkommen absurdes sein, was man in der klassischen Kommunikation nie machen würde. Wenn es funktioniert, funktioniert es.

S: Ok. Sehen Sie im Bereich der Social Media Möglichkeiten für den Bereich der Kleinstunternehmung, grundsätzlich haben Sie das schon angesprochen?

W: Sehr sehr große.

S: Dass Kleinstunternehmungen auch Nutzen aus dem Kommunikationstool ziehen, oder dass man eben jetzt sagt, für den Bereich des Marketings ja, aber im Bereich der Kommunikation bedarf es natürlich einer gewissen Ressource, sprich meistens reden wir von Kleinstunternehmen, mitunter auch von 1 Personenunternehmen, d. h. der Unternehmer selbst müsste sich hinsetzen, dass man sagt, ok., der Zeitaufwand, der dafür notwendig ist, widerspricht dem Nutzen, den er daraus ziehen würde, oder sie, könnte ja auch eine Unternehmerin sein.

W: Das ist grundsätzlich eine Abwägungsfrage. Also es kann für einen, der affin ist, der sich da einen entsprechenden Zugang geschaffen hat, kann das ein Traum sein, das muss dann nicht mal so der riesige Aufwand sein. Wir müssen unterscheiden zwischen großen Marken, die 16 Millionen Fans auf Facebook haben, die haben natürlich einen gewissen Aufwand dabei. Aber die haben auch entsprechende Kapazitäten intern. Beim kleinen, mittleren Unternehmen ist es jetzt nicht so, dass die mit zig-tausend Menschen da reden. Die haben halt ihre paar 100 Fans, ihre 1000 Fans, wie auch immer das je nach dem ausschaut. Bei uns ist auch die Kommentarrate nicht so hoch wie in anderen Teilen der Welt, also bei uns ist es eher, viele lesen es, aber selber schreiben, selber kommentieren passiert eher weniger. D. h. es ist schon wichtig vertreten zu sein, denn es wird schon gern und viel gelesen, immer wieder da zu sein und auf Kommentare zu reagieren, die ja auch kommen, aber es ist ja nicht so, dass man damit 3 Tage in der Woche beschäftigt ist. Wenn man als Einzelunternehmen z. B. tätig ist, oder als kleines Unternehmen.

S: Also, der Zeitaufwand hält sich in Grenzen?

W: Kann sein, dass ein Unternehmen, ein Kleinunternehmen Spaß daran hat, und rund um die Uhr mit Smartphone jeden Kunden online stellt beim Yahoo, er war da und verlinkt. Und markiert auch einen Beitrag, mal so und mal so. Man kann auch mit relativ wenig Aufwand fahren, man muss halt einen gewissen Zugang wählen und die Fans konditionieren drauf. Einfach, wenn sich die Fans nicht erwarten, dass täglich 3 Meldungen kommen, sondern eh wissen, der schreibt vielleicht alle Woche einmal, alle 2 Wochen einmal, alle 3 Wochen zweimal, wie auch immer, das ist eine Konditionierung der Fans. Und wenn die Fans dann schreien wir wollen mehr von dir, dann muss man überlegen, ob man nicht mehr bieten kann. Aber wenn sie schreien, du das ist zuviel, jetzt reicht es schön langsam, dann muss man halt überlegen, ob man nicht ein bisschen runter vom Gas geht. Aber es ist auf jeden Fall machbar. Es ist eher das Problem, dass nicht nur Facebook, auch wenn das immer mehr Bereiche auch selbst bietet, sondern dass so viele Plattformen sind. Das ist mittlerweile so viel mehr und so viel mehr zu bearbeiten, man kann gar nicht mehr den Überblick so genau halten als Einzelunternehmer, also muss man auch vielleicht mit Agenturen reden und Beobachtungstools. Das ist das erste, wo wird über einen geredet, diese professionelle Beobachtung, also Monitoring wird wichtig und wichtiger. Sich einfach einen schönen Überblick schaffen lassen, den man einmal am Tag kriegt und sieht, da passiert des und wenn es akut ist, auch schon öfter natürlich, aber im klassischen Fall 1 x am Tag und da sieht man einfach, wo passiert was. Das ist einmal ein Teil, den man ein bisschen auslagern kann und nicht zu horrenden Kosten. Schreiben oder posten, wie auch immer, kann auch Video oder Bild sein, das ist eher eine Sache, die im Unternehmen selbst passieren muss, das ist natürlich mit einem Aufwand verbunden. Also, das kann man in eine Agentur schon auslagern, aber entweder ist das eine sehr sehr gute Agentur, die das Unternehmen sehr sehr gut kennt, dann lasse ich es mir eher noch einreden, aber ansonsten wird das sehr schwierig, dann wird das sehr schnell als Strategie entlarvt und wird nicht als authentische Kommunikation gesehen. Da muss man sich schon selbst hinstellen und das machen, oder eben Mitarbeiter ausbilden, die aber wirklich dran sind, die wirklich an der Arbeit drin sind. Entweder junge Mitarbeiter extra dafür, wenn es wirklich schon ein größeres Unternehmen ist, oder eben, dass einer einen Teil der Arbeitszeit dafür übernimmt, ob das jetzt der Chef/Chefin oder MitarbeiterIn ist. Es ist händelbar. Ich sehe das schon als klassisch händelbar. Es ist natürlich schon, wenn man natürlich viel arbeitet keine Frage, dann muss man überlegen, ob man wirklich sehr effizient ist oder ob man nicht irgendwo anders ein bisschen weniger, wo man vielleicht ein bisschen mehr delegieren kann und sich um das mehr kümmern kann. Das ist in der klassischen PR auch so. Dass auf das oft vergessen wird. Es sind einfach Unternehmen, die halten vor sich hin, sind teilweise auch wirklich sehr gut, sehr erfolgreich oder größtenteils, sonst gäbe es nicht sehr lange diese Unternehmen, aber auf die PR wird ein bisschen vergessen, auf die Pflege der Beziehungen auch. Bei den kleineren Unternehmen sehen wir mehr und mehr den Bedarf dann mit dem Umfeld zu kommunizieren, gar nicht so sehr jetzt in der Produktkommunikation, in der klassischen Kommunikation. Und das wird ein bisschen stiefmütterlich behandelt. Also das, manche sind einfach nicht so gerne in der Zeitung, gibt es auch, aber natürlich gibt es auch Wege damit umzugehen. Andere sehen nicht mal im engeren Umkreis die Notwendigkeit. Also, es ist ein kleineres Geschäft, das hat natürlich jetzt im Umkreis, und da brauch ich keine überregionale Zeitung ansprechen, sondern eigentlich kann ich da mit Flugzetteln arbeiten, ich kann mit Aushängen arbeiten, ich kann mit kleineren Medien arbeiten, wie auch immer. Mit einer Tafel wo ich irgendetwas mit der Kreide drauf kritzel, das sind verschiedenste Zugänge, aber das wiederum wird ein bisschen stiefmütterlich behandelt. Da gibt es auch bei kleineren Unternehmen noch viel Bedarf, nur bei denen, die haben weniger die Möglichkeit eine Agentur zu nehmen, weil es einfach dann Geld kostet.

S: Wo würden Sie die Unterschiede sehen in der Strategie oder im Verhalten der Akteure, wenn man nun die Public Relation, die klassische Public Relation auf der einen Seite sieht, und dann die Public Relations im Sinne oder auf dem Feld der Social Media?

W: Klassische Public Relations ist im besten Fall natürlich sehr sehr stark strategisch durchgeplant. Da geht es einfach darum, dass man aus den Unternehmenszielen Kommunikationsziele ableitet, mit der richtigen Strategie. Und versucht, die Botschaften unterzubringen mit gewissen Maßnahmen. Mehr oder weniger erfolgreich natürlich, aber das kann man dann in der Evaluation sehen, adaptiert. Im Social Media Bereich sehe ich schon immer den Willen zur Strategie: Warum machen wir das überhaupt? Also, da sehe ich schon, dass Unternehmen sich sehr oft fragen, gerade weil es um die Entscheidung geht „reinhüpfen oder nicht in das kalte Wasser?", was bringt mir das? Grundsätzlich gibt es da Argumente, die in immer mehr Fällen dafür sprechen. Und da ist auch die Bereitschaft dann da, das strategisch zu planen, nur es wird dann eben in der operativen Abwicklung immer mehr und mehr taktisch. Es zeigt sich einfach, dass man vorab natürlich gewisse Planungen anstellen kann, man muss natürlich gewisse Sachen klären, Lines für gewisse Mitarbeiter, die damit arbeiten oder auch andere, die sich in Social Media Plattformen bewegen, und verschiedene Themen planen und versuchen, verschiedene Themen unterzubringen und versuchen, auch über die Unternehmensziele oder Kommunikationsziele abgeleitet die Themen zu platzieren. Nur es zeigt sich oft, dass die Themen nicht funktionieren. Weil auch der Zugang nicht so passt, oder die Themen für diese Art der Kommunikation nicht geeignet sind. D. h., man muss vielleicht anders kommunizieren. Und das ist eben, man hat die direkte Rückmeldung, daraus ergibt sich einfach ein sehr stark taktisches Geplänkel. D. h. es wird kommuniziert was funktioniert, und was funktioniert wird weiter gemacht. Was nicht funktioniert wird irgendwann eingestellt. Also, wenn das Thema einfach nicht läuft, wenn ich über das jetzt zum vierten Mal red, und wieder kein gefällt mir kommt, dann gebe ich es irgendwann mal auf. Man muss dann immer wieder doch auf die Kommunikationsziele zurückschauen und schauen, was will ich eigentlich erreichen damit. Sonst red ich über Gott und die Welt, habe aber eigentlich keinen Vorteil für das Unternehmen, man steckt nur viel Zeit rein. Da muss man schon sehr aufpassen, weil die Welt ist schon sehr faszinierend, und wenn man die direkte Rückmeldung hat und entsprechend schreibt, ist es toll und passiert, aber ob es dann wirklich einen Nutzen hat für das eigene Unternehmen, das muss man dann wirklich kritisch überprüfen. Das ist bei Social Media einfach aus dem Arbeitsalltag heraus nicht so gegeben wie bei klassischer Kommunikation. Passiert nicht so oft.

S: Aber, trotzdem brauchen beide Strategien. Das auf jeden Fall. Ein strategieloses in das kalte Wasser hineinspringen, wie Sie kurz angesprochen haben, wird bei Social Media Ihrer Meinung nach eher funktionieren, oder ...?

W: Es geht auch, also es kommt darauf an, wie viel Aufwand man betreibt, und wie wichtig man das erachtet. Es geht jetzt die Welt nicht unter, wenn das nicht 100 % perfekt ist. Das ist bei der klassischen Kommunikation ja auch so. Wenn man es ernsthaft betreibt und wenn man die Kosten, die man da reinsteckt, ob das jetzt Zeit oder Geld oder wie auch immer ist, wenn man das ernsthaft angeht, dann sollte man einfach mit einer Strategie arbeiten, das ist klar. Wenn ich eine halbe Stunde in der Woche investiere, dann brauche ich mir nicht überlegen, ob ich die richtige Strategie fahre, sondern sehe eh ungefähr aus dem Bauchgefühl, was funktioniert, was ist wichtig für mich. Ja ok. Aber wenn ich das ernsthaft angehe und versuche, da meine Zielgruppen zu erreichen und zu bespielen und die zu versorgen, und dabei mein Image entsprechend zu gestalten und weiter zu entwickeln, mich zu profilieren, abzugrenzen, was auch immer, da würde ich schon sehr viel Zeit in Vorbereitung stecken.
Doppelte Zeit Vorbereitung, halbe Zeit Ausführung.

S: Ja, das beantwortet eigentlich auch die letzte Frage schon. Abschließende Frage. Was würden Sie persönlich einem Kleinstunternehmen, einer Kleinstunternehmerin raten, wenn diese sich dazu entschließt, die PR-Tätigkeit auf Social Media auszudehnen oder überhaupt dort PR-Akzente zu setzen. Worauf sollten die persönlich achten? Weniger vom Sinne der Strategie sondern ganz allgemein.

W: Allgemein wird eh immer wieder empfohlen, zuerst zuhören, zuhören, zuhören. Das ist immer die, sich akklimatisieren, daran zu gewöhnen, drinnen zu sein, zuhören, schauen, was machen die anderen, was machen vergleichbare, so ein Bauchgefühl, Benchmarking im Grunde, dass man ein bisschen sieht, wie funktioniert das, was funktioniert, was machen die anderen, warum machen die das so, oder vielleicht ein bisschen analysieren, was passiert denn da überhaupt. Das ist im Grunde der erste zentrale Punkt und es gibt natürlich verschiedenste Kanäle, da geht es eben darum auszuwählen, was ist für mich jetzt relevant. Es gibt ein Bündel an Maßnahmen, ein Bündel an Kanälen, an Zugängen, also man muss einfach sich sehr genau überlegen, mit was kann ich erfolgreich sein, wie kann ich meine Kommunikationsziele vielleicht auch wenn es spezielle Kommunikationsziele sind, neue Kommunikationsziele erreichen. Also das ist ein zentraler Punkt, und da würde ich mir einfach Beratung holen, weil man selber vielleicht gar nicht so auf die verschiedenen Möglichkeiten kommt, wie man etwas nutzen kann. Also da ist es schon sehr gut, wenn man Workshops macht, die spritzen eh aus dem Boden wie nur was, also es gibt auch diesen Bedarf an Beratung und einfach Workshops macht und sich verschiedene Sachen anhören. Das kann ein Kongress sein, das kann ein Agenturworkshop sein, das kann von der Kammer ein Workshop sein, das kann ein Fortbildungskurs am WIFI sein, also da gibt es wirklich spezifische Branchenangebote. Das zu nutzen ist ganz ganz wichtig. Und da auch ein bisschen Geld in die Hand zu nehmen, sich die Zeit zu nehmen, einfach einmal einen Tag oder einen halben Tag nur über das nachzudenken, nicht so nebenbei, nebenbei machen und sich von Experten beraten zu lassen. Und einfach mal nachzudenken, wie könnte ich es angehen. Vielleicht bei denen, die nicht wissen ob sie starten sollen, mit Leuten reden, die nicht so sehr die sind, die jetzt die Technik oder die Abwicklung verkaufen, die wollen einem natürlich verkaufen, dass sie das machen, sondern einfach mit denen reden, die einfach einen ganzheitlichen Zugang haben, die das in die gesamte Kommunikation eingebettet sehen, die die Vor- und Nachteile abwägen, auch mal einen kritischen Kommentar abgeben, eine Empfehlung die vielleicht negativ ist. Das Geld lieber zu sparen und einen Sexflyer auf die Windschutzscheibe rundherum zu heften, ist vielleicht auch nichts, man muss mit den richtigen Leuten reden. Und dann reinhüpfen. Ja, irgendwann kommt der Punkt, wo es soweit ist.

S: Man kann in gewisser Weise zunächst einmal vorbereiten, aber irgendwann kommt das auch mit einer gewissen Naivität verbunden learning by doing?

W: Das bleibt nicht aus. Diese 100 %-ige Sicherheit kann es nicht geben. Also bei der normalen Kommunikation nicht. Also muss man irgendwann anfangen, also nicht jeder, aber wenn man das macht, muss man irgendwann anfangen, ins kalte Wasser zu springen, das ist einfach so, und dann muss man damit leben. Und ja versuchen, es besser zu machen als am Anfang und offen damit umgehen, dass man neu ist. Also das funktioniert. Authentisch sein. Nachdenken und authentisch sein.

S: Dann bedanke ich mich für das interessante Gespräch, äußerst interessante Gespräch und danke für Ihre Zeit.

W: Einigermassen klar, es ist nicht leicht, weil es so ein komplexes Thema ist, und ich bin nicht der, der groß Vorträge darüber hält und es geht mir mehr um das neu erarbeiten, was ich so Tag für Tag mach. Und es geht weniger darum, dass ich das als Standardvortrag bereit habe und herausposaune.

S: Dennoch herzlichen Dank.

W: Ja, bitte gern.

Interview Frau Bohle, Ulrike (Damenmode „Ulli Bohle Mode & Accessoires") => Handel vom 8.4.2011

S: Sehr geehrte Frau Bohle, herzlichen Dank, dass Sie sich für dieses Interview Zeit genommen haben. Wie ich Sie im Vorfeld bereits informiert habe, handelt es sich dabei thematisch um den Bereich der PR und KMU, also Klein- und Mittelunternehmen. Das Studienthema, zu welchem dieses Interview weitere Fakten liefern sollte, lautet „Social Media für jedermann? Public Relations für Kleinstunternehmer auf dem Feld der Social Media". Mit Ihrem mündlichen Einverständnis werde ich die Antworten für die hier genannte Studie verwenden. Sind sie damit einverstanden?

B: Ja.

S: Sie sind Chef Ihres eigenen Unternehmens. In welcher Branche sind Sie tätig?

B: Im Mode- und Textilbereich. Handel, Einzelhandel.

S: Einzelhandel, ok. Haben Sie Mitarbeiter?

B: Nein. Ich bin allein.

S: Also, eine EPU, ein Einpersonenunternehmen?

B: Genau.

S: Als Social Media werden soziale Netzwerke und Netzgemeinschaften verstanden, die als Plattformen zum gegenseitigen Transfer von Meinungen, Eindrücken und Erfahrungen dienen. Sagt Ihnen der Ausdruck der Social Media etwas, und wenn ja, in welchem Zusammenhang sagt Ihnen der Ausdruck etwas?

B: Das kenn ich nur über Facebook, sonst kenne ich nichts.

S: Also, der Klassiker, oder der größte...quasi...größte Anbieter. Ansonsten Xing und so was?

B: Habe ich noch nie gehört.

S: Nicht, ok...passt.
Öffentlichkeitsarbeit oder auch Public Relations bezeichnen den weit gefassten Begriff für die Gestaltung der öffentlichen Kommunikation von Organisationen, Unternehmen oder Einzelpersonen. Anders ausgedrückt meint man, eben im Gegensatz zum Marketing nicht wo es eben primär um Verkaufsförderung geht, salopp ausgedrückt to tell someone about something, also mehr um Mitteilungen...äh...ja. Würden Sie in diesem Zusammenhang sagen, dass Sie in und für Ihr Unternehmen Öffentlichkeitsarbeit betreiben?

B: Ja. Also, ich mache Werbung, die schalten dann zusätzlich eine Anzeige dazu. Mache Modeschauen...die Leute werden über E-Mail, über Telefon, über SMS kontaktiert.

S: Ok. Jetzt eher in Richtung, dass Sie einfach nur mitteilen wollen, dass...?

B: Dass ich neue Ware habe, dass die neue Frühlingsware eingetroffen ist, dass ich am Donnerstagabend länger offen habe, dass man sich gemeinsam trifft, dass sich die Frauen untereinander auch vernetzen können, dass ich eine Modeschau mache, so in die Richtung.

S: Also es verschwimmt Marketing mit Öffentlichkeitsarbeit in dem Sinn, weil natürlich, das Interesse daran ist dann doch wieder mehr Umsatz zu machen, an diesem Abend, klarerweise.

B: Genau.

S: Diese Meldungen machen Sie über SMS, haben Sie gesagt, über klassische PR, Newsletter...solche Sachen. Wie soll ich sagen, ein Social Media Portal dafür zu verwenden, eine Plattform, z. B. Facebook für ihr Unternehmen, haben Sie das schon einmal angedacht, oder?

B: Ja, auf alle Fälle, mache ich über Facebook auch.

S: Von Ihrem privaten Social Media Account?

B: Ist mein Privatkonto, sozusagen, und da habe ich einfach Fotos von der Geschäftseröffnung, immer wieder 2-3 Fotos von der neuen Ware, von der neuen Kollektion. Da krieg ich auch immer wieder Feedbacks, Freundschaftsanfragen von Leuten, die ich nicht kenne, aber die dann natürlich mich wieder aufs Modegeschäft ansprechen, usw., ist schon ganz gut.

S: Und eine eigene Seite nur für die Firma zu kreieren ist weniger Ihr Interesse?

B: Also, ich bin jetzt mit dem Computer nicht so vertraut [lacht], also ich bin schon froh, wenn ich ein paar Fotos hoch laden kann, und das reicht, finde ich. Weil jeder, der mich privat kennt, kennt mich auch übers Geschäft, und das verbindet sich einfach. Ich finde, man kann das nicht so strikt trennen, Geschäft und privat, bei mir auf alle Fälle nicht, weil ich bin ja die Hauptperson hier, und die Leute kommen ja zu mir, eigentlich. Und wenn dann die Ware auch noch passt und der Preis, dann ist es wunderbar.

S: Aber Sie haben schon das Gefühl, dass die Leute auch auf der Facebookseite – auf Ihrer Facebook-Seite – Sie auch wegen Ihrem Geschäft kontaktieren, teilweise. Wenn Sie sagen, dass Sie auch Personen, die Sie gar nicht kennen kontaktieren. Also nicht wegen der Person Ulrike Bohle sondern auch wegen Ihrem Unternehmen?

B: Ja, weil es natürlich auch vom Networking her, eine Freundin sagt es der anderen, und so ist es auch eigentlich am umkompliziertesten. Muss man nicht lange erklären am Telefon, sondern die, ja.

S: Also es funktioniert auch sehr viel über Mundpropaganda in Ihrem Geschäft?

B: Genau. Das meiste, eigentlich.

S: Sie Sind also privat im Social Media Portal aktiv, Facebook war das. Haben Sie Interesse auch an anderen Portalen schon einmal gehabt? Linkedin gibt es da noch,

B: Nein, die kenne ich alle nicht. Ich muss jetzt sagen, mir reicht das eine, ich schaue eh, wahrscheinlich viel zu wenig, in den Computer und auf meine Nachrichten und Facebook.

S: Also das wäre eigentlich mehr Stress, als wie das es etwas bringt?

B: Für mich ist es mehr Stress, ja. Und ich brauche dann auch immer jemand, der mir das dann ein bisschen schön organisiert, den Markt. Also ich, schon ein bisschen ein Stiefkind, ja.

S: Haben Sie da professionelle Hilfe, oder haben Sie da jemanden, der ?

B: Freunde.

S: Im Sinne Freundschaftsdienste, der das macht. Wäre ja die Idee, wenn man sagt, ok, selber hat man weniger Interesse daran, aber Sinn dahinter sieht, dass man sich eine PR-Agentur nimmt, die einem das organisiert? Weniger?

B: Da stellt sich für mich gar nicht die Frage, weil ich habe auch keine Internetadresse, weil das finanziell jetzt einfach nicht drin ist. So ein kleiner Betrieb wie mich, der soll da, ich habe mich einmal erkundigt, was das alles kostet, also kommt gar nicht in Frage. Jetzt einmal.

S: Momentan?

B: Momentan.

S: Sie haben aber schon von Facebook im Zusammenhang als Kommunikationstool für Unternehmen gehört? Und auch davon, dass immer mehr Unternehmen dieses Kommunikationsinstrument, eben die Social Media, im Bereich des Marketings aber auch im Bereich der Public Relations für ihr Unternehmen verwenden?

B: Von dem habe ich schon gehört, man kriegt es ja auch selber mit, man kriegt auch viel Werbung von anderen Firmen, wird ständig angeschrieben über irgendwelche Rabattaktionen...äh...

S: Also eher Marketing?

B: Ja, eher Marketing.

S: Sie selber haben gesagt, dass das für Sie weniger in Frage kommt, warum meinen Sie, dass es eher weniger Frage kommt, als dass Sie eine eigene Seite für Ihr...Unternehmen machen? Einfach, ich glaube da war, dass Sie gesagt haben, dass es zuviel Aufwand ist, zuviel Zeit kostet.

B: Zuviel Aufwand, zeitlich, auch finanziell. Ich meine, wenn man gerade erst startet, dann hat man andere Prioritäten.

S: Gut. Man hört auch immer wieder in einschlägigen Medien, dass Social Media Plattformen die Daten ihrer Mitglieder weiterverkaufen würden. Haben oder hätten Sie persönlich ein Problem damit, wenn Gefahr bestünde, dass Ihre Daten oder die Daten Ihrer Firma weiter gegeben würden?

B: Also privat finde ich es irgendwie nicht in Ordnung, aber firmenmäßig ist das kein Problem. Ist auch gut für die Werbung und...

S: Ok, verstehe. Gut. Dann als abschließende Frage. Haben Sie das Gefühl, dass Ihr Interesse am Bereich und den Möglichkeiten der Social Media grundsätzlich schon alleine durch das Interview gestiegen sind, oder ist es ungefähr gleich geblieben? Haben Sie vor, in Zukunft vielleicht Ihre Tätigkeiten in diese Richtung auszudehnen?

B: Ja, ich habe schon vor ein bisschen auszudehnen, also das war jetzt ein bisschen eingeschlafen. Aber wie gesagt auch über Freundinnen, die immer wieder gesagt haben, mach doch ein bisschen mehr auf Facebook, stell mehr Fotos rein, dann kann ich mir praktisch die Internetseite sparen und mach das über Facebook. Das werde ich mir jetzt zu Herzen nehmen, heute am Abend kommt Sie [die Person, die die Facebook-Seite betreut], und ja, schon ausgemacht, also vor diesem Interview, und die wird das für mich machen.

S: Ok. Also Sie sehen, habe ich das richtig verstanden, Sie haben eine Webseite.

B: Ich habe keine, und darum ist es für mich jetzt gut, wenn ich ein bisschen mehr auf Facebook mache.

S: Ich verstehe, dass...man sagt,...

B: Weil es einfach gratis ist, und auch eine gute Werbung, und auch präsent ist, und sich den Leuten immer wieder mal ins Gedächtnis ruft.

S: *Haben Sie das Gefühl, dass Sie Zielgruppen, also die Zielgruppen, die eben dann in weiterer Folge bei Ihnen kaufen, damit erreichen?*

B: Ja, habe ich das Gefühl. Also es ist zumindest mein Ziel.

S: *Gut. Dann bedanke ich mich sehr herzlich für das Gespräch und vor allem für Ihre Zeit.*

Interview Frau Kolb, Anna (Friseurmeisterin „Anna Kolb Fashionfriseur") => Dienstleistung vom 6.4.2011

S: Sehr geehrte Frau Kolb, herzlichen Dank, dass Sie sich für das Interview Zeit genommen haben. Wie ich Sie im Vorfeld bereits informiert habe, handelt es sich dabei thematisch um den Bereich der PR und KMU, also Klein- und Mittelunternehmen. Das Studienthema, zu welchem dieses Interview weitere Fakten liefern sollte, lautet „Social Media für jedermann? Public Relations für Kleinstunternehmer auf dem Feld der Social Media". Mit Ihrem mündlichen Einverständnis werde ich die Antworten für die hier genannte Studie verwenden. Sind sie damit einverstanden?

K: Ja.

S: Sie sind Chef Ihres eigenen Unternehmens. In welcher Branche ist Ihr Unternehmen tätig?

K: Dienstleistungsunternehmen, Kleinunternehmen.

S: Kleinunternehmen, und Branche ist?

K: Friseur.

S: Ok. Und wie viele Mitarbeiter?

K: 2 Stylistinnen und 1 Lehrling...1 Lehrmädchen.

S: Gut. Als Social Media werden soziale Netzwerke und Netzgemeinschaften verstanden, die als Plattformen zum gegenseitigen Transfer von Meinungen, Eindrücken und Erfahrungen dienen. Sagt Ihnen der Ausdruck der Social Media etwas?

K: Jetzt ja.

S: Inwiefern?

K: Hier geht es einfach um Internet, Netzwerke, Verknüpfungen, verschiedene Blogs, in der Richtung.

S: Was ist da das bekannteste, was Sie kennen?

K: Ja, Twitter, Facebook, Studi-VZ usw.

S: Und in welchem Zusammenhang sagt Ihnen das was, aus dem privaten Bereich, oder?

K: Ja, eher mehr als Privater jetzt daweil. Ich weiß auch nicht, ob das dazugehört, mehr oder weniger, ist es als Geschäftsseite gemacht. Auf Facebook bin ich gerade erst dabei.

S: Ok. Öffentlichkeitsarbeit oder eben auch Public Relations bezeichnen den weit gefassten Begriff der öffentlichen Kommunikation von Organisationen, Unternehmen oder Einzelpersonen. Anders ausgedrückt meint es eben im Gegensatz zu Marketing, wo es um Verkaufsförderung geht, um einen Informationsaustausch, also salopp ausgedrückt to tell someone about something. Würden Sie in diesem Zusammenhang sagen, dass Sie in und für Ihr Unternehmen Öffentlichkeitsarbeit betreiben?

K: Noch zu wenig, wahrscheinlich. Könnte sicher noch mehr machen.

S: Aber, wenn Sie so was machen, wie oder wie wird das gemacht?

K: Na, wie gesagt, jetzt bietet sich ja die Plattformen schon allein da, über Facebook z. B. habe ich jetzt schon viel von meinen Kollegen oder auch anderen Firmen gesehen, dass es eben so Seiten gibt, und da werde ich mich jetzt sicher auch dran beteiligen. Das ist sicher nicht schlecht.

S: Wer macht so Meldungen oder solche Öffentlichkeitsarbeit, wenn sie gemacht werden?

K: Wie?

S: Die Sie bis jetzt gemacht haben?

K: In der Firma jetzt?

S: Machen diese schon Sie selber?

K: Ja.

S: Und das war dann welches Medium, bis jetzt also weniger über Facebook, weil da sind Sie jetzt ja erst dran?

K: Wir haben in verschiedenen Zeitschriften annonciert, bzw. mit Flyer-Aktionen gearbeitet, wir machen viel Modenschauen, also eben im Dorf, im Ort eben wirklich Gesprächsthema bleiben. 2 – 3 Mal im Jahr schauen wir schon, dass wir wirklich, wer am meisten redet …

S: Wer gehört werden will scheppert?

K: Genau. Also das hat bis jetzt eigentlich ganz gut funktioniert.

S: Also im Sinne der PR gesehen die klassische PR?

K: Ja, es ist wirklich Mundpropaganda, finde ich, ist noch eins von den besten, man kann immer wieder Schmankerl reinschmeißen, und eben präsent bleiben ist das wichtigste. Und da finde ich das natürlich auf alle Fälle, Facebook ist die beste Möglichkeit. Da sind so viele Menschen, die kann man sicher gut kontaktieren.

S: Haben Sie schon mal mit dem Gedanken gespielt, dass Sie Ihre Daten des Unternehmens auf die Social Media-Plattformen, z. B. Facebook preisgeben. Sie haben jetzt gesagt, grundsätzlich wäre es eine Möglichkeit für Sie, also dass Sie da Ihr Firmenprofil anbieten, mit Daten im Sinne von Bildern, Mitarbeitern?

K: Ja, würde ich schon. Also, wenn dann schon ordentlich. Wie eine Homepage halt, kleiner aufziehen würde ich das dann.

S: Also, Sie haben eine Homepage?

K: Ist in Arbeit. Ist wirklich in Arbeit.

S: Ja, passt. Und warum würden Sie das gerne machen, oder wo sehen Sie den Sinn dahinter, oder wo sehen Sie für sich den Nutzen im Endeffekt da dahinter, wenn Sie das machen. Denn Sie machen im Endeffekt die klassische PR wie Flyer verteilen und solche Sachen, oder in der Salzburgerin eine Einschaltung?

K: Ja, einfach auch vielleicht wieder über Facebook, da hat man mit so vielen Menschen Kontakt, die man nicht täglich sieht, oder mit denen man nicht telefoniert, oder die dann wirklich auch über Facebook über Aktionen zu informieren, denke ich mir, bzw. die Kontaktdaten, vielleicht kommen die auch einmal. Bilder, sehen was wir alles machen, das glaube ich schon, dass dann auch viele sagen, da schau ich mal hin.

S: Also, Sie hätten genug Bildmaterial und Sachen, um das regelmäßig zu machen. Ok. Gut. Wie schaut es mit dem Aufwand aus, den Sie dafür machen? Sie sind ja als Chefin, glaube ich, relativ eingespannt.

K: Ja, das mit dem planen muss ich auch noch ein bisschen lernen. Also meine Zeiteinteilung, aber ich mache halt alles irgendwie im Moment durcheinander, oder was mir gerade einfällt, erledige ich dann. Das kann man sicher noch wesentlich besser strukturieren das ganze, dass ich mir an meinen freien Tagen das einplane, um alles wieder mal upzudaten, das wäre alles kein Problem, das müsste ich mir nur einteilen.

S: Also Bildmaterial und Informationen hätten Sie grundsätzlich genug vorhanden, und das heißt das wäre weniger das Problem, es ist mehr, wenn überhaupt, dass Sie Zeit haben, das einzustellen?

K: Ganz genau, ich meine ich mache es privat auf meiner privaten Seite genau so, oder ab und zu halt wieder mal, und das könnte ich auf der Seite genauso machen.

S: Die Gründe für den Eintritt, wenn man es so nennen will, in die Social Media haben Sie gesagt, dass Sie, um es zusammenfassend zu sagen, dass Sie eben die vorhanden Kunden informieren, was Sie für Tätigkeiten haben, welche Aktionen haben, etc. Wie soll ich sagen, ist das dann, sehen Sie das eher im Verkauf, also im Bereich des Marketing, dass Sie verkaufsfördernd strategisch da vorgehen, oder

K: Das kommt jetzt darauf an, wenn ich mit einer Aktion agiere, wenn ich sage, ich habe 2 mal im Jahr irgendwelche Angebote, will natürlich Werbung machen für mein Geschäft, und ansonsten, dass sich die Leute einfach informieren können, was gibt es da, wo sind die genau, ah, das Foto schaut nett aus, da schaue ich mal hin, oder so.

S: Also sowohl als auch, also sowohl Marketing wie auch PR.

K: Wie auf einer Homepage auch. Dass man sagt, wir haben Links zu einer bestimmten „Aktionen-Seite", aber genauso auch Galerien, wo man nette Fotos sieht und sieht, was wir anbieten und was wir machen.

S: Hätten Sie da dann auch Interesse, wenn die Leute Sie anschreiben, dass Sie dann zurück schreiben? Jetzt nicht unmittelbar sofort mittels eines Chat, sondern dass man sagt, eine Person schreibt da

W: Wie ein Termin oder?

S: Über Termin über Information, ich möchte mich informieren, wie viel eine Haarverlängerung kostet, Hausnummer jetzt.

K: Kann man sicher, das machen wir per Mail schon, das sind zwar eher wenige Anfragen, aber wir haben immer wieder email-Verkehr über Termin. Aber man müsste halt wirklich einmal am Tag da reinschauen, sich eine halbe Stunde Zeit nehmen. Wäre sicher eine Möglichkeit, wenn man das wirklich bewusst macht.

S: Man hört immer wieder in einschlägigen Medienberichten, dass Social Media die Daten ihrer Mitglieder weiterverkaufen, ob das jetzt stimmt oder nicht ist schwierig zu sagen. Aber haben, oder grundsätzlich haben oder hätten Sie persönlich ein Problem damit, wenn die Gefahr bestünde, dass Ihre Daten und in dem Sinn auch Firmendaten, die Sie reinstellen, ich meine ich nehme an, Sie werden keine Umsatzzahlen reinstellen, aber im Sinne von Firmendaten,

Mitarbeitern, Mitarbeiternamen, etc., wenn diese Daten weiter gegeben werden würden. Oder wäre das für Sie eine Überlegung, oder war es für Sie bisher eine Überlegung, naja...deswegen z. B. habe ich jetzt noch keine Facebook-Seite?

K: Nein. Das Privattelefon läutet so und so. Die kommen irgendwie auf die Nummern drauf, verschiedene Umfragen usw., was teilweise nervt, da denke ich mir, wer sich generell auf so einer Plattform anmeldet, der muss eh damit rechnen. Da sind Tausend Privatpersonen, Millionen, die was irgendwie an die Adressen kommen können. Da muss ich selber überlegen, stelle ich meine Adresse rein oder nicht, mit der Telefonnummer ist das kein Problem, die ist eh überall öffentlich. Außer meine private, also ich würde jetzt nur auf Firmen gehen.

S: Also Daten, die Sie bis jetzt schon öffentlich gehabt haben, die stellen Sie dort genauso rein, wie sie mehr oder weniger

K: Habe ich auf meiner privaten jetzt auch, also Arbeitgeber bin ich, also die Nummer der Firma würde ich da genauso reinstellen, da hätte ich jetzt kein Problem damit.

S: Ich verstehe. Als abschließende Frage. Haben Sie das Gefühl, dass Ihr Interesse im Bereich und den Möglichkeiten der Social Media und an Social Media Portalen ganz allgemein durch dieses Interview mehr geweckt wurde, oder haben Sie ohnehin eigentlich schon damit geliebäugelt, wie man so schön sagt?

K: Ganz genau, also ich bin ja schon fast dabei bei der Seite. Ich habe ja schon ein Foto drauf. Aber es gehört auf alle Fälle noch verfeinert das ganze, und da habe ich sicher wieder einen Ansporn gekriegt.

S: Das man das anspricht. Und würden Sie das dann selber alles machen oder würden Sie da eher professionelle Hilfe im Sinne einer PR-Agentur in Erwägung ziehen oder eher sagen, ok., wir probieren das einfach einmal. Also weniger strategisch im Sinne wie es eben PR-Strategien gibt, sondern zu sagen, wir probieren es einmal, mal sehen, was passiert?

K: Also das würde ich sicher einfach so machen, dass ich mich jetzt einfach einmal präsentieren kann, das das halbwegs gut ausschaut, mit der Homepage, das ist sowieso in Arbeit, und über Facebook, ansonsten, also meine Freundin, die hat ein Nagelstudio, eine Bekannte von mir, die hat das jetzt auch selber gemacht, und das schaut super aus. Also, da glaub ich nicht, dass da jetzt so viel Arbeit dahinter steckt. Man kann natürlich die Philosophie und das alles mit einbeziehen, da habe ich jetzt nicht so die Ahnung, aber da texten wir dann auch noch was zusammen. Also, da bin ich jetzt eher flexibel. Da glaube ich nicht, dass ich da jemanden engagieren würde.

S: Ich verstehe. Gut. Dann bedanke ich mich fürs Gespräch und sage herzlichen Dank für Ihre Zeit.

K: Gern.

Interview Frau Goosen, Suzanne (Hotel „Natürlich", Fiss) => Tourismus vom 6.4.2011:

S: Sehr geehrte Frau Mag. Goosen, herzlichen Dank, dass Sie sich für das Interview Zeit genommen haben. Wie ich Sie im Vorfeld bereits informiert habe, handelt es sich dabei thematisch um den Bereich der PR und KMU, also Klein- und Mittelunternehmen. Das Studienthema, zu welchem dieses Interview weitere Fakten liefern sollte, lautet „Social Media für jedermann? Public Relations für Kleinstunternehmer auf dem Feld der Social Media". Mit Ihrem mündlichen Einverständnis werde ich die Antworten für die hier genannte Studie verwenden. Sind sie damit einverstanden?

G: Ja.

S: Danke. Sie sind Geschäftsführerin Ihres eigenen Unternehmens. In welcher Branche ist dieses Unternehmen tätig?

G: Tourismus. Also Hotellerie, es ist ein Hotel.

S: Ok. Also Hotel. Und wie viele Mitarbeiter sind ungefähr beschäftigt?

G: Alles insgesamt...also wir sind insgesamt 8 Mitarbeiter.

S: Noch gerade im Bereich Kleinstunternehmen, sinngemäß?

G: Ja.

S: Als Social Media werden soziale Netzwerke und Netzgemeinschaft verstanden, die als Plattformen zum gegenseitigen Transfer von Meinungen, Eindrücken und Erfahrungen dienen. Sagt Ihnen der Ausdruck Social Media etwas?

G: Ja, allerdings. [lacht]

S: Und in welchem Zusammenhang sagt Ihnen der Ausdruck etwas? Eher privat, oder eher geschäftlich, oder?

G: Eigentlich beides, ja. Angefangen hat es vor einigen Jahren aus Interesse so als privaten Zweck, ich war damals noch in Holland, und da hat es das Hyves gegeben, und das gibt es noch immer. Das war ganz popular, da hat sich jeder einfach angemeldet, sein eigenes Profil gemacht. Und das war halt einfach interessant zum mal wieder alte Schulkollegen oder, ich habe es nie wirklich so benutzt zum chatten oder Freunde, jetzige Freunde Kontakt zu halten, sondern eher aus Interesse, was macht der von früher, oder he das ist nett. Ja. Und im Moment ist es eigentlich fast nur noch geschäftlich.

S: Das Hyves ist vergleichbar mit Facebook?

G: Eigentlich das gleiche wie Facebook, es ist halt ein rein holländisches Unternehmen. Sie haben es schon versucht, ich glaube es ist auch schon irgendwie im Ausland auch, aber da hat es sich nicht wirklich durchgesetzt, glaube ich. In Holland sind über 1 Million Mitglieder. Also hat es einen wahnsinnigen Boom gemacht, aber jetzt sieht man, dass eigentlich viele auf Facebook wechseln. Vermutlich, weil es eben internationaler ist.

S: Also, der Hype ist zu Facebook übergesprungen?

G: Ja, genau.

S: Öffentlichkeitsarbeit oder eben auch Public Relations bezeichnet den weit gefassten Begriff für die Gestaltung von öffentlichen Kommunikationen von Organisationen, Unternehmen oder

Einzelpersonen. Dahingehend meint es im Gegensatz eben zu Marketing, wo es rein um Verkaufsförderung geht, salopp ausgedrückt, to tell someone about something. Würden Sie in diesem Zusammenhang sagen, dass Sie in und für Ihr Unternehmen Öffentlichkeitsarbeit betreiben?

G: Ja. Ja.

S: In welcher Form?

G: Wir erzählen unter Anführungszeichen unseren Gästen über viele neue Sachen, die wir so im Hotel machen.

S: Im Sinne potentieller Gäste, also?

G: Potentielle Gäste ja, also es geht viel über die Homepage, was natürlich auch jeder sich so anschauen kann, und über die Homepage, da linken wir auch auf mehrere Social Media Portale. Und ja, entweder man kann Fan oder Mitglied werden, oder man muss nicht immer Mitglied sein zum irgendwas Neues auf diesen Social Media Portalen anzuschauen. Also wir versuchen schon irgendwie zu, wie heißt das, uns nicht nur den Fokus auf eins, so wie z. B. nur Facebook, sondern dass wir auch in Holland sind, dass wir mit Bildern arbeiten, dass wir mit Text arbeiten, so auf Flicker. Und da geht von unserer Homepage viel aus.

S: Von den Sprachen her...im Sinne von Facebook, wird das eher auf Deutsch gemacht, oder...?

G: Ja, Facebook ist eigentlich eher deutsch, Twitter eher englisch und Hyves eher holländisch. Es ist aber so, dass diese 3, 4 Portale auch wieder miteinander verlinkt sind, also wenn ich jetzt irgendwas auf Twitter schreibe, dann kommt es wieder automatisch auf Facebook oder auf Hyves und so sind eigentlich auch alle Portale von der Sprache her ein bisschen vermischt.

S: Ok. Ich verstehe. D. h. vom Tätigkeitsbereich her sehr viel Social Media, *eigentlich im Sinne der Öffentlichkeitsarbeit?*

G: Ja.

S: Den klassischen Weg über Newsletter oder irgendwie, dass man Email-Adressen von Gästen hat, das schon auch?

G: Wohl. Newsletter haben wir auch, also haben wir angefangen, sind wir jetzt dabei. Wir haben jetzt nicht so lange geöffnet, also wir müssen das alles noch ein bisschen aufbauen mit Newsletter, aber dann hast du das Problem, dass du offiziell, dass sich da jemand anmelden muss oder bestätigen muss, ok. Ich darf deine Email-Adresse benutzen. Also wir haben jetzt, ich bin jetzt dabei mit dem Newsletter und habe jetzt die Email-Adresse einfach rausgenommen von den Gästen, die schon bei uns hier waren, und wovon ich persönlich einfach denke, ok, die haben Interesse, aber es ist natürlich schon in Zukunft oder naher Zukunft, auf jeden Fall, dass wir auf der Homepage irgendwie einen Link machen, dass Gäste, oder zukünftige Gäste oder einfach nur Interessierte sich anmelden können für unseren Newsletter.

S: Und beim Social Media *sind das ehemalige Gäste oder zukünftige Gäste, also einfach Interessenten, die sich weiter interessieren, also potentielle Gäste dann?*

G: Ja, aber die schreibst du halt nicht an. Es ist natürlich über Facebook, du postest einfach irgendwas und sicher, dadurch dass wir es auf der Homepage haben, dadurch dass wir es direkt in unseren Angeboten haben, unsere Links nach Facebook, Twitter sind einfach sehr sehr viel interessierter, aber meistens Gäste oder Gäste, die gebucht haben, die sich dann dementsprechend auch anmelden und im Facebook auch Fan werden, oder uns folgen bei Twitter oder solche Sachen.

S: Verstehe. Ok. Wer macht diese Meldungen? Machen Sie die, oder?

G: Da sind eigentlich, also wir beide, zuständig, ich und mein Partner.

S: Ok. Gut. Also von den Medien, als Medium Mehrzahl Medien gesehen, also Social Media und klassische PR. Also im Endeffekt ist Social Media ergänzend oder parallel zu den normalen Tätigkeiten, also im Sinne normale, also klassische PR-Tätigkeiten?

G: Ja genau.

S: Ok. Man hört immer wieder in einschlägigen Medienberichten, dass Social Media Plattformen die Daten ihrer Mitglieder weiterverkaufen würden. Haben oder hätten Sie persönlich ein Problem damit, wenn dem so wäre, wahrscheinlich ist das so. Ist das ein Grund, dass Sie sich überlegen, manche Informationen nicht ins Internet zu stellen, oder dass Sie einfach sagen, man könnte die gleichen Informationen auf der Website ja genauso erhalten?

G: Ja. Es ist halt ja und nein. Es hängt halt davon ab für was für einen Zweck. Aber es ist halt so, dass als Hotel bist du verpflichtet, auf der Homepage deine ganzen Daten, sogar deine Bank- und Kontodaten zu veröffentlichen.

S: Wie muss man sich das vorstellen? Im Sinne von Bankleitzahl und?

G: Ja. IBAN, BIC, usw. du bist einfach verpflichtet, dann brauchst du eine Email-Adresse, die veröffentlich ist, eine Homepage. Du schreibst auf der Homepage, welches Hotel du bist, da steht auch die Adresse natürlich drauf, damit die Gäste dich auch finden können. Also von dem her ist schon sehr viel veröffentlicht und es ist schon problematisch, was passiert. Also wir sind jetzt, das ist jetzt eher unabhängig, was im direkt, was mit unseren Facebook-Fans so passiert, wir stellen so und so nur Informationen rein, wovon wir denken, dass das unsere Gäste interessiert, wenn wir eine neue Terrasse gemacht haben, oder wenn wir für den Sommer wieder neues, oder irgendwas, also es sind keine persönlichen privaten Sachen von uns. Aber wir sind jetzt schon 2 mal, wir haben schon 2 mal Probleme gehabt, dass einfach Geld von unserem Konto abgeschrieben worden ist, von irgendwelchen Firmen, die einfach deine Homepage kopieren und sagen, hei du hast dich da und da angemeldet, kannst du dich wahrscheinlich gar nicht mehr erinnern, nein stimmt, weil du meldest dich als Hotel bei so viel wie möglich Tourismusportalen an, und, ja, dann kommt eine schöne Rechnung.

S: Ja, also Betrug?

G: Ja.

S: Also die Gefahr von Betrug ist da?

G: Ja, groß. Aber das ist nicht bei einem Hotel so.

S: Also umso weniger Anonymität im Internet umso höher ist die Gefahr von Betrug oder möglichem Betrug, oder von Firmen, die einfach das ausnutzen, dass man sich einfach ununterbrochen irgendwo anmelden muss beruflich?

G: Das ist es ja. Du musst heutzutage. Wenn ich mich nicht bei den gewissen Tourismusportalen anmelde als Hotel, dann hast du auch keine Gäste, also kostet das dich wahrscheinlich noch mehr Geld. Und, ich weiß auch nicht, wie das funktioniert. Man muss einfach sehr gut aufpassen. Aber jetzt im Social Media selber passe ich nicht wirklich auf. Das blöde für mich persönlich ist halt an Facebook, dass man sich als private Person anmelden muss, um einen

Betrieb anmelden zu können. Also ich muss persönlich drin sein, ich oder mein Partner muss persönlich eine Facebook-Seite haben, um eine betriebliche Seite zu betreiben. Und...ja, für jemand, der privat einfach das lieber nicht hat, ist das natürlich blöd.

S: *Ist klar. Ok. Sie verwenden dazu also Social Media, um PR zu betreiben. Warum haben Sie eigentlich ursprünglich die Tätigkeit gestartet, also beruflich jetzt, nicht privat, und auf welcher Plattform haben Sie Ihr Unternehmensprofil angelegt? Sie haben es vorher eh schon gesagt, das war Facebook, Hyves, Xing, z. B.*

G: Xing selber, aber auf Xing darfst du auch nur persönlich sein, das ist ein berufliches Netzwerk.

S: *Also nur als Person nicht als Hotel?*

G: Ja. Aber ich bin als Person da drin, auch damit ich über mein Hotel erzählen kann, sozusagen. Erzählen unter Anführungszeichen. Auf LinkedIn sagen wir, auf Twitter.

S: *Also die Klassiker quasi? Die klassischen Seiten.*

G: Ja.

S: *Und wird da im Social Media Bereich, tun Sie auch bloggen? Oder?*

G: Also wir bloggen geschäftlich für das was von Google ist, also .... dot.com. Wird aber selten gelesen, wird aber gut von Google aufgenommen, damit du bei Google höher wirst. Und ich blogge geschäftlich als Privatperson auf einige holländische Tourismusportale. D. h. ich schreibe, ich darf schreiben über Neuigkeiten im Skigebiet, ich darf schreiben über was ich so erfahre als Hotelier, ich darf schreiben über mein Hotel, über was ich so untern Tag mache, wenn ich so auf dem Berg gewesen bin, da mache ich gleich 2 – 3 Bilder und bloge das wieder, und also das ist jetzt indirekt als geschäftlich zu sein, auch. Im Internet versuchen wir schon, so viel wie möglich zu machen.

S: *Ja. Ok. Soll dieser Unternehmensauftritt primär informative Informationen erfüllen, also Public Relations, oder eher eine verkaufsfördernde, also Marketing, oder ist das sehr verschwimmend? Weil wenn Sie drüber reden, dass Sie auf dem Berg hier waren, und wenn Sie sagen, was das Hotel macht, ist ja dann trotzdem immer der Hintergedanke natürlich auch, denke ich mir dass der Hintergedanke da ist, das liest jemand, kriegt Interesse und möchte dann vielleicht hier Urlaub machen?*

G: Selbstverständlich. Ja. Das ist es. Also wir sind ein neues Hotel, wir haben jetzt 4 Monat eröffnet, wir haben schon angefangen, bevor wir überhaupt mit dem Bauen angefangen haben, das unsere interessierten und potentiellen Gäste auch gesehen haben, ok. Wir bauen, also das war nur zur Information, aber auch damit die Gäste das Vertrauen kriegen und sehen, ok...da wird jetzt wirklich was gebaut. Wir haben jeden Fortschritt gemeldet, fotografiert, wir haben sogar eine Webcam auf der Baustelle gehabt, die 24 Stunden gelaufen ist, und jetzt ist es natürlich, deine Gäste, die jetzt schon hier gewesen sind, die möchten natürlich auch wissen, wie es hier im Sommer ist. Oder die wollen auch wissen, wenn du wieder was wirklich Neues, Tolles am Konzept erweiterst, oder wenn wir posten das auch oft, wenn z. B. dass eine große Firma da ist. Überall, es ist viel „bildlich", also du kannst natürlich „schreiben", aber viel geht einfach mit Bildern, wenn ich sage, eine neue Dekoration...oder zu Weihnachten, „Super Weihnachtsbaum!". Es ist einfach so, dass du versuchst, irgendeine Vertrauensbasis auch auf persönlicher freundschaftlicher Basis in Kontakt zu sein mit deinen Gästen. Und du merkst vor allem auch auf Facebook, dass die, die Fans sind, dann auch anfangen selber Bilder ins Facebook reinzustellen, was sie so gemacht haben, was sie für tolle Erlebnisse gehabt haben. Ja, die schreiben wirklich an uns, wie super toll sie es gehabt haben, aber auch Tipps.

S: Also ein Multiplikatoreffekt, quasi dann?

G: Also, dann ist es in dem Sinn nicht mehr nur einseitig, sondern es wird zweiseitig. Es wird richtige Kommunikation, und das macht das ganze unheimlich interessant.

S: Ok. Das ist ja eine sehr rege Tätigkeit die Sie da machen. Social Media mäßig. Was wird da der Zeitaufwand ungefähr sein, grob geschätzt über die Woche, wie viele Stunden, das muss ja schon in die Stunden gehen, müsste man sagen?

G: Schwierig.

S: Es sind sehr viele Portale, es ist sehr viel Zeitaufwand dahinter, im Sinne von z. B. Fotos auch bearbeiten vielleicht gar noch?

G: Also ich würde sagen, man macht es nicht jeden Tag. Aber wenn du vielleicht mit jedem Tag 1 Stunde rechnest, damit du dir überlegst, was du fotografierst, was du deinen Gästen erzählen möchtest, wenn das jeden Tag 1 Stunde ist, dann kann es mal jeden 2. Tag, kann es dann schon 2 Stunden sein. Also wir überlegen uns schon, was wir schreiben. Wir schreiben nicht unseren Gästen gute Nacht, schlaf gut, oder hm, lecker ein Eis, oder irgendwelche, was man privat im Moment einfach, was einfach zum kotzen ist, ja wirklich. Das stört dich, oder du kriegst jeden Tag oder jede Minute übers I-Phone wieder SMS, der schreibt das, der schreibt das, und das ist nur lästig. Und also in dem Sinne überlegen wir uns schon, was wir unseren Gästen mitteilen möchten, und dass das nicht mit 3 – 4 am Tag irgendetwas anderes ist, dass es vielleicht 2 oder 3 mal in der Woche ist, und

S: Aber dafür mit Inhalt und mit Gehalt?

G: Mit Inhalt und einfach, sicher kann man nicht, es ist nicht für jeden Gast interessant, aber, wenn wir etwas im Skigebiet ausgetestet haben und sagen, das war jetzt wirklich gut, dann spricht das vielleicht einige Gäste an und die anderen lesen drüber und denken, ah ja…ok. Und das nächste Mal ist es wieder interessant für einen anderen Gast. Also in dem Sinn überlegst du dir schon.

S: Ich denke mir auch, dass natürlich ein Hotel im Vergleich jetzt zu einem Tischlereibetrieb oder einem Waffenhändler, gut, Waffenhändler vielleicht weniger, oder sinngemäß einem kleineren, oder vielleicht unter Anführungszeichen "uninteressanter Betrieb" natürlich wesentlich mehr zu bieten hat im Sinne von „täglich neues Wetter", „wir bauen etwas um", „wir haben ein neues Angebot", wir haben…also ich glaube das Potential ist auch wesentlich größer. Also wenn das jetzt für einen vergleichbaren Betrieb wäre. Also kann man schon sagen, dass also…es vielleicht sogar leichter, natürlich mit mehr Aufwand, ist schon klar, 7 Stunden ist ja nicht gerade wenig pro Woche für Social Media alleinig. Aber wenn man es so ausdrücken darf, dass es leichter ist, Material zu finden als Hotel für Social Media oder für PR

G: Ja, absolut. Vor allem unsere Gäste sind ja leicht zu erreichen, in dem Sinne, dass sie zu uns in Urlaub fahren, eben das was Spaß macht, und wo sie sich darauf freuen, und deswegen dann wahrscheinlich auch viel öfter was anschauen, weil sie einfach auch gespannt sind, wie es da ausschaut, weil sie noch nie hier waren, vielleicht eben vielleicht, weil die die Baustelle mit verfolgt haben.

S: Ok. Haben Sie die Tätigkeiten strukturiert im Sinne von einer PR-Struktur, die dahinter ist, also dass man sagt, eine Strategie dahinter ist, oder dass man sagt, wir probieren, wir machen, wir probieren da Facebook aus, wenn's ankommt, ist es gut, wenn nicht, kein Problem. Ist das eher strukturiert, oder von vornherein, dass man sagt, da und da müssen wir sein, auf diesen Seiten. Oder haben Sie gesagt, wir probieren das einfach mal aus?

G: Ja. Auf einer bestimmten Seite sagst du, da musst du einfach sein.

S: *Welche Seiten wären das?*

G: Das sind Facebook, Twitter, das ist in Holland Hyves, und...

S: *Eben diese, die Sie schon genannt haben?*

G: Und ich finde das einfach wichtig, dass auch im beruflichen Netzwerk auch wieder da zu sein, das z. B. Xing, bei uns ist es eher wieder LinkedIn, das finde ich wichtig. Und das bloggen auf Blogware haben wir uns auch gerichtet, das ist wichtig und es wird z. B. eigentlich nicht angenommen.

S: *Ok. Gibt es da einen Grund oder eine Idee dahinter, warum?*

G: Ich weiß es nicht. Also ich weiß jetzt nicht, wie viel es gelesen wird, man kann aber auf Blogger auch irgendwie, dass man das quasi als Newsletter, dass man sich da anmeldet. Und da hat sich bis jetzt noch keiner angemeldet. Aber ich glaube einfach, weil jeder unserer Gäste, wir haben eine Zielgruppe, die Social Media betreibt, selber. Die sind entweder auf Facebook, oder auf Twitter, LinkedIn, und in Holland auf Hyves. Deswegen ist das glaube ich dann leichter, weil die müssen sich nicht immer auf das Blogger, weil das sind einfache Blogs, das sind größere...bei einer Geschichte auf Facebook sind es immer nur 2 – 3 Sätze und vor allem ein Bild dabei, auf Twitter ist es überhaupt kurz. Und das ist glaube ich, was im Moment einfach der Trend ist. Ja, keine lange. Kurz und bündig, weil keiner hat Zeit und keiner kriegt, ich glaube, dass jeder das irgendwie nebenbei macht. In der Arbeit...man hat 2 Minuten Zeit und geht auf Facebook. Man spult runter, ah cool neue Lunchbänke auf der Terrasse, ah cool, vielleicht sollen wir, und dann ist es schon wieder weg. Und deswegen, es ist einfach eine Wiederholung, Wiederholung, Wiederholung, dass man sich denkt, ah Hotel natürlich, habe ich jetzt schon diese Woche oder dieses Monat 3-4 mal was gelesen, muss ich doch noch mal genau schauen, was da jetzt genau war, weil jetzt möchte ich meinen Sommerurlaub buchen oder meinen Winterurlaub buchen.

S: *Und einmal nicht an die Côte d'Azur fahren, sinngemäß, sondern einen Winterurlaub in den Bergen machen?*

G: Ja, und wir sind einfach auf der Homepage sehr erweitert, also wir haben vielleicht über die Skischule, über das ganze Skigebiet, was kann man hier machen, für wen ist es gut, welche Zielgruppe möchten wir erreichen, die Zielgruppe sprechen wir einfach direkt an, also man kann wirklich auf unsere Homepage klicken und sagen, ok. Warum muss ich hier als Pärchen oder warum muss ich hier mit kleinen Kindern hin, oder als Hundeliebhaber oder Wanderer her, und ja, das spricht dann wieder an. Aber es ist die Wiederholung, was es dann ausmacht.

S: *Also, 1x in 6, 7 Wochen was zu posten wäre zu wenig?*

G: Ich denke schon.

S: *Weil dann auch das Interesse verloren geht, oder auch diese Wiederholung dazu verleitet natürlich, dass diese Präsenz da ist, man kennt ja das Problem bei Facebook, wenn ich nicht gerade in dem Moment hineingeschaut habe, dann ist die Information irgendwo ganz unten und vorbei.*

G: Genau. Und vor allem, wir sind ja nicht das einzige Hotel, das das macht.

S: *Wäre es eine Möglichkeit Ihre Fans - könnte man ja auf Facebook - dass man die direkt anspricht im Sinne einer Nachricht. Haben Sie das auch schon gemacht?*

G: Haben wir schon gemacht.

S: Im Sinne eines Newsletter oder irgendwie? Und kam das an?

G: Vor allem ja so in der Bauzeit haben wir das öfters gemacht.

S: Und kam das an? Oder haben die Leute eher negativ oder durchaus positiv reagiert?

G: Wohl. Ja. Also, man kriegt halt kein Feedback, man weiß halt nicht wer es gelesen hat, aber das sind dann halt meist Gäste, die schon einmal entweder da gewesen sind, oder...

S: Zumindest geplant?

G: Ja. Es wird auch über Facebook angefragt, ob Zimmer frei sind, oder. Ja.

S: Ok. Als abschließende Frage. Haben Sie das Gefühl, dass Ihr Interesse am Bereich der Möglichkeiten in Social Media und in Social Media Portalen ganz allgemein durch dieses Interview noch mehr geweckt wurde, oder ist das ohnehin schon vorhanden? Oder, dass Ihnen noch weitere Ideen, während Sie gesprochen haben, noch weitere Ideen gekommen sind?

G: Ja. Also es ist immer so, man weiß, dass es wichtig ist und man weiß auch, dass man es richtig betreiben muss, also wir haben uns auch schon dementsprechend eingelesen. Und was soll man nicht, was soll man sicher tun, und du startest ganz fanatisch, aber mit einer gewissen Ruhigkeit, also nicht 3-4 mal am Tag, dass es nervt. Und dann haben wir das Hotel geöffnet, dann hast du Weihnachten, dann hast du Stress, und irgendwann denkst du, aja, Facebook ja. Und das ist schon fein, dass wir zusammen sind und dass wir nicht wirklich gesagt haben, ok du machst das oder ich mach das.

S: Sondern der, der Zeit hat und gerade Interesse hat oder etwas zu melden hat, der sagt das?

G: Also wir machen das beide, mein Partner hat sich da, also der ist privat nicht da, den hat es überhaupt nicht interessiert, den findest du in Google gar nicht. Das ist der Wahnsinn, er ist glaube ich einer der wenigen Personen auf dieser Welt, den man nicht mal findet in solchen Portalen. Also man findet schon irgendwas, aber das hat er selber nicht reingestellt, das ist über eine andere Firma gegangen. Und im Moment taugt es ihm wirklich, weil er einfach auch sieht, dass es einen Respons gibt, und auf einmal siehst du, eh, die sind ja bei uns gewesen, die sind jetzt Fan, und die schreiben noch einmal was und du schreibst wieder etwas zurück. Also, das ist

S: Klassisch ist er das Paradebeispiel für einen Menschen, der für die Social Media über die Social Media quasi begeistert wurde?

G: Ja, eigentlich schon. Und es ist halt so, dass wenn ich jetzt ein E-Mail von jemand krieg, dann ist das direkt an mich oder an uns geschickt und erwartet dementsprechend ein Mail zurück. Und wartet wahrscheinlich darauf. Und über Facebook, wenn jetzt einfach jemand, es ist was anderes, wenn eine direkte Nachricht kommt, aber wenn jetzt einfach mal jemand auf meiner Startseite was vorstellt oder es gefällt ihm oder, dann ist es einfach ein Zeichen von Interesse und es ist Kontakt, aber es ist nicht direkt, dass man wieder reagieren muss. Und das muss ist vor allem ganz ganz wichtig, dass es, die Erwartungen sind nicht so groß, glaube ich.

S: Erwartungen von Ihrer Seite oder Erwartungen von Ihren Gästen?

G: Beide Seiten. Ja.

S: Also es erwartet nicht, dass immer gleich eine Antwort kommt?

G: Nein. Und ich denke auch, dass die Gäste, die jetzt z. B. Fans sind, sicher sind die interessiert an Neuigkeiten bei uns, aber ich bin mir fast sicher, dass auch einfach nur Fans sind, weil die gesagt haben, wir waren da. Und das der ganzen Welt zeigen, wir waren in Fiss, wir waren im Hotel Natürlich. Und das macht natürlich als Hotelier schon stolz, aber wenn du dann siehst, dass wenn du irgendein Foto machst, oder du fragst die Gäste so, he stellt doch mal die Bilder ins Internet, und du kriegst an Respons, je das gibt dir so viel Motivation, weil dann weißt du, die Gäste sind wirklich interessiert. Und die tun das, nicht für mich sondern die stellen die Bilder rein, damit andere Leute auch sehen, was für einen schönen Urlaub sie gehabt haben. Und so glaube ich, kommt es von beiden Seiten. Es ist für uns interessant, weil sie lassen dann ihre Freunde wieder sehen, wie toll unser Hotel ist, aber sie lassen auch sehen, welchen super tollen Urlaub sie gehabt haben. Einfach zum selber.

S: Man hat was für sein Geld bekommen?

G: Ja. Und schau mal, was ich gemacht habe. Ja. Das und das ist so. Für beide Seiten positiv. Und ich glaube, dass im Moment viel einfach wieder gerne das Persönliche haben. Also die großen Hotels mit 400, 500 Betten, da kann es glaube ich noch so schön sein, mit 3-4 Swimmingpools und weiß ich nicht alles, 6-Gänge Diner, aber geschätzt wird es, wenn es persönlich ist und wenn man sich kennt. Und wenn man beim Frühstück sagt, guten Morgen, wie geht es jetzt deinem Rücken, geht es dir jetzt besser, oder. Das tut sehr gut.

S: Wenn das überhaupt noch möglich ist, würden oder haben sie vor, diese Tätigkeiten im Bereich Social Media noch weiter auszubauen, oder ist jetzt irgendwo ein gewisser Zenit erreicht, wo man sagt, ok mehr geht nicht? Oder, dass man sagt, jetzt ist Sommergeschäft oder es ist die Zwischensaison, es ist weniger los, jetzt kann man vielleicht mehr machen, aber im Winter im Hauptgeschäft, wenn man das als Hauptgeschäft noch darstellen, ist es momentan am Zenit?

G: Ja, es ist jetzt schon einfach am Limit, weil ich einfach denke, es muss nicht mehr sein. Es muss kein...ein Overkill an Infos ist immer negativ. Aber jetzt kommt genau wieder die Zeit, dass entweder die Sommerbuchungen kommen, oder noch viel wichtiger die Winterbuchungen laufen jetzt.

S: Schon wieder am laufen?

G: Weihnachten, Silvester ist schon ausgebucht, und die Krokusferien sind ausgebucht, also, die Februar-, die Faschingsferien sind ausgebucht. Und ja, genau jetzt ist die Zeit gekommen, um die Gäste wieder ein bisschen zu motivieren, ihr müsst jetzt buchen, sonst habt ihr keinen Platz mehr. Und he, schau mal was für einen schönen Sommer wir haben. Aber ich würde jetzt nicht mehr machen. Ich würde jetzt vielleicht, wenn ich jetzt sehe, es kommt ein neues Portal, in Facebook kommt irgendwas neues, es ist jetzt z. B. YouTube, was natürlich auch ganz viel, also wir werden sicher anfangen mit dem Film auch machen, Imagefilme. Und wir haben auch schon einige Gäste, die einfach selber das Hotel und ihren Urlaub gefilmt gehabt, und haben gefragt, ob sie das im Internet reinstellen. Also in dem Sinn, wenn man schon will, möchten wir jetzt gerne up to date bleiben. Es ist nicht so, dass wir sagen, so jetzt sind wir im Facebook drin, das war es jetzt. Irgendwann kommt sicher die Zeit, dass kein Mensch mehr in Facebook schaut, weil irgendwas neues kommt, oder weil vielleicht wieder der handgeschriebene Brief populär wird, oder keine Ahnung. Aber da geht man natürlich mit der Zeit.

S: Ja. Ok. Dann sage ich herzlichen Dank für das interessante Gespräch und vor allem dass Sie Zeit gehabt haben und sich Zeit genommen haben.

G: Gerne.

Interview Herr Andreas Fuchs (Gastronom "Daimler´s Bar & Grill") => Gastro / Tourismus vom 11.4.2011

S: Sehr geehrter Herr Fuchs, herzlichen Dank, dass Sie sich für dieses Interview Zeit genommen haben. Wie ich Sie im Vorfeld bereits informiert habe, handelt es sich dabei thematisch um den Bereich der PR und KMU, also Klein- und Mittelunternehmen. Das Studienthema, zu welchem dieses Interview weitere Fakten liefern sollte, lautet „Social Media für jedermann? Public Relations für Kleinstunternehmer auf dem Feld der Social Media". Mit Ihrem mündlichen Einverständnis werde ich die Antworten für die hier genannte Studie verwenden. Sind sie damit einverstanden?

F: Jawohl.

S: Danke. Sie sind Chef Ihres eigenen Unternehmens. In welcher Branche ist Ihr Unternehmen nun tätig?

F: Im Bereich der Gastronomie. Gastronomie, in Salzburg in der Innenstadt.

S: Wie viel Mitarbeiter sind ungefähr in Ihrem Unternehmen beschäftigt?

F: Ich beschäftige 5 Fixangestellte und 5 - 6 Aushilfen.

S: Ok. Als Social Media werden soziale Netzwerke und Netzgemeinschaften verstanden, die als Plattformen zum gegenseitigen Transfer von Meinungen, Eindrücken und Erfahrungen dienen. Sagt Ihnen der Ausdruck der Social Media etwas, ganz allgemein?

F: Ja.

S: In welchem Zusammenhang sagt Ihnen das was?

F: Im Zusammenhang natürlich mit Facebook und diverse andere Webseiten dieser Art, aber hauptsächlich eigentlich Facebook.

S: Ja, als bekannteste, der größte.

F: Also, ich kenne zwar Twitter auch, aber ich war selbst noch nie auf dieser Seite.

S: Betreiben Sie selber dann auch Seiten, so wie Facebook privat?

F: Ich benutze ausschließlich Facebook.

S: Also, Xing nicht. Als Unternehmer im Sinne der ..

F: Kenn ich gar nicht.

S: Ok. Öffentlichkeitsarbeit oder auch Public Relations bezeichnen den weit gefassten Begriff für die Gestaltung der öffentlichen Kommunikation von Organisationen, Unternehmen oder Einzelpersonen. Anders ausgedrückt geht es eben bei Public Relation nicht im Vergleich zum Marketing primär um die Verkaufsförderung, sondern mehr um andere Leute, oder andere Kunden, die vorhanden, etc., etwas mitzuteilen. Also, to tell someone about something. Würden Sie in diesem Zusammenhang sagen, dass Sie in und für Ihr Unternehmen Öffentlichkeitsarbeit betreiben?

F: Ausschließlich eben über Facebook, Mundpropaganda und über die Flyer, die wir produzieren und verteilen.

S: F: Aber im Grunde genommen dann wieder klassische PR mit Flyern etc., aber dann wieder mit dem Hintergedanken natürlich wieder ein Geschäft zu machen im Sinne, dass mehr Kunden kommen?

F: Es geht eigentlich hauptsächlich darum, dass wir unsere Stammkunden ausbauen, dass wir mehr bekommen, dass wir durch die Flyer Leute ins Lokal bekommen, dass wir die dann auf unserer Facebook-Seite als Freunde dazubekommen und dass man so dann über unsere Aktionen und Veranstaltungen informieren.

S: Also, es geht wirklich um Veranstaltungsinformationen und Aktionsinformationen im eigentlichen Sinne?

F: Genau.

S: Haben Sie auch so was wie ein Newsletter z. B.? Also, wo Leute dann ihre Email-Adresse bei Ihnen hinterlassen und dann da drüber informiert werden?

F: Das ist in naher Zukunft geplant, dass wir das machen. Es ist auch die Webseite neu im Aufbau. So, momentan nutzen wir ausschließlich Facebook.

S: Also, Sie haben Facebook auch als Unternehmer, als Unternehmensseite?

F: Genau.

S: Wer macht diese Meldung? Machen Sie diese selbst oder?

F: Es sind die Fixangestellten von mir, die sind auf dieser Daimler's-Seite Administratoren und da kann auch dann jeder, wenn er arbeitet oder auch wenn er frei hat, seine Meldungen loswerden.

S: Alle, die haben alle einen Zugriff dazu?

F: Genau.

S: Haben Sie da persönlich als Chef manchmal Bedenken, dass da Sachen reingestellt werden, die Sie vielleicht dann aus Unternehmerseite her weniger gut heißen wollen oder würden? Sprich, haben Sie die Leute instruiert, was die da rein tun dürfen und was nicht?

F: Es ist natürlich klar, dass die Leute nur positiv über das Lokal schreiben dürfen, auch auf Ihren privaten Facebook-Accounts, und falls mir mal was nicht passen sollte, dann lösche ich das natürlich. Aber das ist bis jetzt noch nicht vorgekommen.

S: Ok. Wenn es aber z. B., von Seiten des Kunden etwas Negatives geschrieben werden würde?
Kann ja sein.

F: Ja, kann sein. Aber wenn die Kritik berechtigt ist und auf eine nette Art geschrieben ist, oder in gewählter Sprache, dann kann man es natürlich kommentieren. Aber irgendwas ... ?

S: Dann kann man es ja drinnen lassen?

F: Ich sage einmal, zu 10 % würde ich es drinnen lassen, aber im Normalfall, wenn es geschäftsschädigend ist, dann würde ich es löschen.

S: Dann würden Sie es eher löschen?

F: Natürlich.

S: Es gab jetzt ja den Fall im Museumsquartier in Wien, wo Seiten gelöscht wurden, Kommentare gelöscht wurden auf der Museumsquartierseite, und das Löschen auch wieder negativ aufgefasst wurde.

F: Ja, da gibt es immer wieder Leute, die halt gehört werden wollen, und wenn die Mundverbot bekommen, dann jammern die natürlich.

S: Also, Sie sehen das nicht so tragisch?

F: Nein, sollen die jammern.

S: Gut. Ich verstehe. Sind Sie privat auch im Social Media Portal aktiv?

F: In Facebook, genauso wie alle meine Angestellten.

S: Mitarbeiter, ok. Eine andere Seite kommt momentan für Sie nicht in Frage?

F: Ich war früher auf Studi-VZ, das ist eben so, dass auf Facebook eigentlich jeder ist, und da ist es unnötig, dass ich mich noch auf anderen Seiten herumbewege.

S: Da macht das mehr Sinn?

F: Ist eher Zeitverschwendung.

S: Was haben Sie sich erwartet davon in dem Sinn, wie Sie gesagt haben damals, wir machen eine Seite im Facebook für das Unternehmen? Was war da der Beweggrund dahinter?

F: Ja, die Idee dahinter ist natürlich immer, dass man seine Stammkunden am Laufenden hält, dass wenn man Fotos macht, die Leute die sehen. Dass dann vielleicht Freunde von denen darauf aufmerksam werden, sich dann der Seite anschließen, dass das alles intern ist und Interesse weckt und vielleicht auch mal ins Lokal schauen.

S: Also, die paar anderen Kunden zu betreuen und weitere Kunden zu bekommen?

F: Unterm Strich ist es natürlich Umsatzsteigerung.

S: Ist klar, ist ja auch legitim. Sind Sie damals einfach in das Facebook hineingesprungen, haben Sie gesagt, so machen wir das jetzt, oder haben Sie da gesagt, unter der und der Strategie könnte ich mir das vorstellen, dass man von vorne gesagt hat, wo erwische ich meine Zielgruppen. Oder hat sich das ergeben, Sie haben ja dieses Lokal übernommen von einem Vorbesitzer. War diese Seite schon da und man hat sie weitergeführt oder wurde sie komplett neu kreiert für Sie dann?

F: Nein, die Seite habe ich selbst aufgemacht und eigentlich ohne jegliche Strategie und Plan.

S: Ok.

F: Einfach mal darauf losgearbeitet und dann schauen, was man verbessern kann.

S: Ok.

F: Aber so großartige Dinge haben wir nicht verändert, weil im Prinzip reicht es so, wie sie ist.

S: Man hört immer wieder in einschlägigen Medienberichten, dass Social Media die Daten von Mitgliedern ja weiter verkaufen würden. Haben oder hätten Sie ein persönliches Problem damit, wenn bestünde, dass eben Daten verkauft werden oder ist das weniger ein Gedanke für Sie?

F: Ich denke mir, wenn einer seine persönlichen Daten auf so einer Seite Preis gibt, da ist jeder selbst dafür verantwortlich und im Endeffekt selbst daran schuld, wenn etwas damit passiert. Weil ich muss ja nicht mein Privatleben in der Öffentlichkeit breittreten und auf meiner privaten Facebook-Seite steht dann eigentlich auch nicht irgendwas Privates, sondern auch nur, wenn ich jetzt außer Dienst bin und privat ins Lokal gehe. Und da vielleicht irgendetwas bewirb.

S: Also, im Endeffekt hat das jeder selber in der Hand, wie viel von seinem Privatleben dann im Internet vorhanden ist und wie viel nicht?

F: Das ist ja das gleiche, wie wenn ich meinem Nachbarn jetzt meine ganze Lebensgeschichte aufdrucke, und der das weiter erzählt, dann bin ich auch selber Schuld.

S: Dann muss ich mich nicht wundern?

F: Genau.

S: Ja, ist klar…. Dann sage ich herzlichen Dank fürs Gespräch.

F: Gerne.

Interview Herr Kastinger, Stefan (Immobilienhändler „Kastinger & Priester OEG") => Dienstleistung vom 6.4.2011

S: Sehr geehrter Herr Kastinger, herzlichen Dank, dass Sie sich für dieses Interview Zeit genommen haben. Wie ich Sie im Vorfeld bereits informiert habe, handelt es sich dabei thematisch um den Bereich der PR und KMU, also Klein- und Mittelunternehmen. Das Studienthema, zu welchem dieses Interview weitere Fakten liefern sollte, lautet „Social Media für jedermann? Public Relations für Kleinstunternehmer auf dem Feld der Social Media". Mit Ihrem mündlichen Einverständnis werde ich die Antworten für die hier genannte Studie verwenden. Sind sie damit einverstanden?

K: Einverstanden.

S: Dankeschön. Sie sind Chef Ihres eigenen Unternehmens. In welcher Branche sind Sie tätig?

K: Im Immobilienbereich.

S: Als Einzelunternehmer oder der Form als Klein- und Mittelunternehmer, also haben Sie Mitarbeiter oder...?

K: Nein. Wir haben keinen freien Mitarbeiter und das Unternehmer in Form einer OG wird durch die beiden Eigentümer geführt.

S: Ok. Zum Bereich der Social Media. Als Social Media werden soziale Netzwerke und Netzgemeinschaften verstanden, die als Plattform zum gegenseitigen Transfer von Meinungen, Eindrücken und Erfahrungen dienen. Sagt Ihnen der Ausdruck Social Media etwas, und in welchem Zusammenhang sagt Ihnen dieser Ausdruck etwas?

K: Natürlich ist der Ausdruck Social Media bekannt. Die wahrscheinlich bekannteste Plattform ist Facebook.

S: Öffentlichkeitsarbeit oder auch Public Relations wiederum bezeichnen den weit gefassten Begriff für die Gestaltung der öffentlichen Kommunikation von Organisationen, Unternehmen oder eben auch Einzelpersonen. Anders ausgedrückt, meint es, im Gegensatz zu Marketing, da wo es primär um Verkaufsförderung geht, salopp ausgedrückt to tell someone about something, also jemanden informieren. Würden Sie in diesem Zusammenhang sagen, dass Sie bzw. für Ihr Unternehmen Öffentlichkeitsarbeit betreiben?

K: Nein, wir betreiben in dieser Form keine Öffentlichkeitsarbeit.

S: Gar nichts?

K: Nein.

S: Das heißt, wenn Sie etwas wichtiges in Ihrem Unternehmen geändert haben, wenn Sie versuchen ein anderes Image aufzubauen, sich Gesellschafter geändert haben, besonders ökologisch oder ökonomisch oder wie auch immer gearbeitet wird, wenn Sie eine besondere Marke in Ihrem Unternehmen verwenden, eine neue Dienstleistung anbieten, wenn Sie nur eine Veränderung welcher Art auch immer in Ihrem Unternehmen gemacht haben, teilen Sie das Ihren Zielgruppen, Kunden, Lieferanten, Partner mit?

K: Nein.

S: Sind Sie privat in einem Social Media Portal?

K: Ja.

S: *In welchem, wenn ich fragen darf?*

K: Facebook, Linked-In, Twitter, Xing.

S: *Wobei Xing jetzt doch eher unternehmerisch wieder zu sehen ist. Haben Sie schon mit dem Gedanken gespielt, dass Ihre Daten, die Daten Ihres Unternehmens, sprich also Leitbild, Firmenleitbild, etc. auf einer Social Media Plattform, wie z. B. Facebook preisgeben?*

K: Nein.

S: *Noch nie. Haben Sie irgendwelche Gründe dafür?*

K: Ja. Weil wir die Ansicht vertreten, dass, eine sehr persönliche Ansicht, dass unser Unternehmen einerseits aufgrund der Art der Dienstleistung, in welchem sehr viel Diskretion erforderlich ist, keine Öffentlichkeitsarbeit wollen, und andererseits ich es persönlich als Belästigung empfinde, von irgendwelchen Freunden oder Bekannten auf irgendwelche Firmenwebsites oder Gruppen angesprochen bzw. empfohlen zu werden.

S: *Ok. Sie haben aber schon von Facebook im Zusammenhang als Kommunikationstool für Unternehmen grundsätzlich gehört?*

K: Ja.

S: *Und auch davon, dass immer mehr Unternehmen dieses Kommunikationsinstrument, eben das Social Media, im Bereich des Marketings aber eben auch für die Public Relations, also rein zur Information der Zielgruppen verwenden? Warum glauben Sie, dass es für Ihr Unternehmen an sich außer diesen persönlichen Belangen, wie Sie schon gesagt haben, dass Sie da eben sich vorstellen können, es nicht für Sie vorstellbar ist, gibt es weitere Gründe? Z. B. wegen den Daten, die möglicherweise verkauft werden, was man auch immer wieder in den Medien hört, ja in den einschlägigen Medien?*

K: Absolut. Wie bereits genannt steht in unserem Unternehmen Diskretion an oberster Stelle und wir dieses Vertrauen unserer Kunden sehr ernst nehmen, und aus diesen Gründen die Daten nicht weitergeben.

S: *Wenn jetzt das nicht mit den Daten zusammenhängt, dass man also nicht sagt, es werden Daten weitergegeben, sondern wenn es rein als Informationsplattform gedacht wäre, denke jetzt auch weniger an Facebook sondern an irgendwelche Blogs oder irgendwas vergleichbares, oder ist es einfach aufgrund Ihrer Firmenstruktur oder der Zielgruppen, die damit erreicht werden sollen, im Grunde genommen eigentlich nicht das richtige Kommunikationstool?*

K: Ja, so ist es. Für uns ist das wichtigste die Empfehlung, die mündliche Empfehlung von zufriedenen Kunden, Klienten und nicht ein Auftritt in irgendwelchen Social Media-Netzwerken.

S: *Ich verstehe. Dann bleibt mir im Endeffekt keine Frage mehr übrig und bedanke mich herzlich für das Gespräch.*

K: Sehr gerne.

Interview Herr Michelon, Hannes (Architekt) => Dienstleistung/Architektur vom 7.4.2011

S: Sehr geehrter Herr Architekt DI Michelon, herzlichen Dank, dass Sie sich für dieses Interview Zeit genommen haben. Wie ich Sie im Vorfeld bereits informiert habe, handelt es sich dabei thematisch um den Bereich der PR und KMU, also Klein- und Mittelunternehmen. Das Studienthema, zu welchem dieses Interview weitere Fakten liefern sollte, lautet „Social Media für jedermann? Public Relations für Kleinstunternehmer auf dem Feld der Social Media". Mit Ihrem mündlichen Einverständnis werde ich die Antworten für die hier genannte Studie verwenden. Sind sie damit einverstanden?

M: Ja.

S: Sie sind Chef Ihres eigenen Unternehmens. In welcher Branche sind Sie tätig, oder ist Ihr Unternehmen tätig?

M: In der Baubranche, ich bin Architekt.

S: Und wie viele Mitarbeiter haben Sie, also auch Freelancer oder fix?

M: 3 Freelancer und mehrere Arbeitsgemeinschaften.

S: Also ein klassisches Kleinstunternehmen?

M: Genau.

S: Als Social Media werden soziale Netzwerke, Netzgemeinschaften verstanden, die als Plattformen, zum gegenseitigen Transfer von Eindrücken, Meinungen und Erfahrungen dienen. Sagt Ihnen der Ausdruck der Social Media etwas, also auch im privaten Bereich wie auch im beruflichen?

M: Also beruflich eher nicht, aber privat natürlich Facebook, also private Netzwerke.

S: Xing, und so?

M: Bin ich auch dabei. Ja.

S: Ok. Öffentlichkeitsarbeit auf der anderen Seite oder auch Public Relations bezeichnet den weit gefassten Begriff für die Gestaltung der öffentlichen Kommunikation für Organisationen, Unternehmen oder Einzelpersonen. Anders ausgedrückt meint es im Gegensatz zum Marketing, wo es um Verkaufsförderung geht, to tell someone about something. Also Informationsbereitstellung. Würden Sie in diesem Zusammenhang sagen, dass Sie in und für Ihr Unternehmen Öffentlichkeitsarbeit betreiben?

M: Nein. Ich glaube, dass unsere Öffentlichkeitsarbeit einfach eine sehr persönliche Geschichte ist, und darum habe ich mir erstens noch nie Gedanken darüber gemacht, obwohl ich es kenne, aber ich mache es grundsätzlich nicht.

S: Ok. Also Ihre Social Media Tätigkeit erstreckt sich hauptsächlich auf den privaten Bereich?

M: Genau. Ja.

S: Ok. Das heißt also auch, wenn sich etwas wichtiges in Ihrem Unternehmen geändert hat, wenn Sie also versuchen, z. B. ein anderes Image aufzubauen, Betriebsvergrößerungen, mehr Mitarbeiter, keine Ahnung, besonders ökologisch zu bauen, irgendetwas in die Richtung, würden Sie dann Ihre Zielgruppen darüber informieren, oder funktioniert das über einen anderen Weg? Ich denke jetzt an Propaganda, oder so.

M: Ich glaube, es wird bei uns hier im Land auf jeden Fall gut laufen, wenn man es über einen Medienprofi macht und natürlich die, was ich jetzt schon oft gehört habe, über die Homepage, weil dort einfach die Leute als erstens einmal reinschauen, was macht der überhaupt, und dort kann man es sicher gut kommunizieren. Aber aktiv nein.

S: Medienprofi? Was meinen Sie da speziell?

M: Ich habe einige, darf ich jetzt nicht nennen, Sie kennen ihn wahrscheinlich auch, befreundete Medien, wie sagt man da, Medienprofis, die mir jetzt auch wahrscheinlich in 3-4 Wochen einmal die Eröffnungsfeier z. B. im Büro hineinstellen, und das ist eigentlich schon bei uns was, wo die Leute lesen und wir es präsentieren können.

S: Also schon, im Grunde genommen fällt das auch in Öffentlichkeitsarbeit.

M: Ok.

S: Das ist im Endeffekt auch das, was, natürlich dann in weiterer Folge vielleicht verkaufsfördernd wäre, aber eben…primär ist es ja eigentlich eine klassische Form der Öffentlichkeitsarbeit…der Public Relations. Ein Tag der offenen Türe oder Veranstaltungen, Neueröffnungen oder irgendwas…man ladet die Presse ein.

M: Das ist eine einmalige Geschichte.

S: Das würden Sie über die Website kommunizieren dann…oder auch über die klassische PR? Dass man sagt…ok…man informiert Zeitungen darüber, und…

M: Das ist einmalig, und nicht als Werbeschaltung sondern als, das ist eine Good-Will-Aktion von meinem Bekannten und, ja das andere ist glaube ich, es gibt so viel auf dem Markt, da müsste man eigentlich ganz was besonderes machen, und wie gesagt es läuft sehr viel über Mundpropaganda und über persönliche Kontakte und über die, gerade bei uns jetzt, über die Bauten an sich. Also man rennt vorbei und fragt, wer hat denn das gemacht?

S: Also, man sieht ein Bauwerk und sagt…

M: Also ich glaube, es dreht sich eigentlich die Geschichte…wo wir uns sehr gut präsentieren können…über unsere gebauten Objekte.

S: Leuchtet ein. Wer macht die Meldungen, also sprich, wenn Meldungen im Sinne von dieser Kommunikation mit den Medienprofis, wo Sie gesagt haben, lauft das über Sie oder haben Sie jemand anderen?

M: Das läuft über mich. Persönlich.

S: Sind Sie privat in einem Social Media Portal?

M: Facebook, Xing.

S: Haben Sie grundsätzlich schon einmal mit dem Gedanken gespielt, dass Sie das Unternehmen, nicht heute, jetzt haben Sie erläutert, dass das gerade nicht der Fall ist, aber in weiterer Folge, dass Sie sagen…ok, ich schließe es nicht aus, in weiterer Zukunft das ebenfalls zu verwenden als Tool im Sinne von, keine Ahnung, dass man ein Video dreht, also einfach irgendwie zusätzlich auf sich aufmerksam macht? Oder?

M: Nein, noch nie Gedanken gemacht, aber es ist eigentlich…ja…wäre sicher möglich. Aber ich habe mir immer gedacht, wenn man bei mir im Facebook ist, habe ich meine Homepage drinnen, dass die Leute so über diesen Link rüber kommen. Aber natürlich...die...wäre sicherlich eine Variante. Ja. Es wäre eigentlich das gleiche, nur in einem anderen Portal.

S: Wobei es bei Social Media natürlich schon darum geht, Kommunikation mit den...was ich auf einer normalen Website, wo ich einen Blog dranhänge, normalerweise nicht habe. Da habe ich die Möglichkeit zu kommunizieren.

M: Stimmt, ja.

S: Man hört immer wieder in einschlägigen Medienberichten, dass Social Media Plattformen die Daten ihrer Mitglieder weiterverkaufen würden. Haben oder hätten Sie persönlich ein Problem damit, wenn Gefahr bestünde, dass Ihre Daten oder die Daten Ihrer Firma weitergegeben würden, oder sehen Sie da grundsätzlich kein Problem dahinter?

M: Es ist sicher, wie auch beim Datengebrauch, sicher ein Problem dahinter, ja, ganz klar. Ich glaube aber, wenn man das zulässt, wenn man diese Schiene fährt, ist das Risiko da. Da muss man auch natürlich schauen, dass man auf jedes Brutto, was weiß ich was, dass das Logo oben ist, aber ich glaube es ist nicht auszuschalten, das Risiko spielt.

S: D. h. dieser Punkt würde es nicht ausschließen, dass Sie

M: Nein.

S: Ihre persönliche Zeit die Sie verwenden, verwenden müssten für diesen Social Media Auftritt wäre das eher ein Hindernis? Weil man ja doch sagt, als Einzelunternehmer oder als Kleinunternehmer ist natürlich die Humanressource doch relativ beschränkt, man hat nur 24 Stunden am Tag?

M: Nein.

S: Wenn es Sinn machen würde?

M: Ja, klar.

S: Und wenn dem dann so wäre? Würden Sie das eher selber machen, dass Sie sagen, ich mache das jetzt, ich probiere das mal, oder dass Sie sagen, ok, da lass ich mir professionelle Hilfe zukommen?

M: Ich glaube es geht, es würde nur sicher selber gehen. Weil ich kann natürlich mein Produkt selber am besten verkaufen. Aber wie gesagt, wenn es dann wirklich ausufern würde, und daraufhin auch noch Aufträge kommen, dann muss man sich sowieso intern was überlegen. Und dann hat man auch mehr Zeit dazu. Aber ich glaube, man kann sich nur selber am besten verkaufen. Ich kann mir nicht vorstellen, dass man das outsourced, weil ein anderen meine Gedankengänge, weil bei uns ist auch viel der Gedankengang, viel Phantasie, viel Kreativität, das kann ich nur selber rüberbringen. Das ist ein bisschen schwierig bei uns.

S: Ok. Als abschließende Frage. Haben Sie das Gefühl, dass Ihr Interesse im Bereich oder am Bereich und die Möglichkeiten der Social Media und den Social Media Portalen ganz allgemein schon allein durch dieses Interview geweckt wurde? Dass Sie also vorhandene Tätigkeiten möglicherweise in weiterer Folge ausbauen wollen, oder bleiben Sie nach wie vor der Meinung, dass es derzeit eigentlich weniger sinnbringend ist für die Branche?

M: Ja, es hat schon was. Weil, also ich muss schon sagen, das Interesse ist auf jeden Fall geweckt, aber ich kenne es ja auch, wie gesagt von Hotels, von bei uns im Bekanntenkreis, ich kenne aber niemand von unseren Bekannten, der das selber macht, aber ich glaube es wäre ja nichts verloren. Und man müsste auch vom Aufwand her, wie Sie sagen, man müsste halt ein bisschen Kommunikationszeit einplanen, aber allein, dass man auch für die zukünftigen Generationen, die natürlich jeden Tag da drinnen sind, die vielleicht auch nicht mehr hinausschauen, was hat der gebaut, sondern die mich übers Facebook kennen, als Akquiseform ist das sicher ein interessanter Gedankengang.

S: Also Sie sehen es also...mehr als Marketing...als verkaufsfördernd, weniger als Informationstool. Weil, wenn Sie sagen, ok, dass man es als Akquise sieht, etc. ...

M: Aber hängt zusammen miteinander, oder.

S: Sehr eng. Natürlich. Es ist vor allem im Social Media Bereich schwer auseinander zu dividieren.

M: Ja, kann ich mir vorstellen.

S: Gut, dann sage ich herzlichen Dank für das Interview und vielen Dank für die Zeit.

M: Gerne.

Interview Herr Schurich, Stephan (Architekt „S+ Architekturstudio") => Dienstleistung/Architektur vom 4.4.2011

S: Sehr geehrter Herr Schurich, herzlichen Dank, dass Sie sich für dieses Interview Zeit genommen haben. Wie ich Sie im Vorfeld bereits informiert habe, handelt es sich dabei thematisch um den Bereich der PR und KMU, also Klein- und Mittelunternehmen. Das Studienthema, zu welchem dieses Interview weitere Fakten liefern sollte, lautet „Social Media für jedermann? Public Relations für Kleinstunternehmer auf dem Feld der Social Media". Mit Ihrem mündlichen Einverständnis werde ich die Antworten für die hier genannte Studie verwenden. Sind sie damit einverstanden?

Schurich (SU): Ja.

S: Sie sind Chef Ihres eigenen Unternehmens. In welcher Branche sind Sie tätig?

SU: Ich bin Architekt und bin sinngemäß daher in der Branche geistige Dienstleistungen auf dem Gebiet der Architektur und Bauwesen zuständig.

S: Wie viel Mitarbeiter sind in Ihrem Unternehmen ca. tätig?

SU: Zwischen 5 und 7, je nach Aufgabenbereich.

S: Also ein klassisches Kleinunternehmen?

SU: Ja.

S: Als Social Media werden soziale Netzwerke und Netzgemeinschaften verstanden, die als Plattformen zum gegenseitigen Transfer von Meinungen, Eindrückung und Erfahrungen dienen. Sagt Ihnen der Ausdruck der Social Media etwas? Und in welchem Zusammenhang sagt Ihnen der Ausdruck etwas?

SU: Social Media sagt mir was, in welchem Zusammenhang, da tu ich mir jetzt ein bisschen schwer, vor allem im Bereich der letzten, sagen wir mal 3-5 Jahre der Entwicklungen der Medienlandschaft, wo auch durch Internet diverse Beziehungen statt gefunden haben. Assoziiere ich damit vor allem die Geschichte im geistigen Dienstleistungsbereich, wo man Erfahrungsaustausche kommuniziert und da sozusagen individuell je nach Berufsgruppen eben dann Medienlandschaften sich dann auftun, die dann sozusagen

S: Im Sinne von Twitter, im Sinne von Blogs, oder Xing, oder

SU: Auch.

S: Also in diesem Rahmen der Plattformen, die dort bereitgestellt werden schon.

SU: Also aus meiner Wahrnehmung heraus kann man sozusagen auch diese Ausprägungen diesem Obergriff zuordnen.

S: Ok.

SU: Wobei ich als Nichtfachmann letztlich da natürlich auch mit Definitionen Schwierigkeiten habe.

S: Öffentlichkeitsarbeit oder auch Public Relations bezeichnet den weit gefassten Begriff für die Gestaltung der öffentlichen Kommunikation von Organisationen, Unternehmen und Einzelpersonen. Anders ausgedrückt meint es eben im Gegensatz zu Marketing, das primär der Verkaufsförderung dienlich sein soll, salopp ausgedrückt, to tell someone about something.

Würden Sie in diesem Zusammenhang sagen, dass Sie in und für Ihr Unternehmen Öffentlichkeitsarbeit betreiben, dass Sie also andere darüber informieren, was für Projekt Sie gerade bearbeiten, oder ist das eher absichtlich im Sinne der Geheimhaltung, oder wie kann man das sehen in Ihrem Bereich?

SU: Im Prinzip ist es sicherlich gerade für uns oder für einen Architekten wichtig, sich mitzuteilen, weil es würde die Frage aufwerfen, woher soll die Welt wissen, dass es den X oder Y gibt und was der kann. Bei mir spezifisch ist es so, dass ich eigentlich da viel zu wenig mache, oder eigentlich so gut wie gar nichts mache…aus Zeitgründen. Weil der Auftrag stand, und die Tätigkeiten so ausgeprägt sind, dass ich dafür eigentlich keine Kapazität habe. Natürlich, wenn es jetzt andersherum wäre, dann hat man automatisch Kapazität und dann macht man ja auch die Tätigkeiten. Ich habe das aber auch jetzt aus meiner Sicht nie analysiert, sondern es ist wie es ist und es gibt jetzt aus meiner Sicht jetzt auch keinen internen Grund zu klagen. Aus anderer Hinsicht ist es aber natürlich als Visitenkarte mittlerweile schon mehr zeitgemäßer, präsenter zu sein. Was natürlich auch die Frage aufwirft, wenn jeder so präsent ist, wer soll das dann alles lesen, ist ja auch wiederum logisch. Ja. Ich muss eigentlich sagen, ich habe auch zu wenig Zeit, um mich damit auseinander zu setzen.

S: Wer macht, wenn Sie solche Meldungen machen, also wenn Sie anderen was berichten, oder wenn Sie dann dazu kommen, das zu machen, wie machen Sie das und wo machen Sie das oder wer macht das, machen Sie das selber? Gibt es Mitarbeiter, die sich darum kümmern müssen?

SU: Da gibt es keine festgeschriebenen Regeln. Es gibt sagen wir mal schon Mitarbeiter, die das machen, die Pressemeldungen sozusagen, wobei nachdem ja ich der Architekt bin, sicherlich ich im Prinzip derjenige bin, der auf den Knopf druckt. Der das Mail wegschickt, oder wie immer, oder die Kontakte herstellt, weil es ja meine Visitenkarte prägt, und da macht es keinen Sinn, wenn das ein Mitarbeiter macht. Da geht es ja ums Herstellen von Connections, etc. Ja, das ist einfach unerlässlich.

S: Und wo machen Sie das, also wenn Sie sagen Pressemitteilungen, also die klassische Pressemitteilung an eine Fachzeitschrift, kann man sich das so vorstellen?

SU: So ist es. Es gibt also in der spezifischen Medienlandschaft gewisse Fachorgane, die anerkannt oder weniger anerkannt sind, je nach dem. Oder sagen wir einmal für verschiedene Fachbereiche, es gibt also welche, die haben eher technische, da gibt es welche, die allgemeine Informationsmedien sind, dann gibt es solche, die sozusagen irgendwelche Strömungen kommentieren, eher theoretischer Natur. Und im Endeffekt führt es immer dazu, dass man halt mit ihnen Kontakt aufnimmt. Man kennt unter Umständen Leute, die dort arbeiten, vom Studium oder wie auch immer, und man sich dann darauf bezieht und dann halt sozusagen Fotograf oder quasi Pressemeldung aufbereitet.

S: Ich verstehe.

SU: Wenn jetzt, Facebook oder so was, habe ich auch schon gemacht, aber da bin ich ein bisschen zwiegespalten. D. h. auf der einen Seite sag ich ok, als Architekt, das ist mir unter Anführungszeichen zu unseriös, was jetzt nicht heißt, dass Facebook unseriös ist, aber da entsteht unter Umständen ein Effekt, wo ich nicht sicher bin, ob ich den haben will. Auf der anderen Seite kommt es natürlich mehr in die Breite, was auf keinen Fall schlecht sein kann. Aber das ist, ich bin mir da nicht schlüssig und hab auch das nicht durchgedacht.

S: Ok. Ich verstehe. Also Medium Facebook wird zwar grundsätzlich angedacht, aber nicht primär als Sprachrohr verstanden, in dem Sinn? Oder nicht einmal als sekundäres Sprachrohr eigentlich, sondern einfach nur, es ist zwar vorhanden, aber eigentlich nicht das, um die Zielgruppen anzusprechen?

SU: Aus meiner Sicht ist diese Frage nicht beantwortbar.

S: Ok.

SU: Weil auch die Entwicklung noch nicht absehbar ist. Und das kann für die Bereiche sehr nützlich sein, es kann aber auch sicherlich in anderen Bereichen nach hinten losgehen.

S: Aber, wenn man jetzt z. B. an Social Media im Bereich von Xing denkt, wo man dann doch eher im Bereich, wie soll man sagen, ich komme nicht aus der Architektenbranche, aber ich denke schon, dass da mehr Architekten in Xing sein werden. Und auch vielleicht die Zielgruppen in Xing eher vorhanden sind?

SU: Ich bin auch bei Xing, muss aber ehrlich gestehen, dass ich mein Passwort irgendwie, keine Ahnung, nicht mehr weiß. Vergessen, das war eine Schnellschussaktion, schon vor Jahren. Jetzt muss ich wieder neu da rein kommen, und ich mir eigentlich auch schwer vorstellen kann, dass ein Architekt über Xing einen Auftrag bekommt. Weil im Grunde genommen, ist es, mag sein, wenn ich…keine Ahnung…in Berlin einen Auftrag bekomme, und wenn ich da ein Kooperationsbüro vor Ort brauche, und frage, ok wer könnte das sein, der das macht, aber ich kenne da niemanden, dann schaue ich in Xing rein und dann könnte das helfen.

S: Ok.

SU: Aber jetzt spezifisch kann ich mir nicht vorstellen, weil im Prinzip das an und für sich sicherlich nicht im Bereich, aber ich würde sagen, die interessant sein können.

S: Aber erst in zweiter Instanz wäre es dann als Kommunikationsmittel denkbar?

SU: Das ist meine Interpretation. Weil ob ich da richtig oder falsch liege ist die Frage, aber

S: Primär zum Jobs, salopp ausgedrückt, zu ergattern, sondern um dann in weiterer Folge vielleicht eine Kommunikation der Netzwerke, ein eigenes Netzwerk für eine bestimmte Aufgabe zu kreieren?

SU: Ein Freund von mir, der in der EDV-Branche ist, er ist Programmierer, die arbeiten sehr viel über Xing. Weil die auch auf internationaler Ebene vernetzt auch Aufträge abwickeln, und da brauchen sie einfach das Netz. Und das erreicht dann eine gewisse Dichtheit. Sozusagen. Diese Xing und Akte, das werden wir bei uns in dem Maße so nicht betreiben müssen.

S: Die Tätigkeiten, weil hier gerade steht, haben Sie Ihre Tätigkeiten strukturiert? Also, die Tätigkeiten sind eigentlich in dem Sinn, wenn Sie in Facebook etwas machen, dann zielorientiert aber ansonsten, nachdem Sie keine Social Media Tätigkeiten machen, sind Sie sonst in dem Sinn nicht strukturiert, weil Sie ja keine machen?

SU: Das könnte man so zusammenfassen.

S: Ok. Man hört immer wieder in einschlägigen Medienberichten, dass Social Media Plattformen die Daten ihrer Mitglieder weiterverkaufen würden. Haben oder hätte dieser Weiterverkauf der Daten, hängt das damit zusammen, dass Sie vielleicht auch weniger, Sie haben vorhin angedeutet, dass Sie es als unseriös teilweise vielleicht eher sehen, dass dieser Weiterverkauf der Daten einer der Gründe ist, dass Sie Social Media oder speziell vielleicht Facebook, weil es momentan das größte ist, das größte Netzwerk ist, dass das einer der Gründe ist, warum Sie das eher firmentechnisch ausklammern?

SU: Ja. Auch. Oder ein ganz wesentlicher Grund. Im Grunde genommen, so wie wir jetzt da sitzen, ich glaube, es weiß kein Mensch was wirklich mit den Daten passiert. Und ich glaube, man kann auch nicht sagen, dass die Daten weitergegeben werden, weil wer gibt was weiter? Ja. Wir haben ... erlebt, es kann ja auch heißen, dass Daten nicht weitergegeben werden, und dann gibt es da einen Mitarbeiter, der von irgendeiner Organisation Provisionen kassiert und dann doch Daten weitergibt, etc. Es kann auch passieren, dass Daten falsch weitergegeben werden oder keine Ahnung, dass es heißt, vom Herrn X oder Y werden falsche Daten zugänglich, weil das falsch verlinkt ist, oder wie auch immer. Ob das mit irgendwelchen Viren zusammenhängt. Was ich eigentlich damit sagen will, dass diese ganze virtuelle Welt immer größer und größer wird und es ist halt nicht so, dass wir heute an einem gewissen Punkt stehen und dass das dann immer so ist, sondern es gibt eine sogenannte web 2.0, und irgendwann wird es einmal 3.0 geben und die Daten werden immer größer und größer. Und die Frage ist dann, was damit wirklich passiert. Was ich schon sehr glaube ist, wenn man jetzt – das ist meine subjektive persönliche Interpretation – wenn man jetzt jemanden kennen lernt, d. h. privat oder beruflich, in beruflicher Hinsicht, wenn man Zusammenarbeiten, Kooperationen andenkt oder mögliche Auftragsverhältnisse, eigentlich das erste was man macht, dass man im Büro hingeht und googelt und so was eingibt, so. Da gewinnt man also gewisse Informationen. Oder eigentlich relativ wenig Information im Regelfall. Weil die Person, die man gegoogelt hat, nicht völlig unbekannt ist. Und auch wenn sie völlig unbekannt ist, wird man auch stutzig, weil das irgendwie nicht, sozusagen nicht zusammenpasst. D. h. die Frage stellt sich in weiterer Folge, welche Informationen das sind, und was diese Informationen transportieren. Und es muss immer das Ziel sein, wenn ich gegoogelt werde, muss immer sein Kompetenz, Verlässlichkeit, Seriosität, Offenheit in Hinsicht, im Hinblick auf eine mögliche Kooperation, usw. Gut. Was heißt das mit anderen Worten, dass jegliche Information, die nicht in die Richtung geht, ungewünscht ist und kontraproduktiv ist. So. D. h. es ist die Frage, wenn jemand sieht, aha, der ist auf Facebook, und der kommt dann also sozusagen über Facebook oder wie auch immer zu irgendwelchen Informationen, sieht dann irgendwelche Bilder von einem Grillfest, wo man keine Ahnung z. B. das Weißbierfass anzapft oder so was, da weiß man nicht, ob das für einen Konzern, mit dem ich vielleicht zusammenarbeite, für den...besonders interessant sein kann. Ja. Ich glaube nicht. Und da muss man natürlich schauen, dass man da irgendwo die Grenze zieht. Das ist naturgemäß sicher sehr sehr schwer. Und ich glaube auch, dass es da viele Personen gibt, die da sehr fahrlässig damit umgehen und die auch da ihre Bilanzen ziehen werden oder ziehen werden müssen. Und dass diese Kette, oder wie man sagt man, nicht die Kette aus dem Web, dass sich da einiges tun wird. Auf alle Fälle glaube ich, kann ich schon sagen aus meiner Sicht, dass das Vertrauen, was Daten betrifft, was den Transfer betrifft, Weitergabe betrifft, dass das relativ dringend notwendig ist. Und ich glaube auch, dass die größeren Provider, weil die sind ja letztlich die Marketingtools, dass man Informationen kriegt, oder Zielgruppen, wie sie denken, was sie machen, Freizeitverhalten, etc., etc. das sind die großen Informationen, die jedem Produzenten der Produkte, von dem ich Gebrauch mache, Marketing mache, natürlich sehr sehr viel wert sind. Und sämtliche Daten sind natürlich auch von dort her. Also, man muss da sehr vorsichtig sein.

S: Vorsichtig im Sinne von jetzt eigene Daten weitergeben oder vorsichtig von dem her, was man hineinstellt, als Privatperson schon oder in weiterer Folge dann als Firma?

SU: Also, ich glaube man muss sich einfach die Frage stellen...wenn dieser Inhalt hineinkommt, was heißt das? Oder wie interpretiere ich das? Wenn man, keine Ahnung z. B. Basejumping macht in seiner Freizeit, und ich bin...was weiß ich Steuerberater oder Rechtsanwalt oder Architekt von einem Konzern, und die sehen das, und der wird sich denken, ok...der geht aber sehr fahrlässig mit seiner [Gesundheit]...um. Der eine sagt vielleicht, ok das ist ein cooler Typ und der andere sagt vielleicht, das ist für mich nicht seriös, wenn einer in seiner Freizeit so umgeht, dann will ich ihm auch keinen Auftrag geben, weil ich nicht weiß, ob der dann am Montag auch heil bei der Baubesprechung erscheint.

S: Ok. Und da vielleicht möglicherweise Bauverzug oder...was weiß ich immer passiert. Nachvollziehbar. Als abschließende Frage. Haben Sie das Gefühl, dass Ihr Interesse im Bereich und den Möglichkeiten der Social Media und an Social Media Portalen ganz allgemein durch dieses Interview geweckt wurde? Dass Sie Ihre vorhandenen Tätigkeiten in diese

Richtung weiter ausbauen wollen oder falls Sie noch nicht in Social Media zu tun haben, nun mit einbezogen haben, dieses Kommunikationsinstrument in Ihrer Unternehmenskommunikation mit aufzunehmen?

SU: Schwer zu beantworten. Es ist sicher so, dass diese ambivalente Grundhaltung, dass die, dass ich von der jetzt nicht abweichen würde, weil, ganz ehrlich, es auch zuwenig weiß und auch zuwenig variieren kann. Und sozusagen die Pros und die Kontras, die wir vorher sozusagen erläutert haben, das sind Argumente, die man auch nicht sonderlich entkräften kann. Es kann natürlich jemand geben, der sagt, ok. ich sehe das eher so, da musst du in die Breite gehen. Ich habe einen Kollegen, den ich vom Studium her kenne, der hat über Facebook 2000 Freunde...sozusagen, und da habe ich jetzt nicht so den wahnsinnigen Respekt davor. Es gibt andere die sind nicht vertreten, und da habe ich die höchste Meinung. Und es gibt auch andere, die sind vertreten, und da habe ich auch trotzdem einen großen Respekt. Also, da muss man da...

S: Also, da ändert sich nichts?

SU: Im Endeffekt geht es immer um Substanz. Worum es auch geht ist irgendwo Authentizität. Wenn man jetzt Qualität transportiert ist es eigentlich Wurst, ob man in einem Fachjournal publiziert oder ob man online geht oder sonst etwas. Das sieht man eh sofort. Ja. Und es ist auch die Frage, in wie weit das jetzt für die breite Masse interessant ist. Weil, wenn man jetzt über technische Dinge da weiß Gott wie publiziert auf Facebook, das wird niemanden interessieren. Oder 99% der Leute nicht interessieren. Und die 1% sind zuwenig.

S: Weil einfach die Zielgruppe nicht die richtige ist?

SU: Aber die muss ich auch nicht erreichen, weil das ist für mich nicht wesentlich. Also, wie gesagt, das ist immer eine sehr sehr eigene Frage. Es ist aber, was in dem Zusammenhang vielleicht hineinpasst, es gibt natürlich Leute, die man halt woher auch immer kennt, und dann ist man auf Facebook befreundet. Und die dann publizieren, wenn sie sich für ein Auto neue Felgen kaufen, oder so etwas, und es entsteht dann schon der eine oder andere Eindruck, wo man dann auch seine Meinung über Personen revidiert und sich dann, aber nicht immer zum positiven, aber auch zum positiven, und das kann natürlich dann dort ein bisschen rückwärts losgehen. Und wo man eigentlich auch merkt, dass sich die Leute darüber überhaupt nicht im Klaren sind, über die Folgen.

S: Ist es geschäftlich als wie auch privat?

SU: Naja, privat oder geschäftlich. Da gibt es schon so einzelne Fälle, wo ich mir denke, ok, also ich habe ein gewisses Bild, und das stürzt halt dann ein wie ein Kartenhaus. Oder du denkst, ok...wenn die Prioritäten so gelagert sind im Leben, dann schönen Gruß oder so.

S: Verstehe.

SU: Das hat natürlich auch so das Bild mit dem Zeigefinger, aber das muss es nicht sein. Also, aber im Endeffekt geht es darum, warum ist man auf Facebook, weil man irgendwo interessiert ist, was im Umfeld passiert.

S: Was andere machen?

SU: Ja.

S: Ich verstehe das. Ja.

SU: Passiert aber auch, dass man am Wochenende nicht reinschaut, weil man einfach vergisst drauf, und dann passiert es, dass man einfach 2 x hineinschaut. Da passiert irgendwas, oder es gibt halt gewisse Gruppierungen, die einer gewissen Tätigkeit nachgehen, im Sport z. B., weil ich aus dem Segelsport komme, wo über Regatten irgendwie gepostet wird, und das schon halt ganz lustig sein kann.

S: Aber wie gesagt, primär für den Privatbereich und weniger oder bis gar nicht eigentlich für den beruflichen Bereich...abschließend zu sagen?

SU: Eigentlich gar nicht.

S: Dann bedanke ich mich für das interessante Gespräch und vor allem dafür, dass Sie sich Zeit genommen haben.

SU: Ich danke auch.

Interview Herr Lämmerhofer, Georg (Fahrschule „Zebra")=> Dienstleistung vom 11.4.2011

S: Sehr geehrter Herr Ing. Lämmerhofer, herzlichen Dank, dass Sie sich für dieses Interview Zeit genommen haben. Wie ich Sie im Vorfeld bereits informiert habe, handelt es sich dabei thematisch um den Bereich der PR und KMU, also Klein- und Mittelunternehmen. Das Studienthema, zu welchem dieses Interview weitere Fakten liefern sollte, lautet „Social Media für jedermann? Public Relations für Kleinstunternehmer auf dem Feld der Social Media". Mit Ihrem mündlichen Einverständnis werde ich die Antworten für die hier genannte Studie verwenden. Sind sie damit einverstanden?

L: Ja.

S: Sie sind Chef Ihres eigenen Unternehmens. In welcher Branche ist Ihr Unternehmen tätig?

L: In der Fahrschulbranche. Es ist eine Gesellschaft...besteht aus 4 Gesellschaftern, wobei ich einer dieser Geschäftsführer bin, also nicht völlig selbständig, sondern schon in der Gesellschaft gebunden.

S: Ok. Wie viel Mitarbeiter sind in diesem Unternehmen tätig? Für die Sie zuständig sind.

L: Ok, unmittelbar unter meiner Führung jetzt in der Fahrschule sind so ca. 10 Mitarbeiter...in der Betriebsgesellschaft haben wir so 120 Mitarbeiter.

S: Also, den Bereich, den Sie „kontrollieren" oder managen, ist eigentlich im Sinne eines Kleinstunternehmens zu sehen? Aber insgesamt ist es dann doch ein mittelständisches Unternehmen von der Gesamtstruktur?

L: Ja.

S: Als Social Media werden soziale Netzwerke und Netzgemeinschaften verstanden, die eben als Plattform zum gegenseitigen Transfer von Meinungen, Eindrücken und Erfahrungen dienen. Sagt Ihnen der Ausdruck Social Media etwas?

L: Ja.

S: Und in welchem Zusammenhang?

L: Ich stelle mir vor...mir fällt ein, Facebook, Xing, Twitter gibt es da. Also ich kenne das, bin aber bis jetzt noch keiner dieser Plattformen beigetreten.

S: Persönlich?

L: Also persönlich.

S: Also für Ihren privaten Bereich. Im unternehmerischen Bereich?

L: Auch nicht. Bisher noch nicht. Wir hatten zwar eine Präsentation der Möglichkeit einer Präsenz auf Facebook, wo aber bislang die Möglichkeit verworfen wurde, bzw. nur diskutiert wurde. Es gibt einfach ein paar Größen, die uns noch unbekannt sind.

S: Öffentlichkeitsarbeit oder Public Relations bezeichnen den weit gefassten Begriff der Gestaltung der öffentlichen Kommunikation von Organisationen, Unternehmen, aber eben auch Einzelpersonen. Also anders ausgedrückt, im Gegensatz zum Marketing, wo es um Verkaufsförderung geht, geht es hier in dem Sinn, salopp ausgedrückt, um to tell someone about *something. Würden Sie in diesem Zusammenhang sagen, dass Sie in und für Ihr Unternehmen Öffentlichkeitsarbeit betreiben? Klassische Öffentlichkeitsarbeit?*

L: Man kann ja nicht nicht kommunizieren. [lacht] Also, klassische Öffentlichkeitsarbeit...nein.

S: Im Sinne von Flyer verteilen und Aktionen setzen?

L: Ja, auch diese Flyer-Verteilaktionen haben sich ziemlich reduziert. Wir hängen zu bestimmten Zeiten Plakate auf in Schulen teilweise, wo wir Spezialkurse bewerben. Osterkurse...oder es gibt irgendeinen konkreten Anlassfall. Aber ansonsten hat sich die Kommunikation reduziert auf die Präsenz unserer Fahrzeuge vom öffentlichen Erscheinungsbild her.

S: Ihre Fahrzeuge sind sehr auffällig gestaltet. Also, das ist also im Grunde genommen auch ein Teil der Öffentlichkeitsarbeit. Einfach im Sinne der Markenpräsenz auf der Straße, quasi, dort wo Sie vom Gebiet und vom potentiellen Kunden hingehört.

L: Ja. Also da ist es uns wichtig, dass eine Präsenz da ist, man wird gesehen, und suggeriert da natürlich über die Häufigkeit eine bestimmte Größe und damit wahrscheinlich eine phantasierte Kompetenz und Beliebtheit.

S: So etwas wie Pressemitteilungen im klassischen Sinne, dass also der klassischen Presse, also nicht der Online, sondern der Presse im Sinne der Printmedien, der Druckmedien mitgeteilt wird, was man gerade macht, wo man ist. Kommt weniger vor?

L: Ja, kommt weniger vor.

S: Oder gar nicht vor?

L: Eher gar nicht.

S: Wenn sich etwas wichtiges in Ihrem Unternehmen geändert hat, wenn Sie ab jetzt besonders ein anderes Image versuchen aufzubauen, besonders ökologische Produkte, für eine Fahrschule wahrscheinlich weniger der Fall, aber z. B. eben auf erdgasbetriebene Fahrzeuge umsteigen würden, vergleichbar jetzt mit einem nennenswerten Schritt in die Ökologie oder ökologischen Bereich. Wenn Sie also eine andere Marke jetzt in Ihrem Unternehmen verwenden, neue Dienstleistungen anbieten, etc., wie wird das kommuniziert zu den Kunden, möglichen Lieferanten, Partnern, anderen Geschäftspartnern?

L: Also, mir fällt jetzt schon ein Kommunikationskanal ein, der uns wichtig erscheint, und den ich vorher vergessen habe zu erwähnen, und zwar das Internet. Unsere Präsenz, unsere Homepage, wo wir dann diese Mitteilungen, diese Neuerungen posten.

S: Auf der Website?

L: Ja, auf der Website. Und ansonsten eigentlich durch unsere Kunden, Fahrschüler. Es wird in den Kursen darüber gesprochen, und dann das von diesen jungen Menschen weiter getragen.

S: Also sehr viel mit Mundpropaganda?

L: Genau. Da machen wir unsere Kunden zu Missionaren.

S: Das heißt, wenn der Kunde glücklich ist, dann erzählt er auch darüber?

L: Ja...also wenn...wenn es für den Kunden irgendwie bedeutend ist. Also, auch wenn es etwa nicht besonders glücklich für den Kunden ist, das erzählt er.

S: *Das ist das Risiko? [lacht] Dann erzählt er es meistens noch mehr. Das heißt also Internet ja im Sinne der Webseite als Informationsplattform, aber eine Social Media Seite ist bisher eher noch nicht angedacht worden, in welchem Bereich auch immer dann, ob es jetzt dann Facebook oder Twitter oder irgendwie wäre. Gut. Sind Sie privat in einem Social Media Portal?*

L: Nein.

S: *Auch nicht. Ok. Aber offensichtlich wurde schon mal mit dem Gedanken gespielt, grundsätzlich Social Media als Kommunikationstool in die Unternehmenskommunikation mit einzubauen. Also der Fahrschule Zebra, oder Fahrschul-GmbH Zebra. Was...was war der Gedanke dahinter, warum ist es grundsätzlich angedacht worden?*

L: Wir denken, dass es einfach...eine ganz ganz wesentliche Kommunikationsmöglichkeit unserer Kunden darstellt. Oder das Kommunikationsverhalten, so glauben wir zu beobachten, spielt sich sehr viel über diese Plattformen ab.

S: *Also der Kunden untereinander?*

L: Ja, genau. Und dem zufolge ist es auch wichtig, daran teilhaben und auch präsent sein zu können. Und das möglicherweise sogar beeinflussen oder steuern zu können. Also das war der Grundgedanke.

S: *Und warum kam es dann noch nicht dazu? Kann man da darüber sprechen, oder...?*

L: Ja. Erstens einmal konnte das nicht ausreichend klar informiert werden...oder dargestellt werden von diesen Kommunikationsagenturen, die uns da beraten hätten. Und...äh...ich denke es gibt noch Bedenken hinsichtlich der Steuerbarkeit. Also...es scheint so, dass diese jungen Menschen dann am besten, oder diese Plattformen dann am besten kommunizieren, wenn diese jungen Menschen da einen Raum für sich haben, der eben nicht dann von der Organisation beeinflusst wird, im Sinne einer Zensur, oder auch sonstiger Vorgaben oder auch Abhängigkeiten. Was jetzt vielleicht eine neue Möglichkeit wäre, dass sich die irgendetwas verdienen können, irgendwelche Benefiz, ja. Über diese Steuerung sind sie noch leichter vielleicht zu erreichen, diese Kids. Aber ja, ich denke, es steht einfach die Angst im Raum, dass...dass dann auch die Schattenseiten unserer Organisation kommuniziert werden.

S: *Und das dann mitunter nicht mehr steuerbar ist? Und ein Selbstläufer werden könnte?*

L: Genau, nicht mehr beeinflussbar und nicht mehr steuerbar.

S: *Wobei man aber auf der anderen Seite sagt, dass ganz speziell „Kinder" oder Jugendliche zwischen 14 – 18 ganz extrem schwer mit Unternehmenswerbung, etc. zu erreichen sind. Sobald die nur riechen, so quasi, dass man irgendwo ein Geschäft mit ihnen machen will in weiterer Folge, dass diese normalerweise schon abblocken. Die wollen also kommunizieren, aber in dem Moment, wie sie merken, da geht es eigentlich weniger um Kommunikation sondern mehr ums Geschäft, wird das ja, nicht von allen, aber großteils abgeblockt. Ist das auch ein bisschen die Angst dahin, dass man sagt, wie erreichen wir die überhaupt? Oder: Und? Erreichen wir die überhaupt?*

L: Das, ja, was angesprochen wird, kann ich mir vorstellen, dass das durchaus auch eine Angst ist, dass man dann Präsenz zeigt, und nicht reflektiert wird, keiner will mit uns sprechen, so, kann schon sein.

S: *Befürchten Sie vielleicht auch, dass die Erstellung und der Erhalt einer Social Media Seite, z. B. eben im Bereich Facebook, weil es ja doch die größte Plattform dzt. ist...dass der Aufwand dafür höher sein könnte als der Nutzen, der jemals herausgezogen werden könnte? Also auch im Sinne einer unternehmerischen Überlegung ganz klar, oder ganz kalt kalkuliert: Aufwand- Nutzenrechnung?*

L: Also unsere Einschätzung ist eher die, dass durch...die große Anzahl der Mitglieder eine sehr hohe Dynamik entsteht, und der eigene Aufwand dabei als sehr gering eingeschätzt wird.

S: Ok. Also das wäre nicht unbedingt die Überlegung, dass man sagt, ok...das spricht dagegen?

L: Also die Voraussetzung für diese Präsenz hätten wir eher als sehr einfach angesehen, ja.

S: Können Sie sich grundsätzlich vorstellen, dass in näherer Zukunft das interessant werden könnte, also, dass was bis jetzt verworfen wurde, man trotzdem weiter denkt und sagt: Ok. Bis jetzt war es kein...?

L: Also, meine Meinung ist, dass wir nicht daran vorbei kommen. Es ist eine Realität.

S: Auf kurz oder lang wird es in die Richtung eine Seite auch von der Fahrschule Zebra geben? Eine offizielle Seite, weil inoffiziell habe ich schon eine gesehen.

L: Ja. Genau, es gibt schon eine. Es ist in der Organisation sofort auf Ressentiments gestoßen, Verdächtigungen, und sofort Angst aufgetaucht, dass was passiert.

S: Darf ich auf das Thema Angst eingehen? Inwiefern Angst?

L: Das wäre jetzt eine lange Geschichte.

S: Bitte.

L: Also diese Organisation ist eher eine Organisation mit...auch einem paranoiden Charakter und da herrschen natürlich immer Ängste eines...Kontrollverlustes. Und das natürlich wird da geschürt, man kennt das nicht. Das Gegenüber. Man kennt alle Beteiligten nicht, die da irgendwas verändern könnten, beeinflussen könnten, ihre Meinungen kundtun könnten, damit die Kunden beeinflussen. Und das schafft Unsicherheit.

S: Und diese Unsicherheit ist am besten dann zu kontrollieren, wenn man die Möglichkeit einer Kommunikationsplattform eigentlich schon gar nicht bereitstellt, quasi?

L: Ja, genau. Oder die Idee selbst handelnder, agierender Menschen einmal prinzipiell in Frage stellt. Oder besser wäre es sozusagen, es gäbe keine Kunden. Dann würde die Organisation perfekt organisiert.

S: Verstehe.

L: Aber das ist jetzt eine Pathologie. Aber die trifft schon auch zu.

S: Wobei es ja dann langläufig die Meinungen gibt, dass ja über das Unternehmen ohnehin kommuniziert wird in Social Media Seiten oder auf Blogs oder irgendwo auch immer im Internet oder persönlich auf der Strasse. Kommuniziert wird ja ohnehin. Wenn ich mich in den Social Media beteilige, dann habe ich wenigstens irgendwo noch die Möglichkeit das zu steuern. Ist das vielleicht eine Überlegung, dass man dann sagt, irgendwann, man muss hinein, dann kann ich wenigstens mitreden?

L: Und Abfuhr vielleicht leisten.

S: Mitunter. Genau so.

L: Es wird dann die Spannung sozusagen nimmer unter Druck bleiben, und vielleicht, wenn es jemanden gibt, der also diesbezüglich schon irgendwas startet und dann lanciert, dann ist es nimmer notwendig, dass ich das selber 10 oder 15 Personen erzählen muss. Ja, es ist jetzt ein interessanter Aspekt. Habe ich bisher noch nicht so gesehen, aber.

S: *Ist die Weitergabe der Daten womöglich auch ein Grund, also man hört das ja immer wieder, dass im Internet, vor allem auf den Social Media Seiten, die Daten von Personen oder eben auch von Firmen dann an Dritte weiter gegeben werden. Also im Endeffekt eine Datenweitergabe, die gar nicht unbedingt erwünscht war. Ist das vielleicht auch ein Thema, dass man sagt, ok. Das war auch noch ein Grund, warum wir mit der Unternehmung bisher noch nicht in den Bereich der Social Media eingetreten sind?*

L: Ja, Informationen, firmeninterne und betriebsinterne Informationen sind ja Daten, auch Informationen bezüglich einer weniger guten Ausbildung oder sonst sehr subjektive Informationen. Und so weiter gefasst ist es genau diese Angst, ja? Wenn jetzt aber der Datenbegriff enger gefasst wird, so, dass es also nur darum geht, dass irgendein Name veröffentlicht wird, dann war hier das Bewusstsein nicht so groß...einer Gefahr.

S: *Auch ein weniger generelles Problem. Als abschließende Frage. Haben Sie das Gefühl, dass Ihr Interesse schon allein durch dieses Interview über den Bereich und die Möglichkeiten im Social Media ein wenig angeregt wurde? Dass Sie sich vielleicht Aspekte innerlich überlegt haben, die bisher gar nicht zur Überlegung bereit gestanden sind, sinngemäß? Oder dass Sie sagen ok, es war natürlich schon mal angedacht, aber es wurde bis jetzt nicht umgesetzt, weil einfach die Dringlichkeit bis jetzt nicht auf dem Tisch lag. Aber dass Sie sich jetzt in näherer Zukunft, im Sinne von einem Jahr oder irgendwas, dazu überlegen mit Ihren Geschäftspartnern, das muss in irgendeiner Weise versucht werden, umzusetzen, umgesetzt zu werden. Dass man eben eine Social Media Seite dann herstellt für Zebra? Jetzt alleinig durch das Interview, ist das jetzt für Sie das Gefühl?*

L: Ich habe an verschiedenen Stelle, ich glaube sogar zweimal, gesagt, dass die Idee, die aufgeworfen worden ist, eine interessante sei. Und ja, also, ich glaube, wir kommen nicht drum herum. Und vielleicht hat uns jetzt dieses Interview diesen Stups gegeben, den Impuls in die Richtung weiter zu gehen.

S: *Gut, dann bedanke ich mich herzlich für das interessante Gespräch, vor allem für Ihre Zeit und sage danke schön.*

Interview Herr Spieler, Günter (Schlosserei „Metallwerkstätte") => Handwerk vom 9.4.2011

S: Sehr geehrter Herr Spieler, herzlichen Dank, dass Sie sich für dieses Interview Zeit genommen haben. Wie ich Sie im Vorfeld bereits informiert habe, handelt es sich dabei thematisch um den Bereich der PR und KMU, also Klein- und Mittelunternehmen. Das Studienthema, zu welchem dieses Interview weitere Fakten liefern sollte, lautet „Social Media für jedermann? Public Relations für Kleinstunternehmer auf dem Feld der Social Media". Mit Ihrem mündlichen Einverständnis werde ich die Antworten für die hier genannte Studie verwenden. Sind sie damit einverstanden?

Spieler (SP): Ja.

S: Sie sind Chef Ihres eigenen Unternehmens. In welcher Branche ist Ihr Unternehmen tätig?

SP: In der Metallbranche.

S: Und wie viel Mitarbeiter sind in diesem Unternehmen beschäftigt?

SP: 4 Mitarbeiter.

S: Ok, also ein klassischer Kleinstunternehmer. Als Social Media werden soziale Netzwerke und Netzgemeinschaften verstanden, die als Plattformen zum gegenseitigen Transfer von Meinungen, Eindrücken und Erfahrungen dienen. Sagt Ihnen der Ausdruck der Social Media etwas?

SP: Ja. Gehört habe ich das schon, befasst habe ich mich relativ wenig damit.

S: Wenig noch. In welchem Zusammenhang haben Sie davon schon gehört?

SP: Ja. Weil das im Prinzip mehr oder weniger schon jede Privatperson verwendet, das ist es eigentlich.

S: Und was haben Sie da, von welchen Firmen haben Sie da am ehesten gehört, die Plattformen bereitstellen?

SP: Ja, hauptsächlich Facebook.

S: Facebook, ok. Xing, und solche Sachen? Also eher unternehmerische, haben Sie da schon Kontakt oder zumindest was davon gehört?

SP: Gehört schon, aber kein Kontakt.

S: Öffentlichkeitsarbeit oder auch Public Relations umfassen den weit gefassten Begriff für die Gestaltung der öffentlichen Kommunikation von Organisationen, Unternehmen und Einzelpersonen. Anders ausgedrückt, meint es eben, dass im Gegensatz zum Marketing, wo es primär um Verkaufsförderung geht, eher to tell someone about something, also um Mitteilungen, den anderen informieren, Kunden, Mitarbeiter, Lieferanten informieren, was ändert sich grad im Betrieb, was machen wir grad. Würden Sie in diesem Zusammenhang sagen, dass Sie in und für Ihr Unternehmen Öffentlichkeitsarbeit betreiben?

SP: Jein, Öffentlichkeitsarbeit brauch ich nicht zu betreiben, weil bei mir mehr oder weniger alles über Mundpropaganda funktioniert, und ich mit anderen Firmen sehr wenig zu tun habe und wenn, dann dort persönlich auftrete.

S: Ok. Wenn Sie etwas wichtiges in Ihrem Unternehmen geändert haben, wenn Sie z. B. versuchen ein anderes Image aufzubauen, besonders ökologisch zu arbeiten oder ökologische Produkte zu verwenden, wenn Sie eine besondere Marke in Ihrem Unternehmen verwenden, irgendein besonderer Schweißapparat oder irgendetwas in diese Richtung, oder eine besondere Art des Schweißens verwenden oder praktizieren, eine neue Dienstleistung anbieten. Wenn Sie nun eine Veränderung welcher Art auch immer in Ihrem Unternehmen gemacht haben, Ihr Unternehmen sich vergrößert hat, ein weiterer Firmensitz, usw. teilen Sie das Ihren Zielgruppen mit, also Ihren Lieferanten, Kunden, Partnern?

SP: Also den unterschiedlichen Kunden würde ich das sicher mitteilen, aber sicherlich per Mail oder durch ein persönliches Vorsprechen. Und möglicherweise noch „Wer liefert was?"…auf der Plattform, aber das ist eigentlich schon alles. Also…das sind alle Medien oder Möglichkeiten, wo ich ausschöpfe.

S: Wie funktioniert das auf dieser Plattform „Wer liefert was?" ?

SP: Ja, da kann man im Prinzip auf der Plattform selber…da ist man registriert als Firma, da hat man seine ganzen Möglichkeiten und Sachen, die man anbietet, und hat durch einen Code immer wieder Zugriff, um diverse Dinge zu verändern, und das ist mehr oder weniger alles, was ich mache.

S: Wie funktioniert das? Also Sie schreiben dort rein…keine Ahnung, Firmenstandort ändert sich oder irgendetwas in die Richtung, können dann andere darauf reagieren, können die drunter was hinschreiben und das kommentieren oder wird das einfach dann nur festgestellt von den anderen, dass sich etwas verändert hat, oder dass Sie das oder das jetzt machen, oder auf Urlaub sind, oder irgendwas in die Richtung?

SP: Es geht da rein nur um das, was ich anbiete, Dienstleistungen oder was ich für Materialien habe, aber nicht mehr. Also…da habe nur ich Zugriff und der Betreiber der Plattform und…klar ist das verlinkt mit meiner Website, mit dem Email-Kontakt und die Kunden, die können da schon drauf reagieren, aber die schreiben mir dann persönlich.

S: Ok, über E-Mail, also im zweiten Weg. Das heißt eine direkte Möglichkeit gibt es auf der Plattform keine…also eine Möglichkeit der Kommunikation gibt es auf der Plattform nicht?
SP: Meines Wissens nicht.

S: Gut. Die Meldungen, die Sie da reinstellen, machen Sie selber?

SP: Teilweise.

S: Sind Sie privat in einem Social Media Portal aktiv?

SP: Nein.

S: Gibt es irgendwelche Gründe, dass Sie sagen: Nein, das ist für mich weniger geeignet oder von Interesse, oder…?

SP: Ja, mich interessiert das ganze sehr wenig, einerseits befasse ich mich auch wirklich zu wenig damit, hab nicht die Zeit, mich damit zu befassen und andererseits geht für mich irgendwie die Persönlichkeit von jedem einzelnen damit verloren. Und mir ist es einfach wichtiger, dass ich einen persönlichen Kontakt mit Freunden, Bekannten, Leute haben will, und das nicht gerne über das Netz mache. Vor allem will ich auch nicht zuviel von mir Preis geben, wo andere zugreifen können, denn da habe ich auch schon sehr viele negative Dinge gehört, dass einfach gewisse Sachen nicht mehr gelöscht werden können oder permanent da sind, und dass auch andere Leute auf meiner Plattform diverse Dinge reinstellen können, wodurch dann eventuell Nachteile für mich entstehen könnten.

S: Also man kann sagen, deswegen eigentlich, weil sie ein ziemlich großes Misstrauen dem System gegenüber haben?

SP: Genau.

S: D.h. privat ist das für Sie kein Thema. Haben Sie grundsätzlich schon einmal mit dem Gedanken gespielt, Facebook oder eine vergleichbare Plattform für Ihr Unternehmen in Betracht zu ziehen?

SP: Nein, da habe ich noch gar nie darüber nachgedacht und kommt für mich auch gar nicht in Frage.

S: Ok. Aber von Facebook an sich als Kommunikationstool für ein Unternehmen haben Sie schon gehört?

SP: Das habe ich schon gehört, und zwar von Mitbewerbern und von Bekannten, die nutzen das Facebook im Speziellen, wenn sie jemanden neu einstellen, wollen sich vorab vielleicht über die Person, sofern sie natürlich da drin ist, informieren können, um einmal ein bisschen einen Eindruck von der Person kriegen. Und dass es Mode ist, dass es dann oft nicht einmal zu dem ersten Bewerbungsgespräch kommt, weil eben diese Dinge, wo dann eben teilweise eingestellt werden, abschreckend sind.

S: Für den potentiellen Auftraggeber?

SP: Genau. Ja.

S: Haben Sie, wenn Sie jemanden einstellen, schon mal ebenfalls mit dem Gedanken gespielt, im Internet zu schauen, allgemein jetzt ohne auf Facebook oder irgendwelche vergleichbare Seiten mich jetzt zu berufen, dass Sie sagen, ich informiere mich vorab einmal über die Person oder über Kunden, oder über eine andere Firma, wenn Sie einen neuen Lieferanten z. B. haben, irgendwas in die Richtung, also unter Anführungszeichen im weit gefassten Bereich Spionage quasi, im Vorfeld zu betreiben?

SP: Ja, interessant ist das ganze natürlich schon. Aber ich habe das auch schon über Bekannte gemacht, wo die mich dann darauf aufmerksam gemacht habe, du schau dir mal das Profil von der Person an. Und das ist natürlich schon auf eine gewisse Art und Weise interessant. Nur bin ich halt draufgekommen, dass es dann meistens über die Person nicht wirklich etwas aussagt. Das sind dann irgendwelche Spielereien oder irgendwelche Dinge, die man anfänglich für lustig haltet, oder für interessant, und dann stellt es sich als Nachteil heraus. Und ich habe dann gehört, dass diese Dinge zu löschen oder zu tilgen dann relativ schwer sind, oder teilweise gar nicht möglich sind.

S: Ich verstehe. Sie haben also gesagt, dass diese, oder wie soll man das ausdrücken, Misstrauen ihrerseits dem System der Social Media gegenüber ist, man hört generell immer wieder in einschlägigen Medienberichten, dass Social Media Plattformen die Daten ihrer Mitglieder weiter verkaufen würden. Ist es eben ein Hauptgrund, warum Sie oder einer der Gründe, warum Sie nicht in Social Media Bereich mit Ihrem Unternehmen gehen wollen? Dass Sie also Daten, Firmendaten, die über die Information einer Website hinausgehen, gar nicht in die Öffentlichkeit bringen wollen?

SP: Ja. Das ist natürlich auch ein ausschlaggebender Grund. Weil ich das einfach irgendwie auch einfach selber in der Hand haben möchte, selber entscheiden möchte, wo gewisse Informationen hingehen, oder auch Informationen, wo niemanden etwas angeht oder nur eine bestimmte Person, dass die da auch bleiben.

S: Ok. Könnten Sie sich vorstellen...weil Sie vorher den Zeitfaktor angesprochen haben...sie haben relativ wenig Zeit dafür auch als Einzelunternehmer, als Kleinstunternehmer überhaupt so eine Plattform zu betreiben. Wenn das ganze jetzt in professionellen Händen wäre, sprich also PR-Agentur oder sich eine Person, der Sie vertrauen würden, sich darum kümmern würde, dass Sie dann eher sagen, ok, die Person oder die Firma stellt nur die Daten ein, wo ich sage, dass das ok. ist. Es geht also nicht über diesen Rand hinaus, dass Sie sagen, ich habe zeitlich kein Problem damit, und somit als Informationstool warum nicht, dass Sie dann eher bereit wären dafür, oder ist es einfach generell, dass Sie sagen, damit möchte ich nichts zu tun haben?

SP: Das ist bei mir schon generell, dass ich damit nichts zu tun haben möchte. Und ich kann mir auch nicht vorstellen, dass irgendjemand die ganze Sache für mich in die Hand nimmt, weil der weiß ja auch nicht genau, wie ich ticke. Und das ist für mich sehr schwierig, ich mache auch sonst keine Werbung, in keinem anderen Medium und ich brauche es auch nicht, weil ich mit Arbeit genügend eingedeckt bin. Und entweder sind das immer wieder dieselben Firmen, die auf einen zukommen, oder es sind Privatpersonen, und die kommen meistens nur ein Mal. Und da läuft das ganze über Mundpropaganda und das ist für mich einfach die beste und die preisgünstigste Werbung.

S: Also im Endeffekt auf Grund Ihrer Leistung, aufgrund Ihrer Produkte und Dienstleistungen, die Sie geschaffen haben, dass eben Folgegeschäfte entstehen?

SP: Genau. Ja.

S: Und damit ein gewisses Image, ein gewisser Ruf aufgebaut wurde?

SP: Oder die Menge dieser Folgegeschäfte ist mehr als ausreichend, und drum denke ich da gar nicht drüber nach, irgendwie noch ein zusätzliches Medium zu verwenden.

S: Verstehe. Gut. Haben Sie das Gefühl, wenn Sie es grundsätzlich von den Überlegungen her betrachten, sind Sie durch dieses Interview schon alleinig dem Medium Social Media etwas näher gekommen sind, oder denken Sie nach wie vor, selbst wenn wir jetzt noch 2 Stunden quasi drüber reden würden, dass Sie sagen, nein das ist einfach nichts für mich. Und hängt das ganze vielleicht ein bisschen damit zusammen, dass Sie sagen, meine Zielgruppen würde ich da drinnen wahrscheinlich nicht erreichen. Also Ihre Zielgruppen, also sprich, dass Ihre potentiellen Kunden eigentlich ganz woanders sind?

SP: Das ist der Hauptgrund, dass meine Kunden eben teilweise Firmen sind, die wissen, was ich mache, die sich eben auch über verschiedene Suchmaschinen auch bedienen und versuchen herauszufinden, wer was produziert, herstellt und das sind meistens Firmen im engeren Umkreis. Und da ist der persönliche Kontakt eigentlich immer gewünscht.

S: Also, hauptsächlich ist das Geschäft business to business und weniger business to customer, also sprich zum Kunden selber, sondern es ist also Geschäftsbeziehung unter Firmen, in dem Sie sich bewegen?

SP: Genau. Und der Private, der meine Dienstleistungen in Anspruch nimmt, das sind auch eher Personen in meinem Alter oder älter, die haben selber auch eher wenig mit diesem Medium zu tun. Und da gilt einfach noch irgendwie die Handschlagqualität, das persönliche Auftreten und einfach auch der persönliche Besuch, Beratungsgespräch. Und da wird sehr selten irgendetwas über Internet oder über irgendwas in die Richtung abgewickelt.

S: Wenn Ihre Kunden jetzt in weiterer Zukunft plötzlich alle über Facebook kommunizieren würden, wäre das dann mitunter ein Grund, bei einer vergleichbaren oder bei der Plattform sich einzuschreiben. Dass man sagt, ok jetzt komme ich nicht mehr drum herum? Als abschließende Frage jetzt, quasi.

SP: Ja, irgendwann wird nach meiner Meinung ohnehin der Punkt kommen, wo man nicht mehr drum herum kann. Und das wird dann auch sicher der Punkt sein, wo die Firma Spieler natürlich auch in dieses Medium einsteigen muss, gezwungenermaßen.

S: *Aber bis dort hin?*

SP: Bis dort hin weigere ich mich.

S: *Gut. Dann sage ich herzlichen Dank für das Interview, und vor allem, dass Sie sich Zeit genommen haben.*

SP: Danke auch.

Interview Herr Pacher, Michael (M+M Bike Shop) => Dienstleister vom 10.4.2011

S: Sehr geehrter Herr Pacher, herzlichen Dank, dass Sie sich für dieses Interview Zeit genommen haben. Wie ich Sie im Vorfeld bereits informiert habe, handelt es sich dabei thematisch um den Bereich der PR und KMU, also Klein- und Mittelunternehmen. Das Studienthema, zu welchem dieses Interview weitere Fakten liefern sollte, lautet „Social Media für jedermann? Public Relations für Kleinstunternehmer auf dem Feld der Social Media". Mit Ihrem mündlichen Einverständnis werde ich die Antworten für die hier genannte Studie verwenden. Sind sie damit einverstanden?

P: Kein Problem.

S: Perfekt. Sie sind Chef Ihres eigenen Unternehmens. In welcher Branche ist Ihr Unternehmen tätig?

P: Wir sind in der Fahrradbranche tätig.

S: Als Verkauf und Service?

P: Genau. Verkauf und Service, sprich Werkstatt, Reparatur, alles Rad.

S: Sprich Dienstleistung in dem Sinn. Wie viele Mitarbeiter arbeiten für Sie?

P: Jetzt seit 3 Wochen der Erste.

S: Also, der Erste, jetzt. Haben Sie einen Geschäftspartner?

P: Genau, mein Bruder…jetzt sind wir eigentlich zu Dritt im Unternehmen.

S: Also, klassisches Kleinstunternehmen?

P: Genau.

S: Gut. Als Social Media werden soziale Netzwerke und Netzgemeinschaften verstanden, die als Plattformen zum gegenseitigen Transfer von Meinungen, Eindrücken und Erfahrungen dienen. Sagt Ihnen der Ausdruck Social Media etwas? Und in welchem Zusammenhang?

P: In der Regel ja, bestes Beispiel Facebook, nützen wir auch selber. Sehen wir Vorteile darin, ja, gute Geschichte.

S: Machen Sie das privat und geschäftlich, oder?

P: Ich mache es nur geschäftlich. In Facebook.

S: Eine andere Seite, die Sie verwenden teilweise?

P: Jein, gewisse Foren eventuell, wo man oft auch nachschaut und was postet sind so MTB-News, …. ja so spezifisch.

S: Eher Sport, also Downhillracing, usw.

P: Genau, wo man sich halt austauscht, wo es um einen Teiletausch geht.

S: Da wird auch wirklich miteinander kommuniziert?

P: Ja. Ganz gut sogar.

S: Öffentlichkeitsarbeit oder auch Public Relations bezeichnet den weit gefassten Begriff für die Gestaltung der öffentlichen Kommunikation von Organisationen, Unternehmen oder Einzelpersonen. Anders ausgedrückt, geht es eben bei der Public Relation, nicht so wie beim Marketing um die Verkaufsförderung, sondern um die Information. Also to tell someone about something, wie es salopp heißt. Würden Sie in diesem Zusammenhang sagen, dass Sie für und in Ihrem Unternehmen Öffentlichkeitsarbeit betreiben? Im Sinne von Events, oder Flyer, oder?

P: Ja, das machen wir sehr wohl. Wir haben auch schon Flyergeschichten gemacht, sprich bei der Neueröffnung z. B., aber sonst schaut bei uns die Öffentlichkeitsarbeit so aus, dass wir die Schaufel in die Hand nehmen, sprich für Kindersportgruppen, etc, etc. Jetzt haben wir gerade ein Projekt laufen, Kinder nach draußen, für die baut man gerade eine BMX-Strecke. Ja, wird richtig mit dem Bagger rein gefahren. Gute Geschichte.

S: Und wie wird das dann kommuniziert? Also wie erfahrt die Öffentlichkeit davon?

P: Das ist eigentlich wie ein Lauffeuer. Also, das ist noch nicht einmal fertig und die Leute wissen schon, dass da was entsteht. Also das geht dann ziemlich schnell. Grad so Jugendliche von 12-18, 20 das spricht sich sofort herum.

S: Da ist ein sozialer Hintergrund dahinter…ist im weiteren Sinne natürlich auch wiederum die Idee, mehr Leute ins Geschäft zu bringen. Ist ja auch legitim.

P: Ja, sicher. Aber das ist eigentlich so eine Herzensangelegenheit von meinem Vater, eben. Der sponsert auch den Bagger, der zahlt den Bagger. Und ja graben tun dann wir und schleppen und das ganze. Aber es ist, ja, da muss man generell ein bisschen den Hebel ansetzen, weil es gibt nicht viel Spots für Kinder, speziell fürs Biken. Jeder kommt nicht in einen Bikepark, es ist doch immer 1 Stunde Auto fahren. Ja, halt schauen, das ist halt in den vergangen Jahren. Aber generell die Schiene, die wir ansprechen, freeride, downhill, dirt, das ist halt…ja, bei uns in Mitteleuropa macht das jetzt so richtig „boom!!!", und da gehören Spots geschaffen. Ich formuliere es einmal so.

S: Momentan eine Randsportart?

P: Ja. Wir haben zwar jetzt in Leogang den Weltcup und die Weltmeisterschaften, aber ja. Kinder…oft kaufen die ein Dirtbike, und die nächste Frage: Wo können wir denn fahren? Weil es halt einfach noch nichts gibt.

S: Ich verstehe. Jetzt machen Sie solche Sachen und eben auch mit der Weltmeisterschaft in Leogang, wo Sie wahrscheinlich weniger aktiv, aber zumindest mit dem Geschäft wahrscheinlich vor Ort sind?

P: Ja, wir werden vor Ort sein mit der Firma Giant. Und da werden wir gemeinsam etwas machen, da sind dann auch so Testtage für 1 Woche.

S: Sind das Sachen, die Sie dann auch firmenmäßig…wenn ich Sie recht verstanden habe, sind Sie in Facebook vertreten?

P: Ja, wir sind seit Dezember 2010 auf Facebook dabei. Das macht der Kollege für uns, und ja, ich sehr nur positives. Also, eine gute Geschichte.

S: Und sind das dann Sachen, die eben diese Kooperation mit Giant oder die Sache draußen mit dem Kinderdorf, sind das Sachen, die Sie eben dann auch auf Facebook bringen?

P: Ja, definitiv. Wie gesagt, Facebook, ich war selber privat nie dabei, ich bin auch nicht so der Computeruser, sag ich jetzt einmal, aber es ist auf alle Fälle klass. Facebook, das kost ja nichts. Und, ich sage einmal, Leute zwischen…es geht schon bei 12-jährigen los, sag ich jetzt einmal, wenn sie nicht noch jünger sind, bis 20, 25, die lesen keine Zeitung mehr. Die schreiben auf Facebook. Also, wenn du denen sagst, hast du schon einmal den Sportteil von der Kronenzeitung gelesen? Nein. Es ist wirklich so. Facebook ist...du wirst es nicht aufhalten können.

S: D. h. Sie treffen dort auch wirklich Ihre Zielgruppe?

P: Definitiv ja.

S: Also potentielle Käufer oder zumindest Interessenten?

P: Definitiv ja. Ich mache es immer so, es gibt vorab Infos, was gekommen ist, was kommen wird, und ja, dementsprechend kommen die Leute dann und ja...schauen sich das dann an.

S: Wer betreut Ihre Facebook-Seite? Machen Sie das selber?

P: Nein, das macht ein guter Freund von mir.

S: Also, Fremdauftrag so quasi.

P: Ja, er ist sehr oft auch im Laden, er ist auch selber ein Biker, wir gehen immer zusammen biken, d. h. wir können uns eigentlich immer super austauschen, wenn wir im Wald sind. Und dann passiert das Ganze.

S: Also, es ist in dem Sinn ein Naheverhältnis da, dass er weiß, was Ihr Interesse ist? Damit der das richtige dann postet?

P: Genau. Wir müssen nicht extra Meetings machen, weil wir gehen halt, wenn wir schieben z.B. im Wald, da hast du auch immer 2 Stunden Zeit, und da wird sich ausgetauscht. Na, da bin ich froh, dass ich diesen Kollegen habe, der mir das macht.

S: Ist klar. Sie selber hätten weniger Interesse?

P: Interesse...ich habe die Zeit nicht. Deshalb habe ich es bis dato nicht gemacht gehabt, weil, wenn du es machst, dann musst du es auch gescheit machen, sage ich jetzt einmal. Aber, ja, wie gesagt, ich bin froh, dass ich ihn habe, er macht das ganz gut. Gute Geschichte.

S: Was war der Hauptgrund zu sagen, ok...jetzt gehen wir ins Facebook? Oder jetzt gehen wir generell in den Bereich Social Media, war das bei der Firmengründung schon, oder ist das erst dann mit der Zeit gekommen?

P: Nein, es ergibt sich von selbst. Insofern, weil...wenn du z. B. bei Zeitungen anrufst und dir einmal Angebote einholst, was solche Schaltungen kosten, gehst automatisch dorthin. Ich formuliere das einmal so, weil, ja, Werbung in Form von einer Zeitung, Inserat ist nicht billig, das sind Preise, wo ich sage, nein geht nicht, das ist viel Geld, die Kohle kann ich nehmen unter Anführungszeichen, gib 5 jungen Leuten in Dirtbike und sage, macht euch ihr eine Gaudi. Ja, es ist sehr viel Geld, und ja...Facebook ist eine kostenlose Geschichte, man kann es benützen zu jeder Zeit.

S: Ja. Also ein großer Punkt neben dem Image, oder neben dem Werbeeffekt ist es aber auch der gewesen, dass es kostenlos ist.

P: Der Kostenfaktor, definitiv.

S: Also im Endeffekt die Arbeitszeit, die man reinsteckt, ist zwar vorhanden, muss man theoretisch als Geschäftsmann auch rechnen, aber...?

P: Es ist vorrangig, ausschlaggebend war einfach der Kostenfaktor. Es ist so. Und ich habe auch andere Kollegen in meinem Alter, die jetzt Skateboardshops, etc. etc. haben, die nutzen auch das Facebook. Also das ist jedem zu teuer. Grad für einen Kleinbetrieb. Geht nicht. Wenn du ein großer Betrieb bist, ok. Aber Kleinbetriebe, die Kosten, nein da kannst du nicht mittanzen, das geht nicht.

S: *Wie oft wird da was gemeldet oder gepostet?*

P: 1x die Woche, jede 2. Woche, je nach dem, ich sage immer, wie das Spielzeug daher kommt, sprich die Rahmenräder, dann wird immer wieder ein bisschen was gemurmelt.

S: *Aber es ist genug Information seitens des Unternehmens da, dass man da wirklich immer wieder was bringen kann?*

P: Ja. Definitiv.

S: *Denn es haben ja sehr viel Kleinunternehmer das Problem, dass Sie dann eigentlich nichts…oder meinen, nichts posten zu können?*

P: Nein, da habe ich in unserer Branche den Vorteil, weil das Spielzeug jedes Jahr neu herauskommt. Und es gibt jedes Jahr klasse Komponenten, klasse Räder, also da – das ist ein gutes Rad – ich formuliere das einmal so. Weil jetzt ist gerade eine Phase, da kommen jede 1 bis 2 Wochen…da kommen neue Materialien. Die Komponenten, Fahrräder, ja. Ideal. Dann kommen halt wieder Protektorengeschichten dazu, das ist ja wirklich so.

S: *Es ist also genug da, was man posten kann?*

P: Wir sind eine Branche, ich sag einmal, aufgeteilt auf 6-8 Monate, da kommt immer ein neues Spielzeug, also das ist, das Business schiebt immer wieder neues Material nach.

S: *Sie haben jetzt gerade den Jahrestag in Ihrem Unternehmen gehabt, den haben Sie in einem Lokal in Salzburg gefeiert. Sind da auch Bilder dann ins Facebook gestellt worden, von der Feier?*

P: Nein, da ist es nur ums Feiern gegangen, da hat keiner die Kamera mitgehabt. Haben wir aber auch übers Facebook ausgeschrieben und so sind die Leute auch gekommen, war eine witzige Geschichte, Freibier hat es gegeben. Ich bin selber dann um 2 Uhr heim, aber die Party hat noch länger gedauert.

S: *Ich verstehe. Ja super. Wenn ich die Weitergabe der Daten anspreche, wo man ja immer wieder hört, dass es in Facebook, generell in Social Media, vor allem in Facebook passiert, Weitergabe, Firmendatenweitergabe von persönlichen Daten, keiner weiß, ob es wirklich geschieht, wahrscheinlich ist es so, es ist anzunehmen. Ist das ein Problem für Sie persönlich, dass das passiert?*

P: Ja, ich sag einmal, wenn da Schabernack getrieben wird sicher, ich glaube das Problem ist ein Mobbing für junge Leute. Nur da sage ich halt auch wieder dazu, jeder kann sich das selbst aussuchen, was er postet. Selbst wenn ich ab und zu in Facebook schaue, gerade bei jungen Leuten, wenn denen langweilig ist, dann wird die Kacke gepostet. Es geht um nichts anderes. Aber wie gesagt, es kann sich jeder selbst aussuchen, was er da reinschreibt, was er da frei gibt und ja, wer halt gemobbt wird oder Nachteile dadurch hat, ist unterm Strich auch selber schuld. Um nichts anderes geht es. Also, so ein Facebook, sag ich einmal, zwingt dich nicht Kacke zu schreiben.

S: *Und das ist im Endeffekt auch nicht anders als im realen Leben.*

P: Ja. So wie es ist, ist es. Also so wie du das raus schreist, so kommt es meistens zurück. Man muss halt vorsichtig sein. Aber es ist eher, gerade junge Leute, es liegt oft schon an den Eltern auch, wenn sich ein 12-jähriger stundenlang vor den PC hockt, irgendwann schreibt der Schabernack oder Kacke. Es ist so.

S: Ich verstehe.

P: Und das kann sich aber jeder selber aussuchen. Und ich denke, wenn du schon als junger fähig bist einen PC zu bedienen, dann glaube ich, dass du auch ungefähr einschätzen kannst, was schreibe ich und was schreibe ich nicht. Aber ja, scheiß MTV.

S: Wenn jetzt z. B. bei Ihnen auf Ihrer Seite jemand was schreiben würde, ist das überhaupt möglich, dass der einen Eintrag machen kann?

P: Ja, sicher. Aber da habe ich bis dato noch keine Probleme gehabt, weil wir eigentlich ein Sportartikelgeschäft sind, und da wird halt ja, insofern gepostet, wer einen guten Trick macht oder ein gutes Video macht, der kann das jederzeit posten. Bin ich gar nicht abgeneigt, nur der Berni [Anm. d. Verf.: sein Bruder] kontrolliert das auch jeden Tag, und wenn irgendwas ist, dann kommt das sofort raus.

S: Also Sie streichen das dann eher?

P: Ich streiche es dann, aber es ist bis dato nicht passiert. Und ich gehe auch nicht davon aus, passieren kann es immer, aber...

S: Ich denke jetzt nur an den Zusammenhang, jemand kauft ein Fahrrad...es kann ja ein Produktionsfehler drauf sein, baut einen Unfall, und bevor er zu euch kommt, und mit Ihnen redet zuerst einmal auf Facebook postet: Die Firma verkauft einen Dreck. Im Endeffekt können Sie gar nichts dafür, weil es ein Produktionsfehler war.

P: Ja, kann passieren. Immer, aber mit dem musst du leben. Ist bis dato zum Glück noch nicht passiert, kann aber immer passieren. Aber du bist dann auch als Verkäufer, als Händler machtlos. Aber unterm Strich, wenn man sich dann wieder gegenüber steht, dann kann man sich das ausreden. Ja.

S: Dann war es das schon. Ich sage herzlichen Dank für das Interview, danke für die Informationen und wünsche Ihnen alles Gute.

P: Ich sage danke.

Florian Schwarz

Unternehmenskommunikation im Social Web erfolgreich gestalten

Wie Social Media Marketing erfolgreich als Kommunikationsinstrument eingesetzt werden kann

Diplomica 2013 / 84 Seiten / 39,99 Euro

ISBN 978-3-8428-9524-9
EAN 9783842895249

Das vorliegende Buch zeigt, wie Unternehmen erfolgreich in das Social Media Marketing einsteigen können und welche Anwendungsmöglichkeiten sich daraus ergeben. Dafür werden zunächst alle für dieses Buch relevanten Begriffe definiert und ein Überblick über die aktuellen Entwicklungen und das Nutzerverhalten auf Social Media Plattformen gegeben. Darüber hinaus wird erläutert, wie sich Unternehmen Ziele für ihr Social Media Marketing ableiten können. Anschließend folgt eine Untersuchung der einzelnen Social Media Instrumente. Dabei wird im Besonderen auf die markenbezogene Nutzung der Instrumente sowie die relevanten Erfolgsdeterminanten eingegangen. Alle im Buch angesprochenen Aspekte werden mit anschaulichen Praxisbeispielen hinterlegt. Abschließend erfolgt eine kritische Betrachtung von unternehmerischen Gefahren die durch die Anwendung des Social Media Marketing auftreten können.

Robert Waxenegger

Social Media in projektorientierten Unternehmen

Eine Analyse der Einsatzmöglichkeiten von Social Media Anwendungen in Beratungsunternehmen

Diplomica 2013 / 144 Seiten / 44,99 Euro

ISBN 978-3-8428-9582-9
EAN 9783842895829

Das vorliegende Buch erläutert Social Media und deren Anwendungsmöglichkeiten anhand der Beratungsbranche. Es soll festgestellt werden, in wieweit die momentane Implementierung von Social Media Anwendungen in projektorientierten Unternehmen und insbesondere in Beratungsunternehmen vorangeschritten ist. Diese Thematik ist aber noch relativ neu und oftmals befinden sich Unternehmen noch in der Anfangsphase. Daher ist die Herausforderung der Studie, den aktuellen Status der tatsächlichen, beziehungsweise möglichen Anwendung von Social Media aufzuzeigen und deren Potential zu erläutern. Es werden Einsatzmöglichkeiten und die damit verbundenen Schwierigkeiten beschrieben. Am Ende soll sich erweisen, wie sehr Social Media zum Unternehmenserfolg von Beratungsunternehmen mitwirkt und wie sehr eine differenzierte Social Media Strategie für eine effektive Kommunikation notwendig ist. Es werden die drei großen Themenpunkte projektorientiertes Unternehmen, Beratungsunternehmen und Social Media miteinander verknüpft, um zukunftsorientierte Erkenntnisse zu erlangen.

Florian Thiele

Kommunikationsmanagement im Wandel durch Social Media

Berufsbild, Qualifikation und Tätigkeit 2.0

Diplomica 2013 / 100 Seiten / 44,99 Euro

ISBN 978-3-8428-9765-6
EAN 9783842897656

Facebook, Twitter & Co. beherrschen unseren Alltag. Nach eigenen Angaben hat Facebook mehr als 955 Millionen Mitglieder, es werden jeden Tag mehr als 400 Millionen Tweets gesendet und über vier Milliarden Videos auf YouTube angesehen. Social Media haben einen tiefgreifenden Einfluss auf die Gesellschaft und die Mediennutzung und sich dadurch zu einem relevanten Kanal für die professionelle Kommunikationsarbeit etabliert. Dieses Buch untersucht anhand beispielhafter moderner Kommunikationstools - Social Media Newsroom und Social Media Release - die Veränderungen und den Einfluss auf das Berufsbild, die Qualifikation und die Tätigkeit von Kommunikationsmanagern. Interviews mit führenden verantwortlichen Kommunikationsmanagern von Agenturen mit eigenem Social Media Newsroom zeigen ein eindeutiges Bild: Ein großer Teil des Arbeitsalltags wird durch den Umgang mit Social Media beherrscht. Dieser Wandel in den Tätigkeiten verlangt nach einer Anpassung der Ausbildung und Qualifikationsanforderungen und einer Anpassung des Berufsbildes zur normativen Orientierung für den Beruf. Als Ergebnis dieser Studie wird ein Vorschlag für ein modernes Anforderungsprofil für Kommunikationsmanager präsentiert.

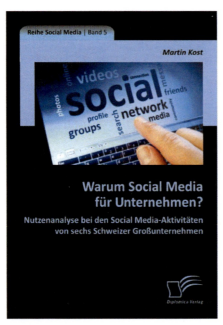

Martin Kost

Warum Social Media für Unternehmen?

Nutzenanalyse bei den Social Media-Aktivitäten von sechs Schweizer Großunternehmen

Diplomica 2013 / 108 Seiten / 33,99 Euro

ISBN 978-3-8428-9941-4
EAN 9783842899414

Social Media hat sich in den letzten Jahren als Bestandteil der Unternehmenskommunikation und des Marketings etabliert. Viele Unternehmen fragen sich, was ihnen ihre Social Media-Investitionen schlussendlich bringen. Oft wissen sie nicht, wie sie den Nutzen von Social Media messen können.

Dieses Fachbuch beschreibt eine Studie, die bei sechs Schweizer Großunternehmen wissenschaftlich fundiert den Nutzen von Social Media für unterschiedliche Unternehmensbereiche analysiert. Anhand eines Reportings soll für jedes untersuchte Unternehmen aufgezeigt werden worin der Nutzen ihrer Social Media-Aktivitäten besteht und wie er gemessen werden kann. Die individuellen Ziele der Unternehmen und deren Strategie werden dabei nicht berücksichtigt. Diese Auswertung soll den Unternehmen zeigen, was sie bisher erreicht haben und wie sie im Vergleich zu anderen großen Unternehmen in der Schweiz abschneiden.